ORGANIZATIONAL BEHAVIOR

조직행위론

권순식 · 김흥길 · 이금희 저

박영사

책머리에

"기업은 곧 사람이다"라는 명제는 기업 조직의 성패는 결국 사람에게 달려 있다는 의미이다. 왜냐하면 어떤 유형의 조직이든 조직은 우선 사람들로 구성되어지고(of the people), 사람에 의해(by the people) 움직여지며 조직의 목표도 결국은 사람을 위한 것이기(for the people) 때문이다. 예전부터 조직의 핵심은 사람이며, 사람의 마음과 감성을 관리할 줄 아는 기업만이 살아남게 된다는 지적이 있어 왔었다.

기업경영에 있어서 기술 경쟁력을 비롯하여 가격 경쟁력, 품질 경쟁력, 디자인 경쟁력, 서비스 경쟁력 등 경쟁력의 강화를 강조하지만, 그러한 경쟁력의 원천은 결국 사람에게서 나온다는 사실은 아무도 부인할 수 없다.

지식기반 사회의 도래에 따라 지식(knowledge)과 지적자본(intellectual capital)의 중요성이 강조되고 있으나 그 지식은 사람들의 머릿속에 있는 것으로서 인간의 지적능력을 통해 활용될 때만이 가치가 부여될 수 있는 것이다. 그럼에도 불구하고 대부분의 경영이론가들이나 경영 관리자들은 부서의 기능이나 기업 경영활동 과정에 관련된 정보와 지식의 관리에만 관심을 가질 뿐, 지식을 가치 있게 만드는 사람들에게 동기를 부여하고 신바람을 일으켜 그들의 열정과 추진력을 이끌어 내는 데는 대체로 무관심하거나 소홀했던 것이 사실이었다.

Thomson은 그의 저서 Emotional Capital(1998)에서 조직구성원들의 자기 조직에 대한 내적인 감성자본(감정, 신념, 이해, 가치 등)이 끊임없이 지식자본의 축적을 추구하게 하는 촉진제가 되어 신제품과 서비스를 창출하는 활동에 긍정적인 영향을 미친다고 주장하였다. 이를테면 집요함(obsession), 도전정신(challenge), 열정(passion), 몰입(commitment), 확신(determination), 기쁨(delight), 애정(love), 자부심(pride), 열망(desire), 신뢰(trust) 등의 열 가지 긍정적 조직 감성이 조직구성원들의 업무성과를 향상시켜 조직을 역동적으로 변화시킨다고 밝히고 있다. 이와 같은 관점에서 볼 때, 조직구성원의 감성역량의 배양이나 감성요인들의 관리야말로 미래 기업의 가장 중요한 핵심역량이 될 것이다. 다시 말해 개인의 감정 상태가 조직에 대한 충성심과 몰입 행동을 일으키고 조직의 혁신과 창의적 활동에 참여하게 하는 주요 변수 중의 하나라는 것이다. 실제로 조직구성원의 감정적 반응은 근무 환경에 따라 적극적이거나 소극적인 활동을 불러일으킬 수 있으므로 조직구성원들이 최상의 감정 상태로 직무를 수행할 수 있도록 조직 및 직무 환경을 조성해주어야 한다는 주장이 폭넓은 공감을 얻고 있다. 즉, 조직구성원들의 감성관리를 통하여 조직이 높은 감성역량을 지닌 종업원들로 구성될 때 조직의 유효성은 증진될 수 있다는 것이다.

조직의 성패가 사람(인적 자원)에게 달려있는 만큼 사람을 성공적으로 관리하는 것이 기업의 지속가능한 성장과 발전의 바탕이 되는 것이다. 성공적인 인적자원관리를 위한 선수과목으로 학습하고 논의해야 할 분야가 조직행위론(Organizational Behavior)이다. 조직을 효과적으로 그리고 역동적으로 관리해나가기 위해서는 먼저 조직구성원들의 행동에 대한 이해가 필요하다. 본서는 조직구성원들의 행동을 개인 차원과 집단 차원 그리고 조직 전체 차원에서 이해하기 위한 입문서로 집필되었다.

2016년 8월
공저자 일동

차   례

제 3 장 지 각

제 4 장 가치관과 인간행동

제 5 장 태도의 형성과 학습

제 6 장   집단 및 집단 간 행위

제 7 장   동기부여 개념

제 8 장　동기부여: 개념에서 적용까지

제11장 권력과 정치

제12장   갈등과 협상

제13장   조 직 문 화

제 1 장

조직행위론의 기초

제 1 장 조직행위론의 기초

조직행위론의 의의

1 조직행위론의 연구대상과 분석수준

우리 개개인은 사회적 존재로서 집단이나 조직을 떠나서는 살아갈 수가 없다. 따라서 조직의 기본적인 구성단위는 개인이고 조직은 그러한 개인들의 상호작용과 각 개인 행동의 결합에 의해 성과를 이루어내면서 영위되어간다. 다시 말하면 조직의 최소 구성단위는 개인이고 그러한 개인들이 모여 소집단을 이루고 소집단들이 모여 조직을 형성하게 된다. 그러므로 그러한 개인들로 하여금 조직의 바람직한 성과를 창출하는 데 공헌하도록 유도하기 위해서는 조직 내에서의 인간의 행위를 이해하는 노력이 필요하다. 조직 내에서 인간은 어떻게 행동하는가, 인간은 조직 목표 달성에 기여할 수 있는 적절한 행동을 하는가, 조직을 효율적으로 관리해나가기 위해서는 어떻게 해야 하는가, 등등의 물음들에 대하여 해명하는 것은 매우 중요한 일이다.

따라서 조직행위론(Organizational Behavior: OB)은 조직의 테두리 안에서 조직구성원인 사람들이 어떻게 행동하는가를 이해하기 위해서 분석하고 연구하는 학문분야이다. 조직이란 공통의 목적이나 목표를 달성하기 위해 사람들이 모인 집합체로서 주어진 위계구조 속에서 상호 작용하는 공간이다. 그러한 조직 구조 속에서 조직구성원인 개인은 다른 사람들과의 관계를 맺고 감정적 교류를 통한 상호작용과 더불어 대화하고 정보를 주고받는 커뮤니케이션을 하는 가운데 조직의 목표 달성을 위하여 각자에게 주어진 역할과 직무를 수행하게 된다. 그러한 과정 속에서 인간 개개인이 보여주는 행위들은 늘 조직의 규칙과 규범을 준수하는 범위 안에서 이루어지는 것은 아니다. 조직구성원들은 대체로 조직의 목표 달성에 기여하고 공헌하는 바람직한 행동들을 하지만 때로는 그들의 개인적인 욕구(needs)에 따라 조직목표 달성에 바람직하지 않은 자기중심적이거나 이기적인 태도와 행동을 보이기도 하는 것이다. 조직행위론은 조직구성원들이 왜 그러한 태도나 행동을 보이고 그러한 행동의 결과는 어떻게 나타나며 조직의 목표 달성에 도움이 되도록 행동하게 하려면 어떻게 해야 하는가 등에 대하여 이해하고 연구하는 학문분야이다.

조직행위라는 용어를 가장 먼저 사용한 고든(Gordon, R. A.)과 하우웰(Howell, J. E.)은 조직행위론을 다음과 같이 정의하였다. "조직 내 인간 행위에 대하여 개인·집단·조직이 어떠한 영향을 주는가를 연구할 뿐만 아니라, 조직에 대하여 인간이 어떠한 영향을 주는가를 체계적으로 연구함으로써 조직 환경 아래에서의 인간 행위를 설명하고, 예측하며 통제하고자 하는 학문이다."[1]

켈리(Kelley, J.)[2]는 조직행위를 보다 구체적으로 다음과 같이 정의한 바 있다. 조직행위란 조직에 있어서 인간의 행동과 태도, 인간의 지각·감정·행동에 대한 조직의 영향, 조직에 대한 인간의 영향, 특히 조직 목적의 달성에 인간의 행동이 어떠한 영향을 미치는가 등에 대한 연구와 관련이 있다.

따라서 조직행위론은 조직 내에서의 인간의 행동을 과학적으로 연구

1) Gordon, R. A., and Howell, J. E.(1959), *Higher Education for Business*, N.Y.: Columbia University Press, p. 23.
2) Kelley, J.(1969), *Organizational Behavior*, Richard D. Irwin and Dorsey Press, Ontario, p. 1.

함으로써 인간행동의 원인과 결과 간의 관계를 설명할 수 있는 이론적 체계를 정립하여 그를 바탕으로 미래의 행동을 예측하고 통제하기 위한 실천지향적이고 성과지향적인 학문인 것이다.

모든 학문 분야가 그러하듯 연구대상을 관찰하고 분석하는 것은 그 대상을 인과론적 패러다임3)에서 이해하기 위한 것이고 이해한 다음 기술하고 설명해냄으로써 독립변수와 종속변수 간의 관계를 명확히 하는 이론이나 모형을 구축하여 체계적인 지식을 정립하게 된다. 그렇게 정립된 이론을 바탕으로 유사한 상황에서의 결과를 예측해낼 수 있으며 그 행동의 결과가 조직의 목표달성에 바람직하지 못할 것으로 예측될 경우, 행동의 수정과 같은 필요한 조치(action)를 취하는 통제(control)의 과정이 필요한 것이다. 요컨대 조직행위론은 조직의 유효성(effectiveness)을 제고하기 위하여 조직 내 인간들의 태도나 구성원들 간의 상호작용과 같은 행동들을 체계적으로 연구하는 학문분야이다.

조직행위를 연구하는 목적은 실제 조직 내에서 나타나는 여러 가지 현상들을 파악해서 이를 적절한 이론이나 모형으로 정립함으로써 문제를 진단하거나 유사한 상황에 대처하기 위한 처방이나 대안을 제시하기 위해서이다.

조직행위론에서 인간의 행위를 분석하고자 할 경우에 세 가지 수준에

표 1-1. 조직행위론의 분석 수준

구 분	수 준	연구 대상	연구 결과
미시적 수준	개인수준	성격, 능력, 지각, 학습이론, 가치관 동기유발, 스트레스, 태도와 행위	성과향상, 조직에 대한 애착, 직무몰입, 만족도 제고, 개인 성취감 제고, 개인 복리증진, 직장생활의 질 향상 등
	집단수준	집단역학, 의사소통, 권력과 갈등, 리더십	집단성과 증진, 시너지효과 실현, 집단 문제 해결, 구성원 비전제시
거시적 수준	조직수준	조직구조, 조직문화, 조직개발	조직성과 증진, 조직과 조직원의 적합화, 조직관련 문제 해결

---

3) 인과론적 관계는 독립변수와 종속변수 간의 관계로 설명되기도 한다.

서 접근하게 된다. 조직구성원 개인 차원의 행위와 집단 차원의 행위 그리고 조직 전체 차원의 행위로 나누어 연구하게 된다.

　조직에 있어서 개인 행위의 원인이 무엇인지를 분석하고 설명하기 위해서는 개인의 특성과 행동에 관한 이해가 필요하다. 작업을 계획하고, 종업원을 지휘 통솔하는 경영관리자들이 개인과 과업 그리고 효율성이라는 세 가지 측면을 모두 고려하여 합리적인 의사결정을 내리고 조직 관리를 해나가려면 적잖은 어려움이 따르게 마련이다.

　그러므로 조직의 유효성(effectiveness)에 영향을 미치는 개인의 주된 특성들은 지각, 태도, 학습, 성격 등이다. 조직구성원들이 조직의 구조나 분위기, 직무맥락과 리더십 스타일, 커뮤니케이션 방식 등에 대하여 어떻게 지각하느냐에 따라 그들의 생각과 태도가 달라지기 마련이고 행동에까지 영향을 미치게 된다. 그리고 그들이 처한 상황이나 환경 즉 조직분위기나 문화가 그들의 태도와 행동에 영향을 미치고 그들의 태도변화는 학습의 결과로 나타나게 되어 조직의 성과에도 영향을 주게 된다.

1) 개인 차원의 행위

　조직행위에 관한 이해를 진전시키기 위한 모델은 개인 차원에서의 행위로부터 시작된 것이다. 그림에서 보는 바와 같이 개인행동을 유발시키는

그림 1-1. 개인 차원의 행동 모형

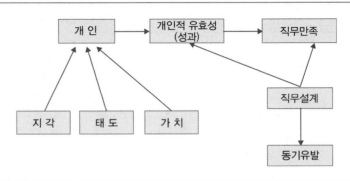

Source: Milton, C. R.(1981), *Human Behavior in Organizations, Three Levels of Behavior*, Englewood Cliffs, N.J.: Prentice-Hall, Inc., p. 3.

네 가지 요소는 지각, 태도, 가치, 및 동기유발이다. 이들 4가지 요소들은 개인의 유효성과 성과에 영향을 미친다. 그러므로 개인적 유효성과 직무만족 및 동기유발 등과 같은 변수는 개인별 과업과 직무를 구체화하는 직무설계에 따라 영향을 받게 된다.

2) 집단 차원의 행위

조직에 있어서의 구성원 개개인의 행위도 작업 집단 내에서 다른 사람들과 상호작용을 통하여 이루어지게 되므로 개인 간의 행위들은 다른 구성원들과의 관계 속에서 전개되기 마련이다. 그러한 집단 안에서의 개인적 상호작용에 따른 행위들은 개개인의 인격과 자아개념, 그리고 욕구나 가치 지향성에 의해서 영향을 받게 된다.

다음으로 작업집단 행동(work group behavior)은 기술이나 경영의 실제 및 경제적 영향 등과 같은 배경 요소와 요구된 행위나 긴급한 행위 등의 관점에서 일어난다. 그러므로 집단 행위의 결과는 생산성과 만족 그리고 개인 개발의 측면에서 기대가 가능해지는 것이다. 특히 대부분의 작업집단은 고립된 상태에서 작업을 수행할 수 없기 때문에 다른 작업집단과의 상호작용을 통해서 목표를 달성해나간다. 따라서 집단 간의 행동은 타 집단

그림 1-2. 집단 차원의 행위 모형

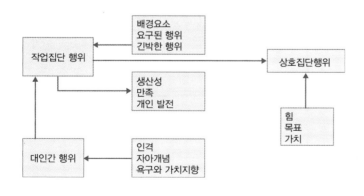

Source: Milton, C. R.(1981), *Human Behavior in Organizations, Three Levels of Behavior*, Englewood Cliffs, N.J.: Prentice-Hall, Inc., p. 4.

의 힘과 목표 및 가치관에 크게 영향을 받게 된다.

3) 조직 차원의 행위

조직 차원에서의 행위는 조직을 직접 관리한 사람과 개인, 집단 및 조직 차원에서의 행위를 수행하는 과정에서 중심적 역할을 하는 리더십에 따라 크게 영향을 받게 된다. 이때의 리더십은 역시 모든 조직과 관련성을 가지고 있는 커뮤니케이션의 원활화를 위해 더욱 신경을 쓰고 필요한 조치를 강구해야 한다.

그리고 경영관리 상의 변화는 조직 내외적인 환경에 의해 좌우되고 조직 개발은 개인과 집단 및 조직 차원의 행위 측면에서 적합한 요소들 이를테면 인적자원, 과업, 조직구조 및 기술과 어우러지는 방향으로 이루어져야 한다. 다음으로 조직 차원에서 관리해야 할 행위 변수는 발생 가능한 갈등을 효과적으로 다루는 일이다. 따라서 조직분위기와 유효성은 결국 조직 차원에서의 행위 모형의 산물로 나타나는 것으로 볼 수 있다.

그림 1-3. 조직 차원의 행위 모형

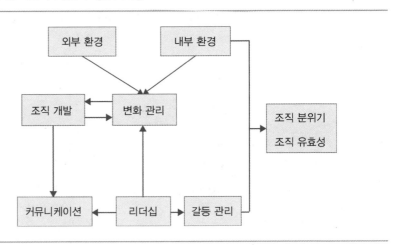

Source: Milton, C. R.(1981), *Human Behavior in Organizations, Three Levels of Behavior*, Englewood Cliffs, N.J.: Prentice-Hall, Inc., p. 5.

2 조직행위론의 학문적 특성

현대사회를 살아가는 개인은 어떤 형태이든 조직과 긴밀한 관계를 맺고 있으며, 자신의 삶을 통해 소속된 조직의 발전에 기여하고 그에 상응하는 보상을 받는다. 정부, 군대, 학교, 종교단체, 시민단체 등 여러 형태의 조직들이 있지만, 기업과 같은 경제적 조직은 개인의 삶의 질을 좌우하며 시장과 고용의 창출 그리고 가치창조를 통해 국가와 사회발전에 기여하고 있다. 따라서 오늘날 기업조직의 경쟁력은 국가경쟁력의 근간을 이룬다.

조직행위론은 조직의 성과에 영향을 미치는 조직 내의 개인, 집단, 조직의 행동을 과학적 방법을 통해 이해하고 설명하며 예측하는 종합과학적 성격을 띤 행동과학의 핵심영역이다. 특히, 조직에서 개인과 집단의 창의성 발현과정을 이해하고, 창조적 인재의 개발과 활용방안들을 강구하는 학문이다. 또한 조직 차원에서 창조적 성과를 낼 수 있도록 리더십, 의사소통, 조직구조, 시스템, 조직문화 등을 "인간중심"의 학습조직으로 발전해 나가도록 하는 성과 지향적이고도 실천적인 응용과학이다. 조직행위론의 학문적 성격에 대하여 좀 더 구체적으로 살펴보도록 하자.

조직이란 인간조직을 말하는 것으로 조직을 움직이는 것은 조직을 구성하고 있는 인간의 상호작용 행동이므로 조직과 관련된 여러 현상들에 관한 연구에 있어서 인간행위가 중심적 연구대상이 되는 것은 당연한 사실이다. 이와 같이 조직행위론은 연구의 영역을 조직체에 두고 연구의 초점을

표 1-2. 조직행위론의 연구 목적

관 점	목 적	내 용
조직 차원	자원 활용 목적	조직구성원들을 인적자원으로 보고 조직의 목표 달성을 위해 개발하고 활용함으로써 조직의 목표달성과 함께 조직구성원들에게도 성장의 기회를 부여함
	관리적 목적	조직구성원들을 관리의 대상으로 보고 그들이 정해진 규칙을 준수하는 가운데 조직 목표달성에 공헌하도록 유도함
종업원 차원	직장생활의 질 증진 목적	종업원 개개인의 욕구를 충족시킴으로써 조직생활을 보다 풍요롭고 의미 있게 하고 삶의 질을 높이기 위함

인간행동과 이와 관련된 여러 가지 측면들에 맞추고 있다. 이러한 조직행위론은 기본적인 학문적 성격이나 조직에서 지향하는 성과와 관련하여 몇 가지 중요한 특징을 지니고 있다. 조직행위론의 학문적 특징을 요약하면 종합과학적(interdisciplinary) 성격, 인간중심성, 성과지향성, 상황적합성, 과학적 접근방법 등을 들 수 있다.

1) 종합과학적 성격

조직행위의 중심적 연구대상이 인간의 행위인 만큼 조직행위는 학문적으로 인간행위를 연구하는 여러 사회과학 분야의 개념과 이론 또는 연구성과들을 활용하고 있다. 따라서 사회과학 분야에서 연구·개발된 인간행위에 대한 지식과 이론이 조직체에 응용되어 조직행위의 학문적 지식체계를 이루고 있다. 종합과학적 접근은 이미 1940년대에 산업사회의 제 문제들과 인간성 상실의 문제, 인간의 노동소외문제들을 연구하기 위하여 심리학을 비롯한 사회학, 문화인류학자들이 모여 공동의 노력을 기울이는 과정에서 행동과학이 탄생하게 되었다. 이러한 행동과학의 연구방법과 연구결과들을 토대로 기업조직에서의 인간의 행동이 성과에 어떻게 영향을 미치고 조직 내의 인간 행동을 어떻게 이해하고 분석하여 미래의 행동을 예측하고 바람직하지 못한 행동의 수정과 변화를 위해서는 어떻게 해야 할 것인가를 연구하는 학문 분야가 바로 조직행위론이다.

(1) 심 리 학

개인행위에 대한 지식체계인 심리학은 인간행동을 연구하는 사회과학 학문으로서 조직행위에 가장 중요한 영향을 주고 있다. 인간의 행동은 학습을 통하여 이루어진다는 전제하에 인간행동에 작용하는 지각, 태도, 행위변화, 성격, 동기 등에 관한 기본적이고 이론적인 연구는 조직구성원의 개인행동, 집단행동, 리더십, 직무만족 등 여러 조직행위 분야에 기초적인 지식의 기반이 되고 있다. 특히 조직심리학이나 사회심리학 등은 조직행위를 이해하는 데 큰 도움을 주고 있다.

(2) 사 회 학

집단행위나 조직 전체 행위에 대한 이론의 정립을 시도하는 사회학은 사회집단을 대상으로 하여 구성원들 간의 상호작용, 권력 및 영향력 관계, 지위신분 구조, 사회규범의 형성 그리고 역할관계 등 사회집단에서 실제로 일어나는 행동을 연구하여 조직행위에 있어서 자생적 행위에 대한 기초이론과 더불어 실용성 있는 실질적인 연구 자료를 많이 제공해 주고 있다. 사회학은 소집단 연구에 큰 기여를 했을 뿐만 아니라, 집단역학, 규범, 역할, 의사소통, 권한·갈등·관료제, 조직의 구조와 변화 등과 같은 여러 사회적 측면들에 대한 연구에 많은 도움을 주어 왔다.

(3) 문화인류학

문화권에 따른 인간행위의 비교연구와 조직 전체 수준의 이론형성에 일조하는 인류학은 인간과 사회 환경과의 관계 그리고 인류문화에 관한 연구를 통하여 조직구성원의 행동과 집단행동에 대한 이론적 지식을 제공해 준다. 개인의 행동에는 문화적 요인이 작용하고 있고, 집단이나 조직도 자체의 고유문화를 소유하고 있는 점으로 보아, 인류학의 이론은 개인, 집단, 그리고 조직체 전체 행동을 이해하는 데 많은 도움을 주고 있다. 특히 문화인류학은 조직문화와 조직환경, 가치관과 규범, 태도에 관한 비교론적 접근 등 여러 분야에서 조직행위론 연구에 도움을 주고 있다.

(4) 정 치 학

정치학은 일정한 정치적 환경 속에서 개인과 집단의 행동특성이 어떠한가를 연구하는 학문분야이다. 정치학은 조직 내 정치활동, 갈등 구조, 권력배분 및 권력행사 문제 등 여러 과제가 조직행동의 패턴과 그 연구에 관련해 도움을 주고 있다. 정치행태가 기업 행동에 미치는 영향이 커 정치학은 그만큼 조직행동 연구에 중요한 부분을 차지하고 있다. 따라서 조직행위론에서는 이러한 이론과 관점들을 조직에서의 인간과 조직행위를 이해하고 설명함으로써 이론체계로 통합해내는 종합과학적 성격을 지니고 있다.

(5) 조직이론

조직이론은 조직의 구조, 과정, 그리고 성과에 관심을 갖는다. 조직행동 또한 이러한 문제에 대해 관심을 가지고 있어서 조직이론과 조직행동은 서로 밀접하게 연관되어 연구영역과 연구 대상이 중첩되는 경우가 많은 편이다. 높은 성과를 지향하는 데 있어서 조직행위론은 조직의 목표랄 수 있는 경제적 성과를 중요시하지만, 그에 앞서 조직구성원의 인간적 측면을 우선적으로 고려하지 않으면 안 된다. 본서의 책머리에서 이미 강조했듯이 어떤 유형의 조직이든 조직은 우선 사람들로 구성되어지고(of the people) 사람에 의해(by the people) 움직여지며 조직의 목표도 결국은 사람을 위한 것이기(for the people) 때문이다. 다시 말하면 조직은 어디까지나 인간으로 구성된 집단이고 따라서 조직은 이를 구성하고 있는 인간을 중요시하지 않고서는 사회집단으로서의 지속적인 존재 자체를 기대할 수 없기 때문이다.

2) 인간중심성

조직행위론은 인간의 욕구와 가치를 중시하며 인간이 산업메커니즘의 한 부분품으로 또는 기계로 전락하는 것을 우려한다. 조직행위론은 인간의 자율성, 창의성, 생산성, 적극성, 주도성을 중시하고 인간의 능력이 충분히 개발되고 발휘되도록 하는 데 관심을 둔다.

3) 성과지향성

조직행위는 조직에 어떤 구체적인 결과, 즉 성과를 창출하도록 노력하는 것을 궁극적인 목적으로 삼고 있다. 이와 같은 성과지향성의 성격에는 다음과 같은 특징들이 포함되어 있다.

(1) 조직체의 목적 달성

기업체와 같은 경제조직에서는 조직의 목적 달성을 위하여 흔히 생산성과 능률, 효과 등 경제적 성과가 중요시되고 있다. 그러나 조직행위에서의 성과 개념은 경제적 성과뿐만 아니라 구성원들의 직무만족과 성장 등 심리적 그리고 능력개발 상의 성과를 포함한 종합적인 개념으로 파악한다.

따라서 조직의 목적 달성에 있어서 경제적 성과와 더불어 구성원들의 사기와 만족감 그리고 그들의 인간으로서의 성장을 강조하는 것이 조직행위론의 특징이다.

(2) 변화 지향성

조직의 성과를 계속 향상시키려면 조직의 효과적인 경영관리를 위해 끊임없이 개선해 나가야 한다. 그러므로 조직행위는 조직 관리의 개선에 요구되는 변화와 혁신을 유도하고 발전시키는 데 중점을 두고 있다. 따라서 조직의 성과에 대한 연구를 이론이나 지식에만 그치지 않고 조직구조나 관리체계 그리고 조직구성원의 행동에 요구되는 변화를 유도하여, 조직이 지향하는 성과가 실제로 나타나도록 연구·노력하는 것이 또한 조직행위론의 특징이다.

(3) 조직 유효성

조직 유효성이란 개인의 목표와 조직목표의 조화를 추구하려는 조직행위론의 의의를 구체화한 것으로, 조직이 얼마나 잘 되고 있느냐 또는 효과적(effective)인가를 표현하는 개념이다. 달리 말하자면 조직의 성과를 평가하는 하나의 기준이다.

조직 유효성은 목표 접근법(goal approach)과 시스템 접근법(system approach)에 의해 측정될 수 있다.

① 목표 접근법

이는 조직 유효성을 조직이 설정한 목표를 달성하는 정도로 파악하는 것이다. 그러나 단기적으로는 목표를 달성하지만 조직의 분위기가 파괴되거나 종업원들의 불만이 누적될 수 있음에 유의할 필요가 있다. 그리고 조직관리에 있어서 결과를 중시하고 집착한 나머지 성과는 중시하고 과정을 소홀히 하는 경향이 있다.

② 시스템 접근법

이는 목표보다는 그것에 도달하는 수단이나 과정을 중시하는 접근법

표 1-3. 조직 유효성에 대한 두 접근법의 비교

접근법 요소	목표 접근법	시스템 접근법
가　정	·조직은 궁극적 목표를 지님 ·목표의 내용이 한정되어 있어 목표에 대한 일반적인 합의가 있음 ·목표에 대한 진전도는 측정가능	·목표보다 과정이 중요 ·환경과의 우호적 관계가 조직의 생존에 중요
측정 지표	·생산성, 이윤, 매출액, 투자수익률, 매출액이익률	·직무만족, 조직몰입, 근로생활의 질, 이직률, 결근율
문 제 점	·누구의 목표냐 하는 문제 ·공식목표와 실제목표의 문제 ·단기목표냐 장기목표냐의 문제 ·다원적 목표 간의 비중문제	·측정지표 정의의 문제 ·과정의 강조에 따른 문제 ·이것도 결국 수단목표라고 할 수 있음
경영에의 참여	·실제목표설정 ·애매하지 않은 측정가능목표 강조	·조직의 장기적인 건강과 생존 고려

이다. 그러나 과정을 강조함으로써 결과에 대한 상대적 비중이 낮아지는 맹점이 지적될 수 있다.

4) 상황적합성

조직을 연구하는 데 있어서 경영학은 전통적으로 어느 조직이나 또는 어느 여건 하에서도 일반적으로 적용될 수 있는 조직 관리 방법이나 기법을 모색하려고 노력해 왔고, 그 결과로서 고전적 경영이론과 원리가 개발되었다.

그러나 근래에 와서 사회적 환경이 다변화됨과 동시에 조직의 규모도 커지고 복잡해짐에 따라 보편성을 주장하는 고전이론의 타당성이 의심되기 시작하였다. 따라서 조직연구에 있어서 조직행동에 작용하는 상황적 요소들을 중요시하게 되었고, 이를 요소들 간의 상호관계와 조직 자체가 추구하는 목적과 성과도 중요시하게 되었다. 그리하여 조직의 주어진 외부환경과 내부여건 그리고 조직이 추구하는 성과 등 여러 상황변수를 중심으로 조직체의 행동을 분석하고 문제를 진단하며, 나아가서는 문제의 해결을 시도하는 상황적 연구방법이 활용되게 된 것이다.

요약하자면 조직행위론 연구에 있어서 상황적합성이란 조직행위에 있어 어느 상황에서나 적합한 하나의 보편적인 단일원리는 존재하지 않으며, 조직구조의 설계는 물론 리더십 스타일이나 의사결정방법, 커뮤니케이션 방법에 이르기까지 하나의 최적원리는 없다는 것을 의미한다.

5) 과 학 성

조직행위론은 경영학이 그러하듯이 실천적인 성과를 지향하는 실용적이며 실증적인 학문분야이다. 그리고 조직행위론은 개인과 집단 나아가 조직의 행동을 이해하고 설명하며 예측하기 위해 과학적인 방법을 사용한다. 다시 말하자면, 조직행위론은 종합과학적인 학문으로서 인간행동에 대한 기초지식과 이론을 연구하는 심리학·사회학·인류학 등 여러 사회과학 영역으로부터 학문적으로 많은 도움을 받아 과학적인 방법을 사용하고 있다. 따라서 조직행위론은 조직 내에서 이루어지는 다양한 인간 행위를 대상으로 사회과학 분야에서 개발된 과학적 연구방법을 활용하여 정확하고 객관적인 이론과 개념을 도출해 내고 있다.

6) 총 체 성

조직행위론은 작업환경의 물리적인 조건의 개선이나 향상뿐만 아니라, 전체적인 환경의 변화를 통하여 개인의 목표와 조직의 목표를 조화로이 함께 실현하고자 한다. 조직구성원들로 하여금 자발적으로 신명나게 자신의 직무를 수행하도록 하면서 조직의 목표 달성에 기여하도록 하는 동기유발은 이러한 노력의 한 부분에 불과하다. 따라서 다양한 방법을 통하여 조직의 목표와 개인의 목표를 조화로이 통합함으로써 조직과 조직의 구성원인 개인 모두가 만족할 수 있는 여건과 환경을 조성하고자 한다.

제2절
조직행위연구의 발전과정

조직행위론은 행동과학에 이론적 기반을 둔 종합적 학문이고, 과학적 조사방법을 적용하여 개인과 집단행동 그리고 조직체행동을 이론적으로 그리고 실증적으로 연구하는 비교적 새로운 학문이다. 학문의 성격으로 보아 조직행위론은 조직의 목적 달성을 위한 성과 지향성과 인본주의적 가치관을 중요시하고 있으며, 성과에 대한 상황적 관점과 인간 중심의 규범적 성격도 조직행위론이 지니고 있는 학문적 특징이다.

조직관리에 대한 학문적 연구는 20세기 초부터 체계적이고, 집중적으로 시작되었다고 할 수 있다. 연구 초기에는 조직경영을 주로 합리적 관점에서 연구하는 고전이론이 많이 개발되었고, 1920년대부터는 조직체를 자생적 관점에서 연구하는 인간관계이론이 많이 개발되었으며, 1940년대부터는 일반시스템이론이 경영학에 본격적으로 응용되기 시작하였다. 이러한 조직경영에 대한 기본관점의 변화와 경영학이론의 발전 속에서 1950년대부터 조직행위론의 학문적 발전이 본격화되었다. 오늘날의 조직행위론은 과거 90년 동안에 걸쳐서 발전해 온 경영학이 그 배경을 이루고 있다. 비록 짧은 기간이지만 조직체에 대한 연구는 매우 급속히 그리고 활발히 전개되면서 조직체에 대한 이론지식과 조직체의 문제해결을 위한 방법과 기법도 급진적으로 개발되어 왔다. 조직행동연구의 발전과정은 이학종의 저서 조직행동론(1987)에 정의된 것을 참고로 하여 고전이론과 인간관계론, 시스템이론과 상황이론으로 구분하였다.

1 고전이론

1) 과학적 관리법

경영조직에 대한 선구적인 연구로서 경영학 고전이론인 과학적 관리법(Scientific Management)을 들 수 있다. 과학적 관리법은 구조적·기계적 접근시대였던 20세기 초에 테일러(F. W. Taylor)[4]에 의하여 정리되었다. 테일러에 의해 주도된 과학적 관리법은 조직 관리에 대한 체계적인 연구에 있어 가장 선도적인 역할을 하였다. 테일러는 과학적 관리를 통해 고임금과 저 노무비를 실현할 수 있다고 보았다. 그의 주된 목적은 노사 쌍방의 번영이었고, 이는 과학적 관리를 통해서만 가능하다고 생각하였다. 그리하여, 노사 간의 화합, 과학적인 직무설계, 과학적 선발과 훈련, 성과급제, 기능적 조직구조 활용 등을 강조함으로써 조직행동연구의 발전에 매우 큰 기여를 하였다. 그러나 과학적 관리운동은 작업자를 능률적으로 기능하게 함으로써 비인간성을 띠게 되었으며, 인간의 동기가 물질적·화폐적인 욕구충족에만 근거한다고 보았다. 그리고 반복적이고 단순한 생산 작업에만 적용될 수 있을 뿐 비 반복적이고 사고력을 많이 요구하는 작업에는 적용하기가 힘들다는 비판을 받고 있다.

　　테일러는 과학적 관리법의 원리로 과업관리, 과학적인 선발과 훈련, 성과급제도, 직능별 감독 제도를 제안하였다. 과업관리는 작업의 기획, 설계담당을 맡은 경영자와 그대로 실천하는 작업자가 서로 분리되어 경영의 전문화가 이루어져야 하는 것이다. 그 동안 공장의 모든 업무가 주로 작업자 자신에게 맡겨져서 중구난방으로 행해지던 것을 경영자 측에서 통일적으로 기획하고 작업도구, 작업방법도 표준화해 놓고 작업자는 그대로 실천만 하도록 한다. 과학적인 선발과 훈련은 작업자의 선발과 훈련에 대한 규정을 정하고 지키는 것이다. 작업 내용과 방법의 기준이 정해졌으면 거기에 알맞은 자격을 가진 사람을 선발, 배치하고 부족한 사람은 그 수준까지 훈련시켜야 한다. 성과급제도는 보상은 생산성이나 업적에 비례하여 주어져야 하며 능력이 있는 만큼, 노력을 한 만큼 보상하는 제도이다. 작업자를 동기화시키는 첩경이기 때문에 성과급제도, 그중에서도 차별성과급제도가 가장 좋다. 직능별 감독 제도는 감독자의 관리기능을 분업화한 것이다. 감독자가 부하감독, 교육훈련, 품질관리, 생산계획 등을 모두 하기에는 너무 벅차서 감독기능이 제대로 발휘되지 못하므로 감독업무, 훈련업무, 품질관리업무 등 각각의 기능별로 전문화되어야 한다.

---

4) Taylor, F. W.(1911), *The Principles of Scientific Management*, Harper & Brothers.

2) 고전적 관리론

테일러가 미국에서 공장경영을 중심으로 과학적 관리법을 제안하는 동안에 이와 때를 같이하여, 유럽에서는 프랑스의 앙리 파욜(H. Fayol)[5]이 자신의 기업경험을 중심으로 기업경영의 일반원리를 연구·발표하였다. 파욜은 50여 년 동안 대기업에서 경영활동을 직접 통솔한 경험을 토대로 하여 성공적인 기업경영의 일반원리를 정리하였다. 그는 특히 기업체의 건전한 조직체계와 질서를 강조했다. 테일러가 작업장의 일선감독자 또는 노동자의 입장에서 효율적 관리를 다뤘다면, 파욜은 작업자가 아닌 경영자의 자리에서 생산 작업장이 아닌 '공장전체' 또는 '조직전체'를 효율적으로 운영하는 원칙을 다루었다고 할 수 있다. 그러나 사이먼(H. A. Simon)[6]은 이들 개념이 서로 중복되고 애매모호하다고 하여 "권위의 기제"라고 비난하였다. 이 이론은 단지 개인적인 경험과 제한된 관찰에 근거를 두고 있다는 한계가 있다.

파욜이 정리한 합리적인 조직경영의 주요 원리는 분업의 원리, 연결계층의 원리, 명령통일의 원리, 권한과 책임의 원리, 집권화 원리, 지휘통일의 원칙, 질서의 원리가 있다. 분업의 원리는 조직의 성장과 발전에 가장 기본적인 것을 노동의 전문화로 보고 아담 스미스(A. Smith)[7]의 분업의 법칙을 실제로 조직체에 적용한 것이다. 연결계층의 원리는 조직체는 위에서 아래까지 구성원 모두가 수직적 권한으로 연결되어 계층구조를 형성해야 하고, 상하로 연결된 계층구조에 따라서 권한이 발휘되고 정보가 흐름으로써 의사결정이 질서 있게 행해질 수 있다는 원리이다. 명령통일의 원리는 조직 내의 각 구성원은 반드시 단 한 사람의 상사로부터 명령과 지시를 받아야 된다는 원리이다. 권한과 책임의 원리는 직무에는 권한이 부여되어 상위계층은 하위계층에 대하여 명령과 지시의 권한이 있고 또한 하위계층에게 복종을 요구할 수 있다는 원리이다. 집권화 원리는 하위계층에 부여되는 권

---

5) Fayol, H.(1916), *Administration industrielle et générale*, Dunod(김홍길 역, 앙리 파욜의 경영관리론, 탑북스, 2014).

6) Simon, H. A.(1947), *Administrative Behavior; A Study of Decision-Making Processes in Administrative Organization*, The Free Press.

7) Smith, A. (1994) *The Wealth of Nations*, Modern Library.

한이 제한되어 하위계층의 중요성이 감소되는 상태를 집권화라고 부르면서, 관리자는 조직의 질서와 성과를 목적으로 적절한 집권화 체계를 형성해야 한다는 것이다. 지휘통일의 원칙은 조직 내의 업무는 통일된 명령과 지시에 의하여 수행되어야 한다는 원리이다. 따라서 통일된 명령계통과 통일된 계획에 의하여 모든 업무활동이 수행되어야 한다는 것이다. 질서의 원리는 조직체의 자원은 질서정연하게 정돈되어야 하고, 특히 구성원의 경우에는 각자의 직무내용이 분명히 설정되어 상호간의 연결이 잘 되어야 하며, 이것이 조직도표에 표시되어 모든 활동이 질서 있게 전개되어야 한다는 원리이다.

3) 관료이론

과학적 관리법 및 일반경영이론과 더불어 경영조직에 관한 고전이론으로서 관료이론을 들 수 있다. 관료이론은 19세기 말에 독일의 사회학자의 베버(M. Weber)[8]에 의하여 발표되었다. 사회조직이 전통적, 세습적 혹은 카리스마적인 권력자에 의해 지배되어 온 경우가 많았으며 그 때문에 많은 모순과 비용을 초래했다고 보고, 미리 정해진 규칙과 법에 따라 운영되는 관료제 조직(합법적 조직)이 시대와 공간을 초월하여 언제 어디서나 가장 합리적이라고 주장하였다. 이 이론은 합리적 조직경영에 대하여 중요한 관점과 개념을 제시하고 있어서 근래에 와서도 경영조직연구에 많은 영향을 주고 있다.

관료이론의 원리로는 합법성의 원리, 분업의 원리, 고용의 보장, 수직계층의 원리, 문서화, 공식화 원리를 들 수 있다. 합법성의 원리는 모든 구성원의 직무는 규정에 따라 합법적으로 설정되어야 한다는 원리이다. 분업의 원리는 직무는 가능한 한 분업화, 전문화시켜야 하며 인원선발, 배치, 승진도 자격에 맞추어 정해져야 한다는 원리이다. 고용의 보장은 구성원의 고용과 취업은 안정이 보장되어야 하고 정당한 보상도 뒤따라야 한다는 원리이다. 수직계층의 원리는 권한과 책임이 분명하게 부여됨으로써 상호 통솔, 복종관계가 정해져야 힌다는 원리이고, 문서화, 공식화 원리는 구성원

---

8) Weber, M.(2013), *Economy and Society*, University of California Press.

각자의 권한, 책임이 규정과 문서로 명시화되고 이것이 지켜져야 한다는
원리이다.

2   인간관계론

1) 인간관계론의 연혁

인간관계(human relation)라는 용어는 인류사회가 형성되면서부터 자연
발생적으로 쓰이기 시작했을 것으로 추정되지만 문헌상의 기록으로는 아무
래도 테일러(F. W. Taylor)와 파욜(H. Fayol)의 경영관리에 대한 학문적 체계
화 노력의 과정에서 등장한 것으로 정리되어 있다. 물론 인간관계라는 표
현은 사람이 모인 집단이나 조직, 사회생활 전반에 걸쳐 그리고 사람들 간
의 상호작용 과정이나 대인관계에서 두루 쓰이고 있지만 학문적으로 다루
어지기 시작한 것은 1930년대에 전화기 제조 기업인 서부전기회사(Western
Electric Company)의 시카고 소재 호손(Hawthorne) 공장에서의 실험 작업 과
정에서부터라고 할 수 있다. 4차에 걸쳐 진행된 호손 공장에서의 실험의 결
과로부터 전개된 이른바 인간관계론적 접근(human relations approaches)에
서 학문적 성격의 전문 용어로 대두되었으며 인간관계론이라는 새로운 학
문 영역을 형성하는 계기가 되었던 것이다.

이러한 인간관계라는 용어는 세계 2차 대전 이후부터 더욱 전문 용어
화되어 인사관리(인적자원관리), 조직관리 및 행동과학, 조직행위론의 기본
적인 연구과제로 다루어지게 되었을 뿐만 아니라, 산업의 발달 과정에서
능률의 증대 및 생산성 향상, 관리의 효율화 문제가 대두됨으로써 인간관
계 관리의 합리화와 과학화를 모색하기 위한 노력의 결실로 학문적인 체계
를 갖추게 된 것이다.

현대 사회에서 집단이나 조직 차원뿐만 아니라, 일상생활에 있어서도
인간관계의 문제가 진지하게 다루어지고 있다. 그 이유는 우선 인간 상호
간의 관계성과 유기성을 중심으로 특정 집단이나 조직의 목표달성을 위한
① 종업원의 협동(cooperation)과 ② 능률향상을 위한 생산(production) 및
③ 직무수행으로부터의 만족(satisfaction) 등의 기본적인 목적을 어떻게 잘

관리하여 목표지향적인 협동체계(goal-oriented cooperation system)를 확립하면서 집단이나 조직의 성장과 발전을 도모할 수 있겠느냐 하는 근본적인 목적이 대두되고 있기 때문이다. 다음으로는 사회생활에 있어서 형성되는 다양한 형태의 인간관계에서 갈등이나 대립, 소외 등의 문제들로 인하여 좌절을 경험하거나 만족과 행복을 누리지 못하는 현상들이 나타나고 있기 때문이다.

이와 같이 인간관계라는 용어는 인간과 인간의 상호관계 또는 인간과 인간을 상호 친밀하게 하는 것이라고 생각하는 단순한 내용에 국한된 의미만을 지니고 있는 것이 아니라, 집단이나 조직 내에서 진정한 인간 본위 또는 인간중시사상(humanism)에 기반한 건전한 집단 또는 조직의 생산적 협동관계를 구축하는 방안과 기술 및 접근방법 차원에서 이해되어야 한다. 따라서 인간관계라는 말은 오직 현실적 일상생활에서의 대인관계나 인간관계에만 국한시켜 말하는 것이 아니고 인간의 집단의 활동과정을 올바르고 인본주의적으로 접근하는 과학적 토대 위에서 목표지향적인 협동관계와 유기적이고 생산적인 협동체계를 확립하려는 인간행위의 과정이라 할 수 있다.

일반적으로 인간관계라고 하면 학자들의 관점과 견해에 따라서 그 정의에 차이를 보이고 있는 편이다. 우선 뢰슬리스버그(F. J. Roethlisberg)와 딕슨(W. J. Dickson)[9]은 인간관계를 협동적 행위의 측면을 다루는 적절한 방법론적 기술이라고 정의한 바 있고, 나일즈(H. E. Niles)는 아주 단순하게 '협동(cooperation)'이라고 지칭하였다. 여러 견해 가운데 가장 적절한 정의는 미(J. F. Mee)의 것이라고 할 수 있다. 그에 따르면 경영관리 측면에서의 인간관계는 종업원의 근로의욕을 향상시킬 중요한 목적을 갖고 있다는 전제하에서 종업원이 높은 사기와 협동정신을 가지고 있는 경우에는 기업 전체의 근로의욕은 향상되고, 동시에 집단의 협력체계가 확립되어 노사협력을 통해 집단의 목표를 달성하게 되어 개별 근로자의 수입이 증대된다는 관점에 따라서, 인간관계란 종업원과 기업이 고도의 사기를 기초로 하여 보다 향상된 생산성과 효율성을 창출하기 위하여 상호 협동하는 수단이라

---

9) Roethlisberger, F. J. and Dickson, W. J.(1939), Management and The Worker, An Account of a Research Program Conducted by the Western Electric Company, Hawthorne.

고 정의한다. 다시 정리해보면 인간관계의 정의는 고도의 사기를 통해서 개별 집단의 구성원이 자발적으로 집단의 공동목표 달성을 위해 협동체계를 확립하는 수단 또는 기술이라고 요약할 수 있다.[10]

사실 인간관계라는 용어를 넓은 의미로 받아들이면 대인관계(interpersonal relations)이고 좁은 의미로는 인간 또는 사람과 사람 사이에서 제기되는 여러 가지 문제를 의미하는 것이라 할 수 있다. 그러나 인간관계관리라고 하면 경영조직의 구성원인 인간의 감정(sentiment)과 태도(attitude), 가치관(value) 및 집단행동(group behavior)에 초점을 맞춘 사람관리에 관한 것으로 특히 동기유발이나 리더십에 관련된 이론적 성격과 특성을 그 주된 내용으로 하고 있다. 특히 동기유발의 경우는 인간의 욕구를 이해하고 그러한 욕구들을 어떻게 충족시켜줌으로써 태도와 행동의 변화를 가져와 집단이나 조직의 목표달성에 기여하도록 할 것인가를 다루기 때문에 경영활동에 있어서의 인간관계 관리란 조직구성원들에게 동기유발을 통해서 자발적으로 협동체계에 동참하면서 조직의 목표 달성에 공헌하게 하는 노력의 과정이라 할 수 있다.

1930년대 무렵, 사회문화가 발달하고 산업발전도 고도화됨에 따라서 조직체도 복잡해지고 조직구성원의 태도와 행동에도 많은 변화가 일어났다. 따라서 조직경영에 있어서도 새로운 문제가 발생하기 시작하였고 조직체와 구성원의 관계도 점점 복잡해져서 새로운 관점에서의 조직체연구와 문제의 접근방법이 요구되기 시작하였다. 매슬로(A. H. Maslow)[11]는 욕구계층설에서 인간은 생리적 욕구, 안정·안전의 욕구, 사회적 욕구, 안전의 욕구, 자아실현의 욕구를 충족시키려 한다고 주장했다. 이 때문에 미제로 남아 있던 인간적 측면의 중요성이 강조되기 시작했다. 맥그리거(D. McGregor)[12]는 저서「기업의 인간적 측면」에서 "다음 반세기의 산업계에서의 중요한 발전은 인간적 측면에서 일어날 것이다"라고 제시했다. 인간성을 무시하는 과학적 관리는 더 이상 획기적 모델이 되지 못하였고, 노동쟁의는 계속되

---

10) 유기현(1984), 인간관계론, 무역경영사, p. 23.

11) Maslow, A. H.(1987), *Motivation and Personality*, 3rd edition, Longman.

12) McGregor, D.(2006), *The Human Side of Enterprise*, 1 edition, McGraw-Hill Education.

었다. 게다가, 기계화로 인하여 산업적 생산물은 과거보다 풍요로움을 얻었다고는 하나 노동자들에게 돌아온 결과는 인간의 소외현상이었다. 이는 인간에 대한 심리적 갈등을 초래했으며, 이로 인해 노동자들은 인간성 회복을 위한 노력을 강행하였다. 이와 같은 변화 속에서 나타난 이론이 인간관계론이다.

고전이론이 인간의 이성 측면을 강조한 합리성에 치우친 주장들이었다면, 인간관계론은 인간의 감정 측면을 중시한 인간성에 호소하는 관리기법이라고 할 수 있다. 인간관계론은 조직체에 대한 새로운 인식과 관점을 제시함으로써 조직을 연구하는 초점을 구조적 가치로부터 사회적 가치로 전환시켰다. 이는 조직을 기술적·경제적 시스템으로 보았던 과학적 관리론과 대조를 이루고 있다. 그리하여 조직설계와 인적자원관리에 있어서 과학적 관리법의 영향을 받은 구조적인 접근으로부터 탈피하여 비공식조직과 인간관계를 강조하는 조직설계와 인적자원관리 기능에 중점을 두는 방향으로 변화시켰다. 리더십과 소집단에 관련된 사회심리학적 연구를 비롯하여, 집단역학, 소시오메트릭(Sociometric) 연구, 상호작용분석 등 개인과 집단행동 및 인간관계 문제 등에 대한 과학적 연구가 이루어졌는데, 이는 1950년대에 본격적으로 발달하기 시작한 행동과학의 토대가 되었다.

그러나 인간관계론도 경영자의 생산성 향상을 위한 도구로서 인간을 취급한 것이 아닌가 하는 비판과 함께, 실험의 방법이 부적절하여, 즉 자극 이외의 요인이 영향을 끼칠 수 있다는 점, 방법론의 문제 등의 한계점이 있었다.

2) 호손실험

사회학자인 메이요(George Elton Mayo)와 뢰스리스버그(Fritz J. Roethlisberger)가 호손(Hawthorne) 공장(미국의 서부전기 시카고 공장)에서 수행한 호손실험의 연구 결과, 생산성은 작업집단의 구성원들 사이에서 형성되는 상호작용에 의하여 크게 영향을 받고 있다는 것이 나타났다. 생산성을 향상시키는 것이 작업환경 등 '외부'에 있는 것이 아니라 작업집단에 관련된 '심리적, 내부적 요소'와 더 밀접한 관계가 있음을 발견하였다. 그 후의 계속된 실험으로 생산성을 좌우하는 것은 권한체계나 규정준수가 아니라 상사, 동료와의 관계, 집단 내의 분위기, 비공식집단 등 '인간관계'라는 사실을 발견하였다. 인간관계론에서 중시하는 내용은 비공식집단의 중요성, 개인의 행동동기, 인간중심의 경영, 참여의 경영이다. 비공식집단의 중요성은 생산성이나 조직 내 인간행동은 직무체계, 표준생산량, 규정보다는 집단구성원들 사이의 사회적 인간관계에 의해 더 지배를 받는다는 것이고, 개인의 행동동기는 인간은 단순한 경제적 욕구에 의해서만 행동하지 않고 소속감, 사랑과 미움, 의존 등 인간관계적 욕구에 의해 행동한다는 것이다. 인간중심의 경영은 직무만족이나 상사로부터의 인정이 종업원행동의 가장 중요한 동기이기에 구성원 직무만족을 위해 조직은 인간중심적이고 직무만족을 높일 수 있는 관리를 해야 한다는 것이고, 참여의 경영은 구성원은 조직 상층부와 정보를 나누고 토론하며 의사결정에 참여하려 하기에 상담과 인터뷰가 빈번해야 하고 민주적 리더십, 경영참여, 상담제도 등이 필요하다는 것이다.

3 시스템이론

인간관계론의 한계점으로 인하여 인간에 대한 정교하고 과학적인 지식의 필요성을 절감하게 되었다. 이런 지식들을 발전시키는 데는 당시의 경영학 내부에서는 한계가 있었기 때문에 심리학, 사회심리학 등 다방면의 인접과학들의 신세를 지게 되었고, 상호교류를 하면서 인간행동에 대한 연구를 함께 추진하였는데 이를 통틀어 '행동과학'이라고 부른다. 행동과학이란 "인간행동에 대한 체계적인 연구"로 정의할 수 있다. 다만 인간관계론자들과 다른 점은 인간행동을 객관적이고 과학적인 관찰을 통해 파악하려 했다는 것이다. 행동과학적 접근은 현대사회에서 인간행동과 조직체 행동이 복잡해져 감에 따라서 학문적인 중요성이 증대되었다.

시스템이론은 제2차 대전 후 오스트리아 출신의 생물학자인 버틀란피(Ludwig von Bertalanffy)가 여러 학문분야를 통합할 수 있는 공통적인 사고와 연구의 틀을 찾으려는 노력 끝에 발표한 이론이다. 버틀란피(Bertalanffy)

는 과학이 발달하고 인류의 문화가 발전할수록 여러 학문분야 간의 교류가 더욱 증진되어야 함에도 불구하고 도리어 학문별 사고방식, 연구초점과 방법 등이 점점 달라져서 학문 간의 대화와 상호간의 이해 그리고 교류가 점점 어려워지는 것을 느꼈다. 그리하여 자연과학 분야는 물론 사회과학을 포함한 모든 학문분야를 통합할 수 있는 이론으로서 일반시스템이론을 발표하게 된 것이다.

근본적으로 시스템이란 서로 연관된 부분들이 모여서 만들어진 개체를 뜻한다. 시스템의 구성요소로서 개체(unitary whole), 부분(elements), 이들 부분들 사이 및 개체와 부분들 간의 상호연관성이 있다. 일반시스템이론은 우리들의 세계 전체를 대상으로 이를 구성하고 있는 모든 부분들 간의 상호관계를 연구하고 이를 이해하는 데 도움이 되는 종합적인 틀을 제공하는 것이 기본목적이다. 일반시스템의 공통적인 기본속성으로는 부분의 상호연관성과 상호의존성, 전체성, 목표지향성, 입출력 및 전환과정. 엔트로피, 통제, 기능의 분화, 이인동과성(異因同果性: equifinality)으로 설명할 수 있다.

경제학자 보울딩(K. E. Boulding)[13]은 여러 시스템을 체계적으로 분류하면서 자신의 일반시스템이론을 정립하였다. 시스템의 복잡성을 기준으로 분류한 보울딩(Boulding)의 아홉 가지 수준의 시스템 유형을 요약하면 다음과 같다. 시스템은 정태적 구조시스템, 간단한 동태적 시스템, 사이버네틱스 시스템, 개방적 시스템, 유전적-사회적 시스템, 동물 시스템, 인간 시스템, 사회조직 시스템, 초월적 시스템으로 분류할 수 있다. 정태적 구조시스템은 시스템의 정태적 구조는 시스템 수준에 있어서 가장 근본적인 틀로 인정되고 있다. 우주나 지구와 같은 생태구조가 한 예이다. 간단한 동태적 시스템은 시계의 동작과 같이 시스템이 미리 정해진 동작 그대로 움직이는 동태적 수준을 뜻한다. 사이버네틱스 시스템은 자동온도조절장치와 같이 제한된 범위 내에서 통제장치를 사용하여 정보피드백에 의하여 시스템의 균형을 찾고 시스템의 자기유지가 가능한 수준을 말한다. 개방적 시스템은

---

13) Boulding, K. E.(1953), *The Organizational Revolution: A Study in the Ethics of Economic Organization*, Harper & Brothers.

자기유지를 외부로부터 입력과 에너지 공급을 통하여 달성해 나감으로써 시스템 내의 엔트로피에 대응하는 자체생산과 재생산이 가능한 수준이다. 유전적-사회적 시스템은 식물과 같이 유전적 재생이 가능하고 환경을 감지할 수 있지만 이를 정보화하여 환경에 적절히 대응하지는 못하고 이미 확정된 수명단계를 거쳐나가는 수준이다. 동물시스템은 동물과 같이 이동성이 있고 자아인식과 목적 지향적 행동이 가능하다. 그리고 환경으로부터 정보를 받아서 정보화하고 구조화할 수도 있고 또 이를 저장할 수 있는 능력을 가지고 있다. 인간시스템은 동물시스템의 기능은 물론 그 이외에 자아의식과 사고, 언어와 상징, 정보활동, 목적설정과 계획수립, 이에 따른 생활과 자기개발 등의 특징을 가진다. 사회조직 시스템은 인간들이 모여서 구성되는 시스템으로서, 상호작용을 통하여 인간시스템에 영향을 주고 또 인간시스템으로부터 영향을 받으면서 인간사회와 문명 그리고 인간역사를 형성해 나간다. 초월적 시스템은 우리들 세계를 초월한 불가지(不可知)의 시스템으로서 그 구조와 체계는 누구도 표현할 수 없고 알지조차 못하는 가장 복잡한 시스템이다.

사회문화가 발전함에 따라서 조직체의 환경이 복잡해지고 조직체와 환경과의 관계도 더욱 밀접해졌으며, 조직체 내부의 여러 기능도 상호간의 연결성이 점점 커짐으로써 경영조직에서 일반시스템이론의 적용성이 점점 증가해 왔다. 고전이론이나 인간관계론은 조직을 폐쇄시스템으로 전제하고 내부구성원에만 초점을 두었으나 경영조직은 개방시스템으로서 외부와의 관계 속에서 존재하기 때문에 외부의 자원, 에너지, 정보를 받아들이고 전환시켜 재화와 서비스형태로 외부에 산출하고 이를 다시 피드백시켜 환경과의 균형을 유지한다.

그러나 시스템이론은 조작(manipulation)을 통한 비윤리적, 비인간적, 독재적이라는 비판과 함께, 결과 지향적으로 행위의 내적 과정의 중요성을 무시한다는 한계점이 있다. 또한, 성과와 관련된 중심행위를 분명히 정의할 수 있는 직무상황에 만족하게 되고, 경영자들에게 기법의 효과적 이용을 가르치기 어렵다. 시스템이론의 도입으로 경영조직을 보다 개방된 관점에서 외부와의 관계를 강조하면서 연구하도록 시각을 넓혀 준 것은 사실이지만 직접 조직행동문제를 해결하거나 실제 적용할 수 있는 그 무엇을 만들어 내지는 못했다.

4 상황이론

상황이론이란 조직구조나 관리체계가 외부환경, 조직의 규모 또는 기술에 의해 영향을 받는다는 이론이다. 보다 구체적으로 조직외부의 어떤 환경이 조직과 그 하위시스템에 어떠한 영향을 미치며, 조직 전체시스템과 하위시스템이 어떠한 관계를 이룰 때 조직의 유효성이 높아질 수 있는가, 그리고 각 변수간의 적합적인 관계란 환경요인과 조직 전체 또는 각 하위시스템이 어떤 관계가 있을 때를 말하는 것인가 하는 문제를 해명하려는 이론이다. 상황이론 관점에서 보면 조직의 형태나 관리방식은 조직의 기술, 규모, 환경 등에 따라서 「가장 적합하고 합리적인 방식」이 여러 개 존재할 수 있는 것이며 테일러의 표준화 방식, 베버의 관료제 방식처럼 동서고금을 통해 유일하게 합리적인 방식이 존재하는 것은 아닌 것이다. 이러한 사조의 영향을 받아 경영 자체를 상황에 따라 파악하려는 분위기가 널리 퍼졌으며 상황에 따라 조직구조를 달리할 뿐 아니라 리더십행위, 관리제도, 커뮤니케이션 방식을 달리해야 한다는 주장들이 뒤를 이었다.

구조적 상황이론(structural contingency theory)은 조직구조는 상황요인에 의해 결정되며, 조직의 효과성은 조직의 구조적 특성과 상황적 특성이 얼마나 적합한가에 달려 있다고 주장하는 조직이론을 말한다. 즉 구조적 상황이론은 환경·기술·규모 등의 상황변수와, 조직구조·관리체계·관리과정 등의 조직특성변수, 그리고 조직 효과성의 세 변수간의 관계에서, 조직의 설계는 상황변수에 의해 좌우되며, 조직설계가 이러한 상황변수에 합하게 설계되어야 조직의 효과성이 제고된다는 점을 강조한다.

이상으로 조직행동연구의 발전과정에 대하여 설명하였다. 조직행위론은 과학적 관리법, 일반경영이론, 관료이론 등 경영학의 고전이론의 영향을 받았고, 특히 호손실험에서 시작된 인간관계와 일반시스템이론, 상황이론

그리고 이들에 기반을 둔 행동과학에 직접적인 영향을 받으면서 발달해 왔다. 행동과학은 현재도 계속 연구 중이며, 생산성 향상과 조직 경영활동의 질을 높이는 데 큰 역할을 하고 있다.

조직행위론은 현대사회와 조직체의 복잡화 그리고 인간행동의 복잡성으로 말미암아 이의 학문적 중요성이 점점 커지고 있다. 개인과 집단의 행동 그리고 조직체의 행동을 이해하고 조직체의 성과를 올리기 위한 조직행동연구의 중요성은 더욱 커질 것으로 기대된다. 앞으로 우리의 사회 환경이 더욱 복잡해질수록 조직체에서 인간의 욕구와 기대 그리고 행동경향도 더욱 복잡해질 것이 확실하다. 따라서 개인과 집단의 행동 그리고 조직체의 행동을 이해하고 조직체의 성과를 올리기 위한 조직행위연구의 중요성은 더욱 커질 것으로 기대된다.

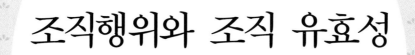

제 2 장

조직행위와 조직 유효성

제 2 장   조직행위와 조직 유효성

개인목표와 조직목표

1   개인목표의 중요성

개인이 조직에 참여하는 이유는 조직의 목표를 달성시켜주기 위해서라기보다는 개인의 목표를 달성시키기 위하여 조직을 이용하는 것이라고 보아야 한다. 다시 말하면 개인의 다양한 욕구들(needs)을 조직에 참여함으로써 충족시킬 수 있을 것이라고 기대하기 때문인 것이다. 반대로 조직이 그러한 개인들을 조직구성원의 한 사람으로 받아들이는 이유는 조직의 목표달성에 그들의 공헌이 필요하기 때문이다. 그래서 개인과 조직의 관계는 그들의 고유한 목표들을 달성하기 위하여 서로가 서로를 필요로 하고 서로를 수단이나 도구로 생각하는 이른바 '수단적 상호관계'인 것이다. 조직의 구성원인 개인은 개별적으로는 달성하기 어렵거나 불가능한 목표들―다양한 욕구들의 충족―을 조직 내의 다양한 기능과 직무의 수행을 통하여 실현시키고 있는 것이다. 조직이 그들의 공헌에 대하여 다양한 형태의 보상(rewards)을 제공하는 대가로 개인은 조직을 위하여 그들의 시간, 노력 및 경험과 재능 등의 형태로 기여하게 된다. 따라서 개인과 조직의 관계는 상호보완적이고 교환적인 관계를 이루게 되는 것이다.

조직행위론은 조직구성원 개개인의 목표인 다양한 욕구를 이해하고 그들의 목표 달성(욕구 충족)을 도와줌으로써 조직의 목표 달성에 공헌할 수 있도록 하기 위해 조직 내에서의 개인 차원은 물론, 집단과 조직 차원의 행동들을 분석하고 이해하려는 학문 분야인 것이다.

2 개인과 조직 간의 교환관계

조직행위론의 궁극적 목표는 개인과 조직 간의 상호교환적 관계를 이해하고 조직구성원들이 그들의 목표 달성을 위해 그들의 욕구 표출을 어떻게 하며 조직의 목표달성에 공헌하도록 하기 위해서 그들의 동기를 어떻게

그림 2-1. 개인–조직 간 성공적 교환관계

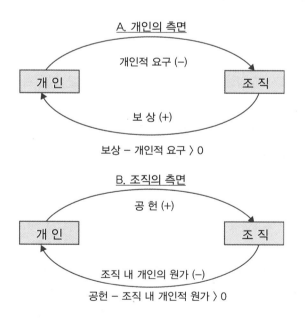

Source: Hicks, H. C. and C. Ray Gullet(1975), *Organizations: Theory and Behavior*, New York: McGraw-Hill, p. 25.

유발해야 하는가를 이해하고 그 방안들을 탐색하는 데 있다.

개인과 조직의 관계에 대한 이해는 개인의 목표가 달성된 정도를 파악하는 데 도움이 될 뿐만 아니라 개인이 조직의 목표 달성에도 어느 정도 기여하고 있는지를 파악하는 데 큰 도움을 준다. 일반적으로 조직구성원인 개인은 조직에 대한 공헌보다는 조직이 개인에게 주는 보상이 크기를 기대하는 반면 조직은 개인에게 주어지는 보상보다 조직에 대한 공헌이 더 크기를 기대하기 마련이다.

<그림 2-1>에서처럼 개인이나 조직의 입장에서 모두 비용 또는 원가보다 이익, 즉 개인에게 주어지는 보상이나 개인이 조직에 제공하는 공헌이 더 크다면 양자의 교환관계는 모두가 만족하는 성공적인 교환관계를 형성하게 되고 조직의 지속가능한 성장과 발전을 기대할 수 있다.

제 2 절
조직행위와 행동과학적 접근

행동과학(behavioral science)이란 특정의 사회적·문화적 환경 내에 있어서의 인간의 행위에 관한 체계적 연구라 할 수 있다.[1] 그러나 조직행위론 차원에서의 연구 대상은 경영관리에서 가장 핵심적 자원이라 할 수 있는 종업원의 행동이며 기업에 있어서의 종업원의 행동에 관한 체계적인 연구를 통하여 기업 조직의 성과와 조직구성원의 만족을 동시에 실현할 수 있는 방안을 모색하려는 것이 조직행위론의 주된 목표이다.

행동과학은 어느 사회 문화적 환경 속에서 대부분의 사람들이 어떻게 행동할 것인가 하는 것(predictability of behavior)에 대한 고찰을 하면서 인간 행위에 관한 연구와 개발 및 활용의 과정을 거치면서 조직 유효성 향상에 기여하려는 데 그 목적을 두고 있다. 따라서 이 같은 행동과학적 연구와 조직행위론에 대한 탐구에서는 그 초점을 조직 목표 달성에 기여할 수 있

---

1) Rush, M. F.(1969), *Behavioral Science*, The Conference Board in Canada, p. 1.

는 동기유발에 둠으로써 종업원의 직무 성과에 영향을 미치는 주요 요인 즉, 조직 유효성에 영향을 미치는 요인들을 탐색해내고, 그 요인들 간의 관계를 규명하는 한편 그 요인들의 통제 방안을 모색하는 데 역점을 둔다.

제 3 절
조직의 성과와 조직 유효성

기업 조직은 경제적·기술적·사회적 요소들의 복합 시스템이다. 따라서 기업 경영은 경제적 측면과 기술적 측면 그리고 사회적 측면, 모두를 두루 중요시하지 않을 수 없다. 기업 경영에서 경제적 측면이 중요시되는 이유는 경영에 있어서의 경제적 합리주의(economic rationalism), 즉 경제성이 경영성과에 지대한 영향을 미치기 때문이다. 그리고 기술적 측면의 중요성은 경영의 주요 기능인 생산 활동의 성패가 기술적 요소들에 의해 좌우되기 때문이다. 한편 기업 경영에서의 사회적인 측면이 중요시되는 이유는 ‘기업은 곧 사람이다’라는 명제가 의미하듯이 기업 조직을 움직이는 주체는 사람이고 기업은 조직구성원인 사람과 사람들 간의 상호작용(interaction) 메커니즘으로 형성된 사회시스템이기 때문이다.

일반적으로 조직의 목표는 소기의 성과를 달성하는 데 있다. 그러한 성과는 해당 조직이 어떤 어념과 가치를 지향하는가에 따라 달라질 수 있고 그 성과를 측정하는 기준도 달라지게 된다. 우리말의 성과(成果)라는 단어는 한자의 뜻대로 풀이하자면 ‘이루어낸 결과’이다. 인간이 하는 행동은 대체로 의도적인 경우가 대부분이지만, 그냥 생각 없이 비의도적으로 한 행동의 경우에도 어떤 형태로든 결과는 남기 마련이다. 본서에서 논의하고자 하는 성과의 개념은 인간이 행한 모든 행동의 결과로서가 아닌 어떤 의도를 가지고, 더 나아가서는 목적이나 목표가 설정된 상황이나 상태에서 행한 행동이나 활동을 통하여 얻어낸 결과에 국한된 것이다. 성과를 의미하는 영어 단어는 Performance인데 그 원형동사는 Perform이다. 그 의미

는 '하다', '행하다', '수행하다', '이행하다', '실행하다', '성취하다'의 의미 외
에도 '공연하다', '연기하다', '연주하다'의 의미로 쓰이기도 한다. perform이
라는 단어의 의미를 들여다보면 주어진 명령이나 의무, 임무, 또는 일이나
과업과 같은 것이 부여된 경우에 쓰일 수 있음을 짐작할 수 있다. 수행한다
거나 실행한다는 말은 임무나 약속처럼 주의를 기울이고 노력해야 하는 한
편, 나름의 자질과 능력 나아가서는 숙련(skill)을 요하는 일을 한다는 의미
이다. 좋은 계획도 실천되지 않으면 계획으로 남는다. 실행 없이는 어떤 성
과도 없다. 다시 말하면 조직은 설정한 목표를 달성해내기 위해서 소기의
성과를 이루어내어야 하고 그러한 성과의 달성을 위해서는 조직구성원들에
게는 수행해야 할 과업이나 직무가 주어지기 마련이고 그 결과 만족스럽든
그렇지 못하든 간에 나름의 결과가 나타나게 되는 것이다. 그리고 조직 내
에서 이루어지는 공식적인 인간의 행위들은 직무와 관련된 것이고 따라서
성과지향적인 행위인 것이다. 따라서 조직행위에 관한 연구는 조직의 성과
를 효과적으로 달성해내기 위해서 조직 내 인간 행위와 관련된 제 현상을
이해하고 인과관계의 설명을 통해서 이론적 체계를 정립함으로써 인간의
행위를 예측하고 구성원들의 행동변화를 유도하거나 동기를 유발할 수 있
어야 한다.

　성과의 개념을 설명하는 공식으로 P = A + B가 있다. 즉, Performance
= Achievement + Behavior 이다. 이 공식에 의하면 성과는 어떤 결과이며,
또한 그 결과를 만들기 위한 행동이다. 예를 들어 고속버스 운전기사의 성
과는 버스를 운전하는 행동과 승객을 목적지에 무사히 도착시키는 결과 모
두이다. 결국 성과는 행동과 결과를 모두 포함하는 말이다. 그런데 중요한
것은 결과가 단순히 결과 그 자체를 의미하지 않는다는 것이다. 여기서의
결과는 고객을 만족시키는 가치 있는 결과를 말한다. 만일 고속버스를 타
고 온 승객이 목적지에 도착은 했지만 버스를 타고 오는 동안의 서비스에
불만족했다면 다음 번에는 다른 회사의 버스를 이용하게 될 것이다. 결국
운전기사의 노력은 성과로 완성되지 못한 것이다. 다른 예로 누군가 단기
적 임무로 보고서를 완성했다고 하자. 그는 분명히 결과를 만든 것이다. 그
러나 그 결과가 성과가 되기 위해서는 그 보고서를 이용하여 다음 성과를

만드는 사람에게 기여할 수 있는 가치가 있어야 한다.

그러므로 열심히 노력하면 누구나 어떤 형태로든 결과는 나타나지만, 그것이 반드시 성과라 할 수는 없다. 조직의 성과도 마찬가지이다. 조직이 만들어 내는 최종 산출물인 상품과 서비스가 가치 있는 결과로서 인정받지 못하면, 즉 고객이 만족하지 못하면 성과라 할 수 없다. 경영학의 아버지로 불리어진 피터 드러커(P. F. Drucker)의 말대로 조직에서 발생하는 것은 노력과 비용뿐이다. 그러므로 성과야말로 세상을 움직이는 핵심이라 할 수 있으며, 비즈니스의 중심이 될 수밖에 없다.

1990년대 이후 교육훈련의 새로운 흐름으로 등장한 수행성과 공학 (Performance Technology)은 높은 성과를 지향하는 사회로의 흐름에서 나온 것이라 할 수 있다. 수행성과공학이란 조직성과에 연결된 개인의 성과 문제, 즉 조직이 요구하는 업무성과 수준과 현재의 수준의 차이를 규명하고 그 원인에 따른 해결책을 찾는 방법론이다. 결론적으로 조직이 요구하는 성과를 올리기 위해서는 잠재 능력이 높은 사람을 선발하고, 성과 산출에 필요한 지식을 제공하고, 동기를 가지고 일할 수 있는 보상 시스템을 제공하고, 최적의 직무 환경을 제공해야 한다.

조직의 교육요구를 도출함에 있어서도 과거에는 직무를 과업(task)으로 나누고, 과업 수행에 필요한 지식, 기능, 태도를 규명하였다. 그러나 최근에는 조직성과에 관련된 핵심적 업무성과를 산출하는 데 필요한 교육 수요를 직접 도출하거나, 성과 산출에 요구되는 핵심역량을 규명하여 그에 필요한 교육적 수요를 도출하고 있다.

올바른 목표의 달성을 강조한 피터 드러커는 "효과적인 지식근로자는 공헌에 초점을 맞춘다. 즉 작업 그 자체에서부터 결과로, 전문분야로부터 성과가 드러나는 외부세계에 초점을 맞춘다"라고 하였다. 결국 성과가 존재하는 유일한 장소는 외부 세계이며, 아무리 전문적인 결과라 할지라도 내부적인 결과에 머무르면 성과라 할 수 없는 것이다. 그러므로 일하는 사람이 가장 먼저 할 일은 자신이 궁극적으로 어떤 성과에 공헌해야 할지를 명확하게 알고, 그곳에 초점을 맞추는 것이다.

성과를 측정하는 지표는 무수히 다양하고 많다. 성과지표라면 대체로 재무제표로 나타나는 계량적인 것들을 떠올리는 경향이 있다. 직원의 근태율, 직무만족도, 매출액, 시장점유율, 브랜드 파워, 기업의 대외 이미지, 기업의 사회적 책임 완수정도, 소비자의 만족도, 기업의 경쟁력(가격 경쟁력, 품질 경쟁력, 디자인 경쟁력 등), 노사관계 안정성(파업일수, 단체교섭기간 등…)

사 례 **조직의 유효성 – "옳은 일 하기"**

조직의 유형이 어떠하든 간에 조직관리의 목표는 성과(performance) 달성에 있다. 조직의 성과를 가늠하는 두 가지 지표로는 조직 효과(유효성: effectiveness)와 조직의 능률(efficiency)이 있다. Peter Drucker는 능률과 효과를 다음과 같이 설명한다.

능률은 '일을 바르게 하는 것(doing things right)'이라고 했다. 이는 조직의 목표를 달성하는 데 있어서 자원사용을 최소화하는 능력, 즉 일을 바르게 하는 것이라고 하였다. 즉 능률은 물리공학에 기초한 개념으로서, 투입(input)에 대한 산출(output)의 비율관계를 말하는 것이다. 기업경영에 있어서 투입은 기업이라는 조직이 동원할 수 있는, 인적자원, 물적자원, 재무적자원 등을 총칭한다. 그러므로 기업조직에 있어서 능률은 경영자가 동원할 수 있는 한정된 투입 자원으로 보다 높은 산출을 얻어내는 것을 의미한다. '능률적'이라는 표현은 투입에 대한 산출의 비율이 1과 같거나 더 큰 경우를 뜻한다. 그러므로 경영자들이 목표를 달성하기 위하여 사용하는 자원투입 비용을 최소화할 수 있을 때 그들은 임무를 능률적으로 수행했다고 말할 수 있는 것이다. 즉 능률이란 조직이 여러 자원들을 얼마나 잘 활용하고 있는지를 단기적으로 측정하는 개념인 것이다.

그런데 반해 효과 또는 유효성이란 적절한 목표를 결정하는 능력, 즉 '올바른 일을 하는 것(doing the right thing)'을 의미한다. 다시 말하면 기업조직에 있어서 품질수준을 그대로 유지하면서 계획기간 내에 목표생산량을 달성해내는 것을 말한다. 즉 효과란 조직이 일정 기간이 지난 후에 그의 목표에 얼마만큼 도달했는가를 가늠하는 지표이다. 그런데 이때 목표달성을 위해 사용된 자원의 양은 고려되지 않는 것이다. 자원을 낭비하더라도 목표만 달성하면 일단은 효과적이라고 말할 수 있는 것이다. 효과란 조직 목표에 대한 달성 정도를 의미한다. 효과적인 경영자나 리더는 올바른 접근

방법을 선택하여 그들의 목표를 달성한다. 즉 조직구성원의 성취노력에 대해서 제공되는 구성원의 반대급부에 대하여 구성원이 느끼는 만족의 정도를 말하는 것이다. 조직의 효과는 구성원이 느끼는 만족의 정도에 따라 크게 달라지게 된다. 따라서 구성원이 조직에 대하여 만족을 얻을 때 보다 협동적이고 적극적이며 긍정적 심리상태가 된다. 그뿐만 아니라 구성원 간에 협력적이며, 자신 일에 대해 창의적이고, 적극적으로 노력한다.

1990년대 초기 IBM사의 실패사례는 효율성을 유지하기 어렵다는 경우를 보여주고 있다. IBM사에서 생산한 새로운 컴퓨터들은 분명히 그 이전의 모델들보다 더 훌륭한 것들이었다. 즉 IBM사는 많은 일들을 올바르게 하고 있었던 것이다. 다시 말해서 방법론적인 측면에서는 보다 나은 메인프레임 컴퓨터를 능률적으로 생산하고 있었던 것이다. 하지만 잘못된 의사결정, 잘못된 목표의 설정이 실패의 주요한 요인이었던 것이다.

불행하게도 전 세계 컴퓨터 시장은 IBM사의 전략방향인 메인프레임 컴퓨터와는 다른 PC(Personal Computer)로 옮겨가고 있었던 것이다. IBM의 경쟁사들은 이미 네트워크(network)와 노트북(portable) 및 팜탑스(palmtops-손바닥만 크기의 초소형 컴퓨터)시장으로 옮겨가고 있었다. 결과적으로 IBM은 방법론적으로는 능률적인 생산은 하고 있었으나, 잘못된 의사결정과 전략상의 실패, 잘못된 목표의 설정으로 잘못된 길을 가고 있었던 것이다.

따라서 경영관리가 성공적으로 기대한 성과를 달성해내려면 끊임없이 두 가지 물음을 동시에 던져보아야 한다. 즉 "일을 올바르게 수행하고 있는가?(Are we doing things right?)"와 "올바른 일을 수행하고 있는가?(Are we doing the right thing?)" 이 두 가지 물음 가운데 보다 더 중요한 것은 "올바른 일을 하고 있는가?"이다. 왜냐하면 단기적으로 자원의 낭비를 최소화하면서 아무리 능률적으로 일을 하더라도 목표 자체가 잘못 설정된 경우라면 소용이 없는 것이다. 다시 말해서 잘못된 일을 모든 수단과 방법을 동원해서 아무리 잘 해내도 그 결과는 무용지물이 되고 마는 것이다.

경영의 직무성과

조직 관리나 기업 경영을 잘했느냐 못했느냐를 평가할 때 "능률적(efficient)이었는가, 혹은 효과적(effective)이었는가?"라고 말을 한다. 능률성(efficiency)과 효과성(effectiveness)에 대하여는 나중에 다시 좀 더 세부적으로 다루겠지만, 기업 경영에 있어서 경영자를 평가할 때에, 경영자는 조직의 목표를 능률적이고, 효율적으로 달성하여야 한다는 주장에 대해서는 부인할 사람이 없을 것이다.

경영관리의 주요 목적은 조직의 목표를 달성하는 것이라고 말할 수 있다. 목표를 달성한다는 말은 다른 말로 하면, 업무수행에서 성과(performance)를 달성한다는 말이다. 경영성과를 데이비스(Davis, Keith)는 다음과 같은 공식으로 설명하고 있다.[2]

경영성과 = 인간의 성과 × 물적 요소
(BUSINESS PERFORMANCE = HUMAN PERFORMANCE × PHYSICAL FACTOR)

인간의 성과 = 능력 × 동기
(HUMAN PERFORMANCE = ABILITY × MOTIVATION)

능력 = 지식 × 기술
(ABILITY = KNOWLEDGE × SKILL)

동기 = 상황 × 태도
(MOTIVATION=SITUATION×ATTITUDE)

데이비스는 경영성과를 인간의 성과와 물적인 요소에 의하여 이루어지며, 물적인 요소는 불변적인 요소인 데 비하여 인적인 요소는 가변적 요

---

2) Davis, K.(1975), *Human Relation in Business*, McGraw-Hill Book Company Inc., p. 174.

소라고 설명하였다. 그리고 동기의 요소도 가변적인 요소라고 정의하였다.

이상에서 정의한 경영성과(Business Performance)는 효율(Efficiency)과 효과(Effectiveness)라는 말로 표현된다. 경영학자 드러커(P. Drucker, 1964)는 "효율(Efficiency)은 일을 바르게 하는 것(Doing thing right)을 의미하고, 효과(Effectiveness)는 바른 일을 하는 것(Doing the right things)"이라고 정의하였다.[3]

1 능률(성)

드러커는 효율성(Efficiency)은 일을 바르게 하는 것(Doing things right)을 말한다고 언급하였다. 이는 조직목표를 달성하는 데 있어서 자원사용을 최소화하는 능력, 즉 일을 바르게 하는 것이라고 하였다. 즉 효율성(Efficiency)은 물리공학에 기초한 개념으로서, 입력(Input) 대 산출 관계를 말하는 것이다.

예를 들면, 자동차 엔진의 효율성은 주어진 마력수준을 발생시키는 데 필요한 에너지 가치에 기초한 것이다. 경영에 있어서 입력(input)은 기업체라는 조직이 동원할 수 있는 사람, 원료, 기계, 자금 등 경영자가 동원할 수 있는 인적 자원과 물적 자원을 말한다. 효율적인 경영자는 동원할 수 있는 한정된 입력 자원으로 높은 산출을 성취하는 것을 말한다.

즉, 투입분의 산출이 1보다 같거나 큰 것을 뜻한다. 그러므로 경영자들이 목표를 달성하기 위하여 사용하는 자원 비용을 최소화시킬 수 있을 때, 그들은 효율적으로 임무를 수행하였다고 말할 수 있다.

스포츠 팀에서 예를 들면, 어떤 팀이 지도자가 갖추어야 할 기술을 가지고서, "이제까지 생각했던 것보다 시합에서 훨씬 잘 싸워"라고 말할 때 능률(Efficiency)이 있다고 말한다.

---

3) Drucker, P. F.(1964), *Managing for Result*, New York: Harper&Row, p. 5.

2 효과성/유효성

유효성이란 적절한 목표를 결정하는 능력, 즉 올바른 일을 하는 것 (Doing the right things)을 의미한다. 효과성(Effectiveness)은 조직이 소기의 목표를 달성하는 것을 말한다. 즉 기업조직에 있어서 공장장이 목표생산량 을 기대하는 수준의 품질을 유지하면서 계획 기간 내에 달성하는 것과 같 은 말이다. 그러나 이 말은 목표달성을 위해 사용된 자원의 크기는 고려하 지 않고 단지 목표달성만을 위한 것이다. 자원을 낭비하더라도 목표만 달 성하면 일단은 효과적이라고 말할 수 있는 것이다. 효과는 조직목표에 대 한 정도이다.

효과적인 경영자는 올바른 접근 방법을 선택하여 그들의 목표를 달성 한다. 즉, 조직구성원의 성취노력에 대해서 제공되는 구성원의 반대급부에 대한 구성원이 느끼는 만족감을 말한다. 즉, 조직의 효율과는 반대로 조직 의 효과는 구성원을 얻을 때 보다 협동적이고, 적극적이며, 긍정적이 된다.

그뿐만 아니라 구성원 간에 협력적이며 자신의 일에 대해 창의적이고, 적극적으로 노력한다. 조직에 대한 개인의 요구행위란 조직활동을 통하여 구성원의 근로동기가 보다 잘 충족됨으로써 보다 높은 수준의 작업생활의 질을 누리게 되는 행위를 말한다. 즉, 개인이 조직에 대한 태도여하에 따라 성취동기 여부가 결정된다.

이상과 같이 기업경영에 있어서 아무리 능률적인 경영이라 하더라도 효과적인 경영이 되지 못하는 수가 있다. 예를 들면, 아무리 훌륭한 자동차 를 능률적으로 생산하였다고 하더라도 디자인이 뒤졌다면 소비자에게 외면 당하고, 그 결과로 판매목표는 달성될 수가 없다. 또한 아무리 효과적인 경 영이라고 하더라도 그동안 투입한 노력에 비해 결과가 미흡하다면 문제가 있는 것이다.

3 조직의 효과에 관한 여러 연구

효과(effectiveness)가 경영활동에 있어서 얼마나 중요한 개념인가에 관

해서는 이미 앞에서 충분히 논의해 왔고 그 개념의 정의에 관해서도 제5장
제1절에서 고찰하거니와 여기에서의 논의를 위해 몇 개의 정의만을 살펴보
기로 한다.

<표 2-1>에서 보는 바와 같이 조직효과는[4] 논자에 따라, 그리고 시점
에 따라 여러 가지로 정의되고 있는데 문제는 조직은 수단이지 목적이 아
니라는 점에 있다.

표 2-1. 조직효과의 정의

연 구 자	정 의
Georgopoulos Tannenbaum(1957)	사회적 시스템으로서의 조직이 주어진 자원과 수단으로 수단과 자원을 못쓰게 만들지 않으면서 그리고 종업원에게 부당한 압력을 가하지 않으면서 목표를 수행하는 정도
Etzioni(1960)	조직이 그의 목표를 달성하는 능력
Katz-Kahn(1966)	경제적 및 기술적 수단에 의해(능률화) 그리고 정치적인 수단에 의해 조직에 최대한의 이익을 가져오는 것
Steers(1975)	조직이 그의 실제적이며 현실적인 목표의 추구를 위해 부족하고 가치있는 자원을 가능한 한 민첩하게 얻고 활용하는 조직의 능력
Penning-Goodman (1977)	관련되는 압력요소(이해관계자)가 만족되고 조직의 결과가 일련의 복수목표에 접근되거나 넘으면 조직은 효과적이다.
Pfeffer(1977)	효과적인 조직은 자원의 상호의존관계의 유형을 파악하고 가장 중요한 의존성을 관리하는 집단의 요망사항을 올바르게 이해하고 그 요망사항에 대응하는 조직이다.

원래 경영조직은 그 어떤 형태를 취하든 간에 그 자체가 목적이 아니
고 오직 수단에 불과하다. 드러커가 말하듯이 조직은 기업활동에 있어서
불가결한 수단이며 불건전한 조직은 효과적인 기업활동을 곤란하게 하여

4) 조직효과에 관해서는 특히 다음 문헌을 참고하기 바란다.
  ① Evan, W. M.(1976), Organization Theory and Organizational Effectiveness: An Exploratory Analysis, *Organizational and Administrative Science*, No. 7.
  ② Goodman, P. S. and Pennings, J. M.(eds.)(1977), *New Perspectives on Organizational effectiveness*, Jossey-Bass.
  ③ Conolly, T. et al.(1980), Organizational Effectiveness: A Multiple- Constituency Approach, *Academy of Management Review*, No. 2.

기업활동의 성과(performance)를 파괴시켜 버린다는 의미에서 매우 중요한 수단임엔 틀림없다. 그러나 그것이 제아무리 불가결하고 중요한 수단이라고 하더라도 수단이라는 것에는 변함이 없다. 말하자면 조직은 어떤 목적을 달성하기 위한 수단이라는 것이다.

스타이너 등은 기업의 제 목표는 기업이 중요하다고 생각하는 모든 활동과 달성하기를 원하는 모든 업적을 말한다고[5] 추상적으로 정의하는 데 반해, 레이어(A. Raire)는 ① 수익성, ② 시장, ③ 생산성, ④ 제품, ⑤ 재무적 자원, ⑥ 물리적 시설, ⑦ 연구·기술혁신, ⑧ 조직, ⑨ 인적 자원 및 ⑩ 사회적 책임 등을[6] 제시하고 있다.

조직효과라고 하는 개념을 조직론 속에서 처음으로 체계화한 사람은 현대조직론의 「조부」로 알려진 바나드이다. 그는 조직에는 ① 공통의 목적(common purpose) 즉 조직목적, ② 의사소통(communication) 및 ③ 공헌의욕(willingness to serve) 등의 세 개 요소가 포함되며 이들은 조직의 성립에 필요하며 충분한 조건이고 또한 조직의 존속을 위해서는 효과와 능률의 두 가지가 모두 요망된다고 지적하였다.[7] 여기서 그의 유명한 조직균형론이 등장하게 된다.

바나드 이후의 조직효과에 관한 연구는 ① 목표모형(goal model)과 ② 시스템모형(systems model)으로 대분된다.[8]

현실조직론에 있어서 조직효과에 관한 연구는 앞에서 논한 바 있는 바나드의 조직효과에 관한 연구를 포함한 목표모형으로부터 시작되었다.

목표모형에서는 조직목표의 적절성과 달성이 문제가 되나 최종적으로는 설정된 조직목표와 그의 현실적인 달성도가 문제가 된다. 다시 말하면 조직목표적절성론에서 시작하여 조직목표달성론으로 발전하였다. 이는 초점이 목표자체의 존재방식으로부터 그의 달성방법에의 이행을 의미한다. 이는 결국 시스템모형이 된다.

---

5) Steiner, G. A. and Miner, J. B.(1980), 앞의 책, p. 168.

6) Raire, A.(1974), *Management by Objectives*, p. 150.

7) Barnard, C. I.(1938), *The Functions of the Executives*, pp. 20-59.

8) 이에 관한 상세한 내용에 관해서는 다음 문헌을 참고하기 바란다. ① Connolly, T. et al., 앞의 논문.

시스템모형의 입장을 취하고 있는 에치오니(A. Etzioni)에 의하면 조직효과의 중심과제는 "조직이 그의 목표에 어떻게 헌신하고 있는가"가 아니고 "주어진 조건하에서 조직의 자원배분이 어느 만큼 최적상태로 접근하고 있는가"에 있다고 지적한다. 즉 최적화(optimization)가 중심축이 되며 조직효과에 있어서 필요한 것은 하나의 활동에 대한 만족의 극대화가 아니라 조직상의 여러 가지 필요에 응하여 자원배분의 균형(a balance of distribution resources)을 기하는 일이라는 결론이다.

4 조직효과의 평가기준

조직효과는 측정되고 평가되어야 한다. 그런데 조직효과에 영향을 미치는 요소가 너무 많아서 측정과 평가가 곤란한 것은 사실이다. 핸디(C. B. Handy)는 60개 이상의 변수를 제시하고 있다. 그만큼 조직효과에 대한 평가기준도 많을 수밖에 없다.

예컨대 마호니(J.A. Mahoney)등은 조직효과의 기준을 114개를 제시하고 있는데[9] 이를 몇 개의 범주로 나누더라도 ①탄력성 ②육성 ③응집성 ④민주적 감독 ⑤신뢰성 ⑥선택성 ⑦다양성 ⑧위양 ⑨교섭 ⑩결과의 강조 ⑪인사 ⑫조정 ⑬분권화 ⑭이해 ⑮갈등 ⑯고용 계획 ⑰감독자의 지원 ⑱계획수립 ⑲협력 ⑳생산성 ㉑의사소통 ㉒전직 ㉓창의성 및 ㉔감독통제 등의 여러 가지가 된다.

캠펠(J. P. Kampbell)도 다음과 같이 이보다 더 많은 측정기준을 제시하고 있다. 즉 ①전반적 효과 ②생산성 ③능률 ④이윤 ⑤품질 ⑥사고 ⑦성장 ⑧결근 ⑨이직 ⑩직무만족 ⑪동기부여 ⑫사기 ⑬통제 ⑭갈등 ⑮융통성/적응 ⑯계획 및 목표설정 ⑰목표에의 일치 ⑱역할과 규범의 일치 ⑲관리자의 대인관계 기술 ⑳관리자의 과업기능 ㉑정보관리 및 의사소통 ㉒준비성 ㉓환경의 활용 ㉔안정성 ㉕인적자원의 가치 ㉖종업원의 의사결정에의 참여 ㉗훈련 및 개발에의 강조 및 ㉘성취에 대한 강조[10] 등이다.

---

9) Mahoney, J. A. and Weitzel, W.(1969), Managerial Models of Organizational Effectiveness, *ASQ*, No. 14.

10) Kampbell, J. P. On the Nature of Organizational Effectiveness.

한편 스티어스(R.M. Steers)는 많은 연구자들의 평가기준을 잘 정리하여 <표 2-2>로서 제시해 주고 있다.

조직을 개방적인 시스템으로 보아 현대적인 새로운 조류를 형성한 시스템 조직론자들은 이 같은 효과의 문제에 각별한 관심을 보이고 있다. 이미 충분히 논의한 대로 로렌스-로쉬의 연구는 「분화」와 「통합」의 축을 중심으로 이를 논했거니와[11] 네간디-레이맨은 경제적인 척도에서 볼 때 중앙집권화된 조직보다 분권화된 조직이 효과적이었다는[12] 단순한 실증적 결과를 제시한 데 이어 레이맨은 이를 더욱 구체적으로 설명하고 있다.

그는 상대적으로 보아 효과적인 조직과 비효과적인 조직 간에는 조직구조의 차원이 근본적으로 다르며 높은 업적을 달성하는 기업의 조직유형

표 2-2. 조직효과의 평가기준

연 구 자	주된 평가기준
Blake and Mouton(64)	고 생활중심-고 종업원 중심, 기업의 동시적 달성
Caprow(64)	안정성, 통합, 자발성, 성취
Katz and Kahn(66)	성장, 생존, 환경관리
Lawrence and Lorsch(67)	통합과 분화의 이상적 균등
Friedlander and Pickle(68)	수익성, 종업원 만족, 사회적 가치
Price(68)	생산성, 준거성, 사기, 적응성, 규정화(제도화)
Schein(70)	개방적 의사소통 융통성, 창의성, 심리적 투입
Mott(72)	생산성, 융통성, 적응성
Duncan(73)	목표달성, 통합, 적응성
Bibson et al.(73)	(단기적) 생산성, 능률, 만족, (중기적) 적응성, 개발, (장기적) 생존
Negandhi and Reimann(73)	(행위지표) 인력확보, 종업원만족, 인력확대, 대인관계, 부서간관계, 인력활용
Child(74,75)	(경제적 지표) 판매성장, 순이익, 수익성 성장력

---

11) 이에 관해서는 특히 그들의 <Organization and Environment, 1967>을 참고하기 바란다.

12) Negandhi, A. R. and Reimann, B. C.(1973), Task Environment, Decentralization, and Organizational Effectiveness, *Human Relations*, Jan-Feb.

은 분권화(decentralization), 전문화(specialization) 및 공식화(formalization)라는 세 개의 차원을 포함한다는 사실을 발견하였다.

제 5 절
직무성과의 구조와 기준

경영에 있어서, 성과(Performance)란 조직활동 결과에서 나타나는 전체적인 개념으로서 사용되어지며, 능률(Efficency)과 효과(Effectiveness), 성과(Performance)의 하부 구성요소(Sub=components)이다.[13] 경영자가 조직목표를 달성하기 위하여 고려하여야 할 성과의 구체적인 구조를 보면 다음과 같다.

첫째, 성과는 간단한 기준으로 나타낼 수 있는 것이 아니라, 복잡한 복합적인 기준으로 나타난다.

둘째, 성과분석 수준은 개인구성원에서부터 조직제품과 서비스, 그리고 사회에 영향을 주는 사용자에 이르기까지 광범위하다.

셋째, 성과의 초점을 유지하고, 개선하고, 개발하는 데 목표를 둘 수 있다.

넷째, 단기에서 장기로 성과의 시간대를 설정하여야 한다.

다섯째, 계량적 목표에서 질적·객관적 수단으로 성과를 측정하는 방법으로 고려하여야 한다.

1 성과기준과 분석수준

성과의 개념은 여러 가지 기준으로 나타난다. <그림 2-2>에서 나타나는 바와 같이 성과의 계획은 경영자들이 복합적 기준으로 성과를 판단해야 한다는 것을 나타내고 있다. 예를 들면, 경영대학 학장으로서 교수들을 평

---

13) Foster R.(1986), *Innovation*, New York: Summit Books, p. 5.

그림 2-2. 경영성과를 위한 Framework

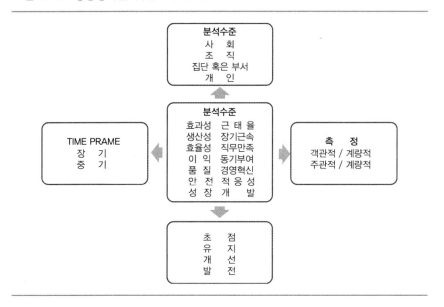

가하기 위한 성과기준(Criteria to Evaluate)으로서, 교수법(Identify Teaching), 연구실적(Research Publications), 지역사회봉사(Community Service)의 요소를 가지고 평가를 한다.

2 분석수준

분석수준(Level of Analysis)은 성과기준을 개인, 집단, 부서, 사회 등의 어느 곳에 적용할 것인가에 대한 것이다. 예를 들면, 회계사 사무실에서 집단 감사부장이 종업원 개인에 관해서나 집단의 생산성 혹은, 집단 활동의 고객만족도를 평가하는 데 각기 다른 기준을 적용한다.

3 성과의 초점과 시간 계획

성과의 초점은 세 가지로 나누어 볼 수 있다.

첫째, 특정 수준활동을 유지하기 위하여 고안된 성과를 생각해볼 수 있다.

둘째, 성과는 일반적으로 산출물(output)의 증감으로 설명될 수 있는 것으로서 어떠한 변화나 개선이 이루어지는가에 초점을 맞출 수 있다.

셋째, 성장 혹은 발전과 관련된 활동에 초점을 맞출 수 있다.

한편 성과의 시간계획구성은 목표가 달성되었을 때에 이루어진다. 어떤 시간계획에서 성과활동을 하는 것은 단기, 중기, 장기적 전망에서 목표달성을 하도록 고려하는 것이 필요하다. 예를 들면, 자료처리 부서의 부장은 재무보고서의 회합시간을 3시간에서 1시간으로 줄이고, 전직을 감소시키거나, 새로운 컴퓨터를 설치하여 4년에서 5년까지 그것을 사용할 수 있도록 종업원을 훈련시킨다는 계획을 수립할 수 있다.

제6절
성과의 측정기준

1 성과지표의 개념과 유형

1) 성과지표의 개념

성과지표(performance indicator)란 조직의 임무, 전략목표, 성과목표의 달성여부를 측정하는 척도로서 성과를 측정할 수 있도록 계량적 혹은 질적으로 나타낸 것을 말한다. 성과 지표에 의해 객관적이고 정확하게 성과의 달성수준을 측정할 수 없는 경우에는 성과관리의 목적을 달성할 수 없기 때문에 성과지표는 성과관리의 가장 중요한 요소가 된다.

2) 성과지표의 속성과 유형

성과지표의 유형에는 지표의 속성을 기준으로 볼 때 투입지표, 과정지표, 산출지표, 결과지표로 나누어진다.

(1) 투입(Input) 지표: 투입지표는 예산집행과 추진 과정상의 문제점을

발견하는 것이 목적이다. 필요한 재원 및 인력이 계획대로 집행되었는지 평가하는 지표로 예산 집행률, 사업계획에 따른 인력, 재원 및 물자의 지원 여부, 사업의 최종 산출을 위한 중간 투입물의 목표달성에 대한 평가를 하게 된다.

(2) 과정(Activity/Process) 지표: 과정 지표는 사업추진의 중간점검이 목적이다. 사업추진을 단계적으로 나누어, 각 단계의 목표달성 여부를 평가하게 되며, 사업의 최종산출을 회계연도 말까지 얻을 수 없는 경우, 사업의 최종완료까지 사업의 효과가 나타나지 않는 경우에 사용하게 된다.

(3) 산출(Output) 지표: 산출지표는 예산 및 인력 등의 투입에 비례하여 목표한 최종산출이 이루어졌는가를 평가하는 것이 목적이다. 따라서 사업이 목표한 최종 산출을 달성했는지를 평가하게 되며 최종 산출물은 사업의 궁극적인 목표를 달성하기 위한 수단이 된다.

(4) 결과(Outcome) 지표: 결과지표는 사업의 시행을 통하여 달성하고자 하는 최종 효과를 측정하기 위한 지표로 사업의 최종산출을 통해서 궁극적으로 얻으려는 성과의 달성여부에 대하여 평가하게 된다. 물질적인 산출이 없는 사업의 경우, 사업의 결과와 산출이 동일한 경우가 많다.

3) 성과지표의 관점에 따른 유형

(1) 고객 관점(Customer Perspective): 고객에 대한 만족과 감동을 어느 정도 주고 있는가를 평가하는 성과 지표들

(2) 재무 관점(Financial Perspective): 주로 재무제표로 나타나는 재무적 성과 지표들

(3) 내부 프로세스 관점(Internal Process Perspective): 효과적으로 개발되어 역량이 뛰어난 인적자원들로 이루어진 훌륭한 내부프로세스는 서비스의 질을 높이고 고객만족도까지 높일 수 있다. 조직의 핵심 프로세스와 핵심역량을 평가하는 성과지표들

(4) 학습과 성장 관점(Learning & Growth Perspective): 학습하는 조직이 성장 발전하므로 지속적인 변화 개선노력과 혁신 과정에 대하여 평가하는 성과지표

2 재무적 성과에 관한 지표들

기업의 경영실적은 재무제표에 나타나는데 이들을 평가하기 위해서는 일정한 평가기준이 필요하다. 이러한 기준에는 일반적으로 비율이나 지수 등이 사용된다. 기업의 재무 상태나 영업성과 등을 이러한 비율이나 지수로 나타내면 기업의 과거나 현재 상태를 구체적으로 파악할 수 있고, 미래에 대한 개선 방향을 제시해줄 수도 있다.

기업의 재무성과 분석을 내용면에서 보면 크게 성장성과 안전성, 수익성과 생산성, 유동성과 활동성으로 구분할 수 있다. 이러한 분석내용을 토대로 과거와 현재를 비교하여 기업의 경영상태가 어떻게 변화했는지를 파악할 수 있다. 또는 해당 기업의 재무비율과 그 기업이 속한 산업의 평균비율이나 경쟁 기업의 비율을 비교함으로써 상대적인 재무 상태를 평가할 수 있다.[14)]

1) 성 장 성

성장성은 기업의 경영규모나 기업 활동의 성과가 얼마나 증가했는가를 과거와 비교해서 나타낸 것이다. 이는 단지 기업의 매출액 증가만을 파악하는 것이 아니라 이익이나 자본 등이 어떠한 변화를 가져왔는가도 함께 파악해야 한다. 여기에는 총자산 증가율, 자기자본 증가율, 매출액증가율, 순이익 증가율 등이 있다.

2) 안 전 성

안전성은 레버리지 비율(leverage ratio)이라고 불리는데, 기업이 조달한 자본이 어느 정도 타인 자본에 의존하고 있는가를 나타내는 비율이다. 이는 부채의 원리금 상환능력을 측정하는 것으로 여기에는 부채비율과 이자보상 비율이 있다.

---

14) 지호준(2000), 21세기 경영학, 법문사, p. 303.

3) 수 익 성

수익성은 기업이 투자한 자본으로 얼마만큼 이익을 달성했는가를 측정하는 것이다. 여기에는 총자본 이익률, 매출액 순이익률, 자기자본 순익률 등이 있다.

4) 생 산 성

생산성은 기업이 투입한 생산요소에 대한 산출량을 나타내는 비율로서 경영활동의 효율성 내지는 성과배분의 합리성 등을 분석하는 데 사용된다. 생산성은 노동생산성과 자본생산성으로 구분할 수 있다.

5) 유 동 성

유동성은 기업의 단기적인 채무 지급능력을 측정하기 위한 비율을 말한다. 이때 유동성이란 기업이 보유하고 있는 총자산 가운데 단기간에 현금으로 충원할 수 있는 자산의 비중을 의미한다. 유동성에는 유동비율과 당좌비율 등이 있다.

6) 활 동 성

활동성은 기업이 자산을 얼마나 효율적으로 활용하고 있는가를 나타내는 비율로서 매출액에 대한 주요 자산의 회전율로 나타내는 것이 일반적이다. 활동성에는 재고자산회전율, 매출채권회전율, 고정자산회전율, 총자산회전율 등이 있다.

제 3 장

지   각

제3장 지 각

제1절
지각의 의의

개인의 행동은 근본적으로 그가 받는 외부의 어떤 자극에 대한 반응이라고 할 수 있다. 따라서 개인이 주어진 자극에 대하여 어떻게 지각하느냐에 따라서 그의 행동이 달라진다. 우리들은 똑같은 자극에 대하여 똑같이 지각하지 않을 뿐 아니라 우리들의 반응, 즉 행동도 모두 다르다. 따라서 지각은 개인의 행동형성과정에서 매우 중요한 역할을 한다. 동일한 자극에도 우리들의 지각이 제각각으로 모두 다른 것은 지각과정에 우리들 각자의 독특한 성격과 가치관 그리고 인식구조와 과거의 경험이 작용하고 있기 때문이다.

지각(perception)이란 개인이 자기가 처한 세상을 이해하기 위하여, 감각적으로 획득한 정보를 선택(select)하고, 조직화(organize)하며, 해석(inter-pret)하는 과정이다. 다시 말해, 지각은 환경에 대한 영상을 형성하는 데 있어서 외부로부터 들어오는 자극에 대해 어떤 의미를 부여하는 과정으로, 인지과정의 중요한 부분을 차지하며 개인행동의 중요한 요소로 작용한다.

1 지각의 중요성

(1) 객관적인 현실세계와 지각된 세계관에 차이가 있을 수 있다.

(2) 조직구성원은 서로가 지각하고, 타인에 의해서 지각되어진다.

(3) 지각상의 차이가 의사소통을 왜곡시킬 수 있다.

(4) 지각상의 차이가 갈등을 촉진시킬 수도 있다.

(5) 인간은 어떤 사실보다는 지각된 바에 따라 현실에 대한 관점을 갖고 이를 기초로 하여 행위를 한다.

2 지각의 과정

사람들이 대상을 지각할 때 어떤 일정한 패턴이 있게 되며 이런 것을 통틀어 지각과정(perception process)이라고 한다. 즉 환경으로부터 주어지는 자극이 지각되어 행동이 실천되기까지는 선택-조직화-해석의 과정을 거치게 된다.

1) 선   택

지각의 첫 번째 과정은 환경으로부터 상황이나 자극이 개인의 생리적인 시스템에 의하여 감지되는 것이다.

2) 조 직 화

일단 선택되어 지각영역 안으로 들어온 자극들은 다시 지각하는 사람에 의해 조직화되는 과정을 거쳐 보다 의미 있는 모양으로 만들어진다.

3) 해   석

일단 지각영역 안으로 받아들여져 조직화된 자극은 다시 해석의 과정을 거치게 된다. 즉 지각하는 사람은 자기의 목적에 부합될 수 있게 하기 위하여 자극에 부여한 의미를 해석한다는 것이다.

그림 3-1. 지각 과정(perception process)

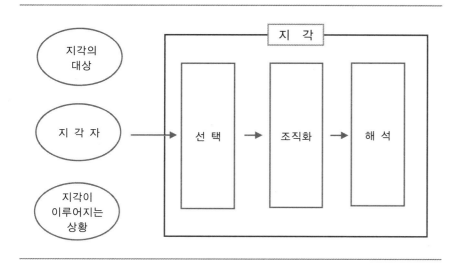

제2절
지각의 영향요인

똑같은 상황을 사람에 따라 서로 다르게 지각하는 이유는 지각과정에 개입되는 영향요인들 때문이다. 이를 크게 세 가지로 나누어 보면, ① 지각을 하는 사람, ② 지각의 대상, ③ 지각이 이루어지는 상황으로 구분된다.

1 지각을 하는 사람

지각은 관찰자의 모든 상태에 의해 영향을 받는다. 즉, 지각자의 욕구, 기대, 경험, 가치관, 학력, 나이, 성별 등에 의해 똑같은 하나의 대상이 서로 다르게 보일 수 있다.

2 지각의 대상(자극)

지각의 대상이 인지하기 곤란하거나 복잡해지면 지각하는 사람은 지각을 잘못할 수가 있다.

3 지각이 이루어지는 상황

똑같은 지각의 대상이 똑같은 사람에게 인지될 때에도 어떤 상황에서 지각되느냐에 따라 달라질 수 있다.

4 지각하는 사람에게 미치는 영향 요소들[1]

다음에 살펴볼 요소들은 우리가 대상을 지각함에 있어서 왜 선별적으로 지각하게 되는가를 보여준다.

1) 학습과 경험: 과거의 경험이나 학습은 지각형성에 큰 영향을 미친다. 어떤 사람과 좋은 관계를 유지한 경험이 있다면 설령 그가 변했다 하더라도 과거의 경험이 그 사람을 평가하는 데 긍정적으로 작용한다. 과거의 경험은 타인지각뿐만 아니라 자기 지각에도 영향을 주어 성공한 경험이 많을수록 자기능력을 높이 평가하고 실패가 거듭될수록 자신에 대한 지각은 떨어져 자신감을 잃게 된다. 또한 학습 결과로 어떤 기대감이 창출되어 학습한 대로 지각이 형성된다. 정치화 과정에서 정치학습을 강조하는 것은 학습을 통해 그들의 지각을 고정화(세뇌)시키고자 하기 때문이다. 경험이나 학습에 의해 지각구조가 형성되면 그 패턴대로 지각하게 되는 것이다.

2) 자아개념: 자아개념은 자기를 지각하는 방식으로서 이 방식이 다른 사람을 지각함에 있어서 준거기준이 된다. 자기를 무능력하다고 지각할 경우 자기 주변세계를 위협적인 것으로 지각할 공산이 크며 모험을 해보거나 환경을 이겨 나가려는 노력을 하지 않게 된다. 자아개념은 또한 열망수준과도 관계가 있어 자신을 유능하다고 지각하면 높은 목표를 설정하여 이를

---

1) 양창삼, 앞의 책, pp. 151-153.

달성하려 하는 반면 그렇지 못하면 목표를 낮게 설정한다.

　3) 성격: 각자의 인성에 따라 사람을 지각하는 태도가 다르다. 낙관적인 사람은 사물이나 사람을 긍정적인 관점에서 보고 비관적인 사람은 부정적인 관점에서 보기 때문이다. 조사에 따르면 안정된 사람은 타인의 따뜻한 면을 많이 보려 하고 자신을 수용하는 사람은 다른 사람의 좋은 면을 더 보려한다.[2] 생각이 깊은 사람은 흑백논리로 다른 사람을 지각하거나 극단적인 평가를 할 가능성이 적다. 있는 그대로 자신을 지각할 수 있는 사람은 자신의 결점에 대해 방어적일 필요 없이 효과적으로 기능을 수행할 수 있다.

　4) 가치: 가치가 지각반응을 촉진시킨다. 사람이 평소에 특히 깊은 관심을 두어온 사건이나 사람은 쉽게 지각된다. 어머니가 수많은 아이들 가운데 자기 아이를 금방 찾아내는 것도 이 때문이다. 조사에 따르면 동전의 가치가 클수록 실제 크기보다 크게 지각되는 경향이 있다.[3] 이처럼 가치가 큰 물체가 실체보다 더 크게 지각되는 성향을 지각강조(perceptual accentuation)라 한다.

　5) 신체적 특성: 지각 대상의 외양, 곧 얼굴 모양, 나이, 성, 인종, 키, 체중, 등 신체의 드러난 특징은 지각의 선택에 영향을 준다. 수려한 얼굴, 큰 키, 고운 피부, 젊은 여인 등은 인지에 영향을 준다.

　6) 사회적 특성: 지각 대상이 사회적으로 가지고 있는 지위, 역할, 직업, 종교 등이 그에 대한 신분 평가에 영향을 준다. 일반적으로 그 사람의 지위와 역할, 직업, 종교 등에 따라 사람이 범주화되는 성향이 높다.

　7) 언어 및 비언어: 언어 사용의 정확도와 이야기의 주제 등은 지각 대상의 교육과 교양정도를 파악하고 인상을 형성하는 데 영향을 준다. 액센트나 사투리의 사용도 지역 배경에 대한 단서를 제공한다. 언어 외에 얼굴 표정, 시선, 신체적 언어 등이 지각 형성에 영향을 준다. 얼굴 표정으로

---

2) Zalkind, S. S. and Costello, T. W.(1962), Perception: Some Recent Research and Implications for Administration, *Administrative Science Quarterly*, vol. 7, no. 2, pp. 218-235.

3) Bruner, J. S. and Goodman, C. C.(1947), Value and Need as Organizing Factors in Perception, *Journal of Abnormal and Social Psychology*, 42, 33-44.

그 사람의 정서 상태와 태도를 알 수 있고, 시선으로 호의성 여부를 알 수 있다. 몸의 움직임, 제스처, 자세 등 신체적 언어 등으로 안정성, 의욕, 인상 등을 파악할 수 있다.

8) 상황적 요인: 주변 환경 요소가 지각에 영향을 준다. 상황은 특히 지각 대상의 첫인상을 형성함에 있어서 중요한 역할을 한다. 그 사람을 만난 장소, 그와 함께 있었던 사람, 만난 시기, 만난 이유, 만났을 때 그 사람의 태도나 옷차림새 등 상황적 요인이 지각형성을 좌우하고 그에 대한 평가에 차이를 나게 만든다.

5 지각과 선택이론(Choice Theory)

모든 것은 생각하는 대로 보인다. 왜냐하면 스스로 그렇게 인식하기 때문이다.(Things are the way you THINK they are, because you THINK they are that way.)[4]

모든 일의 결과는 자신이 최선이라고 판단하고 선택한 행동에 따른 것이다. 매끄럽지 않게 진행되는 일은 그럴 만한 행동을 스스로 선택한 것에 따른 결과이며, 그것이 자신이 아닌 다른 사람의 탓으로 돌려봤자 해결되는 것은 아무것도 없다. 불행하거나 불유쾌한 인생 역시 자신의 선택에 따른 결과이지 주위 환경 탓이 아니다.[5]

선택이론 심리학은 현실을 다음과 같이 정의하고 있다. "현실이란 우리가 영향력을 인정하고 있는 사람이 단언하는 것이다. 그리고 현실이란 인간이 오감을 통하여 지각한 세계이며 사람마다 다르게 받아들인다. 즉 사람에 따라 현실이 완전히 일치하는 경우는 있을 수 없다."[6]

글래서(William Glasser) 박사[7]는 그의 선택이론에서 주장하는 핵심 내용은 다음 3가지로 요약된다. (1) 우리가 행하는 모든 것은 행동이다(all we

---

4) 그레그 S. 레이드(2004), 10년 후(*After ten years*), 해바라기, p. 172.
5) 아오키 사토시(2004), 성공 심리학, 시아출판사, p. 91.
6) 위의 책, p. 96.
7) Glasser, W.(1988), *Choice Theory: A New Psychology of Personal Freedom*, Harper Perennial.

그림 3-2. 루빈의 잔

do is behave), (2) 거의 모든 행동은 선택된 것이다(that almost all behavior is chosen, and), (3) 우리는 5가지 기본적인 욕구를 충족시키려는 유전자에 의해 이끌리게 된다.(that we are driven by our genes to satisfy five basic needs: survival, love and belonging, power, freedom and fun.) 그 5가지 욕구란 생존, 사랑과 소속, 힘(권력), 자유, 그리고 즐거움이다. 그러니까 한 개인의 지각 과정에 영향을 미치는 요인들은 이와 같은 5가지 욕구들이라는 것이다.

사실상 현실은 사람의 수만큼 다양하게 존재하는 법이다. 따라서 같은 사실도 자신이 어떻게 보느냐에 따라 긍정적으로 생각할 수도, 부정적으로 생각할 수도 있다.

위의 그림은 유명한 덴마크의 심리학자 루빈(Edgar John Rubin)이 도형과 바탕의 반전(도지반전)을 보여주는 잔 그림이다. 바탕과 도형과의 관계(figure and ground)를 정의하고 있다. 도형과 바탕이 반전되어 바탕이 도형이 되어 보이는 「루빈의 잔」이라는 그림이다.

이 그림은 어떤 사람에게는 마주보는 두 여인의 얼굴로 보일 수 있고 또 다른 사람에게는 화병이나 잔으로 보일 수도 있다. 사람에 따라서 현실에 대한 해석이 다양하다는 관점에서 본다면 어느 쪽이 옳고 틀리다고 단정지을 수가 없다.

　　인간은 각자 자기 나름의 지각 필터를 통해 세상의 사물을 보고 듣고 느낀다. 즉, 자신 이외의 남이 무엇을 보고 어떻게 느끼고 있는가에 대해 알 수 없다. 이것은 누구도 진정한 현실을 알 수 없다는 의미이기도 하다. 결론적으로 모두가 자신과 똑같이 현실 세계를 이해하고 있다고 주장할 수 없다.[8)]

　　사람들은 자신의 지각 필터를 통해 현실을 이해한다. 그때 현실을 어떻게 해석하는가에 따라서 그 사람의 인생이 크게 달라진다. 즉, 긍정적인 해석을 선택한다면 자신의 인생을 좀 더 실리적으로 만들어 갈 수 있다.

사 례　**현실에 대한 지각의 차이는 인생의 성패를 가름한다**

　　다음은 자신이 처한 현실에 대한 해석 방법에 따라 삶의 방식이 바뀐 구체적인 사례들이다.[9)]

　　짐 애보트(Jim Abbott)는 태어날 때부터 선천적으로 한 쪽 손에 장애를 가지고 있었다. 야구를 대단히 좋아했던 그는 어렸을 적부터 친구들에게 자신은 훌륭한 야구 선수가 될 거라고 말해 왔다. 그 말을 들은 친구들은 어처구니가 없다는 듯 이렇게 대꾸했다. "무리야. 넌 한 쪽 손을 잘 쓰지 못하잖아. 야구는 두 손으로 하는 거야!" 그러면 애보트는 지지 않고 이렇게 맞섰다. "나는 투수가 될 거야. 한 손만으로도 던질 수 있고 그 공이 타자에게 맞지만 않으면 되잖아." 친구들에게 어떤 말로 놀림을 당해도 그는 결코 자신의 꿈을 포기하려 하지 않았다. 짐 애보트가 자신의 꿈을 포기하지 않을 수 있었던 데에는 그에게 있었던 강한 의지력의 작용도 있었지만, 그의 어머니의 역할이 무엇보다 큰 영향을 끼쳤다. 한 번은 이런 일도 있었다. 애보트가 아직 어린아이였을 때, 주위 사람들로부터 장애자라는 말을 듣고는 어머니에게 이렇게 물었다. "엄마, 난 장애자야?" 그러자 어머니는 "네가 장애자라고 생각했을 때 너는 장애자가 되는 거란다. 장애는 개성이야"하고 대답했다.

　　애보트에게 '한 손의 부자유스러움'은 틀림없는 현실이었다. 부모입장에서 그런 자식을 안쓰러운 눈으로만 지켜볼 수도 있었지만 애보트의 어머니

---

　　8) 아오키 사토시(2004), 성공 심리학, 시아출판사, p. 97.
　　9) 위의 책, pp. 98-100.

는 그것을 아들의 개성이라고 받아들였던 것이다. 이런 현실에 대한 해석 방법이 애보트의 삶의 방식에 큰 영향을 끼쳤음은 물론이다.

또 다른 사례를 보도록 하자.

어느 도시에 술을 지나치게 좋아하는 한 남자가 있었다. 매일 술에 절어 사는 그에게 쌍둥이 아들이 있었다. 같은 아버지 밑에서 자랐지만 두 아들 은 서로 다른 모습으로 성장하였다. 세월이 흐른 뒤 아들 중 한 명은 뛰어 난 변호사가 되었는데, 그는 술을 전혀 입에 대지 않았다. 그에 반해 다른 한 아들은 아버지와 마찬가지로 매일 과음을 일삼는 남자로 성장하였다. 어느 날, 기자가 두 사람에게 물었다. "당신은 왜 이런 삶의 방식을 선택하 였습니까?" 두 사람은 이구동성으로 이렇게 대답했다. "저런 아버지 밑에서 이 이상의 삶의 방식이 가능하겠습니까?" 즉, 한 사람은 술을 좋아한 아버 지라는 성장 환경을 자신이 술주정뱅이가 된 변명거리로 삼았고, 다른 한 사람은 일을 안 하고 술만 마시는 아버지의 모습을 변호사가 되는 성공의 재료, 즉 '반면교사'로 삼았던 것이다. '술만 마시고 일하지 않았던 아버지 의 자식'이라는 현실을 어떻게 해석했는가에 따라 두 사람의 운명이 전혀 다르게 전개되었던 것이다.

위의 두 가지 사례를 통하여 알 수 있는 바는, 현실을 어떻게 해석하는 가에 따라서 인생의 성패와 삶의 질, 나아가 행·불행마저도 좌우됨을 깨닫 게 된다. 그래서 리더십의 대가 스티븐 코비(S. Covey)는 "삶의 질은 인간 의 지각 과정인 외부 자극(Stimulus)과 반응(Response) 간에 존재하는 공간 에서 어떤 일이 벌어지는가에 달려 있다(The quality of life depends upon what happen in the space between stimulus and response.)"고 했다. 그러 기에 링컨도 "사람은 행복해지기로 마음먹은 만큼 행복해질 수 있다"고 말 했던 것이다.

지각평가의 이론

지각평가에 관한 이론들은 주로 사람들이 타인에 대한 인상을 어떻게 형성하며 인상의 본질은 무엇인가의 문제, 타인의 행동을 보고 그 동기를 추론하는 데 어떠한 귀인과정을 거치게 되는가의 문제, 그리고 타인과의 관계에서 발생하는 인지 사이의 부조화를 어떻게 극복하는가? 하는 점을 강조하고 있다.

지각은 사건, 사물, 사람 등 다양한 자극을 대상으로 이루어지는 것이지만 그중에서도 '사람'에 관한 대인적 지각 혹은 사회적 지각은 조직행동에서 중요한 주제이다.

1 인상형성이론

인상형성이론은 대인지각에 있어서 어떤 사람이 다른 사람에 대해 어떻게 인상을 형성하는가를 다루는 이론이다. 사람은 다른 사람과의 관계에서 인상을 통해 사람을 판단하려는 경향이 높고 인상은 오랫동안 남아 작용한다. 따라서 사람들은 가급적 좋은 인상을 주고자 이를 계속 유지하고자 한다. 인상형성이론(impression formation theory)은 애쉬(S. Asch)[10])에 의해 체계적인 연구의 기초가 제시되었는데, 사람들은 주어진 정보가 충분하지 못한 상태에서도 타인에 대한 인상을 쉽게 형성하려고 하며, 이때 주어진 정보들은 그 가운에 가장 중요하고 특징이 있는 정보를 중심으로 정리되어 인상형성에 영향을 미치게 된다.

애쉬는 단어를 이용한 실험을 통하여 인상형성에 있어서 어떤 단어들은 중심적 역할을 하고 어떤 단어들은 부수적 역할을 한다는 것을 발견했다. 그는 중심적 역할을 하는 것을 가리켜 중심특질이라 하였고 부수적 역

---

10) Asch, S. E.(1946), Forming impressions of personality. *Journal of Abnormal and Social Psychology*, 41, 258-290.

할을 하는 것을 가리켜 주변특질이라 하였다. 이는 우리의 말 한마디가 상대방의 인상형성에 얼마나 심각하게 영향을 미치는가를 보여주고 있다.

한편 러친스(A. S. Luchins)[11]는 인상이란 정보를 기계적으로 합산(adding)하여 이루어진다는 합산이론과 정보 비중에 따라 평균(averaging)을 이루며 형성된다는 평균이론 등이 제시되는 가운데 정보가 제시되는 순서(ordering)에 따라 차이가 있다는 것을 강조함으로써 단순평균의 주장을 무너뜨렸다. 그는 먼저 들어온 정보가 나중에 들어온 정보보다 인상형성에 더 큰 영향을 미친다고 보았으며 이 경우 단순평균은 어렵게 된다. 먼저 들어온 정보에 따라 인상의 형성이 좌우되는 것을 가리켜 초두효과(primacy effect)라 한다. 한번 형성된 인상은 수정되기 어렵다. 이것은 인상형성에 있어서 첫인상이 얼마나 중요한가를 보여준다.

다른 한편으로 내재적 성격이론(implicit personality theory)은 인상형성에 있어서 내재적인 능력을 보다 중시하는 이론이다. 이 이론은 사람마다 다른 사람의 성격을 나름대로 지각하고 판단하는 독자적인 틀 내지 방향감각을 가지고 있다고 본다. 이러한 태도나 행동은 인지상의 오류를 범하게 만든다. 이러한 오류를 논리적 오류(logical error) 또는 상관적 오류(correla-tional bias)라 한다.

인상형성의 특징과 과정
(1) 일 관 성
인상을 형성함에 있어 사람들은 단편적인 정보를 통합하여 타인에 관하여 일관성 있는 특징을 형성하려고 한다. 즉, 타인에 대해 서로 모순되는 정보가 있다고 하더라도 특정의 정보에 입각하여 그를 한쪽으로만 일관되게 지각하려고 한다는 것이다.

(2) 중심특질과 주변특질
하나의 인상을 형성하는 데 있어 중심적인 역할을 수행하는 특질과 주

---

11) Luchins, A. S.(1957), *Primacy-recency in Impression Formation, The Order of Presentation in Persuasion*, C. Havland(Ed.), Yale University Press, 33-61.

변적인 역할밖에 하지 못하는 특질이 있다

① 중심 특질(central traits)이란 어느 한 사람의 전부를 평가해버리는 결정적인 역할을 하는 특질을 말한다.

② 주변 특질(peripheral traits)은 부수적 역할밖에 하지 못하는 특질을 일컫는다.

(3) 합산원리와 평균원리

사람에 대한 인상은 주어진 정보들을 기계적으로 합산하여 형성된다는 것과 그보다는 정보들의 무게를 평균하여 이루어지는 것이라는 두 가지 주장이 있다.

① 합산원리(adding principle): 전체인상이 여러 특질의 단순한 합계라는 원리이다.

② 평균원리(averaging principle): 모든 정보가 동시에 들어오고, 그 정보의 무게가 같으면 단순평균의 형태로 평가치가 이루어진다는 원리이다.

(4) 초두효과(primacy effect)

정보가 들어오는 순서에는 차이가 있기 때문에 단순하게 평균하는 원리는 맞지 않다는 주장이 있다. 즉, 러친스(A. S. Luchins)[12]는 초두효과를 제시하면서 인상을 형성하는 데는 처음 들어온 정보가 나중에 들어온 것보다 중요한 역할을 하기 때문에 단순평균의 논리로는 인상형성과정을 설명하기가 어렵다고 주장한다.

---

12) Luchins, A. S. and Luchins, E. H.(1986), Primacy and Recency Effects with Descriptions of Moral and Immoral Behavior, *The Journal of General Psychology*, Volume 113, Issue 2, pp. 159-177.

《 쉬어가기 》

첫인상으로 승부하라!

대인관계에서 호감도와 비호감도는 대개 2~3분 이내에 결정된다고 한다. 첫인상이 좋았다면 중요한 만남에서 절반의 고지를 획득한 것이나 다름없다는 이야기다. 첫인상이 중요한 이유는 자칫 한 번 잘못 비쳐지면 상대방의 기억 속에 오랫동안 각인되기가 쉽고 회복하기 어렵다는 데 있다.

또한 인간의 심리가 그 사람에 대한 긍정적인 부분보다는 부정적인 부분에 더 집착하는 경향이 있다. 이러한 심리적 현상을 부정성의 효과(Negativity Effect)라고 하는데, 이 말은 한번 구겨진 인상은 다시 회복하기가 힘들다는 말과 통한다. 따라서 잘못 전달된 첫인상을 바꾸려면 대단히 급격하고 충격적인 반전이 필요하게 된다.

세계적인 심리학자 로렌즈의 '오리새끼 실험'은 관계를 형성하는 데 있어 첫인상이 얼마만큼 중요한가를 설명하고 있다. 이에 따르면 오리새끼는 부화하는 순간부터 여덟 시간에서 열 두 시간 정도 함께 있어 준 사람을 뒤따라 다닌다. 처음 보게 되고 함께 있어 준 사람이 어미오리로 각인된다는 것이다. 인간사회뿐만이 아니라 모든 동물들도 그 대상과의 신뢰감을 형성하는 시기가 있다는 증거가 된다.

첫인상은 대부분 시각에 의해 결정된다. 눈으로 받아들인 정보와 기존의 정보를 합해 적당한 해석을 한 후, 그 인상을 확정하고, 그 다음의 행동을 결정한다. 미국의 심리학자 앨버트 메라비언(Albert Mehrabian)은 "인간의 평상적인 의사소통에 있어서 55%의 시각(복장과 외모 등)과 38%의 목소리(음색, 억양, 고저 등)와 신체언어, 그리고 7%의 말하는 내용을 근거로 첫인상을 형성한다"고 했다. 이는 시각적인 효과가 얼마나 큰 영향을 미치는가를 대변하고 있다.

첫인상을 좋게 주려면 먼저 다음의 네 가지 특징에 유의할 필요가 있다. 첫째, 기회는 한번뿐이라는 사실이다. 두 번째나 세 번째의 만남보다는 첫 번째 만났을 때의 모습이 오래도록 기억에 남게 된다. 첫 번째 들어온 정보가 인상적이고 짙을수록 그 다음 번에 느껴지는 정보는 심리적으로 거부하기 때문에 좀처럼 입력되지 않는다. 이를 초두효과(Primacy Effect)라고 하는데, 먼저 들어온 정보가 나중에 들어온 정보보다 전반적인 인상 형성에 더욱 강력한 영향을 미치는 현상을 말한다. 따라서 단 한 번의 기회를 놓치지 말아야 한다.

둘째, 신속하다는 특징이다. 순간적으로 각인된다. 많은 실험 결과에서 나타나듯이 첫인상이 전달되는 시간은 불과 2초에서 3초 정도다. 따라서 중요한 만남일수록 신속하게 승부를 걸어야만 한다. 상대보다 내가 먼저 쳐다보고 준비하는 것이 상대의 호감을 얻을 수 있는 비결이 된다.

셋째, 일방적으로 전달된다. 나를 처음 보는 사람들은 나의 동의 없이 함부로 느끼고 판단한다. 어느 누구도 처음 만났을 때 나쁜 느낌은 말하지 않지만 자신의 기억 속에 틀림없이 입력해 버린다. 따라서 나 자신이 다른 사람들에게 어떻게 보여지고 있는지를 점검할 필요가 있다.

넷째, 상상과 연상을 한다. 어떤 사람을 만날 때 실제의 그 사람과는 다른 사람을 떠올리기도 하고 엉뚱하게 이미 자신이 익숙하게 기억하고 있던 사람 또는 사물과 연상하여 그것을 첫인상으로 입력해 놓는 것이다.

이 네 가지 특징을 살펴보면 첫인상이란 보여지는 사람에게 불리한 구조인 것을 알 수 있다. 따라서 미리 준비하지 않으면 상대방에게 자신이 원치 않는 모습으로 각인될 소지가 다분하다. 첫인상을 좋게 주는 네 가지 방법을 소개한다.

첫째, 자존감을 높여야 한다. 자존감이란 자신을 스스로 높이려는 마음인 자존심과 다른 자신을 긍정적으로 평가하는 마음을 말한다. 스스로가 최고라고 과대포장하거나 무가치하다고 비하하는 사람을 다른 사람이 좋게 평가할 리가 없기 때문이다.

둘째, 만나는 상황의 우선순위를 정하고 준비해야만 한다. 우선순위는 그 사람에 따라서 질과 양이 다를 수 있겠으나, 일반적인 만남에서는 얼굴, 복장, 자세와 태도 등을 우선적으로 꼽을 수 있다. 얼굴은 그 사람의 대표기관이자 서로가 가장 먼저 바라보는 곳이다. 따라서 언제나 밝고 친근하게 가꾸고 유지할 필요가 있다.

복장은 그 사람의 신분과 역할을 대변한다. '어리석은 사람은 외모를 무시한다'라는 말이 있다. 옷을 잘 입어서 성공했다고 할 수는 없어도 옷을 잘못 입어서 실수하는 사람들은 많다. 이런 실수를 하게 되면 자신의 가치를 높이는 데 무리가 따른다. 자세와 태도는 그 사람의 내면 즉, 본질을 평가하는 척도가 된다. 자세란 그 사람이 가지고 있는 모양을 말하고, 태도란 대상에 따라 생각이나 감정이 겉으로 드러나는 모습이다. 또는 외부의 자극을 수용하는 틀 즉, 마음의 모양이라고 말할 수도 있다.

셋째, 첫인상의 헤게모니를 빼앗기지 말아야 한다. 바둑을 둘 때 선수(先手)가 유리하듯 첫인상에서의 유리한 고지는 상대방을 먼저 보는 것, 즉 미리 알고 가는 것을 말한다. 먼저 알면 어떻게 대응할 것인지 전략이 생기고, 상대방에게 자신감이 있는 사람으로 비쳐지기 때문이다.

옛날 선조들은 다른 사람을 평가할 때 신언서판(身言書判)을 중시했다고 한다. 시대에 따라 다른 사람에 대한 평가와 판단의 우선순위는 바뀌어도 평가와 판단에 대한 결과는 같다. 경기가 좋고 잘나갈 때는 좋은 인상을 주기가 쉽다. 그러나 불경기 속 모두가 힘들 때, 그럼에도 불구하고 비치는 좋은 이미지는 보는 사람들에게 잊지 못할 호감과 기대감을 안겨주는 법이다. 첫인상의 중요성과 효과성을 알았다면 누군가를 만나기 전에 미리 계획을 세워야 한다. 첫인상은 준비하는 자의 몫이고, 준비하는 만큼 효과가 나타난다.

모든 사람들은 성공하기를 원하고 있다. 그리고 그 성공을 통해 행복해지기를 희망한다. 성공을 하려면 성공의 조건을 충족시켜야만 한다. 그 첫 번째가 자신의 열등감을 극복하고 그것을 무기로 삼아 도전하는 일이다. 두 번째는 더불어 사는 사회 구조 속에서 다른 사람에게 비쳐지는 자신의 첫인상이 어떻게 각인되고 있는가를 점검해야 한다. 첫 번째는 내적인 이미지를 완성하는 것이고, 두 번째는 외적인 이미지의 통로를 개설하는 일이기 때문이다.

출처: 김경호(KIMC 김경호이미지메이킹센터 소장), "첫인상으로 승부하라!" The PR News, 2013. 1. 16.

2 인상관리론

인상관리론(impression management)은 고프만(E. Goffman)의 연극학적 이론(dramaturgical theory)에 바탕을 둔 것으로 인간은 대인관계에 있어서 상대방에 대하여 자신의 인상을 관리하려는 속성을 가지고 있음을 전제로 하고 있다. 그에 따르면 사람은 남에게 잘 보이기 위해 인상을 조작하는 상징조작자이다. 세상은 무대이고 모든 인간은 그 무대에 선 배우와 같다. 인간은 사회적 동물이기 때문에 타인과의 관계 속에 존재하며 타인과 더불어 살아가야만 한다. 따라서 인간이 타인의 시선이나 반응을 무시한 채 자기 마음대로 살아간다는 것이란 거의 불가능에 가깝다. 그러므로 인간은 주변 사람들의 반응을 관찰하고 그들의 의견을 반영하여 자신의 인상을 관리하려 한다.

대인관계에서는 교제의 목적이나 교제상황에 따라 인상관리의 양식이 다소 달라지지만 연극의 의례적인 면모를 피할 수 없다. 사람은 다른 동기가 개입되지 않는 한 자신의 체면과 상대방의 체면을 좋게 유지하려고 한다. 남에 대한 존경과 기타 품행은 그 행위자의 인상관리와 관계가 있다. 또한 자기를 도우는 자를 돕고 해치지 않으며 자기를 해치는 사람의 행동이 자의적일 때 보복한다. 또한 자기를 보는 관찰자가 자기를 생각하느냐에 따라 행동한다. 이것은 행동유발의 원인이 자기를 보는 다른 사람의 눈에 있음을 알 수 있다. 이것은 마치 연기자가 관객의 요구에 부응하는 것과 같다.

3 귀인이론(attribution theory)

피지각자의 행동을 지각하고 평가하는 데 있어서 그 행위의 원인을 추리·분석하는 과정을 귀인과정(attribution process)이라고 하며, 이러한 측면에 초점을 두고 연구된 사회적 지각이론을 귀인이론이라 한다. 말하자면 귀인이론은 다른 사람의 행위를 보고 그 동기를 추론하는 것으로 추론된 원인에 따라 그 사람에 대한 평가가 달라진다.

켈리(H. H. Kelley)[13]는 특이성, 합의성, 일관성을 중심으로 이 원인을 파악하였다. 특이성이란 지각 대상의 행동이 그 사람의 다른 행동들과 어떻게 다른가를 따지는 것이다. 만약 그 사람이 지각했을 경우 흔히 지각하는데 오늘도 지각을 했다면 그 행동은 내적 원인(게으름)으로 귀인되고, 그렇지 않을 경우 외적 원인(교통 체증)으로 귀인된다. 합의성은 비슷한 상황에서 비슷한 행동을 했는가를 따지는 것이다. 지각한 직원의 경우 그와 출

---

13) Kelley, H. H.(1957), *Attribution in Social Interaction*, N.J.: General Learning Press, pp. 33-61.

근 노선이 같은 사람들이 모두 늦었다면 그 행동의 원인은 외부로 귀인되며 그 사람들이 정상 출근을 했다면 그 행동의 원인은 내부에 있다는 것이다. 끝으로 일관성은 행동의 일관성을 말한다. 지각한 직원의 경우 일주일에 두어 차례 지각하는데 오늘도 지각을 했다면 그 행동은 일관성이 있는 것이고 몇 달 동안 지각을 하지 않았는데 오늘따라 지각을 했다면 일관성이 없는 것이다. 일관성이 높을수록 그 원인은 내부적인 것으로 귀인되고 일관성이 낮을수록 외부적으로 귀인된다.

1) 귀인과정

귀인과정은 행위의 원인을 찾고 그것을 해석하는 과정을 말한다. 귀인이란 행위의 원인을 내적이냐 혹은 외적이냐를 판단하여 어느 쪽으로 귀속시키느냐이다.

2) 원인의 귀속

타인의 행동을 관찰하고 그 원인을 귀속시키는 데에는 내적인 것과 외적인 것의 두 가지 방향이 있다.

(1) 내적 귀인: 어떤 행위의 원인을 내적인 것, 즉 능력, 동기, 성격 때문인 것으로 이해하는 것이다.

(2) 외적 귀인: 어떤 행위의 원인을 외적인 것, 즉 환경적인 것으로 돌리는 것으로 이해하는 것이다.

3) 귀속과정에서의 편견

사람들은 자신의 행위는 외적인 것으로 귀속시키고 타인의 행위는 내적인 것으로 돌리려는 경향이 있는데 이러한 편견들로는 행위자-관찰자효과와 자존적 편견이 있다.

(1) 행위자-관찰자 효과(actor-observer effect): 이는 자신의 행위는 상황적·외적으로 귀속시키고 타인의 행위는 내적으로 귀속시키려는 편견으로, 똑같은 행동도 자신이 행위자일 때와 다른 사람의 행위를 관찰할 때에는 이유를 다르게 찾는 현상이다.

(2) 자존적 편견(self-serving bias): 평가자가 자신의 자존심이나 자아를 지키고 높이는 방향으로 행위자의 행위원인을 귀속시키려는 편견이다.

귀인이론은 행위에 대한 우리의 추정원인에 따라 그 사람에 대한 인식, 대응방법, 책임의 정도, 미래에 대한 예측이 달라진다. 그러나 그 원인추정은 한정된 정보와 제한된 지각능력 때문에 우리의 판단이 완전하지 못하고 왜곡될 수 있음을 인식하지 않으면 안 된다.

4 인지부조화이론(cognitive dissonance)

우리의 인지구조는 일관성이 있고 조화로운 상태, 정서적으로 평안하고 유쾌한 상태를 유지하려는 방향으로 작용하려는 경향이 있다. 즉, 지각하는 사람은 어떤 지각대상에 대해 가지고 있는 신념, 태도, 행동 사이에 일관성이 없다고 느끼게 되면 심리적으로 불안하고 불유쾌한 상태가 되기 때문에 이들 간에 일관성 있는 상태로 가기 위해서 노력한다. 그래서 이 이론은 인지일관성이론(cognitive consistency theory)으로 지칭되기도 하는데 다른 사람과의 관계에서 발생한 인지상의 부조화를 어떻게 극복하는가 하는 문제를 다룬다. 이 이론의 핵심은 사람이란 어떤 대상에 대한 인지들 사이에 일관성이 없거나 두 개 이상의 태도 사이에 불일치가 있거나 행동과 태도 사이에 불일치가 있으면 갈등이나 불편함을 느끼기 때문에 일관성을 이루는 방향으로 인지들 사이에 또는 행동과 태도 사이에 조정을 모색한다는 것이다. 인지 구조상 형평이 깨어졌을 때는 그 구조나 조직에 있어서 형평이 회복될 때까지 그 속의 각 요인들 사이의 상호작용으로 불일치를 해소하려는 작업이 있게 된다. 우리의 신념이나 태도의 일부가 변화를 일으키게 되는 것은 인지부조화 현상을 해소시키기 위한 것이다. 이 이론은 우리의 지각조직은 가능한 좋은 상태, 곧 일관되고 조화로운 상태를 지향하고 있다는 게쉬탈트 심리학에 바탕을 두고 있다.[14]

---

14) 양창삼, 앞의 책, p. 157.

페스팅거(L. Festinger)[15]에 의해 창시된 인지부조화이론은 바로 이러한 인간심리의 기본적 속성에 의해 전개된 이론이다. 예를 들면, 어떤 사람이 가지고 있는 두 가지 인지 가운데 하나는 "나는 담배를 피운다"라는 사실이고 또 하나는 "담배는 몸에 해롭다"라는 사실이 있다고 하면, 담배를 피우고 있는 사람의 입장에서는 마음이 편치 못한 상황이 되며 분명 부조화를 경험하게 된다. 이러한 경우에 그가 부조화를 줄이는 방법은 부조화요소의 중요성을 감소시키거나 조화요소들을 첨가시켜 부조화의 크기를 줄이는 방법이 있다. 또한 부조화 자체를 제거하거나 극소화시키는 방법도 있을 것이다.

페스팅거는 단순히 태도들 사이의 상호관련성에 초점을 맞추기보다는 행동과 태도 사이의 관련성에 초점을 맞추었다. 그는 우리의 태도나 사상, 신념 또는 행위들 사이에 일관성을 유지하려는 경향이 있어서 태도들 사이에 불일치가 있다든지 행동과 태도 사이에 불일치가 있을 경우 불안을 느껴 이 불안을 최소화시키려는 움직임이 있다고 보았다. 그의 인지부조화이론은 이렇듯 인상의 비일관성이 존재하면 부조화가 생겨 불편한 인지상태를 경험하게 되고 어떤 노력을 통해서라도 조화상태로 가고자 한다. 이 과정에서 태도 변화가 있게 된다. 태도 변화는 부조화를 피하고 조화를 추구하는 과정에서 일어난다. 부조화를 감소시키는 방법으로는 행동을 변경시킨다든지 태도를 바꾼다든지 부조화 요소보다 더 가치 있는 조화요소를 찾

그림 3-3. 지각, 태도, 행위의 관계

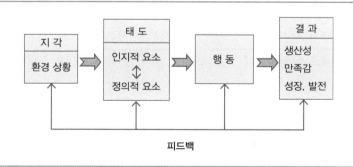

출처: 이학종, 앞의 책, p. 79.

---

15) Festinger, L.(1957), *A theory of cognitive dissonance*, Stanford University Press.

아낸다든지 한다. 부조화를 낮게 하는 요소가 상대적으로 중요하지 않으면 그 같은 부조화를 바로잡고자 하는 심리적 압박이 그만큼 낮아지고, 부조화 발생 원인에 대해 미칠 수 있는 영향력 정도가 낮을 경우 부조화를 감소시키고 싶은 생각이 적어지며, 고도의 부조화에서 오는 긴장도 높은 보상이 수반되면 감소된다. 조직구성원이 직무상의 부조화를 잘 이겨나가고 있는 것은 그것을 상쇄할 만한 보상이 있기 때문이다.[16]

제4절

지각적 오류(Perceptual Errors)

일반적으로 볼 때, 개인의 행동은 환경으로부터의 다양한 자극에 대한 반응으로서 개인의 자아를 유지·보호하고 개선·향상시키려는 목적지향적 성격을 지니고 있다. 따라서 개인은 환경으로부터의 자극을 해석하고 평가하는 과정에서 여러 가지의 지각적인 오류를 범하게 되며 그 결과로 말미암아 지각자의 심리적 왜곡 요인들이 지각과정에 개입되어 평가와 예측의 정확성을 떨어뜨림으로써 행동상의 과오를 초래할 수도 있다.

1) 상동적 태도(stereotyping[17])

경직적인 편견을 가진 지각으로서 선입견이나 편견, 고정관념으로 비롯되는 경우가 대부분이다. 사람을 대상으로 평가할 경우, 지각 대상자를 독립적 존재로 인식하기보다 그가 속한 사회적 집단에 대한 지각(전체의 특성)을 기초로, 그 역시 똑같은 부류의 사람으로 평가하는 오류이다. 이러한 오류는 성, 인종, 지역, 국가, 종교 등에 따라 차별적 인식을 갖는 것을 말한다. 예컨대, 프랑스 사람들은 예술적이라거나 경상도 지역 사람들은 화통

---

16) 양창삼, 앞의 책, p. 160.

17) Stereotype이란 인쇄의 스테로판(鉛版) 인쇄술에서 따온 말로, 도장을 찍은 것과 동일한 생각, 태도, 시각 등을 가리키며, 대부분의 사람들에게 침투되어 있는 상태를 말한다.

하고 지방대학 출신이어서 그렇다는 등의 선입견, 편견, 고정관념적 태도가 그러하다. 혈연이나 지연, 학연과 같은 연고주의, 성별, 연령(세대), 종교, 직업, 인종 등에 근거한 상동적 편견은 인적자원의 손실과 사회적 갈등의 유발요인이 되기도 한다.

2) 현혹효과(halo effect)

현혹(眩惑)효과란 한 분야에 있어서 어떤 사람에 대한 호의적/비호의적인 인상이 다른 분야에서도 그 사람에 대한 평가에 영향을 주는 경향을 말하는데 후광(後光)효과라고도 한다. 예컨대, 무능한 상사의 실수를 부하의 무능함으로 돌린다거나, 정보시스템 도입에 대한 거부반응을 비난하여 자신에 대한 비난에서 벗어나고자 하는 심리 현상이 그러하다. 후광효과의 상대적인 지각적 오류로서 후광대신에 도깨비 뿔을 그려놓으면 그 뿔로 말미암아 그의 모든 것을 부정적으로 보듯 한 가지 나쁜 특질을 가지고 그의 나머지 모든 것을 나쁘게 평가하는 오류를 뿔 효과(horns effect)라고 한다.

사 례 선입견이나 편견이 견해차를 가져온다

아래 그림을 3초간만 보고, 그 후 다음 문장을 읽어본다.

"자, 어떤 사람이 칼을 쥐고 있었는가?"

대부분의 사람들이 흑인이라고 대답한다. 그렇지만 실제로는 흑인이 아니라 그 앞에 선 백인이 칼을 쥐고 있다.

사람이 어떤 사건을 볼 때는 그 사람의 경험이나 편견에 의해 대상을 비뚤어지게 봐버리는 경우가 많다. 원래 이 그림은 미국의 심리학자 올포트(Allport, G. W.)[18]가 편견에 대한 연구를 위해 사용한 것으로, 미국인에게 이 그림을 보여줬을 때에 반수 이상이 칼을 쥐고 있는 것은 흑인이라고 대답했다고 한다.

사건의 목격자가 때때로 전혀 엉뚱한 증언을 하는 것은, 이처럼 선입관이나 편견이 있기 때문이다.

출처: 최광선, 재미있는 인간심리, 기린원, 1990, p. 107.

3) 주관의 객관화(projection)

주관의 객관화란 자신의 바람직하지 못한 어떤 특질이나 관점을 다른 사람에게 귀속 또는 전가시키는 것이다. 그러한 과정을 통하여 죄책감이나 좌절감에서 벗어나고자 하는 것이다. 투사(投射)심리라고도 한다.

4) 선택적 지각(selective perception)

선택적 지각이란 개인이 가장 범하기 쉬운 지각적 오류로서, 환경으로부터의 모든 자극을 다 감지하지 않고 자신에게 유리하거나 일관성 있는 자극만을 수용하려는 경향을 말한다. 예컨대, 외부적 상황이 모호할수록 감각기관에 먼저 들어오는 정보에 의존하는 경향이 커지게 된다.

5) 지각방어(perceptual defense)

지각방어란 습관적으로 자기에게 유리하거나 도움이 되는 정보는 받아들이면서 불리하거나 위협을 안겨주는 정보는 회피하려는 경향을 말한다. 특히 그 정보가 상동적 태도와 불일치할 경우, 이를 제거하기 위해 정보를 회피하거나 왜곡도가 심한 편이다.

---

18) Allport, G. W. and Postman, L. J.(2014), *The Psychology of Rumor*, Google Books. Google, n.d. Web. 30.

그림 3-4. 착시 현상에 따른 지각의 차이

Un lapin ou un oiseau allongé ?

6) 상관적 편견(correlational bias)

상관적 편견이란 우리의 특질들 가운데 어떤 것들 사이에 서로 관계가 있다고 가정함으로써 평가 상의 오류를 범하게 되는 것이다. 예를 들면 어떤 사람의 성격을 두고 그를 잘못 평가하는 결과를 초래하는 경우가 그러하다.

7) 관대화 경향, 가혹화 경향, 중심화 경향

관대화 경향(lenient tendency)이란 대상을 평가할 때 후하게 평가하려는 경향을 말하며, 가혹화 경향(strictness tendency)이란 대상을 가능한 한 낮게 평가하는 경향을 가리킨다. 반면에 중심화 경향(central tendency)이란 평가대상을 후하게 평가하거나 가혹하게 평가하는 경우를 피해버리고 대다수의 평가를 평균을 중심으로 하여 평가함으로써 그 빈도수가 가운데로 몰리는 경향을 보이는 것이다.

8) 순위효과(order effect)

순위효과란 개인을 평가할 때 받은 인상의 순서에 따라 평가하는 경향을 말한다. 그 인상 가운데 첫인상이 크게 좌우되는 것을 초두효과(primacy effect)라 하며 첫인상보다 최근의 인상, 곧 최근의 태도, 실적 등이 크게 작용하는 것을 최근효과(recency effect)라 한다. 이 두 효과 때문에 사람을 첫인상을 좋게 각인시키려고 노력하고 기업에서 인사고과 철이 다가오면 자기가 얼마만큼 열심히 일하는가를 의식적으로 보여주고자 애쓰는 것이다.

9) 논리적 오류

이 오류는 평가자의 머리속에 논리적으로 상관관계가 있다고 생각되는 특성 사이에서 나타나는 오류로서 어떤 특성이 우수하면 그와 상관이 있다고 생각되는 다른 요소도 당연히 그럴 것으로 보는 것을 말한다.

10) 그 밖의 지각적 오류
(1) 대비 효과

대비 효과(contrast effect)란 한 사람에 대한 평가가 다른 사람에 대한 평가에 영향을 주는 것이다. 사람을 평가함에 있어서 객관적인 평가기준에 따르기보다는 평가자 자신이 설정하거나 가진 기준에 따라 평가하는 것을 말한다. 예컨대 자신이 깔끔한 성격의 소유자라면 상대방이 조금만 허술한 점을 보이면 아주 허술한 것처럼 평가하고 반대로 자신이 허술한 경우에는 상대방이 조금만 깔끔해도 매우 깔끔한 것으로 평가하는 오류이다.

(2) 유사 효과

유사 효과(similar to me effect)란 평가자가 태도, 취미, 성, 정치적 입장, 종교적 견해에 있어서 자기와 유사한 사람에 대해 더 후하게 또는 호의적으로 평가하려는 경향을 말한다. 또한 상대도 자기와 비슷할 것으로 생각하는 유사성 가정에 따라 자신이 직무에서 도전과 책임을 원하면 상대도 그것을 똑같이 바랄 것으로 가정하는 것도 이 효과에 속한다.

(3) 자기충족적 예언(self-fulfilling prophecy)

이는 평가자의 기대가 피평가자의 행위에 실제로 반영되어 나타나게 만드는 과정을 말한다.

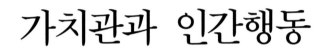

제 4 장

가치관과 인간행동

제 4 장   가치관과 인간행동

가치관의 의미와 역할

1   가치란 무엇인가?

인간에게는 식물이나 동물에게는 없는 독자적인 측면이 있다. 이 독자적 측면이란 인간 각자가 어떤 자아 혹은 인격을 실현하는가 그리고 어떤 인생을 창조하는가 하는 문제이다. 인간은 각자가 어떤 자아와 인생을 실현하는가 하는 것은 그가 어떤 가치를 선택하여 거기에 삶을 바치는가에 달려있다. 다시 말하면 각자 인간의 삶의 의미는 그가 선택한 가치에 의해서 결정된다. 우리가 인생의 가치를 어떻게 선택하느냐에 따라 우리의 일생이 완전히 달라질 수 있기 때문이다. 예컨대 마냥 주색잡기를 즐기면서 감각적 쾌락에 가치를 부여하며 쉽게 살아가는 삶의 방식을 택할 수도 있고, 그런 저급한 쾌락을 절제하며 정신적이고 내면적 가치에 비중을 두며 고양된 삶을 살아가는 보다 승화된 삶의 방식을 선택할 수도 있을 것이다. 내면적 가치라 하면 그 가치의 실현이 그 사람 자신의 내적 요인에 의해 주로 결정되는 것을 말한다. 예를 들면 인격과 사상, 학문과 예술, 사랑과 우정, 생명과 건강 등에 담긴 가치를 들 수 있다.[1] 이에 비해 부와 권력, 지위 그리고 외모 등 외부에 있는 조건에 의해 주로 결정되는 가치를 외면적 가치라고 한다. 한 인간이 선택하는 가치가 그의 인격과 인품, 나아가 인생의 질적 수준을 결정한다고 하는 말의 의미는, 예컨대 교육에서 가치를 발견하려 거기에 자기를 바치면 교육자가 되고, 종교라면 성직자, 혁명이라면 혁명가가 될 것이라는 뜻이다.

가치관은 인간 행동에 영향을 미치는 중요한 개념이고 요소이기 때문에 이해하고 넘어가야 할 연구 과제라 할 수 있다.[2] 로키치(M. Rokeach)[3]는 "가치란 특정한 행동방식(mode of conduct)이나 존재의 최종상태(end-state of existence)가 개인적으로 혹은 사회적으로 바람직하다는 지속적인 믿음을 의미한다"고 정의하였다. 즉 가치관이란 어떤 구체적인 행동양식(mode of conduct)이나 존재양식(end-state of existence)이 그 반대의 행동이나 존재양식보다 개인적으로 혹은 사회적으로 더 바람직하다는 기본적 확신인 것이다. 달리 말하면 가치는 개인적으로 혹은 사회적으로 바람직한 목표가 무엇인지 그리고 목표를 얻기 위한 방법이 무엇인가에 관한 확신(conviction)이라고 정의할 수 있다.

이러한 가치관은 조직 내 개인의 행동과 신념에 영향을 준다. 가치관은 한 개인의 행동을 주도하는 중요한 그 어떤 것을 의미하기 때문에 가치관이 다르면 태도와 행동이 달라지게 되며 집단이나 조직 내에서의 다른

그림 4-1. 가치관과 행동

1) 이강옥(2008), 대학 리더십, 도서출판 청람, p. 71.

2) Hodgetts, R. M.(1984), *Modern Human Relations at Work*, Dryden Press, p. 72.

3) Rokeach, M.(1973), *The nature of human values*, New York: The Free Press, p. 5.

구성원들과의 상호작용이나 인간관계의 양상도 달라지게 되는 것이다. 따라서 가치는 비교적 지속적이며 안정적이며 태도, 지각, 동기 등에 영향을 끼치기 때문에 조직 내 인간의 이해에 필수적이라 할 수 있다.

사람들의 가치관이 어떠하냐에 따라서 태도와 행동이 달라지므로 인간관계 양상에도 영향을 미칠 수밖에 없다. 집단이나 조직의 구성원이라면 집단과 조직 내에서의 태도와 행동에 영향을 미치고 결국 조직 내에서의 인간관계에도 영향을 미치게 되는 것이다. 예컨대, 물질적이고 경제적 가치를 중시하는 사람과 심미적이거나 정신적 가치를 중시하는 사람의 인간관계에 임하는 태도와 행동이 다를 것이고 따라서 인간관계의 양상이 달라질 수밖에 없는 것이다.

그런데 우리가 어떤 대상이나 사실을 두고 특정의 목적 달성을 위한 수단으로 삼느냐, 아니면 그 자체에 의미와 목적을 두느냐에 따라 우리의 태도와 행동이 사뭇 달라질 수 있다. 예컨대 다양한 사람들을 만나서 교제하는 가운데 기쁨을 찾고 만남과 사귀기를 즐기는 사람들이 있는가 하면, 사람을 만나고 교제하는 것을 이른바 출세나 사회적 성공을 위해서 의도적

그림 4-2. 가치관을 형성하는 여러 영향요인들

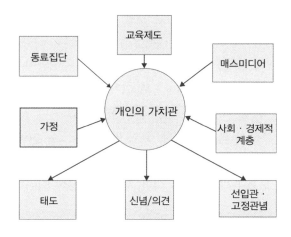

Source: B. L. Reece & R. Brandt(1987), *Effective Human Relations in Organizations*, Houghton-Mifflin, p. 161.

으로 계획적으로 하는 사람들이 있다는 것이다. 그래서 "삶의 모든 활동에는 수단적 가치와 내재적 가치가 있다"[4]고 말할 수 있는 것이다. 밥 먹는 것은 살기 '위해서' 필요하다. 개체적 생명을 보존하기 위해서 필요한 '수단'으로서의 가치가 있다. 그러나 동시에 밥 먹는 일은 그 자체로서 '맛'이 있다. 밥 먹는 일은 그 자체로서 만족스럽고 흐뭇하고 '살맛'이 난다. 남녀의 성애는 아들딸 낳기 위해서 필요하다. 굳이 따지자면, 가계를 잇기 위해서, 계통적인 종족을 보존하기 위해서 필요한 '수단'이다. 그러나 동시에 성애는 그 자체로 환희를 준다.[5]

어느 욕구의 만족에도 수단적, 내재적인 두 가치는 다 해당된다. 식음, 공기, 온도 등의 생리적 욕구에도, 애정, 성애, 안정 등 정서적 욕구에도, 소속되고 수락되고 인정받고자 하는 사회적 욕구에도 다 적용된다. 의미, 성취, 창조, 자유, 개성 등을 추구하는 자아실현적 욕구는 출세와 치부의 수단도 되겠지만, 그 추구 자체가 보람과 환희를 안겨주는 내재적 가치를 가지고 있다. 문제는 수단적 또는 내재적 어느 쪽의 가치의식이 더 우리를 삶의 장면 장면에 밀착, 전심, 열중, 몰입하게 하느냐에 있다.[6] 어떤 일을 그 수단적 가치 때문에 추구하기보다는 그 내재적 가치 때문에 추구할 때 더 전심, 열중, 몰두하게 된다.[7]

그런데 정범모 박사의 지적처럼, 근래 한국 사회에는 만사를 그 자체의 보람 때문에가 아니라, 어떤 다른 것을 얻는 수단으로서의 쓸모 때문에 추구하는 수단주의적인 풍토가 너무 짙게 퍼져 있다. 그래서 가정교육도 그 '수단'이고 학교공부도 그 본래의 '임무'를 잃고 출세, 치부를 위한 채찍으로 변해갔다. 심지어 인간관계마저도 그 수단으로 보고, 사랑도 그 수단으로 본다. 결혼을 했는데 가지고 온 혼수가 적다고 구박 끝에 파혼해버렸다는 이야기도 드물지 않게 듣는다. 효마저도 수단으로 전락한다. 효는 어머니, 아버지가 '그저' 소중해서가 아니라, 그 유산 때문이라는 드라마와 가십도 심심치 않게 듣는다. 효행이 어떤 시상의 대상이 되어야 하느냐도 문

---

4) 정범모(1989), 미래의 선택, 나남, pp. 69-142.
5) 정범모(1997), 인간의 자아실현, 나남, p. 249.
6) 위의 책, p. 250.
7) 위의 책, p. 252.

제다. 상을 위한 효라면 그것은 도리어 역겹다. 모든 인간관계가 서로 이용하고 이용당하는 수단적 가치로만 이어져 있다면 그 사회는 정말 비정의 사회로 전락해간다. 그것은 근본적으로 사람을 사람으로 보지 않는 풍토, 그저 이용하고 착취하고 밀어붙이고 낚아채고 그리고 버려도 괜찮은 존재로 보는 풍토이기 때문이다. 더 심각한 문제가 생긴다. 그것은 이렇게 만사 만인을 수단으로 보기 시작하면 심지어 '자기 자신'마저도 수단시하기에 이른다는 것이다. 자기 자신마저도 인격적 가치가 아닌 출세나 치부를 위한 수단적 가치밖에 없는 비인격적인 미물로 느끼게 된다.[8]

2 가치의 특성과 역할

가치관은 우리가 어떤 대상물 또는 아이디어에 부여하는 값어치(worth) 또는 중요성(importance)이며 삶에서 의존하는 일련의 표준인 가치체계(value system)[9]라고 할 수 있는데, 이 같은 가치체계는 다음과 같은 몇 개의 특성을 지니고 있음에 주목할 필요가 있다.[10]

첫째로, 그것은 성격 속에 깊이 자라잡고 있기 때문에 눈으로 볼 수 없다. 우리가 볼 수 있는 것은 그것에 의하여 외면적으로 나타나는 태도, 의견 및 행동 등이다.

둘째로, 그것은 여러 가지 요인에 의해 영향을 받으면서 형성된다. A. Ellenson은 이들 요인으로 ① 종교적 신념, ② 태도, ③ 선입관(prejudice), 및 ④ 상동적 태도(고정관념) 등[11]을 제시하고 있으며 B. L. Reece 등은 이보다 더 다양하게 제시하고 있다.[12]

넷째로, 그것은 변화된다. 동기유발에 영향을 미치는 가장 중요한 요인인 종업원의 가치관은 시대의 흐름에 따라 그리고 환경변화에 따라 변하

---

8) 위의 책, p. 253.

9) Schmidt, W. H. & Posner, B. Z.(1990), *Managerial Values and Expectations*, AMACOM, 1982, pp. 12-14.

10) 이한흠(1990), 현대적 인간관계론, 형설출판사, p. 276.

11) Robbins, S. P.(1983), *Organization Theory*, Prentice-Hall, p. 96.

12) Reece, B. L. and Brandt, R.(1987), *Effective Human Relations in Organizations*, Houghton-Mifflin, pp. 158-160.

기 마련이다.

다섯째로, 가치관은 우선순위를 지닌다. 인생을 살면서 기본적인 가치관은 변하지 않더라도 성숙됨에 따라 그리고 욕구와 목표가 변함에 따라 가치를 어떤 유형의 질서, 즉 우선순위로 재배치할 수 있다.

로키치(M. Rokeach)[13]는 가치의 특성을 다음과 같이 풀어 설명하고 있다.

첫째로, 가치는 지속적이라는 것이다. 만약 사람들의 가치가 완전히 안정되어 불변한다면 개인적이거나 사회적인 변화는 기대하기 힘들다. 그러나 반대로 사람들의 가치가 완전히 불안정하여 항상 변한다면 개인의 인성이라든가 사회의 특수성은 불가능하게 된다. 따라서 인간 가치의 개념은 가변성일 뿐만 아니라 어느 정도의 지속성을 지니는 것이다. 가치의 지속적인 특성은 그것들이 처음에는 다른 가치로부터 분리되어 절대적인 것으로 배워졌기 때문이다. 우리는 어떤 특정 행동양식이나 목적 상태가 언제나 바람직하다고 배워 왔다. 우리는 약간 정직하고 논리적인 것이 좋다고 배워 오지는 않았다. 그리고 어떤 가치가 어떤 때는 바람직하고 어떤 다른 때는 바람직하지 않다는 상대적인 개념을 배워 오지도 않았다. 따라서 이와 같은 가치의 절대적인 학습이 가치의 지속성이나 안정성을 어느 정도 유지시키고 있는 것이다.

둘째로, 가치는 하나의 신념이라는 것이다. 우리는 보통 세 종류의 신념을 말하는데 하나는 진위를 파악하는 데 쓰는 기술적이고 존재적인 신념, 선악을 판단하는 데 사용하는 평가적인 신념, 그리고 행위의 수단이나 목표가 바람직한가 아니한가를 판단하는 데 사용하는 규정적인 신념이다. 가치는 모든 신념과 마찬가지로 인지적·정의적·행동적 구성요소를 지니고 있다. 가치는 바람직한 것에 대한 인지로서 한 개인이 어떤 가치를 가지고 있다는 것은 행동의 바른 길과 올바른 목적 상태에 대해서 알고 있다는 것을 뜻한다. 정의적 가치는 한 사람이 그 가치에 대하여 감정을 지니고 찬반의 느낌을 분명히 하는 것이다. 가치의 행동적 요소는 그 가치가 중개변인으로서 행동을 야기하는 것이다.

---

13) Rokeach, M., op. cit., pp. 137-139.

셋째로, 가치는 행위의 양식이나 혹은 생활의 목적 상태를 말하는 것이다. 우리는 가치를 두 종류로 나누어 수단적 가치와 목적 가치라고 하는데, 가치의 측정 작업에서 이와 같은 구별은 절실히 필요하다. 그리고 이두 가치는 서로 긴밀한 기능적 관계가 있다.

넷째로, 가치는 개인적으로나 사회적으로 더 낫다고 생각하는 것이다. 만약 한 사람의 가치가 그가 더 낫다고 생각하는 것이다. 만약 한 사람의 가치가 그가 더 낫다고 생각하는 것을 대표한다면 다음과 같은 문제가 생긴다.

가치가 지닌 가장 흥미로운 특성은 가치는 일상생활에서 비상하게 융통성 있게 사용될 수 있다는 것이다.[14]

3 가치의 문화적 차이

사람들이 지향하는 가치는 그들이 어떠한 사회문화적 배경 속에서 태어나 교육받고 또 성장해 왔는가에 따라 달라질 수밖에 없다. 예컨대 기독교적 문화 배경을 가진 사람들과 불교적 문화 배경이나 이슬람교적 문화 배경을 가진 사람들의 가치관에는 차이가 있다는 의미이다. 홉스테드(G. Hofstede)[15]는 총 72개국의 IBM에서 근무하는 11만 6천여 명의 종업원을 대상으로 일과 관련된 태도를 조사한 결과 문화가 조직 내 지위, 직종, 나이 혹은 성(gender)보다 그 차이를 더 잘 설명하고 있음을 발견하였다. 그의 연구에 따르면 각 나라의 문화는 다음의 4차원의 측면에서 구별지어진다.

1) 개인주의와 집단주의

개인주의 문화 속의 사람들은 느슨하게 형성된 사회적 틀(loosely knit social framework) 속의 개인으로서 자기 자신을 파악하고 있다. 집단주의 문화에 속한 개인은 잘 형성된 사회적 틀 속의 개인으로서 자신을 파악하고 있다.

---

14) 정세구(1992), 가치·태도 교육의 이론과 실제, 배영사신서 75, 배영사, p. 14.
15) Hofstede, G.(1998), Attitudes, Values and Organizational Culture: Disentangling the Concepts, *Organization Studies*, vol. 19, no. 3, 477-493.

2) 권력거리(Power distance)

부나 권력의 분배가 불평등하게 분포되어 있다고 믿는 정도를 의미한다.

3) 불확실성의 회피(Uncertainty avoidance)

모호하고 불확실한 상황에서 위협을 느끼는 정도를 뜻한다.

4) 남성적 혹은 여성적 문화(Masculinity vs Femininity)

남성적 특성(단호함, 물질주의, 경쟁심 등)과 여성적 특성(배려, 관계 중시 등)에 따라 나누어지며 또한 남녀의 역할 분화에 대한 믿음에 따라 분류된다.

5) 장기적 지향성(Long-term Orientation: LTO)의 특징

(1) 집요함(persistence): 목표가 무엇이든 성취하려는 끈질김

(2) 인간도리: 사람 사이의 관계에 있어서의 덕목. 즉 화합과 안정적인 위계질서와 역할의 상호보완성

(3) 근검절약(thrift): 근검절약을 통한 재투자

(4) 염치(having a sense of shame): 약속을 지킴

이러한 장기적 지향성(LTO) 점수가 높은 국가를 순서대로 보면 중국, 홍콩, 타이완, 일본, 한국, 브라질, 인도, 태국, 싱가포르, 네덜란드의 순이다.

4 콜버그의 가치관 형성의 6 단계

한 인간이 어떤 인격을 가지고 어떠한 삶을 살아가며 또 그의 인생을 통해서 어떤 것들을 실현하는가는 그 사람이 갖추고 있는 가치관에 달려 있다. 왜냐하면 가치관은 한 사람의 인격과 인생을 형성하는 핵심적인 요소가 되기 때문이다. 예컨대, 진선미라는 가치를 중심으로 살펴보자면, 사람이 참된 것과 거짓된 것 가운데 어느 것에 가치를 더 두느냐, 선한 것과 악한 것 중에 어느 것을 지향하느냐, 그리고 아름다운 것과 추한 것 가운데

어느 쪽을 더 소중히 여기느냐에 따라 그 사람의 삶의 모습과 그가 실현해
내는 결과는 사뭇 다를 수밖에 없는 것이다. 그런데 주목할 것은 한 사람의
가치관이 형성되는 과정에서 어려서 부모가 주는 영향이 매우 중요하다는
사실이다.

　　교육 심리학자인 콜버그(Lawrence Kohlberg)[16]는 가치관이 형성되는
과정을 여섯 단계로 나누어 설명하였다. 첫 번째 단계는 출생 후 2세까지
로, 행하지 않으면 벌을 받게 되니까 행동하는 단계이다. 즉 처벌이 무서워
순종하는 단계이므로 가치관의 가장 초보적인 단계이다(주관화 - 복종과 처
벌지향). 두 번째 단계는 2세에서 7세까지로 남이 나에게 잘 해주면 나도 남
에게 잘 해주는 단계이다. 우리 주변에는 이러한 단계의 사람들이 흔한 편
이다(상대화 - 상대적 쾌락주의). 세 번째 단계는 7세에서 12세까지로 내가 잘
보였을 때 남들도 나를 인정한다는 생각이다. 주위 사람들로부터 칭찬이나
능력의 인정과 같은 좋은 평가를 받을수록 잘 하겠다는 결심을 하게 된다
(객체화 - 착한 아이 지향). 네 번째는 7에서 17세 까지로 법과 질서에 복종하
는 단계이다(사회화 - 사회질서와 권위 지향). 다섯 번째는 여러 사람들 앞에
서 유익한 일을 실천해야겠다는 가치관은 12세 이후에 서서히 형성되는 단
계로, 전체 인구 중에서 10% 정도가 이런 정도에 도달한다는 통계가 있다
(일반화 - 민주적 법률). 가치관 형성의 마지막 여섯 번째 단계는 우주 전체에
유익을 주자는 단계이다. 이 단계에서의 가치관은 모든 생명이 영원한 가
치를 실현하는 사명을 지니고 태어난다는 큰 깨달음에 뿌리를 둔 가치관이
다. 인구의 불과 2~3%가 이러한 단계에 이른다고 한다(궁극화 - 보편적 원
리). 이러한 경지에 오른 가치관을, 다르게 표현하여 '우주적 윤리의 단계'
라 부른다.

---

16) Kohlberg, L.(1981), *Essays on Moral Development, Vol. I: The Philosophy of Moral
　　Development*, San Francisco, CA: Harper & Row.

가치의 종류

올포트(G. Allport)는 가치관을 여섯 가지 유형으로 분류하였는데, 가치관의 겉으로 드러난 현상을 중심으로 분류한 것이다. 여섯 가지 가치는 직업에 따라 그 초점이 달라질 수 있을 것이다.

1) 이론적 가치(theoretical value): 진리의 탐구

2) 경제적 가치(economic value): 부의 축적, 실용성 추구

3) 심미적 가치(aesthetic value): 아름다움, 형태, 균형의 추구

4) 사회적 가치(social value): 사람에 대한 애정, 인간관계 중시

5) 정치적 가치(political vaue): 권력의 획득, 영향력 행사 중시

6) 종교적 가치(religious value): 창조의 질서, 인간 구원에 관심

예컨대, 성직자는 종교적 가치를 지고의 가치로 추구할 것이고, 과학자는 이론적 가치를, 사업가는 경제적 가치, 예술가는 심미적 가치, Hellen Keller와 같은 사회사업가는 사회적 가치를, 정치인들은 정치적 가치에 초점을 두고 직업적 삶을 살아갈 것이다.

한편 로키치(M. Rokeach)는 인간의 행동에 영향을 끼치는 가치를 크게 목표 가치와 수단 가치로 나누어 설명하고 있다. 안전, 가족관계 및 정신적 성장과 같은 일련의 가치는 죽을 때까지 높은 우선순위를 계속 지니고 있는데 이를 '목표 가치(terminal values)'라고 하고 이 같은 가치를 실현하기 위한 중간적인 가치를 '수단적 가치(instrumental values)'라고 한다.[17]

1) 목표가치(Terminal value)는 인간이 궁극적으로 얻고자 하는 것으로서 아래와 같은 가치로 구성된다.

이 목표 가치들은 개인이 이루고자 하는 가치와 사회적으로 이루기 바라는 가치인 사회적 가치로 나눌 수 있다. 즉 (1) 개인 가치(personal values)

---

17) Rokeach, M.(1973), *The Nature of Human Values*, Free Press 및 Reece, B. L. and Brandt, R., op. cit., pp. 161-164.

표 4-1. 최종가치와 수단적 가치

종 류	개 념	예
목표 가치 (terminal value)	성취하고자 하는 '목적'에 대한 신념	안락한 생활, 자유, 평화, 행복, 가족의 안전, 국가안보, 우정, 자기성취, 사랑, 구원, 정의실현
수단적 가치 (instrumental value)	원하는 목표를 성취하기 위한 '수단'에 대한 신념	청렴결백, 정직, 관용, 신사도, 자기통제, 사랑의 실천, 책임성, 용기 있는 행동, 약자를 도움

Source: M. Rokeach(1973), *The Nature of Human Values*, New York: Free Press.

는 자기중심적(self-centered)이며 개인 내부(intrapersonal)와 연관된 가치로서 예를 들면, 평화로운 삶, 구원 등이 포함된다. (2) 사회적 가치(social values)는 사회지향적(society-centered)이며 사람 사이의 관계(interpersonal)와 연관된 가치로서 예를 들면, 세계평화, 평등 등이 포함된다. 사회적 가치와 개인적 가치 중 어디에 우선성을 부여하느냐에 따라 개인의 행동과 태도가 달라질 수 있다. 또한 사회적 가치를 강조하면 다른 사회적 가치의 중요성

표 4-2. 목표의 가치의 종류

편안한 삶(A comfortable life): 풍요로운 삶
신나는 삶(An exciting life): 자극적이며 활동적인 삶
성취감(A sense of accomplishment): 지속적인 공헌
세계 평화(A world at peace): 전쟁과 분쟁이 없는 세계
아름다운 세계(A world of beauty): 자연의 아름다움과 예술
평등(Equality): 형제애, 모든 이에게 동일한 기회의 제공
가정의 안정(Family security): 사랑하는 이를 돌봄
자유(Freedom): 독립성, 자유로운 선택
행복(Happiness): 충만함
내적 조화(Inner harmony): 내적 갈등으로부터 자유로움
성숙한 사랑(Mature love): 성적(sexual)이며 영적인 친밀성
국가 안보(National security): 외부 공격으로부터 보호
즐거움(Pleasure): 즐겁고 편안한 생활
구원(Salvation): 구원받은 영생
자기 존중(Self-respect): 자존심
사회적 인정(Social recognition): 존경
진정한 우정(True friendship): 긴밀한 동료애
지혜(Wisdom): 생활의 원숙한 이해

도 증가하고 반면에 개인적 가치의 중요성은 감소하는 경향이 있다.

2) 수단적 가치(Instrumental value)는 바람직한 행동 유형을 의미하는데 아래와 같은 가치로 구성된다. 이 수단적 가치들은 도덕적 측면과 연관된 도덕적 가치와 능력과 연관된 가치인 능력가치로 나눌 수 있다.

(1) 도덕적 가치(Moral values)는 주로 행동의 방식(modes of conduct)과 관련되고 존재의 목표점(end-states of existence, 즉 추구하고자 하는 목표)과 반드시 관련되지는 않는다. 주로 사람 사이의 관계(interpersonal)측면과 연관되는 가치로서 이 가치가 위배되면 잘못된 행동에 대한 죄의식을 느끼게 된다. 예를 들면 정직한, 책임감있는, 예의바른, 사랑으로 대하는 등이 이에 포함된다.

(2) 능력 가치(Competence values)는 자아실현 가치라고도 불리는 가치로서 주로 개인 내부(intrapersonal)의 측면과 연관되는 가치이다. 이 가치가 위배되면 부끄러움(feeling of shame)을 느끼게 된다. 예를 들면 논리적인, 지적인, 상상력이 많은 등이 이에 포함된다.

표 4-3. 수단적 가치의 종류

야망이 있는(Ambitious): 열심히 일하고 포부가 높은
넓은 마음으로(Broadminded): 열린 마음으로
유능한(Capable): 유능하고 효과적인
쾌활한(Cheerful): 낙천적이며 즐거운
깨끗한(Clean): 산뜻하고 단정한
용기 있는(Courageous): 자신의 신념에 따라 행동하는
용서하는(Forgiving): 다른 사람을 기꺼이 용서하는
도움을 주는(Helpful): 다른 사람의 복지를 위해 일하는
정직한(Honest): 진지하고 믿을 수 있는
상상력이 풍부한(Imaginative): 당돌하고 창조적인
독립적인(Independent): 자신을 믿으며 자족적인
지적인(Intellectual): 총명하며 사려가 깊은
논리적인(Logical): 일관성이 있고 합리적인
애정 어린(Loving): 부드럽고 사랑이 넘치는
복종하는(Obedient): 본분을 지키고 경의를 표하는
예의 바른(Polite): 공손하고 점잖은
책임감 있는(Responsible): 믿음직하고 의지할 만한
자제력이 있는(Self-controlled): 자제하고 자기훈련이 되어 있는

3) 경영자들이 강조하고 있는 가치

일반적으로 경영자들이 중요시 여기고 있는 가치는 성취감, 자기존중, 편안한 삶 그리고 독립성을 들고 있다.[18] 성공적인 경영자는 성취지향성(achievement orientation), 다른 사람과의 상호작용, 역동적 환경, 위험 감수의 의지(willingness to take risks)를 선호하며, 성공적이지 못한 경영자는 정적이며 보호를 받고 있는 환경, 수동적 역할, 확대된 선임권(extended seniority)과 관련된 가치를 지니고 있다. 또한 덜 성공적인 경영자는 사회복지(social welfare), 복종이나 안락(obedience, conformity), 신뢰, 안전, 평등을 강조하는 가치를 지니고 있다.

한편, 하워드, 슈도 및 우메시바(Howard, Shudo, & Umeshima)[19]의 연구에 따르면 목표가치 중에서 미국의 경영자들이 중요시 여기고 있는 5대 가치는 가족의 안전(Family security), 자기존경(Self-respect), 성취감(A sense of accomplishment), 성숙한 사랑(Mature love), 자유(Freedom)이며 일본 경영자들이 중요시하는 5대 가치는 성취감(A sense of accomplishment), 가족의 안전(Family security), 신나는 삶(An exciting life), 자유(Freedom), 평화로운 세상(A world at peace)이라고 지적하고 있다. 대체적으로 보면 미국 경영자에 비해 일본 경영자는 사회적 가치를 더 중요시 여기고 있는 것으로 여겨진다.

---

18) England, G. W. and Lee, R.(1974), The relationship between managerial values and managerial success in the United States, Japan, India, and Australia., *Journal of Applied Psychology.*

19) Howard, A., Shudo, K., & Umeshima, M.(1983), Motivation and values among Japanese and American managers, *Personnel Psychology*, 36, 883-898.

제3 절
인간의 욕구와 삶의 방식

1 가치와 욕구

가치와 욕구(needs)는 그 속성이 비슷하다. 사람들은 어떤 것을 하기 원하고 그것을 하지 않으면 안 된다고 느끼기 때문이다. 가치는 욕구의 인지적 표시이며 변형이라고 할 수 있다. 그리고 인간이 이것을 할 수 있는 단 하나의 동물이다.[20] 가치는 개인의 욕구뿐만 아니라 사회적·관례적 욕구의 인지적 표현이다. 가치는 개인에게 영향을 미치는 심리적인 힘일 뿐 아니라 사회적 힘도 지니고 있다. 심리적 힘을 지녔다는 이유는 개인의 동기가 인지적인 면에서 정당화와 권고를 하기 때문이며, 사회적 힘을 지녔다는 이유는 사회와 관습이 개인으로 하여금 바람직한 것을 내면화하기를 요구하기 때문이다.[21]

인간의 욕구는 가피의 형태로서 인지적으로 변형되어 개인적으로나 사회적으로 옹호되고 정당화되고 또 주장되기도 한다. 예를 들면 현대 사회에서 아직도 어느 정도 타부시되는 성에 관한 욕구는 인지적으로 사랑, 정신적 결합 등의 가치로 변형되고 의타와 의견의 일치를 위한 욕구는 인지적으로 복종과 충성, 그리고 연장자에 대한 존경의 가치로 변형된다. 이처럼 한 사람이 그의 가치를 말할 때는 그는 분명히 그의 욕구를 말하는 것이다. 그러나 우리는 어떻게 가치로부터 욕구를 추리하는가를 배워야 한다. 왜냐하면 가치는 욕구와 같은 것은 아니기 때문이다.[22]

인간의 삶이란 각자가 가지고 있는 가능성의 실현 과정이라 할 수 있다. 이러한 인간의 가능성들은 인간이 가지고 있는 각종의 욕망(desires) 또는 욕구(needs)로서 나타나며 인간은 그러한 욕망이나 욕구를 충족시키려고 노력하는 과정에서 가능성들이 실현되어 나가는 것이다. 그런데 인간의

---

20) 정세구, 앞의 책, p. 14.
21) 위의 책, p. 15.
22) 위의 책, p. 15.

욕망이나 욕구의 유형에 따라 삶의 양태가 두 차원으로 대별될 수 있는 데, 곧 생존(subsistence)으로서의 삶과 실존(existence)으로서의 삶이 그것이다.

널리 알려진 바이지만, 심리학자 매슬로(A. H. Maslow)는 인간의 욕구를 5단계 위계 구조로 이루어져 있다고 보았는데, 가장 기본적이면서도 가장 저차적 욕구인 생리적 욕구(physiological needs)에서부터 안전의 욕구(safety needs), 소속 및 애정의 욕구(belonging & love needs), 존경의 욕구(self-esteem needs) 그리고 자아실현의 욕구(self-actualization needs) 순으로 계층적으로 나타난다고 하였다. 한편 E. Fromm은 인간의 욕구를 '생존적 욕구(survival needs)'와 '초생존적 욕구(trans-survival needs)'로 구분하였다.23) 프롬(E. Fromm)에 따르면 생존적 욕구는 인간의 신체적 생존을 위해서 그의 유기체가 생득적으로 가지고 있는 생리적 욕구이다. 인간이 동물과 공유하고 있는 이 같은 생존적 욕구를 프롬은 '음식물을 수집하는 집(food gathering)'이라고 부른다. 이러한 생존적 욕구는 Maslow의 욕구 개념에 비추어보면 생리적 욕구 또는 물질적 욕구에 해당된다. 생존적 욕구에는 목이 마를 때에 물을 마시려는 욕구, 배고플 때에 뭔가를 먹으려는 욕구, 졸릴 때의 수면욕, 피곤할 때의 휴식욕, 성욕도 여기에 속하는 것들이다.

이와는 달리 초생존적 욕구는 인간의 신체가 아니라 정신의 생활과 관계된 욕구이다. 프롬(E. Fromm)은 초생존적 욕구에 속하는 것으로서 종교적 의식(ritual)이나 제례(cult) 또는 각종의 예술을 들고 있다.24) 그러나 초생존적 욕구는 인간의 정신에 고유한 인간적 욕구로서 프롬이 언급한 종교적, 심미적 욕구만이 아니라, 사랑, 진리, 자유, 창조, 등에 대한 욕구도 포함하여야 한다고 생각한다. 이러한 욕구들은 인간을 인간답게 만들고, 인간이 인간답게 살 수 있게 하는 인간적 욕구로서 초생존적 욕구 속에 포함되어야 한다.25)

앞서 언급한 인간의 생존으로서의 삶이란 곧 생존적 욕구를 충족시키는 삶이다. 인간은 생존적 욕구가 충족되지 않으면 신체적으로 살아남을

---

23) Fromm, E.(1968), *The Revolution of Hope*, bantam Books, New York: Harper & Row, p. 70.

24) Ibid., p. 73.

25) 고범서(1992), 가치관 연구, 나남, p. 26.

수가 없다. 이러한 생존적 삶은 물질적 욕구의 충족에 주로 의존하는 삶이며 물질적 욕구의 충족만을 추구하는 삶은 동물적이고 저차원적인 삶이라 할 수 있다. 생존적 욕구의 충족만을 추구하는 삶은 아무리 많은 물질을 소유한다 할지라도 결국 공허한 권태감의 엄습을 받고 따라서 삶의 파탄을 초래하기 마련이다. 물질은 삶의 의미에 대한 최종적 대답을 줄 수가 없기 때문이다.[26]

그런데 반해서 실존으로서의 삶은 인간의 정신적 차원의 삶이다. 프롬(E. Fromm)의 생존적 욕구와 초생존적 욕구의 구별을 사용하여 말하자면 실존으로서의 삶은 초생존적 욕구를 충족시키는 삶이다. 이 초생존적 욕구는 인간만이 가지는 욕구이기 때문에 인간적 욕구라 할 수 있고 또는 정신적 욕구라고 불러도 무방할 것이다.[27] 이러한 초생존적 욕구가 충족되지 않으면 인간답게 살 수가 없는 것이다. 인간답게 살 수 없다고 함은 의미가 있고 보람을 느낄 수 있는 삶을 살 수 없음을 의미한다. 인간은 이성적 욕구, 심미적 욕구, 사랑의 욕구, 자유의 욕구, 창조의 욕구, 종교적 욕구 등의 충족이 이루어질 때에 비로소 삶의 의미를 발견하고 삶의 보람을 느끼며 실존으로서의 인간다운 삶을 살아갈 수 있는 것이다. "실존으로서의 인간은 그저 먹고 입고 자고 그리고 단순히 그러기 위해서 노동을 하는 데 불과한 존재가 아니라 그의 존재의 궁극적 근원인 어떤 것을 향하고 그것과의 관계 속에서 삶을 영위하는 존재이다."[28] 즉 실존으로서의 삶이란 인간이 그의 삶의 참된 목적인 궁극적 의미와 이념과 가치를 추구하고 그것을 실현하는 삶인 것이다. 사람은 누구나 이념이나 가치를 지향하고 추구하며 살아간다. 이러한 이념과 가치는 서로 밀접한 관련성을 지닌다. 이념은 가치를 내포하고 있으며 가치는 또 이념으로 표현되기도 한다. 예를 들면 자유와 평등, 박애는 민주주의의 이념인 동시에 민주주의가 표방하는 가치이기도 한 것이다.

---

26) 위의 책, p. 26.
27) 고범서, 앞의 책, p. 26.
28) 위의 책, p. 28.

2 가치와 관심

어떤 학자들은 가치가 바로 관심(interests)의 목적이고 따라서 그 둘은 동등한 개념이라고도 말한다. 관심은 가치의 여러 표시 가운데 하나이며 따라서 그것은 가치가 가진 속성을 지녔다. 관심은 욕구의 인지적 표시이고 어떤 행위, 자기와 타인에 대한 평가, 그리고 자기와 타인과의 비교를 가능케 한다. 그것은 조정적, 자기방위적, 자아실현적 기능을 다할 수 있다. 그러나 관심은 분명히 가치보다 더 좁은 개념이다. 그것은 이상적인 행위 양식이나 생활의 목적 상태라고 정의될 수 없다. 관심이 기준이며 당위적인 성격이라고 하기는 어려우며 관심이 가치처럼 그 수가 적고 관심 체제를 구성하여 갈등 혹은 결정 문제를 해결하는 데 도움이 되는 일반적인 계획이라는 주장을 내세우기는 어렵다. 관심은 가치보다는 태도에 가까운 어떤 대상이나 활동에 대한 호의적이고 비호의적인 태도를 나타낸다.[29]

3 가치와 사회규범

가치는 한 사회에서 일반적으로 받아들여지는 기준이라는 점에서 사회 규범(social norms)과 비슷하나 다음 세 관점에서 다르다. 첫째로 가치는 행동양식이나 생활의 목적 상태를 말하는데 사회 규범은 단지 행동 양식만을 말한다. 둘째로, 가치는 특수 사태를 초월하는데 사회 규범은 특수한 사태에서 특수하게 행동하게 하는 규정을 말한다. 셋째로, 가치는 더 개인적이고 내적인데 사회 규범은 합의적이고 외적이다.[30]

---

29) 정세기, 앞의 책, p. 17.
30) 위의 책, p. 18.

내재적 가치와 인간관계

실존으로서의 삶이란 곧 가치를 지향하고, 그 가치를 삶의 활동을 통해서 현실 속에서 실현하는 삶이다. 사실 한 인간이 어떤 인격 또는 인품을 가진 인간이 되느냐, 그리고 어떤 인생을 실현하느냐를 결정하는 것은 그의 가치관인 것이다. 다시 말해서 사람은 어떤 것에서 가치를 발견하고, 그것을 선택하고, 거기에 자기를 바치느냐에 의해서 그가 어떤 자아가 되고 어떤 인생을 만드는지가 결정되는 것이다.[31] 말하자면 '인간은 가치 선택적 존재'[32]로서 그가 선택하는 가치야말로 그의 인격과 인생을 결정하는 것이다.

우리가 흔히 '가치'라고 부르는 것은, 진선미(眞善美)건, 인의예지신(仁義禮智信)이건, 정의, 박애, 평등이건 다 세속적인 부귀의 욕망을 넘어선 조금은 격조가 높은 규범들을 말한다. 이런 조금은 격조가 높아야 할 가치들이 도리어 부와 귀, 치부와 출세라는 세속적인 가치의 '수단'으로 종속되어 있는 정도에 따라, 그것은 바로 우리가 자주 그 개탄의 소리를 듣는 가치전도, 가치부재, 가치위기의 현상에 이른다. 그것은 또한 치부와 출세의 가치만 치솟아 있을 뿐, 다른 여러 가지 직업이나 활동의 가치들이 제 각기 높이를 갖추고 있는 다가치사회가 출현하지 못하고 있는 원인이도 하다.[33]

이렇게 볼 때 인간의 삶에서 일차적이고 본질적인 중요성을 가지고 있는 것은 실존으로서의 삶이요, 그 실존으로서의 삶에 대해서 결정적 중요성을 가지는 것은 바로 각 사람의 가치관인 것이다. 한 사람이 가지고 있는 가치관이야말로 그의 인격과 그의 인생을 형성하는 핵심적인 요소인 것이다.[34] 결국 사람의 가치관의 선택이 인격과 삶의 모습을 결정지어주는 핵심적 요소가 될 뿐만 아니라 그 사람이 어떤 양상의 인간관계를 형성하고 유지해 나가느냐의 향방도 규정짓게 만드는 것이다.

---

31) 고범서, 앞의 책, p. 29.
32) 위의 책, p. 29.
33) 정범모, 앞의 책(1997), p. 258.
34) 고범서, 앞의 책, p. 30.

제 5 절
가치관의 변화와 포스트 모던 사회의 가치관

가치관은 대부분 안정적이고 지속적인 편이지만 결코 확고부동의 것이거나 경직된 것은 아니며 더욱이 새로운 세대는 전혀 다른 가치관을 가질 수 있는 것이다. 현재 변화하고 있는 가치관들을 살펴보면 다음과 같다.

1   윌슨의 가치관 변화

윌슨(I. H. Wilson)[35]은 오늘날 사회 구성원의 가치는 다음과 같이 변화하고 있다고 보았다. 즉 독립적 가치관으로부터 상호의존적 가치관으로, 자연에 대한 지배로부터 자연과의 조화로, 기술적 능률의 우선으로부터 사회정의와 공정성의 고려로, 양적인 풍요 달성으로부터 질적인 행복의 추구로, 조직의 능률 우선으로부터 조직구성원 개인의 자아실현 우선으로, 전체주의적인 가치관으로부터 참여적 가치관으로, 획일성과 집권으로부터 다원적 가치관으로, 노동에 대한 사명감으로부터 여가의 인식으로, 그리고 물질적 욕구충족으로부터 사회적 욕구의 충족으로 변화하고 있다.

2   포스트 모던 사회의 가치관

포스트 모던 사회는 고도의 물질문명의 발달을 목표로 하는 근대화 사회와는 달리 고도의 정신문화를 요구하고 있다. 사회적 변모에 따라 가치의 면모도 다음과 같이 달라지고 있음을 관찰할 수 있다.[36]

1) 질적인 삶: 양보다는 질을 중시한다. 과거에는 얼마나 배부르게 먹느냐에 초점이 맞추어져 있었지만 현재는 얼마나 질 좋은 음식을 먹느냐를 중시한다. 삶의 질 문제는 과업의 설계와 구조, 조직 환경, 학습의 내용, 자

---

35) Wilson, I. H.(1977), Issues on the Horizon, *Paper for the 26th Public Relations Seminar*, GE Co.(May 4 1977): 85-86.

36) 양창삼, 앞의 책, pp. 66-68.

아실현 등 여러 측면을 통해 나타나고 있다.

2) 인간성 회복(humanization): 근대화 과정이 빚어낸 인간의 자기 소외, 인간성 상실, 비인간화로부터 인간주의, 인간성 회복, 인간화를 위한 정신문화의 추구가 새로운 사회적·문화적 변화로 대두되고 있다.

3) 자유시간의 증대: 돈만 벌기 위해 열심히 일하기보다 번 돈으로 얼마나 즐겁고 기쁘게 그리고 인간답게 사용할 수 있는가를 중시한다. 돈을 많이 벌어 잘 사용하지 못하는 것보다 조금만 벌더라도 삶을 즐길 수 있는 쪽으로 변하고 있다. 현대인들은 건강 및 레저, 자기계발을 위한 시간을 갖기 위해 더 많은 자유 시간을 요구하고 있다. 시테크나 타임베이스 전략, 기업에서의 조기 출퇴근제도 등은 이러한 면을 고려한 것이다.

4) 보람 있는 일의 추구: 보람 있는 일을 찾기 위한 가치관이 크게 부상하고 있다. 돈벌이와는 상관이 없이, 오히려 자기의 돈과 시간을 투입하여도 보람을 찾을 수 있는 일에 관심을 둔다. 적십자 활동, 로타리 또는 라이온스 클럽 활동, 불우아동 및 심신 장애자 돕기, 장학사업, 지역사회 발전을 위한 활동에 대한 관심과 참여가 높아지고 있다.

5) 여성적 감각 사회: 강인하면서도 딱딱한 기능 위주의 남성적 감각 사회(he society)보다는 평화스럽고 따스하며 정감이 넘치는 여성적 사회(she society)가 더 중시되고 있다. 이 사회에서는 문제 해결에 혁명적 방법을 사용하지 않으며 점진적이고 평화적인 방법을 사용한다. 미풍양속이나 문화유산을 중시하고, 인간성을 회복하고자 하며, 원리원칙, 합리성, 기능성보다 인간 사이의 대면적 접촉이나 정감의 교류를 중시하는 것, 각 영역에서 여성의 참여가 늘어나는 것 등은 우리 사회가 여성형 사회의 특징과 그 가치를 선호한다는 것을 보여준다. 우리가 음식을 먹을 때 그저 많이 먹는 것보다 좋은 음식을 어떤 분위기에서 누구와 얼마나 따스한 서비스를 받으면서 즐겁게 먹느냐를 중시하는 것도 그 예에 해당한다.

6) 개성: 개성화, 차별화, 유행성, 고급화의 추진으로 획일화보다 개성이 있는 다양성을 추구한다. 개성의 추구는 신세대에서 두드러지게 나타나고 있다.

7) 자연성: 자연주의적 지향을 가리킨다. 자연에로의 회귀나 자연친화

적인 삶을 선호하게 되었다. 의식주 생활에서 인공적인 것보다 자연적인 것을 선호한다. 인공적인 식품첨가물을 사용한 것보다 자연식을 선호하고, 폴리에스터로 만든 옷보다 면섬유 등 자연친화적 섬유로 만든 옷을 즐기며, 요란한 광택보다 자연적인 색과 자연성이 넘치는 디자인을 선호하는 경향이 그 반증이다.

8) 가정의 생활: 근대화 사회에서 가정은 희생물이 되었으나 이제 가정은 중심적 위치를 차지하고 있다. 가정의 행복은 기업의 행복과 직결된다고 본다. 최근 물질문명의 근대화 과정 속에서 증가일로에 있는 정서불안, 이혼 및 가정 파탄, 성의 해방과 상품화, 미혼모 문제, 약물중독, 비행청소년 등 여러 문제로 인해 가정의 중요성, 부모와 자녀 간의 대화의 중요성이 높이 평가되고 있으며 이러한 측면의 가치가 중시되고 있다.

9) 만족: 종업원은 단순한 일자리보다도 직무를 통한 만족을 중시하며, 기업은 상품이나 서비스가 갖고 있는 합리성이나 기능성보다 고객의 만족을 중시하는 경향을 띠고 있다.

결과적으로 인간이 인간성과 지혜를 가지고 기술과 물질을 통제하는 시대로 접어들고 있다. 따라서 포스트 모던 사회는 인간성, 정감성이 합리성이나 기능성보다 중시되는 사회로 나아가고 있다. 따라서 기업도 상품만 파는 일에 몰두하기보다 이러한 가치변화에 능동적으로 적응하면서 기업문화도 함께 이루어나가야 무한 국제경쟁 시대에 살아남을 수 있을 것이다.

제 5 장

태도의 형성과 학습

제5장 태도의 형성과 학습

제1절
태도와 태도 변화

　　미국 심리학의 대부로 일컬어지는 윌리엄 제임스(William James)[1]는 다음과 같이 말한 바 있다. "우리 세대에서의 가장 위대한 혁명은 내면의 태도를 바꿈으로써 삶의 외면도 바꿀 수 있다는 사실의 발견이다," 그리고, "당신이 누군가와 갈등을 일으킬 때는 언제나 당신의 관계를 해치거나 아니면 관계를 돈독히 하는가의 차이를 만드는 한 요인이 있기 마련인데 그 요인이란 바로 태도이다"라고 하면서 우리의 삶에 있어서 태도가 얼마나 중요한지를 지적하고 있다. 한편 미국의 동기부여전문가인 브라이언 트레이시(Brian Tracy)[2]는 다음과 같이 지적하고 있다. "당신에게 일어나는 일들을 통제할 수는 없지만, 당신에게 일어나는 일에 대한 태도는 통제할 수 있다. 따라서 당신은 그러한 일들이 당신을 지배하도록 내버려두기보다는 당신이 태도를 변화시키는 주체가 되어야 할 것이다(You cannot control what

---

1) James, W.(1950), *The Principles of Psychology*, Reprint edition, Dover Publications.
2) Tracy, B.(2013), *Motivation*, AMACOM.

happens to you, but you can control your attitude toward what happens to you, and in that, you will be mastering change rather than allowing it to master you.).”

조직구성원의 태도가 경영에서 중요한 측면으로 대두되기 시작한 것은 호손 연구(Hawthorne Experiments)에서부터이다. 그 이후 많은 조직과 기업들은 조직구성원의 태도가 조직의 성과에 기여할 것이라는 믿음을 갖고 조직구성원의 바람직한 태도를 형성하기 위한 많은 노력을 해왔다. 그 결과 오늘날 직무만족과 조직몰입 등 직무 및 조직관련 태도는 조직관리 차원을 넘어 경영전반에 걸쳐 가장 중요한 목표 중의 하나가 되었다고 해도 과언이 아니다. 실제로 대부분의 조직에서는 조직구성원의 만족을 창출하거나 향상시키는 데 초점을 두고 조직 내의 각종 제도나 관리시스템이 운영되고 있다. 조직에 긍정적인 영향을 미칠 수 있도록 조직구성원의 태도를 어떻게 형성하고 변화시킬 것인가는 조직에 핵심적인 문제이며 해결해야 할 중요한 과제로 대두되고 있다고 본다.

1 태도의 기본개념

1) 태도의 개념적 정의

태도의 개념은 17세기 후반부터 사회과학적 연구의 고려대상으로 정착되기 시작했는데, 당시의 사회과학자들은 인간의 행동이 선천적인 유전형질이나 본능에 의해 좌우된다는 기존의 생각에 대해 회의적이었으며, 행동을 설명할 수 있는 매개 요소로서 그 사람의 태도가 어떠한가의 문제를 전제하기에 이르렀다. 20세기 이르러 올포트(G. Allport)는 태도를 ‘개인이 외적 사물 및 상황에 대해 반응하는 데 있어 영향을 주는 정신적인 상태’로 개념화했으며, 이는 경험을 통해 형성된다고 보았다.3) 태도에 관한 연구가 활성화되면서 여러 학자들의 다양한 정의가 시도되었는데, 베팅하우스와 코디는 “사람들이 사물에 대해 느끼는 좋음과 싫음의 감정”이라 하여 태도

---

3) Allport, G. W.(1935), Attitudes. In *Handbook of social psychology*, Edited by C. Murchison, 798-844, Worcester, MA: Clark Univ. Press.

를 호(好)·불호(不好)의 감정적인 측면에서 정의했고,[4] 피쉬베인(M. Fishbein)
과 에이젠(I. Ajzen)은 "대상물에 대한 개인들의 모든 평가적 신념"이라 하
여 태도 대상과 태도 간에 성립하는 평가적인 측면을 강조했다.[5] 또한 벰
(D. J. Bem)은 태도를 "사물, 사람, 또는 이슈에 대해 가지는 일반적이거나
지속적인 긍정적·부정적 감정"으로 정의했다.[6]

'태도'는 종종 '습관'이나 '가치', '의견' 등의 개념과 혼용되는 경향이
있으나 이들 개념은 엄밀한 의미에서 태도와 다르며, 개념이 쓰이는 상황
또한 매우 다르다. '습관'은 태도와 마찬가지로 학습되는 것이며 지속성이
있다. 그러나 습관은 규칙화된 행동의 패턴을 일컫는 반면, 태도는 그 자체
가 행동을 나타내는 것은 아니라는 점에서 차이가 있다. 이에 비해 '가치'는
사람들이 추구하고자 하는 궁극적 목표이자 이상으로서, 태도보다 더 광범
위하고 일반적인 개념으로 쓰이거나 여러 가지 태도들을 전체적으로 강조
하는 데 사용된다. '의견'이란 인지적 판단을 단순하게 일컫는 말로 사용되
며, 태도는 인지적 판단이 아닌 감정적 요소를 함축하면서 여러 개의 세부
요소를 포함하는 분화된 개념이다.

근래의 사회과학자들은 태도를 어떠한 대상에 대해 호의적 또는 비호
의적으로 반응하도록 이끄는 학습된 선유 경향, 사상·사물을 인식하고 재
현하고 판단을 내리는 데 있어 특정한 경향성을 가지도록 하는 정신의 중
재 작용이라고 개념화하고 있다.[7]

태도란 어떤 생각이나 물적 대상, 사람 또는 상황에 대하여 긍정적이
거나 부정적으로 반응하려는 성향이나 경향이다. 그래서 태도는 주어지는
갖가지의 도전들, 각종의 유인책이나 보상들에 대한 한 개인의 행동과 반
응의 선택에 영향을 미친다(A predisposition or a tendency to respond pos-
itively or negatively towards a certain idea, object, person, or situation. Attitude
influences an individual's choice of action, and responses to challenges, in-

---

4) Bettinghaus, E. P. and Michael J. C.(1987), *Communication*, Fourth Edition,
   New York, NY: Holt, Rinehart and Winston.
5) Fishbein, M. and Ajzen, I.(1975), *Belief, Attitude, Intention, and Behavior: An
   Introduction to Theory and Research*, Reading, MA: Addison-Wesley.
6) Bem, D. J.(1970), *Beliefs, attitudes, and human affairs*, Brooks/Cole Pub. Co.
7) 위키백과: http://ko.wikipedia.org/wiki/%ED%83%9C%EB%8F%84

centives, and rewards.). 가장 일반적인 태도의 개념으로는 "어떠한 대상에 대한 믿음(belief), 느낌(feeling) 그리고 행위 경향성(behavioral tendency)이 결합되어 있는 정신적 준비상태를 의미한다"고 정의된다.

2) 태도의 구성요소

태도는 인지적(cognitive) 요소와, 감정적(affective) 요소 그리고 행동적 (conative) 요소로 구성된다.

(1) 인지적 요소

인지적 요소란 인간이 어떤 대상에 대해 지니고 있는 사고나 일종의 믿음, 신념 등을 말한다. 일본이라는 나라와 사람들에 대한 이미지나 생각, 그들의 외교정책이나 태도에 대한 한국 국민들의 반응 등을 그 예로 들 수 있다.

(2) 정서적 요소

어떤 사람이 태도 대상에 대해 갖고 있는 좋거나 나쁘거나 하는 느낌으로, 정서적 요소는 인지적 요소에 대한 반응이다.

그림 5-1. 태도의 구성요소

(3) 행동적 요소

이 행동적 요소는 특정한 대상에 대하여 반응하려는 의도나 경향 또는 방식을 의미한다. 우리가 어떤 사람의 행동을 보고 알 수 있는 것은 태도의 이러한 측면에 의한 것이다.

3) 태도의 형성과 기능

(1) 태도의 형성과 영향요인

태도란 우리가 생각하는 것, 즉 사고와 우리가 느끼는 것, 즉 감정의 함수로 볼 수 있다는 것이다. 여기서 사고는 "신념"이라고 할 수 있고 감정은 "가치"라고 할 수 있다. 일반적으로 신념이란 사물·개념·사건 간의 관련성에 대한 설명으로 정의된다. 신념이 사실에 대한 믿음임에 반하여 가치는 개인의 선호에 바탕을 두고 선택된 규범적인 기준이 포함되어 있다. 이러한 태도형성에 영향을 미치는 요인들로는 문화적 배경, 집단의 성원자격 그리고 가족 등을 들 수 있다.

① 문화: 인간은 문화에 의해 사회화된다. 문화에는 사회적 집단을 특징지우는 관습이나 습관, 전통 등 한 사회에 보편적으로 공유되는 태도나 믿음 등이 포함되어 있다. 따라서 문화적 차이에 따라 태도가 달라지는 것이다.

② 소속집단의 성원자격: 개인은 그가 속해 있는 여러 집단의 사회·경제적 속성에 영향을 받는다. 특히 그 집단이 기대하거나 요구하는 성원의 자격은 그가 어떤 태도를 학습해야 하는 규범과 기준을 제공해주어 태도 형성에 영향을 미치는 것이다.

③ 가족: 가족은 개인에게 흘러들어가는 일상의 통로로 한 사람의 모든 사고나 행동양식, 문화적·종교적 태도 형성에 직접 영향을 미친다.

④ 또래 집단: 개인은 사회생활을 하게 됨에 따라 접촉하게 되는 또래의 사람들과 그들로 이루어지는 집단(peer groups)에 의해서 영향을 받는다.

⑤ 사전 작업 경험(prior work experience): 어떤 개인이 사정에 의해 직장을 옮기게 되었을 경우 그는 그 이전 직장에서 형성된 태도를 가지고 옮긴 회사의 보수나 승진 절차, 작업조건이나 감독 방법 등 회사의 정책이나

방침을 비교하게 된다. 이것은 이전의 작업 경험이 태도 형성에 영향을 준다는 것을 알 수 있다.[8]

(2) 태도의 기능

캐츠(D. Katz)[9]는 태도의 기능을 4가지로 나누어 설명하고 있다.

① 적응기능(adjustment function)

사람은 누구나 외부환경과 관련하여 보상은 극대화하고 벌은 극소화하려고 노력한다. 그 과정에서 태도는 바람직한 목표를 달성하고 그렇지 못한 결과를 피하게 해주는 역할을 한다. 즉 특정한 태도를 갖는 것은 그렇게 하는 것이 사회적 적응에 도움이 되기 때문이다.

② 자기 방어적 기능(ego-defensive function)

자아는 현실에 기초를 두고 있다. 욕구가 현실적으로 좌절되었을 때 이를 극복하지 않으면 자아가 붕괴될 것이다. 이때 자아가 붕괴되는 것을 막고, 자아를 방어하는 구실을 할 수 있다는 것이다. 따라서 우리의 태도 중 많은 부분들이 우리의 자아연상을 방어하는 기능을 갖고 있다.

③ 가치 표현적 기능(value-expressive function)

태도는 또 그것을 지닌 사람의 중심적인 가치와 그가 자신이라고 믿는 인간종류에 대해 긍정적인 표현을 하는 기능을 지니고 있다.

④ 탐구적 기능(knowledge function)

태도는 혼란한 세계를 설명하고 조직하는 데 도움을 준다. 사람들은 자기주변의 사람들이나 사건들을 이해하고 해석하는 기준이나 준거체계를 필요로 한다. 태도는 이러한 기준이나 체계를 제공해 주는 역할을 담당한다.

---

8) 양창삼(1994), 조직행동의 이해, 법문사, p. 77.
9) Katz, D.(1960), *The Functional Approach to the Study of Attitudes*, Public Opin Q 24 (2): 163-204.

그림 5-2. 태도 변화의 과정

2 태도 변화의 과정과 관리

1) 태도 변화의 과정

레빈(K. Lewin)[10]은 조직에서 모든 수준의 변화, 즉 개인의 태도, 집단 및 조직 등의 태도 변화에 전반적으로 적용될 수 있는 이론을 제시하고 있다. 그에 의하면 이러한 태도의 변화는 해빙, 변화, 재동결의 3단계를 거친다.

(1) 제1단계: 해빙(unfreezing)

해빙의 목적은 개인이나 집단을 동기유발시켜 변화에 대한 준비를 하게끔 하는 것이다. 이는 개인에 작용하는 여러 요인들이 이제는 변화를 할 필요가 있다는 것을 알 수 있도록 '녹여주는' 과정이라는 의미이다.

한편, 쉐인(E. H. Schein)[11]은 해빙의 단계에서 효과를 거두기 위한 잔략들을 다음과 같이 제시하고 있다. 변화가 되어야 할 개인에 대하여 익숙한 일상 업무, 정보의 원천, 사회적인 여러 관계를 물리적으로 제거하는 것이고, 모든 사회적 지원을 줄이고 파괴하는 것이다. 그리고 이전의 자아를 무가치한 것으로 보게 되어 변화하는 데 도움이 될 수 있는 굴욕적인 경험을 갖는 것이며 변화하려는 의도를 갖고 있을 때에는 보상을 제공하고 변화하지 않으려는 의도를 갖고 있을 때에는 벌을 일관성 있게 제공하는 것이 효과적이라고 지적하고 있다.

---

10) Lewin, K.(1947), Frontiers in Group Dynamics: Concept, Method and Reality in Social Science; Social Equilibria and Social Change, *Human Relations*, June 1: 5-41.

11) Schein, E. H.(2010), *Organizational Culture and Leadership*, 4th Edition, Jossey-Bass.

(2) 제2단계: 변화(change)

변화의 과정을 켈먼(H. C. Kelman)[12]은 개인의 태도에 영향을 미치는 사회적인 영향력이라는 관점에서 순종, 동일화, 내면화의 세 가지 과정을 통하여 이루어진다고 보고 있다. 먼저, 순종(compliance)은 한 개인이 다른 사람이나 집단의 호의적인 반응을 얻기 위해서, 또는 나쁜 반응을 회피하기 위해서 그들의 영향력을 수용할 때 발생하는 것이고, 동일화(identifi-cation)의 과정은 한 개인이 다른 어느 사람이나 집단과 관계를 맺고 있는 것이 만족스럽고 또 자기의 자아의 일부를 형성한다는 이유로 해서 다른 사람이나 한 집단의 태도를 받아들일 때 발생하는 것이다. 그리고 내면화(internalization)의 과정은 유발된 태도나 행위가 내재적으로 보상되며 한 사람의 가치체계에 부합될 때 발생한다는 것이다.

(3) 제3단계: 재동결(refreezing)

이 단계는 새로 획득된 태도, 지식, 행위가 그 개인의 성격이나 계속적인 중요한 정서적 관계로 통합되어 고착화되는 과정이다. 이러한 태도의 재동결을 위해서는 변화과정에 있는 개인에게 요구되는 변화를 계속적으로 강화시켜 줄 수 있는 환경의 마련이 절대적으로 중요하다.

2) 태도 변화의 관리

태도를 변화시키는 데는 구성원들의 저항이 뒤따른다는 점에 유의해야 한다. 태도 변화에 대한 저항은 다음과 같은 양상으로 나타난다.

(1) 주장의 반박: 자신의 태도에 상반되는 어떤 주장이 전달될 때 개인은 그에 대한 반박을 하게 된다.

(2) 정보원의 누락: 태도 변화를 유발하는 정보원이 어떤 식으로든 믿을 수 없거나 부정적이라고 몰아붙임으로써 새로운 정보가 야기하는 스트레스를 줄일 수 있다고 생각한다.

(3) 메시지의 왜곡: 개인이 자기가 듣고 싶은 것만을 들으려고 함으로

---

12) Kelman, H. C.(Ed.)(1965), *International behavior: A social-psychological analysis*, New York: Holt, Rinehart and Winston.

써 태도 변화에 저항한다.

(4) 합리화: 상반되는 정보를 교묘히 해석하여 태도변화에 저항한다.

(5) 전면저항: 어떤 논리적인 근거에 의해 주장을 반박하거나 그 원천을 약화시키려고 노력하기보다는 아무런 이유도 없이 주장을 단순히 거부해 버리는 방법을 구사하기도 한다.

3) 바람직한 태도의 형성

개인이 자신의 태도를 바꾸고자 한다면 자신이 가지고 있는 태도를 이해해야 하며 자신에 대한 솔직한 평가와 함께 보다 바람직한 태도를 형성할 수 있도록 해야 한다. 조직의 구성원으로서 지녀야 할 바람직한 태도들을 살펴보면 다음과 같다.[13]

(1) 성숙성(maturity): 성숙성은 충동에 휩쓸리지 않고 참을 줄 아는 것을 말한다. 사물을 자기 바라보는 대로 보기보다는 있는 그대로 현실주의적으로 본다. 사물을 넓은 관점에서 보고, 자기 감정을 통제하며 다른 사람에 대하여 협조적인 태도를 취한다.

(2) 낙관주의(optimism): 지나친 낙관주의는 비현실적이지만 적당한 낙관주의는 열의나 활기와 직결된다. 조직 생활에서 중요한 것은 적극적이고 창의적인 사고의 바탕이 되는 열의이다.

(3) 적극적인 태도(positive attitude): 소극적인 태도를 적극적인 태도로 전환하는 것은 매우 중요하다. 소극적 태도를 가질 경우 매사에 부정적이며 턱없이 남에게 적대감을 가지는가 하면 방해하거나 혹평하는 사람이 된다.

(4) 쾌활성(pleasantness): 어려운 문제에 부딪혀도 쾌활성을 잃지 않는 것은 좋은 감정과 태도의 원천이 되며 행복감, 만족감, 그리고 인간미를 낳는다.

(5) 관용(tolerance): 관용은 상대방을 있는 그대로 받아들이며 단점보다는 장점을 찾는 태도이다. 살인이나 방화, 폭행 등과 같은 극단적이거나 비인간적인 행동들에 관용을 보일 수는 없지만 세상에는 보다 너그러운 태도를 요구하는 일들이 너무 많은 것이다.

---

13) 양창삼, 앞의 책, p. 77.

(6) 개방성(open-mindedness): 개방적인 태도는 열린 창문과 같다. 마음을 열어놓아야 새로운 사상이 들어와 옹고집과 편견을 청소할 수 있다.

3 태도와 행위의 관계

한 태도의 대상에 대한 선호적 반응은 진공 상태 속에서는 나타나지 않는다. 그것은 태도를 지니고 있는 사회 상태의 맥락 속에서 결정되고 있는 것이다.[14] 어떤 사람이 한 사태 하에서 한 태도 대상에 대해 어떻게 행동하는가는 한편에서는 태도 대상에 의하여 활성화되는 특수 신념이나 경향, 또 다른 한편에서는 사태에 의하여 활성화되는 신념이나 경향에 달려 있다. 우리는 이처럼 한 사람의 사회적 행동은 두 형태의 태도 요인에 의하여 중개된다는 것을 가정할 수 있다.

만약 우리가 대상에 대한 태도만을 고려한다면 태도와 행동과의 불일치 내지는 행동이 태도에 적게 의존함을 볼 수 있다. 그러므로 우리는 사태적 조절을 고려하여 사태에 대한 태도도 충분히 고려하여야 한다. 그런데도 아직도 대상에 대한 태도만이 연구의 대상이 되기 때문에 많은 문제점이 생긴다.[15] 더욱이 두 종류의 태도만을 고려하는 것으로는 충분치 않고 대상에 대한 태도와 사태에 대한 태도가 서로 인지적으로 상호작용을 일으켜 행동 결정에 복합적인 영향을 미치고 있다는 것에도 유의할 필요가 있다.

태도-행위(Attitude-Behaviour, A-B) 간의 관계를 조사할 때는 몇 가지 요소를 감안해야 정확하게 파악할 수 있다.[16] 우선 특정 행동에 대한 특정 태도를 묻고 있는가를 생각해 보아야 한다. 예컨대, '환경오염에 반대하는가?'라는 질문에 반대한다고 대답하는 사람은 거의 없지만, '쓰레기 분리수거를 하고 있는가?'라는 물음에 대하여는 그 모든 사람이 '그렇다'라고 하지는 않는다. 쓰레기 분리수거라는 행동을 환경오염에 대한 태도라는 너무 방대한 것에 연결지으면 곤란하다는 것이다. 태도에 대한 질문을 보다 더 특화하

---

14) 정세구(1992), 가치·태도 교육의 이론과 실제, 배영사, p. 24.

15) 위의 책, p. 24.

16) 이명헌 경영스쿨, 조직행동론: 가치, 태도, 인지적 부조화 이론
(http://www.emh.co.kr/content.pl?value_attitude_cognitive_dissonance).

면 할수록 그것과 행동 사이의 관계도 보다 더 긴밀해지게 된다.

다른 한편으로는, 사회적인 압박요소도 고려해야 한다. 특정한 사회적 압력 때문에 같은 행동에 대해 전혀 다른 수준의 태도-행동 부조화(A-B Discrepancy)가 발생할 수 있다. 마지막으로, 태도-행동 사이의 관계에 영향을 미치는 것은 그 문제를 직접 경험한 것인가, 아닌가의 측면이다. 취업 전 대학생을 대상으로 좋은 직장의 요건을 조사한 내용은 직장인의 이직 행동을 설명하는 데 별로 도움이 안 된다는 것이다. 직접 겪어보면 달라지기 때문이다.

그런데, 태도가 행동에 영향을 미치는 것이 아니라 혹시 예전에 했던 행동이 태도를 규정하는 경우도 있다는 것이다. 이것을 자아인식이론(Self-Perception Theory)이라 한다. '결혼은 해야 하는가'라는 질문에 기혼자라면 '어쨌든 하는 편이 낫다'라고 얘기하기 쉽다. 자신이 예전에 했던 행동의 근거를 대는 데는 익숙한 반면, 어떤 일을 해야 할 이유가 있다고 해서 반드시 실행하지는 않기 때문이다. 매우 과감한 행동을 일단 하고나면 이후 태도도 그에 맞게 수정되는 경험을 할 수 있게 되는 것이다.

태도와 행위 간의 관계를 이해하는 관점은 인지적 관점과 강화이론적 관점으로 나누어 살펴볼 수 있다.

① 인지적 관점: 태도가 행위에 영향을 준다는 관점으로, 개인이 가지고 있는 태도를 통해 그의 행위를 미리 예측하고 판단할 수 있다는 입장이다.

② 강화이론의 관점: 강화이론(reinforcement theory)의 관점은 사람의 태도 그 자체는 관찰가능하지 않으므로 겉으로 드러난 행위를 통해서만 태도를 추론하여 설명할 수 있다는 관점이다.

제 2 절
학습과 행위 변화

　　인간은 사회적 동물로서 더불어 살아가는 데 요구되는 바람직한 행동이 무엇인지를 터득하고 자기의 행위를 그러한 방향으로 변화시켜야 할 필요성을 느끼며 살아가게 된다. 사람들은 새로운 환경에 적응해 나가기 위해서는 자기의 행동을 변화시켜야 하는데 이러한 행동변화는 근본적으로 학습이라는 과정을 통해 이루어지는 것이다.

1 학습의 의의

　　학습(learning)이란 개인행동형성의 근본적인 과정으로서 반복적인 연습이나 경험을 통하여 이루어진 비교적 영구적인 행동변화를 말한다. 개인의 행동은 고정되어 있지 않고 일상생활을 통하여 항상 변해 나가고 있기 때문에, 개인은 모두가 학습과정을 거쳐 나가고 있는 것이다. 개인의 지식과 기술은 물론, 신념과 가치관 그리고 정서적 감정과 태도 등은 모두가 학습을 통하여 얻어진 것이다. 구체적으로 학습의 주요 요소를 요약하면 다음과 같다.[17]

　　1) 행동 변화(Behavioral Change): 학습의 첫째 요소는 행동의 변화이다. 행동 변화는 행동 형성의 요인인 성격과 지각 그리고 동기와 태도의 변화를 의미한다. 학습은 흔히 행동의 개선과 효율적 성과를 상징하지만, 엄밀한 의미에서 학습은 긍정적인 변화와 성과만을 포함하지 않고 나쁜 습관과 편견, 상동적 태도와 현혹효과 등 바람직하지 않은 행동을 습득하는 것도 포함하고 있다.

　　2) 영구적 변화(Permanent Change): 이러한 행동의 변화는 비교적 영구적인 성격을 지니고 있어야 하는 것이 학습의 두 번째 요소이다. 따라서 개인이 임시적으로 취하는 적응행위는 그때 당시에는 행동상의 변화로 보인

─────────────

17) 이학종, 조직행동론, 세경사, p. 84.

다 하더라도 영구성이 없을 뿐만 아니라 학습의 결과로 이루어졌다고도 볼 수 없다.

3) 연습과 경험(Practice and Experience): 학습은 개인의 자연적인 성숙이나 임시적인 조작행동과는 구분되어야 한다. 즉 개인의 신체적 발육이나 본능적 행동은 자연적인 과정이므로, 학습효과는 이와 같은 자연발생적 행위와는 구분되어야 한다. 그뿐 아니라 피로나 습관 그리고 약물의 복용으로 인한 임시적인 행위도 학습의 결과라고 볼 수 없다. 따라서 학습은 이와 같은 자연적인 행동 변화나 임시적 조작에 의한 행동 변화가 아니라 실제 연습과 실습 그리고 실제경험에 의하여 변화가 이루어지는 것을 의미한다.

4) 강화작용(Reinforcement): 연습이나 경험이 영구적인 변화를 가져오려면 이들 연습이나 경험을 되풀이시키는 강화작용이 필요하다. 이러한 강화작용이 없으면 새로운 행동이 지속되지 못하고 곧 소거되어 버린다. 그러므로 학습에는 반복적인 연습과 경험이 수반됨으로써 영구적인 행동 변화가 정착될 수 있다.

학습이란 연습이나 경험의 결과로서 일어나는 행동상의 비교적 영구적인 행동 변화를 의미한다. 학습이 이루어지기 위해서는 행동의 변화가 포함되어야 하고 학습의 변화가 지속적이고 항구적이어야 하며 반드시 반복적인 연습이나 경험이 필요하다.

2 학습 패턴(Learning pattern)

학습과정은 학습내용과 환경상황에 따라서 모두 다르지만, 효과발생에 있어서 일반적으로 공통된 패턴을 보이고 있다. 심리학자들에 의하면 학습 패턴은 다음과 같은 여러 단계로 형성되어 있다.

1) 적응단계
2) 가속단계
3) 플라토단계
4) 회복단계
5) 정착단계

첫째 단계는 학습의 필요성을 인식하고 학습 환경에 익숙해지는 적응 단계로서, 새로운 변화에 대한 물리적인 환경적응은 물론 심리적 저항을 극복하고 동기를 유발시키는 것이 가장 중요한 과제이다. 따라서 이 단계에서는 관리자의 역할이 특히 중요하다. 학습에 대한 필요성이 인식되고 학습 환경에도 익숙해짐에 따라서 학습효과가 나오기 시작하고, 강화작용을 통하여 학습결과에 만족을 느끼게 되면 동기유발도 가중되어 학습효과의 가속단계로 들어가게 된다.

그러나 학습과정은 어느 시점에 가서 플라토(plateau)단계에 도달하게 된다. 이것은 학습방법 등 기존 학습 환경의 효율성에 한계가 나타나게 되고 동기도 소멸되어 버리기 때문이다. 따라서 새로운 학습방법과 환경을 모색할 필요성이 생기게 된다. 새로운 학습방법이 모색되고 이에 따른 새로운 학습동기도 유발됨에 따라서 학습효과는 다시 재생되어 회복단계로 들어가서 학습효과의 정상에 도달하게 된다. 학습효과패턴의 마지막 단계는 학습결과를 수없이 되풀이(overlearning)하여 새로운 기술이나 행동을 자극-반응-학습 이론에 의한 조작적 조건반응행동으로 정착시키는 단계이다. 위의 학습패턴은 학습여건에 따라서 그 적용성이 모두 다르겠지만, 이러한 일반적인 패턴을 잘 인식하고 이해함으로써, 학습 환경에 대한 적절한 적응은 물론 학습여건도 잘 조정하여 학습효과를 극대화시킬 수 있을 것이다.

3 학습과 관련된 이론

인간의 행위가 어떠한 과정을 통해 학습되고 변화되는지를 설명하는 데는 여러 가지의 관점이 있으며 대표적인 학습에 관한 이론으로는 행태론적 학습이론과 인지론적 학습이론 그리고 사회론적 학습이론을 들 수 있다.

1) 행태론적 학습

행태론적 학습이론은 자극-반응이론이라고도 하며, 이 학습이론은 학습을 어떠한 자극으로부터 행동을 유도해 내는 기계적인 과정으로 보고 자극과 반응을 중심으로 행동변화를 설명하고 있다. 행동변화의 과정은 고전적 조건화(classical conditioning)와 조작적 조건화(operant conditioning)가 있다.

(1) 고전적 조건화

　반복적인 연습을 통한 능동적 행위의 학습과정을 말한다. 20세기 초 러시아의 심리학자 파블로프(I. Pavlov)가 행했던 그 유명한 개의 실험에서 관찰했 듯이 조건자극과 무조건자극을 결부하여 조건자극으로부터 새로운 조건반응을 얻어내는 학습과정이다. 파블로프의 실험에서 개는 고기(무조건자극, unconditioned stimulus)를 보고 반사적인 행동으로 침(무조건반응, unconditioned response)을 흘리게 된다. 그러나 고기를 줄 때마다 종(조건자극, conditioned stimulus)을 울리면 나중에는 종만 울려도 침을 흘리게 된다. 여기서 고기를 보고 침을 흘리는 것은 무조건자극에 대한 무조건반응이고, 종소리에 의하여 침을 흘리는 것은 학습을 통한 조건자극에 대한 조건반응이다. 즉 고기라는 조건자극을 통하여, 침흘림이라는 무조건반응의 학습을 통하여 조건반응으로 유도해 낼 수 있는 것이다. 이와 같이 무조건자극(고기)을 조건자극(종소리)과 짝지워서 학습에 의한 행동(침흘림)을 유도해 내는 과정을 고전적 조건화라고 부른다.

(2) 조작적 조건화

　고전적 조건화는 학습이론에 많은 공헌을 했고 학습과정을 이해하는 데에 많은 도움을 주었다. 그 이후에 여러 학자들이 학습에 관한 연구를 계속하여 학습이론을 발전시켰다. 파블로프와 같이 행태이론의 선구자인 왓슨(John Broadus Watson)[18]은 학습과정에서 외부로부터의 보상(reward)을

---

18) Watson, J. B.(1913), Psychology as the Behaviorist Views it, *Psychological Review* 20: 158-177.

강조하였다. 즉 자극-반응에 있어서 반응행위는 이에 따른 보상이 수반됨으로써 그 반응행위가 반복될 수 있고, 따라서 보상을 조정함으로써 바람직한 반응행위만을 유도해 낼 수 있다고 주장하면서 자극-반응의 빈도(frequency)와 반응행위에 대한 신속한 보상을 중요시하였다.

손다이크(Edward Lee Thorndike)[19]도 왓슨에 이어 조건자극의 반복만으로는 학습효과가 발휘되지 않고, 반응행위의 결과로부터 얻어지는 만족 여하에 따라서 학습효과가 결정된다는 효과의 법칙(law of effect)과 이에 기반을 둔 강화(reinforcement)이론을 발표하였다. 그리고 헐(Clark Leonard Hull)[20]은 효과의 법칙과 강화이론을 개인의 욕구·동기(need, drive) 및 습관(habit)과 연결시켜 보다 종합적인 학습모형을 제시하였다. 이와 같이 이들의 이론은 자극-반응이론에 반응행위의 효과가 학습효과에 미치는 영향을 강조함으로써 조건화에 있어서 행동유도의 작동화 개념을 보완하였다.

조작적 조건화는 바람직한 결과를 얻기 위해 환경에 작용을 가함으로써 자발적 행위가 학습된다는 입장으로 도구적 조건화라고도 한다. 고전적 조건화와는 달리 조작적 조건화는 결과 내지 강화를 통해 행위에 대해 영향력 행사가 가능하다는 것을 암시한다.

S -----> R(자발적 행위) -----> C(결과)

이러한 조작적 조건화는 조직체나 일상생활에서 흔히 볼 수 있다. 예컨대, 조직에서 열심히 일을 하면 이에 대한 인정을 받게 되고 여기서 얻는 만족감을 작동시키기 위하여 더욱 열심히 일을 하게 된다. 여기에서 윗사람으로부터의 인정은 열심히 일한 결과로 얻어지는 만족감을 작동시키는 강화요인(reinforcer)으로서, 학습의 목적인 조작적 행동(operant behavior), 즉 열심히 일하는 행위를 유도하는 데에 결정적인 역할을 하게 된다. 조작적 조건화는 조작적 과정에서 개인의 욕구와 동기를 자극하게 되고 강화과정에서 반응행동의 결과가 만족스러울 때, 똑같은 반응행동이 반복되고 이

---

19) Thorndike, E.(1931), *Human Learning*, New York: Appelton-Century-Crofts.
20) Hull, C.(1943), *Principles of Behavior*, New York: Appleton-Century-Crofts.

것이 습관화되어 학습으로 연결되게 된다.

2) 인지론적 학습

행태론적 학습의 가장 큰 한계점은 학습과정에서 인간의 내적 요인은 고려하지 않고 보상이나 처벌과 같은 외적 요인만을 지나치게 강조한다는 점이다.

인지론적 학습은 이러한 한계점을 극복하고 인간의 학습과정을 보다 깊게 이해하려는 취지에서 출발한 것이다. 인지론적 학습이론에 따르면 학습의 과정에는 관찰학습과 인지학습의 과정이 있다. 관찰학습은 타인의 행위를 보거나 그 행위의 결과를 평가함으로써 행위를 학습하는 것이고, 인지학습은 보지 않고 머릿속으로 배우는 것이다. 연습이나 보상의 경험 없이도 어떤 주제에 대해 학습함으로써 어떤 행위를 해야 바람직한 결과가 나오게 되는가를 인식한다는 것이다. 인지론적 학습이론의 대표적인 학자로는 톨먼(Edward Chace Tolman)[21]이 있다.

3) 사회론적 학습

밴듀라(Albert Bandura)[22]에 따르면 인간은 각종 사회의 구성요소인 부모, 친척, 직장동료, 친구 등 사회구성원들에게서 일어나는 일들을 직접 경험해 보기도 하고 모방하기도 하면서 여러 가지를 학습하게 된다는 것이다. 사회적 학습이론이란 사람들의 행동학습이 일상의 삶 속에서 직접적인 경험과 관찰에 의해서 이루어진다는 입장이다.

4 행위 변화 전략의 유형

학습은 개인행동을 이해하는 데 있어서 매우 중요한 부분을 차지하고 있을 뿐 아니라, 학습과정에 관한 연구를 통하여 학습 환경을 조건화시킴

---

21) Tolman, E. C.(1938), The determinants of behavior at a choice point, *Psychological Review*, 45, 1-41.

22) Bandura, A.(1986), *Social Foundations of Thought and Action: A Social Cognitive Theory*, Englewood Cliffs, N.J.: Prentice-Hall.

으로써 학습과정을 효율화시킬 수 있다. 조작적 학습과정에서 강화요인의 중요성은 이미 강조되었다. 개인은 자극-반응 과정에서 반응행위로부터의 만족스러운 결과를 얻기 위하여 반응행동을 작동시키기 때문에 이러한 작동행동을 유도해 내는 강화작용이 학습과정에 매우 중요한 역할을 하게 된다.

경영자가 이용할 수 있는 행위 변화의 전략은 네 가지 유형으로 구분할 수 있다. 바람직한 행위를 강화하기 위한 전략으로 적극적 강화와 소극적 강화가 있고, 바람직스럽지 않은 행위를 약화시키기 위한 전략으로 소거와 벌이 있다.

1) 적극적 강화(Positive reinforcement)

이는 어떤 자극(긍정적 자극)을 주어 구성원들이 바람직한 행동을 할 수 있도록 유도하는 강화전략이다. 예컨대 좋은 결과에 대하여는 보상의 부여를 제시하는 방법을 들 수 있다. 개인은 훌륭한 성과를 올림으로써 인정, 칭찬, 승진, 특별보너스 등과 같은 환경으로부터 유쾌한 결과를 얻기 위해 노력하게 될 것이다. 적극적 강화요인(positive reinforcer)은 자극과 반응과의 관계에 있어서 반응행동의 결과(consequence)가 만족스러울 때 자극과 반응의 관계를 강하게 해주는 역할을 한다.

2) 소극적(부정적) 강화(Negative reinforcement)

적극적인 강화와 마찬가지로 요구되는 행위를 강력하게 해주는 방법이지만 보상을 주는 것이 아니라 불쾌한 자극을 제거해줌으로써 행위를 강화시켜 주는 것이다. 소극적 강화는 반응행동의 불만족스러운 결과를 방지하고 만족스러운 결과를 가져오는 반응행동을 강화시키는 것을 말한다. 개인은 환경으로부터의 벌책의 제거(감형, 가석방), 괴로움의 중지와 같은 불편이나 고통을 피하기 위해 노력할 것이다. 예컨대, 늦게 출근하면 상사가 야단을 치거나 괴롭힌다는 것을 알면 부하는 이러한 불만족스러운 결과를 피하기 위하여 출근시간을 지키게 된다. 따라서 소극적 강화는 회피학습(avoidance learning)과 밀접한 관계가 있다.

3) 소거(Extinction)

소거는 적극적 강화요인을 억제함으로써 행동개선을 유도하는 것을 말한다. 즉, 보상되지 않는 상황이 반복되어 그 결과로 반응률이 하락하는 것으로, 강화요인을 줄이거나 중단함으로써 바람직하지 않은 행위가 감소되도록 하는 방법이다. 예컨대 자주 결근하는 직원에게 연장근무를 시키거나 특근수당의 기회를 주지 않는 것은 적극적 강화요인을 억제하는 것이라 할 수 있다.

4) 벌(Punishment)

벌은 바람직하지 않은 행동에 대하여 싫거나 불쾌한 결과(noxious consequence)를 주거나 또는 적극적 효과를 제거하여 바람직하지 못한 행위를 감소시키고자 하는 전략이다. 조직관리 과정에서 상습적으로 늦게 출근하는 부하에 대하여 힐책, 해고, 비난, 강등, 경고를 주는 방법 등이 그 예이다.

이와 같이 적극적 강화와 부정적 강화는 바람직한 행동을 반복 또는 증가시키는 반면에, 벌과 소거는 바람직하지 않은 행동을 감소시키고 바람직한 행동을 유도하는 데에 목적을 두고 있다. 그러나 벌과 소거가 반드시 바람직하지 않은 행동을 감소시킨다는 보장은 없고, 도리어 벌을 주고 적극적 강화요인을 억제하는 관리행동에 대하여 반발하여 바람직하지 않은 행동이 강해질 수도 있는 것이다. 따라서 특히 벌은 학습에 있어서 비효율적일 수 있으므로 조심스럽게 적용되어야 한다는 것이 일반적인 인식이다.

5 강화의 일정계획

강화법칙의 또 한 가지 측면은 강화요인을 적용하는 방법이다. 강화작용은 반응행동과 반복행동을 연결시켜 주는 역할을 하기 때문에 강화요인을 언제 적용하느냐에 따라서 반복행동을 통하여 나타나는 학습효과에 많은 영향을 준다. 따라서 강화방법은 강화요인의 적용시기(timing)를 중심으로 연속강화법과 단속(부분)강화법, 두 가지로 나눌 수 있다.

1) 연속강화법(continuous reinforcement schedule)

연속강화법은 바람직한 반응행동이 작동될 때마다 강화요인을 적용하는 방법이다. 그러므로 이 방법은 학습의 효과를 단기간 동안에 높일 수 있는 장점이 있는 반면에, 강화요인이 중단되면 작동행동도 반복되지 않으므로 학습의 효과가 감소될 수 있는 단점이 있다. 그뿐 아니라 강화요인의 연속적인 적용으로 말미암아 강화요인에 대한 싫증이나 의례히 마땅하다는 태도 등의 이른바 포만효과(satiation effect)가 발생함으로써 강화요인의 효과가 감소될 수 있다. 이러한 현상은 특히 외재적 강화요인에서 흔히 볼 수 있다. 따라서 이러한 단점을 극복하기 위하여 부분강화법이 사용될 수 있다.

종업원들이 올바른 반응을 낼 때마다 강화요인을 부여하는 방법으로 가장 이상적이고 효과적이기는 하지만 비경제적이어서 현실세계에서는 적용이 불가능하다.

2) 부분강화법(partial or intermittent reinforcement schedule)

부분 또는 단속강화법은 작동행동이 있을 때마다 강화요인을 연속적으로 적용하지 않고 조직구성원들의 바람직한 행위에 대하여 간헐적으로 또는 불규칙하게 강화요인을 제공하는 방법이다. 이러한 부분강화법은 강화작용의 예측성이 비교적 적고 따라서 학습효과가 느린 반면에, 학습의 항구적인 보존효과가 발휘될 수 있는 장점이 있다. 부분강화법에는 다음 <그림 5-3>과 같이 네 가지의 방법이 있다.

그림 5-3. 부분강화법의 분류

	시간간격	반응비율
고 정	고정 간격법	고정 비율법
변 동	변동 간격법	변동 비율법

(1) 고정 간격법(fixed interval schedule)

고정 간격법은 조작적 행동이 얼마나 많이 발생했든지 간에 어느 일정한 기간을 간격으로 강화요인을 적용하는 방법이다. 즉, 일정한 시간간격을 정해놓고 강화요인을 제공하는 방법으로서 요구되는 행위가 발생했더라도 앞서의 강화로부터 일정한 시간이 경과된 후에만 강화요인을 주는 방법이다. 조직에서 주급이나 월급 등 일정기간 동안의 정규적인 급여제도가 이 방법의 예로서 강화의 효과가 일반적으로 가장 낮다고 볼 수 있다.

(2) 변동 간격법(variable interval schedule)

변동 간격법은 강화요인의 적용 시기에 일정한 간격을 두지 않고 변동적인 간격으로 강화요인을 적용하는 방법으로서 부하를 불규칙적으로 칭찬해 준다거나 승급이나 승진을 시켜 주는 것이 그 예이다. 강화요인이 고정 간격법처럼 시간간격을 두고 제공하는 것이 아니라 종업원들이 예측할 수 없도록 변동적인 시간간격으로 불규칙하게 제공하는 방법이다. 이러한 변동 간격법은 강화작용에 대한 예측성이 적으므로 고정 간격법에 비하여 동기적인 행동형성에 더 효과적이라고 할 수 있다.

(3) 고정 비율법(fixed ratio schedule)

고정 비율법은 조작적 행동의 일정한 비율에 의하여 강화요인을 적용하는 방법으로서, 생산량에 비례하여 지급하는 성과급제(piece-rate wage system)가 좋은 예이다. 요구되는 반응이 일정한 수가 나오는 경우에 한하여 강화가 주어지는 방법이다.

(4) 변동 비율법(variable ratio schedule)

변동 비율법은 작동행동의 일정한 비율을 사용하지 않고 변동적인 비율을 사용하여 강화요인을 적용하는 방법이다. 급여제도의 경우, 보너스를 여러 차례에 나누어서 성과와 불규칙적인 비율로 지급한다면 이것이 변동 비율법의 좋은 예가 될 수 있다. 요구되는 반응의 수가 나오게 되면 강화요인을 제공한다는 데에서는 고정 비율법과 같지만, 이때 요구되는 반응 수는 고정 비율법과 달리 매번 변화한다는 것이 그 특징이다.

　　이들 강화전략 가운데 어느 것이 가장 적합한지는 학습의 성격과 환경 상황에 따라 달라질 수 있다. 실제 연구결과에서도 조직환경과 조직구성원의 성격에 따라서 연속강화법과 변동강화법의 효과가 다르게 나타나고 있다. 그러나 일반적으로 볼 때, 연속강화법보다는 부분강화법이 조직체에서의 실질적 적용성이 높고, 부분강화법 가운데서 간격법보다는 비율법이 성과(조작적 행동의 결과)와 강화요인(보상)과의 직접적인 연관성이 크므로 더 높은 학습효과를 가져온다고 할 수 있다.

제 6 장

집단 및 집단 간 행위

제6장 집단 및 집단 간 행위

제1절

집단의 의의

　우리들은 대부분 집단 속에서 생활한다. 왜냐하면 집단은 우리의 사회생활에 있어서 기본 요소이기 때문이다. 사회구성원들은 개인이지만 어떤 형태로든 집단에 속해 있고 집단의 한 멤버로서 역할을 하고 있는 것이다. 예컨대 한 중년의 남성의 경우를 보자면, 집단의 대표적인 유형인 한 가정의 가장이자 남편으로서 또 아버지로서의 역할을 수행하고 있을 뿐만 아니라 학교 동창회의 멤버로 동호인 단체의 회원으로, 또는 라이온스 클럽의 회원 등으로 활동을 하며 살아가고 있는 것이다.

　집단들이 크기, 구조, 혹은 활동들에서 서로 다르지만 거의 모든 집단들은 구성원들 간의 상호의존에 근거한다.[1] 그리고 집단에서 구성원들은 의미 있는 정도로 서로 상호의존적인 관계를 가지고 있다.[2]

---

[1] Lewin, K.(1936), *A Dynamic Theory of Personality*, New York: McGraw-Hill Book Co.

[2] Cartwright, D. & Zander, A.(Ed.)(1953), *Group dynamics research and theory*, Oxford, England: Row, Peterson.

소집단이론에서는 인간을 전 생애에 걸쳐 상호 의존하는 생리·심리·사회적 존재이며, 인간 생존의 주된 근거는 협동이라고 보고 있다. 소집단이론에서는 집단 속의 개인과 개인 또는 집단이라는 극단적 관점을 거부한다. 그러므로 집단이론에서는 인간 존재와 그들의 생활현실에 근거하여 환경 속의 인간이라는 관점은 당연한 것이라고 본다.

인간의 성격은 한 개인이 집단에 소속되어 고유의 지위와 권리 그리고 역할을 부여받고 타인들과 상호작용을 함으로써 형성되고, 그러한 집단성원들과의 관계를 통하여 지속적으로 성장하고, 변화하고 수정된다고 보고 있다.

1 집단형성의 이유와 집단참가 이유

사람들이 어떤 형태나 방식으로든 집단을 형성하거나 집단에 가담하는 이유는 개인의 여러 가지 욕구들 이를테면 안전이라든가 사회적 지위의 확보, 자아실현, 목표달성, 문제해결, 소속 및 애정의 욕구와 같은 사회적 욕구충족을 위해서이다. 그 이유들을 좀 더 구체적으로 살펴보면 다음과 같다.

1) 안정(security)

사람들은 외부의 위협으로부터 자신을 보호받고 싶어 하는 욕구가 있다. 직장인들의 경우에는 해고의 가능성, 상사의 위협 등에 대비하여 노조에 가입하기도 한다.

2) 사회적 욕구(social needs)

집단은 공식적인 과업수행과는 관계없이 비공식적인 조직이 발생가능하며, 조직체 내에서 서로 접촉할 수 있는 가깝고 편리한 거리에 있으면 자연히 상호관계가 맺어지고 따라서 집단을 형성한다고 보는 것이다. 친밀성과 매력을 느끼는 다른 사람들과 함께 어울리고 싶어 하며 의미 있는 관계를 형성하고 싶어 하기 때문에 집단을 형성하고 가담하기도 한다.

3) 자존욕구(self esteem needs)
집단의 일원이 됨으로써 자기 존중 의식을 가질 수 있기 때문이다.

4) 경제적 욕구(economic needs)
자신의 경제적인 이해나 목표를 추구하기 위해 집단에 참가한다.

5) 집단의 목표(group goals) 또는 문제 해결
집단을 통한 과업의 효과적 달성은 조직도에 나타나는 공식적 조직이 존재하는 일차적인 이유이며, 공식적 목표를 달성하기 위해 조직은 개인을 모아 하나의 집단을 만들게 된다. 또한 개인의 인지적 능력의 한계를 집단 의사결정을 통하여 극복할 수 있기 때문에 집단에 가담하기도 한다.

2 집단형성의 단계3)

터크먼(B. W. Tuckman)은 대인관계와 과업기능을 기준으로 집단이 형성되는 단계를 아래 <그림 6-1>과 같이 제시한 바 있다.

1) 형성기(forming)
집단을 통해 구성원이 형성되었지만, 구성원 간에 집단 목적과 구조, 목표, 역할, 행동양식, 리더십 등 모든 것에 대해 불확실성을 느끼고 각자가 어떻게 행동해야 할 것인지가 분명치 않은 단계이다. 이 단계는 하급자

그림 6-1. 집단의 형성단계

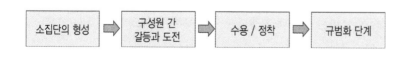

---

3) Tuckman, B. W.(1965), Developmental sequence in small groups, *Psychological Bulletin*, Vol. 63(6), 384-399.

들이 집단에 대하여 충분한 지식을 가지고 있지 못한 상황이며 리더는 구성원들에게 집단에 대한 지식을 교육시킴으로써 구성원을 집단의 목표에 부합시키는 단계이다.

2) 구성원 간의 갈등과 도전(conflicting)

구성원이 모두 집단에 소속된 것은 인식하고 있지만 집단의 권력구조와 신분구조, 각자의 역할에 대하여 합의가 안 된 상태에서 갈등과 도전이 존재하는 단계이다. 이 단계에서 집단의 규범과 기준 그리고 작업규칙들이 개발되기 시작한다.

3) 규범화(norming)

구성원 간에 집단의 목적과 구조 그리고 각자의 역할이 점차 이해되고 서로 동화되어 각자의 행동규범이 점점 명백해지고 응집성이 강해지는 단계이다. 이 단계에서 주의할 점은 집단사고에 빠질 위험이 증가한다는 것이다.

4) 성과 달성(performing)

구성원이 집단의 목적과 구조 그리고 각자의 역할을 받아들이고 상호 간의 이해보다는 집단목표의 달성과정에 전력을 기울이는 단계이다.

사 례 **집단지성과 그 사례**

집단지성(collective intelligence)이란 다수의 개체들이 서로 협력 혹은 경쟁을 통하여 얻게 되는 결과이다. 쉽게 말해서 집단적 능력을 말한다. 소수의 우수한 개체나 전문가의 능력보다 다양성과 독립성을 가진 집단의 통합된 지성이 올바른 결론에 가깝다는 주장이다. 중지(衆智, 대중의 지혜), 집단지능, 협업지성, 공생적 지능이라고도 한다.

집단적 지적 능력을 통해 개체적으로는 미미하게 보이는 박테리아, 동물, 사람의 능력이 총의를 모으는 과정을 통한 결정 능력의 다양한 형태로 한 개체의 능력 범위를 넘어선 힘을 발휘할 수도 있다고 주장한다. 이 분야는 사회학, 경영학, 컴퓨터 공학 등에서 주로 연구 및 적용되다가 이제 모든 사회현상에 적용되고 있다.

사회학, 컴퓨터과학, 군중행동 연구 중의 세부 분야로 박테리아, 식물, 동물, 인간 사회의 행동까지 넓은 대상을 포괄하여 연구하고 있다. 1910년대 하버드 대학 교수이자 곤충학자인 윌리엄 모턴 휠러가 개미의 사회적 행동을 관찰하면서 처음 제시했다. 피터 러셀의 저작에서 사회학적 정의가 이뤄졌고(1983), 이후 사회학자 피에르 레비(Pierre Levy)가 사이버 공간에서의 집단지성 개념을 정리했다. 존중을 바탕으로 한 다른 사람의 세계와의 불가해하고 환원적인 만남에 대해 피에르 레비는 오늘날 기업, 학교, 대학, 지역에서 자라고 있는 '지식의 나무'라고 설명하면서, 집단지성에 대해 "그것은 어디에나 분포하며, 지속적으로 가치가 부여되고, 실시간으로 조정되며, 역량의 실제적 동원에 이르는 지성"이라고 정의한다.

주요 연구자로는 피터 러셀(1983년), 톰 아트리(1993년), 피에르 레비(1994년), 하워드 블룸(1995년), 프란시스 헤이리엔(1995년)[2], 더글러스 엥겔바트, 클립 조스린, 론 뎀보, 고트프리드 마이어크레스(2003년) 등의 학자들이 연구하고 있으며 노먼 존슨은 이를 공생적 지능이라고 하기도 한다.

한편 이러한 집단지성이 전 지구적 규모로 인간 사회에 일어날 때 월드와이드 웹과 같은 소통 수단을 통하여 기존의 인간지능의 한계를 뛰어넘는 새로운 "지구적 지능"의 출현을 예고하는 프란시스 헤이리엔 같은 연구자도 있다.

집단지성의 문제점으로는 협동에 대한 인식과 다양성, 독립성 및 통합적 메커니즘이 구축되지 않은 상태에서는 전체주의로 갈 수 있는 위험이 있다. 집단지성의 산출물은 구성원의 참여에 달려 있다. 즉 얼마만큼 구성원들이 참여하고 노력하느냐에 따라서 산출물의 질이 달라질 수 있다. 그리고 개별 정보의 정확성이 떨어질 수 있으며, 정보 조작, 결과물에 대한 사적 이용 가능성이나 선동 가능성도 있다.

[사례 1] 위키피디아(위키백과)

집단지성의 예로는 위키피디아, 즉 위키백과가 있다. 여러 사람이 자유롭게 열람하고 확실하지 않거나 잘못된 정보는 누구나 수정 및 삭제할 수 있는 형태의 자료열람사이트이다. 다양한 사람들의 종합적 지식이 한데 모아져 있어 거의 정확한 정보가 업로드된다.

[사례 II] 크라우드소싱

롱테일 경제 원리를 바탕으로 한 다양한 지식 비즈니스에서 효율성 향상을 위해 크라우드소싱을 통해 집단지성을 활용하고 있다. 크라우드소싱이란 불특정 다수의 유저들로부터 아이디어를 얻어내는 활동으로 지식의 수요와 공급을 인터넷을 통해 쉽게 연결시켜준다는 데 의의가 있다. 최근 P&G 등의 글로벌 기업은 효율성이 떨어지는 R&D 부서를 줄이고 크라우드소싱을 통해 기술적인 문제를 해결해나가고 있으며 이를 C&D(Connect & Development)라고도 한다. 집단지성과의 차이점은 크라우드소싱은 불특정 다수의 아이디어에서 가장 효과적인 것을 찾아내는 반면 집단지성은 크라우드소싱을 통해 모은 아이디어를 협력을 통해 통폐합해 최고의 안을 찾아내는 것이다.

[사례 III] IBM. Innovation Jam

IBM이 특허 최다 보유기업이자 끊임없는 혁신을 지속하는 원동력은 이노베이션 잼(Innovation Jam)에 있다. IBM은 2001년부터 해마다 웹을 통한 대규모 토론의 장을 제공하고 있는데 전 세계에 흩어져 있는 조직 내외 약 9만 명 이상의 많은 사람들이 몇 가지 주제와 관련한 문제점과 개선방안에 대해 자신의 아이디어를 온라인 상에 게재하고 24시간 내내, 수일 간 집중 토론한다. 이를 통해 참여자들은 아이디어를 보완 및 수정하고 발전시키는데, 이 글로벌 온라인 컨퍼런스를 일컬어 이노베이션 잼이라 한다. IBM은 2006년의 재밍으로 10가지 차세대 혁신사업을 도출하였고 그 후 2년 동안 여기에 미화 1억 달러를 투자하였다.

[사례 IV] 네이버 지식in

네이버 지식iN은 "네이버 사용자 사이의 지식 교류 서비스"로 사용자가 올린 질문이나 궁금한 내용, 고민에 대해 다른 사용자들이 자발적으로 답을 달면서 지식을 주고받고 있다. 2002년 10월 서비스를 시작했으며, 2012

년 9월 기준으로, 올라온 질문의 수는 1억 건을 넘어섰다. 최근에는 변호
사, 의사 등 전문가 상담을 도입하여 신뢰도를 높이고 있다.

출처: 위키백과.

제2절
집단의 개념과 특징

　집단(group)이 단순한 사람들의 집합체나 무리(crowd)와 구분되는 점
은 첫째, 공동의 목적을 공유하고 있다는 것이고, 둘째, 둘 이상이 서로를
같은 구성원으로 인식하고 있으며 셋째, 지속적인 유대관계를 가진다는 점
이다. 그리고 마지막으로 집단은 규모가 작기는 하지만 분명히 하나의 조
직체라는 것이다. 소집단의 특성은 두 사람 이상의 소수 사람들의 조직체
로서 회원자격(membership) 규정이 있으며, 집단의식과 공유된 목표의식을
가지고, 구성원들 간에 상호작용이 빈번하게 일어나는 집단으로 대체로 그
수는 3~20인 정도인데, 가족, 또래 집단, 놀이 친구, 직장동료, 동호인 모
임, 동아리 등이 이에 속한다.

1 집단의 정의

　집단의 정의에 대해서는 학자들마다 다른 견해를 제시하고 있지만 그
정의를 종합해보면, 집단이란 '2인 이상의 집합체로서 서로가 동일한 집단
에 소속하고 있다는 집단의식이 있고, 공통의 목적이나 관심사가 있으며
이들 목적을 성취함에 있어서 상호의존적이며, 의사소통, 인지 그리고 반응
을 통하여 상호작용하며, 단일한 행동을 할 수 있는 능력이 있을 때 이를
집단'이라고 규정한다.

　맨 먼저 사회학자 머튼(R. K. Merton)[4]은 상호작용유형, 집단성원으로

---

4) Merton, R. K.(1949), *Social theory and social structure*, New York: Free Press.

서의 의식 그리고 집단정체감이 있어야만 집단이라 할 수 있다고 정의한 바 있다. 한편 피들러(F. E. Fiedler)는 공동운명체에 속해 있는 사람들을 의미하는 것으로 상호 의존적이라고 하였다.[5]

하지만 여기서 가장 적합한 정의는 2인 이상의 집합체로서 일정한 성원이 있고, 서로가 동일한 집단에 소속하고 있다는 집단의식이 있고, 공통의 목적이나 관심사가 있으며, 이들 목적을 성취함에 있어 상호 의존적이며, 의사소통, 인지 그리고 반응을 통하여 상호작용하며, 단일한 행동을 할 수 있는 능력이 있을 때 이를 집단이라고 규정지을 수 있는 것이다.

여러 학자들의 견해를 살펴보면 다음과 같다.

둘 이상의 사람들이 자신들을 집단으로 규정하고 그것의 존재가 적어도 다른 한 사람에 의해 인식될 때 집단이 존재하게 된다. 그리고 집단이란 상당히 의미 있는 정도로 상호 의존되어 서로 관계를 맺고 있는 개인들의 집합이다.

한 무리의 개인들이 집단으로 간주되기 위해서는 어느 정도의 "상호작용"이 있어야 한다.[6]

한편 호먼스(G. C. Homans)는 "집단이란 상당한 기간 동안 서로 대화하는 다수를 말하는데 간접적으로 다른 사람을 통해서가 아닌, 직접 대면을 통해 서로 대화가 가능한 정도의 적은 수의 사람들로 이루어져 있는 집합체이다"라고 정의하였다.[7] 또한 맥그래스(J. E. McGrath)는 "집단이란 어느 정도의 역동적인 상호관계를 가지고 있는 둘 이상의 사람들의 집합이다"[8]이라고 정의하였고, 쇼우(J. C. Shaw)는 "각자 서로에게 영향을 미치고 영향을 받는, 상호작용하는 둘 이상의 사람들"이라고 제시하였다.[9] 터너(J.

---

5) Fiedler, F. E.(1964), A Contingency Model of Leadership Effectiveness, *Advances in Experimental Social Psychology*, Volume 1, 149-190.

6) Hare, A. P.(1976), *Handbook of small group research*(2nd ed.), New York, NY, US: Free Press, p. 781.

7) Homans, G. C.(1958), Social Behavior as Exchange, *American Journal of Sociology*, vol. 63, no. 6.

8) McGrath, J. E.(1984), *Time, Interaction, and Performance(TIP) - A Theory of Groups, Small group research*.

9) Shaw, J. C.(1984), Correlation and coherence analysis of the EEG: A selective tutorial review, *International Journal of Psychophysiology*, Volume 1, Issue 3, pp.

C. Turner)는 심리적 집단에 대한 정의를 제시한 바 있는데, "심리적 집단이란 구성원들에게 심리적으로 중요한 집단으로서, 사회비교를 위해 또한 규범과 가치의 획득을 위해 구성원들이 스스로에게 주관적으로 연결시키는 것이고, … 또한 그들이 사적으로도 그 소속감을 수용하고 그들의 태도와 행동에 영향을 주는 집단으로 정의된다"고 하였다.[10]

집단은 어느 정도 분명한 지위와 서로에 대한 역할관계를 가지는 다수의 개인들로 이루어져 있고, 적어도 집단에 중요한 결과를 초래하는 일에 있어서 개인 구성원들의 행동을 규제하는 가치와 규범들로 이루어져 있는 사회 단위이다.

표 6-1. 집단에 대한 여러 학자들의 정의

학 자	정 의	특 징
F. H. Allport (1924)	집단은 존재하지 않는다. 다만 개인들만이 존재할 따름이다. 우리가 집단이라고 부르는 것들은 우리의 마음속에 존재하는 가치, 사상, 사고, 습관 등을 묶은 허상이다.	집단의 존재(실체)를 부정
D. T. Campbell (1958)	세상에는 돌이나 탁자 같은 가시적인 대상들도 존재하지만 보이지 않는 사회적 대상들도 존재한다. 단지 후자의 경우 전자보다 실체성이나 가시성의 정도에 있어 뒤질 따름이다.	집단의 존재(실체)를 인정
R. F. Bales (1950)	서로의 존재를 느낄 수 있도록 대면적 회합에 참여하여 상호 교류하는 사람들의 집합이다.	집단존재의 지각 측면을 강조함
B. M. Bass (1960)	함께하는 것이 자신들에게 보상을 준다고 생각하여 모인 사람들의 집합이다.	집단참여의 동기를 강조함
C. W. Mills (1967)	어떤 공통의 목적을 위해서 상호 교류하는 둘 또는 그 이상의 사람들로 구성된 단위를 집단이라 한다.	집단의 목표를 강조함
McDavid & Harari(1968)	둘 또는 그 이상의 개인들로 구성된 조직화된 시스템으로서 구성원 간에 역할과 규범이 공유되며 필요한 기능을 수행한다.	시스템으로서의 구조적 특성을 강조함

255-266.

10) Turner, J. C. et al.(1987), *Rediscovering the social group: A self-categorization theory*, Cambridge, MA, US: Basil Blackwell.

2 집단의 특징

집단의 특징은 상호작용, 구조, 크기, 역할, 규범, 목표와 응집성이라는 차원에서 정리할 수 있다.

(1) 상호작용

다른 사람과의 상호작용이 비연속적이고 단기적이라고 하더라도 집단 내에서 일어나는 상호작용, 이를테면 신체적 접촉을 비롯하여 언어적, 비언어적 소통과정, 감정적 상호작용 등이 집단생활의 핵심이다.

(2) 구　조

집단은 구성원들의 역할과 지위, 친화관계로 표현이 되는 구조를 가지고 있다. 집단의 구조는 다른 집단과 구별되는 한 집단의 안정된 특성으로서 집단 구조에 영향을 주는 요인으로는 그 규모와 사회적 밀도 그리고 주어진 과업의 성격에 따라 달라질 수 있다.

(3) 역　할

역할(role)이란 어떤 지위를 가진 사람이 해야 할 것으로 기대되는 행동을 말한다. 집단에서의 역할은 지위에 해당되는 것이지 개인의 성격이 아니라는 점에서 비인격적이고 과업행동과 연관되어 있으며, 신속히 습득되고 행동에 큰 변화를 초래할 수 있다. 집단에서 구성원들의 역할 행동은 여러 요인에 의해 복잡한 과정을 통해 습득되어지며 구성원들의 역할은 일반적으로 과업지향적, 관계지향적, 자기지향적 형태로 분류된다.

(4) 규　범

집단 규범은 집단 활동에 질서를 부여하기 위하여 구성원들에 의해 만들어진 행동의 표준 또는 규칙을 말한다. 규범은 집단 구성원의 오랜 상호작용의 결과로 나타나며 집단구성원들이 규범을 얼마나 잘 준수하느냐에 따라 집단의 성패가 달라지므로 일단 규범이 성립되면 이에 동조하고 따르도록 하는 압력이 가해지게 된다.

집단 규범에 대한 동조(conformity)는 성격, 상황적 요인, 자극요인, 집단 내 관계 등에 의해 영향을 받는다. 구성원의 동질성, 집단의 효율성, 구성원으로부터의 압력에 따라 동조성이 달라진다. 구성원이 집단 규범에 동조할 때 집단의 보호를 받고 심리적 안정을 얻을 수 있으나 자신의 개성 발전과 성숙에는 도움이 되지 않는다.

(5) 지   위

지위(status)는 집단에 있어서 어느 개인의 상대적 가치나 서열을 나타내는 것이다. 지위에는 연령, 재산, 가문, 지식, 업적, 선임권과 같은 것에 의해 결정되는 사회적 지위(social status), 직업의 귀천에 따른 직업적 지위(occupational status), 조직에서의 지위(organizational status)가 있다. 지위는 그 밖에 가문, 혈통, 성, 가족에서의 위치 등 태어날 때부터 부여되는 귀속적 지위(ascribed status)와 후천적 노력에 의해 얻어지는 획득된 지위(achieved status)로도 분류되고 공식적 지위 또는 비공식적 지위로도 구분된다. 지위는 보통 그것을 나타내는 상징(symbols)을 갖고 있다. 복장, 계급, 비서, 큰 개인 사무실 등은 그 예들에 해당한다.

(6) 크   기

집단의 크기는 다양하다. 집단의 크기에 근거한 게오르그 짐멜(Georg Simmel)[11])의 집단용어들은 다음과 같다.

① 2인 집단(dyad)
② 3인 집단(triad)
③ 소집단(small group): 4-20명
④ 협회(society): 20-40명
⑤ 대집단(large group): 40명 이상

---

11) Simmel, G.(2011), *On Individuality and Social Forms*, University of Chicago Press.

사회학자 제임스(J. James)는 7,405개의 비공식적이고 자발적인 집단의 구성원을 세어본 결과, 평균 집단의 크기는 2.4명에 지나지 않는다고 보고하였다.[12] 한편 헤어(A. P. Hare)는 집단의 크기가 커짐에 따라 집단구조는 보다 복잡해지고 공식적이 되는 경향이 있다고 하면서 "가장 작은 크기인 두 명으로 평균화되는" 경향이 있다고 하였다.[13]

(7) 목 표

집단성원들은 공동목표(common goals)를 추구하기 위해 모인 것이다. 오늘날의 집단도 목표 지향이며 우리는 집단으로 문제를 해결하고, 물건을 만들고, 기준을 형성해 내고 있기 때문이다.

(8) 집단 응집성(group cohesiveness)

응집성은 단결된 분위기 또는 구성원들이 서로에게 매력적으로 이끌리어 그 집단 목표를 공유하는 정도를 말한다. 응집성은 집단의 사기, 팀웍, 충성심, 참여, 성과 등에 영향을 미쳐 응집성을 증대시키기 위한 노력이 활발히 전개된다. 카트라이트와 젠더(D. Cartwright and V. Zander)[14]는 응집성은 "집단의 힘과 활력에 영향을 미친다. 그것은 집단성원들에게 그 소속감을 보다 중요하게 만든다"고 하면서 응집성이란 "집단성원들이 그 집단에 남아 있기를 원하는 정도"라고 정의하였고, 페스팅거(L. Festinger)[15]는 "구성원들이 집단에 남아 있도록 작용하는 모든 힘의 결과"라고 하였다. 집단 응집력은 다른 집단에서 찾아볼 수 없는 공통의 태도, 행위, 일치단결 분위기 등으로 자신이 집단에 속해 있다고 느끼는 정도를 의미한다. 이러한 응집성은 개인 수준과 집단 수준으로 나눌 수 있다.

① 개인 수준의 응집성: 좋아함, 존경, 혹은 신뢰에 근거한, 구성원들 간에 형성되는 호감을 의미한다.

---

12) James, J.(1953), The distribution of free-forming small group size, *American Sociological Review*, Vol. 18, 569-570.

13) Hare, A. P.(1976), op. cit., p. 215.

14) Cartwright, Darwin & Zander, Alvin(1968), op. cit.

15) Festinger, L.(1962), *A Theory of Cognitive Dissonance*, Stanford University Press.

② 집단 수준의 응집성: 사람들을 하나의 단위로 통합하도록 하는 우리라는 느낌(we-feeling)을 반영한다.

3 집단의 유형

집단의 유형은 집단의 크기, 집단의 목적, 집단 구성방법 등에 따라서 구분할 수 있다.

1) 공식 집단과 비공식 집단
(1) 공식 집단(formal group)

구체적인 과업이나 목적을 달성하기 위해서 조직에 의해 의도적으로 형성된 집단으로 이러한 공식집단 형성의 기초는 능률, 비용의 논리에 입각하고 있다. 공식 집단으로는 명령 집단과 과업 집단으로 구분할 수 있다.

① 명령 집단(command group)

한 감독자(관리자)와 몇 명의 부하(상급자+하급자)들로 구성되고 계층구조를 지니며 공식적인 조직도에 의해 부나 과, 또는 위원회의 조직 구조로 나타난다. 기능집단(functional group)이라고 한다.

② 과업 집단(task group)

구체적인 과업이나 프로젝트 목표를 달성하기 위하여 형성되는 집단으로서 대표적인 예가 태스크 포스팀(task force team)이라 할 수 있다.

(2) 비공식 집단(informal group)

조직에 의해서 의도적으로 형성된 것이 아닌 구성원들의 공동관심사나 인간관계에 의해 자연발생적으로 형성된 집단이다. 이러한 비공식 집단의 형성의 기초는 감정의 논리에 입각한다. 비공식 집단의 대표적인 예가 이해 집단과 친목 집단이다.

① 이해 집단(interest group)

조직 내에서 구성원들이 자신들의 개인적인 목표나 이익을 얻기 위하

표 6-2. 공식 집단과 비공식 집단의 비교

구 분	비공식(자연적) 집단	공식(인위적) 집단
가입동기	자연적 또는 자의적	지명 또는 선발
구 조	가변적임	안정적임
지도·통제	자연적 지도자가 형성됨	투표 혹은 공식지명
과 업	다양함, 변함	범위가 정해졌음
존속기간	구성원들 의도에 달려있음	미리 정해짐
규 범	감정의 법칙	능률의 법칙

여 참여하게 되는 집단으로 노동조합이나 압력단체 등을 들 수 있다.

② 친목 집단(friendship group)

조직의 구성원들 사이에서 공통된 특성, 예컨대 같은 학교 출신, 취미, 고향, 정치적 견해 등을 가진 사람들끼리 모여 구성하는 집단으로 취미 동호인 모임, 종교모임 등을 예로 들 수 있다.

2) 1차 집단과 2차 집단

(1) 1차 집단(primary group)

오랜 기간 접촉하여 육체적·정서적으로 자연스럽고 가깝게 지내는 집단으로서 가족, 이웃, 친구를 들 수 있다.

(2) 2차 집단(secondary group)

공식적이고 합리적인 계약에 의해 집단구성원 간의 관계가 형성되는 집단으로서 사교모임이나 교회, 학교, 정치단체가 대표적인 예들이다.

3) 성원 집단과 준거 집단

(1) 성원 집단(member group)

현재 한 개인이 소속되어 있는 집단으로 가족, 소속 종교집단, 정치집단 등이 그 예이다.

(2) 준거 집단(reference group)

실제로 자신이 소속되어 있지는 않지만 타인과의 관계에서 자신의 평가 근거 또는 기준이 되는 집단이다. 이러한 준거 집단은 행동상의 중요한 판단이나 평가를 할 때 그 집단구성원들의 기준에 맞추어 판단의 근거로 삼는 집단인 것이다.

사 례 애벌린 패러독스(Abilene Paradox)[16]

애벌린 패러독스는 거짓된 합의(False Consensus)를 대표하는 현상으로, 주인공(Hero)이나 우두머리(Boss)와 같은 존재 중심의 집단이나 조직 구조에서 곧잘 나타는 것이다. 이러한 집단이나 조직 구조에서는 구성원들이 뚜렷하게 반대할 명분이 없거나 귀찮아서 그냥 따라가는 경우가 대부분이다. 그러다가 잘 되지 않으면 서로 욕하고 힐뜯게 된다. 그런 다음에는 구성원들 간에 신뢰가 무너져 다시는 협업을 기대할 수 없게 되고 만다. 이런 악순환이 반복되면서 조직은 좀비화되고 만다. 이처럼 팀이나 집단의 리더의 결정에 '거짓된 합의(False Consensus)'가 발생하게 되면 아무리 좋은 인재들이 있어도 팀워크가 이루어지기가 어렵다.

하비(Jerry B. Harvey)의 논문 "The Abilene paradox: the management of agreement"에서 처음으로 학술적 개념으로 등장한 것으로, 거짓된 합의 또는 의사합의(False Consensus) 즉, 아무도 원치 않는 일을 분위기상 암묵적으로 합의해버린 경우에 발생하게 되는 현상을 묘사하는 개념이다. 하비가 소개한 일화는 다음과 같다

텍사스 소재의 조그마한 도시의 7월… 온도계는 40도를 가리키고 있었고 서부 텍사스 특유의 흙먼지가 집안으로 날아들고 있었다. (중략) 무료했지만 그럭저럭 견딜 만한 오후였다.

장인어른이 "차를 타고 애벌린에 있는 식당에서 저녁식사를 하자구"라고 말씀하시기 전까지는…

나는 장인의 제의에 대해 아직 마음의 준비가 되어 있지 않았다. 오히

---

16) Harvey, J. B.(1974), "The Abilene paradox: the management of agreement," *Organizational Dynamics* 3: 63-80.

려 좀 놀랐다.

나는 마음속으로 애벌린에 가서 식사하자는 장인의 제의를 곰곰이 생각해보기 시작했다.

'애벌린? 100Km나 떨어진 곳인데? 그 흙먼지 구덩이 속을 운전을 해서 가?

자동차 에어컨 상태도 별로인데… 애벌린의 식당? 별로 좋은 곳도 없는데…'

내가 생각을 정리하기도 전에 집사람인 베스가 맞장구를 치며 "근사한 아이디어예요! 나도 가고 싶어요. 당신 생각은 어때요?"라며 내게 물었다.

원래 나는 장인, 장모, 집사람과 의견이 달랐으나 그들과 의견 충돌을 하기 싫어서 "나도 괜찮아"라고 대답하고는 "장모님도 같이 같으면 좋겠는데"라고 덧붙였다.

"물론이야 나도 가야지"라고 장모님이 대답했다.

우리 4명은 모두 차에 올라타고 애벌린으로 갔다.

내가 생각한 대로였다. 더위는 살인적이었다.

우리는 흙먼지와 땀으로 범벅이 되었고, 식당의 음식은 정말 엉망이었다.

다시 3시간 걸려 집으로 돌아왔는데, 모두 기진맥진한 상태였다. 다들 아무 말이 없었다.

나는 서먹한 분위기를 바꿔보고자 "참 멋진 여행이었어! 그렇지 않아요?"라고 말했지만 아무도 대꾸하지 않았다.

드디어 장모님이 다소 격한 목소리로 "사실 나는 즐겁지 않았다구! 애벌린에 가지 않고 집에 있길 원했었어. 너희들과 아버지가 가자고 해서 갔을 뿐이야. 너희들이 조르지 않았으면 난 안 갔을 거야!"

나는 믿을 수가 없었다. "너희들 모두라뇨? 나도 가길 원치 않았어요. 모두 가길 원했으니까, 식구들을 기쁘게 해주기 위해 따라갔을 뿐이라구요!"

베스는 놀라서 충격을 받은 것 같았다.

"무슨 소리예요? 당신과 아버지가 진심으로 가자고 했던 사람들이잖아요! 내가 미치지 않은 다음에야 그런 무더위에 애벌린에 가겠다고 하겠어요? 안 그래요?"

집사람과 내가 싸움을 벌이려 할 때 장인이 갑자기 끼어들었다.

"젠장! 내 얘기를 좀 들어보게. 나는 애벌린에 결코 가기를 원하지 않았네.

나는 사위와 대화를 하고 싶었을 뿐이네. 자네가 심심해하는 것 같아서 몇 마디 해야겠다고 생각했었어.

나는 우리가 애벌린에 가본 적이 별로 없기 때문에 모두 즐거울거라 생각했어. 휴우~ 내 개인적으로는 아이스박스의 맥주를 한잔 하고 싶었는데…"

서로들 원망을 하고 난 후에 우리 모두는 아무 말도 없이 앉아 있었다.

"합리적이고 현명한" 우리 식구 4명은 시설도 시원찮은 애벌린의 식당에서 맛없는 음식을 먹고 흙먼지 구덩이 속을 헤치고, 무덥고 황폐한 사막을 가로질러 3시간 만에 집에 돌아왔다.

이 모든 것은 우리들의 의도와는 정반대였다. 아무리 생각해봐도 전혀 이해가 되지 않는 일이었다.

많은 경우에 회의나 대화에서 사람들은 전적으로 동의하지 않아도 고개를 끄덕이는 경우가 허다하다. 그러나 이러한 암묵적 동의는 조직의 역동성을 떨어트릴 뿐만 아니라, 조직의 문제해결 능력을 떨어트리고 결국 집단이나 조직의 성과 달성을 어렵게 만든다. 결국 이러한 조직에서의 병적인 애벌린 패러독스가 해소되지 않으면 조직을 파멸에 이르게 만들 수 있다.

애벌린 패러독스에 빠진 집단이나 조직은 다음과 같은 증후군을 보이게 된다.

팀원들이 고통, 좌절, 무기력감을 느끼고 제기된 문제들에 대해서 자포자기적인 태도를 보인다. 조직이 직면한 문제의 성격과 해결방식에 관해 "사적(private)"으로는 동의하지만, 공식적 의사채널이 없고 또 건전한 비판의 채널이 없음으로 인하여 팀원들이 현재의 상황에 대해서 다른 사람들을 비난한다. 그리고 루머, 불평, 문제점, 해답 등을 이야기하기 위해 친한 사람들이 끼리끼리 모인다. 그룹 미팅과 같은 집단적 상황에서, 멤버들은 그들의 바람이나 의견들을 다른 사람에게 정확하게 전달하지 못한다. 종종

"반대로" 전달하기도 한다. 또한 쓸모없고 부정확한 정보를 바탕으로, 개인적이거나 집단적으로 바라는 것과는 반대로 집단적 의사결정을 내린다. 그리고 그러한 비생산적 결정으로 말미암아 조직에 대해서 또 분노, 좌절, 불만을 느낀다. 멤버들은 조직 밖에서는 달리 행동하는 경향을 보이게 되는데, 예컨대, 가족, 교회 등에서 더 행복하고, 다른 사람들과 더 잘 어울리고, 또 더 잘 일하는 경향을 보인다. 또한 문제를 해결하려고 할 때, 고통, 좌절, 무기력을 느끼고 해결할 수 없다고 느낀다. 그리고 친한 사람들과는 자주 커피를 마시면서 비공개적인 점심을 같이 하고, 또는 개인적으로 밖에서 만나 문제를 이야기하고, '여건이 좋은 경우에만' 가능한 비현실적인 해결책을 계획한다. 또한 딜레마에 빠진 것에 대해 보스나 다른 사람 등 의사결정권자들을 비난한다. 회의에서 솔직하기보다 조심스러워 하고, 또 문제와 해결책에 관한 아이디어를 이야기할 때 애매모호한 태도를 취한다. 즉, 자신의 의견은 이야기하지 않고 다른 사람의 의견을 알려고 노력한다. 심지어 문제를 토의하려고 하는 날에 결석하고, 휴가를 가거나 다른 "더 중요한 회의들"을 만들어서 피할 수 있는 방법들을 자주 강구한다.

제3절
집단의 기능

집단의 기능을 두고 말하자면, 그것이 어떤 방향으로 작용하는가 하는 점에 관해서 세 가지 의미를 생각할 수 있다. 첫째는 개인에게 어떤 영향을 미치는가 하는 점에서 집단의 기능을 생각해야 한다. 그 내용은 다음의 세 가지 경우로 나누어 살펴볼 수 있다. (1) 어떤 집단에 속함으로써 개인의 인격에 변화가 생기는 경우, 가령 다년간의 관청 근무를 통해서 관리기질이 몸에 붙는 것 같은 경우인데 사회적 성격을 형성시키는 모형(母型)으로서의 집단의 기능이다. (2) 집단에 소속함으로써 개인의 생활 상태에 변화가 생기는 경우인데, 가령 어느 기업의 종업원이 됨으로써 생활수준이나

사회적 지위가 향상되었다면 그 기업은 종업원에게 어떤 영향을 미친 것이
된다. (3) 어떤 집단을 형성함으로써 단순한 개인적 능력의 총화 이상의 플
러스 알파 효과가 생기는 경우나, 또는 어떤 집단상황에서 개인으로서 생
활할 때에는 볼 수 없었던 행동이 나타나는 경우로 보통 이를 집단효과라
고 부른다. 둘째로 어느 집단의 작용이 하나의 전체사회에 미치는 직접적·
간접적 영향으로서의 집단적 기능이 있다. 군대가 어떤 정치체제하에서 수
행하는 기능과 같은 것이다. 셋째는 어느 집단의 존속·발전을 가능케 하기
위해 집단 내부에서 영위되는 여러 움직임, 또는 거기에 수반되는 집단현
상을 집단의 기능이라고 한다. 이상 말한 바와 같이 집단의 기능은 넓은 의
미에서는 집단생활에서 일어나는 동태적인 현상을 모조리 포함하지만 보통
은 보다 한정된 의미, 즉 세 번째의 한 집단이 존속·발전하기 위해 영위하
는 활동과 관련된 현상을 말한다. 다시 말해서 한 집단이 성립되기 위해서
는 어떠한 집단 활동이 필요한가 하는 것이 집단 간의 중심적인 문제가 된
다. 그리고 이러한 집단 활동이 개인, 다른 집단, 그리고 전체사회에 대해
서 어떠한 영향 또는 효과를 미치는가 하는 것이 관련되는 현상으로서 문
제가 된다.

1 집단의 일반적 기능

집단의 기능은 크게 과업성취기능과 유지보전기능을 가지고 있다. 과
업성취기능은 집단이 단독으로 수행하기 어려운 과업 및 상호의존적인 과
업을 수행하며 업무를 창의적으로, 협조적으로 조정하고 성취하는 것을 말
한다. 유지보전기능은 집단이 우정 등 성원들의 사회적 욕구를 충족시키고,
귀속의식과 동일감을 갖게 되며, 상부상조하게 함으로써 직장에서 보다 원
만한 생활을 유지하게 하는 것을 말한다.[17]

학자에 따라서는 집단의 기능을 공식적 기능과 심리적 기능으로 나누
기도 한다. 공식적 기능은 복잡하고 상호의존적인 과업을 공동으로 수행함
으로써 과업을 보다 쉽게 성취하고, 서로 자극을 함으로써 창의적인 해결

---

17) 양창삼, 앞의 책, p. 175.

책을 강구하며, 문제를 공동으로 조정함으로써 해결을 쉽게 할 수 있는 것을 말한다. 심리적 기능은 친화욕구를 충족시켜주고, 동일시와 자긍심을 유지시켜주며, 불안정과 무기력을 감소시켜 주는 것을 가리킨다.

2 집단의 순기능

집단은 여러 면에서 순기능의 역할을 수행한다. 예를 들면 조직에 대한 귀속감, 만족감, 안정감을 갖게 하여 조직에 탄력성을 부여하고 안정화를 가져온다. 종업원 상호간의 협동 내지 경험교환으로 실무를 능률적으로 수행할 수 있다. 공식통로보다 신속할 정도로 의사전달의 통로역할을 한다. 종업원의 욕구불만 내지 좌절감에 대한 안전핀 역할을 한다. 조직의 경직성 완화 내지 해소로 경영의 융통성을 기할 수 있다.[18]

3 집단의 역기능

집단 성원의 모든 사회적 행동이 집단의 기능을 반드시 촉진시킨다고는 할 수 없으며, 오히려 그것을 방해하고 저지하는 활동도 없지 않다. 이것을 집단의 역기능이라고 한다. 예컨대, 어느 전체사회에 있어서의 범죄·비행(非行), 기업조직에 있어서의 태업·파업 등이 그것이다. 그러나 순기능이나 역기능의 의미는 어디까지나 상대적이다. 가령 파업은 경영자 측에서 보면 역기능이지만 노조 측에서 보면 순기능적인 의미를 갖는다. 그러므로 순기능적인가 역기능적인가를 결정하기 위해서는 그 집단이 어떤 활동목적에 우선적인 가치를 두는가, 또 집단 내부의 하위그룹이 집단 전체에서 어떤 위치를 누리는가를 먼저 살펴볼 필요가 있다. 또한 집단은 조직 내에서 파벌을 조성할 우려가 있다. 잘못된 정보나 소문 등에 의해 집단이나 조직 차원의 응집성을 약화시키고 나아가 사기를 저하시킬 수 있다. 조직규범에 대하여 저항감을 갖고 있을 경우, 공식조직의 기능 약화 내지 마비를 유발할 우려가 있다.

---

18) 위의 책, p. 175.

| 사 례 | 군중심리와 군중행동

군중심리란 일반적으로 많은 사람이 군집상태에서 행동할 때 이 행동을 불러일으키는 전체적인 심리적 메커니즘과 이 행동에 참가하고 있는 사람들이 경험하는 심리상태를 말한다. 달리 말하면 여러 사람들이 모인 집단 내에서 개인적 특성이 소멸되고 사람들이 쉽게 동질화되는 심리현상을 말한다. 군중심리의 토대가 되는 군집(crowd)이라는 인간의 집합상태가 성립되기 위해서는 원칙적으로 다음과 같은 조건들이 전제가 된다. 군중의 성원이 공간적으로 일정한 장소에 일시적으로 모이는 경우여야 하고, 이 군중의 성원들 사이에 어떤 공통의 대상 또는 관심이 존재하는 경우여야 한다. 이러한 대상 또는 관심이 없어지면 군중상태는 소멸한다. 그러나 공통의 대상 또는 관심이 있다고 해서 군중을 이루는 사람들이 일정한 집단조직을 형성하는 일은 없다. 따라서 군중의 경우에는 지위나 역할이니 하는 보통 집단의 성원에 있어서처럼 기능의 분화가 없다. 교통사고 현장 같은 것이 우리가 일상생활 속에서 경험하는 군중상태의 하나이다. 이런 경우에는 사고라는 공통의 대상이 있음으로 해서 사람들이 일시적으로 일정한 공간을 메우게 되는 것이다. 그러나 경찰이 오고 구급차가 와서 사고처리가 끝나면 이 공간에서 관심의 대상이 소멸하고 사람들이 흩어져서 군중도 소멸한다. 이 사고 현장에 일시적으로 모인 사람들이 군중이며 이 군중을 이루는 사람들은 군중상태에서 일어나는 어떤 심리적인 특성을 경험한다. 즉 어떤 동일한 심리상태가 이곳에 모인 사람들을 휩쓸었다고 할 수 있는데 이 군중심리의 특성은 다음과 같은 것이다. 군중을 구성하는 사람들은 저마다 자기의 성명·직업·성격 같은 개인적인 특성을 잊고 무명의 개인이 된다. 그러므로 사람들은 군중상태에 있을 때는 여럿이 동조하는 행동을 취하기 쉽다. 군중상태에 있을 때 사람들은 일상생활의 여러 가지 규범에서 해방되어 욕구나 감정을 쉽게 폭발시킨다. 군중상태에 있을 때 사람들은 자기들의 행동에 대해 무책임하며 무비판적이 되기 쉽다. 자기를 전체 속에 매몰시켜 자기가 무엇을 해도 '아무도 모를 것'이라는 감정이 작용하고 있는 것이다.

군중심리에 대해 연구한 프랑스의 사상가 귀스타브 르봉[19]은 군중심리

---

19) Le Bon, G.(1895), La Psychologie des foules.

가 개인 심리상태와는 다른 고유적 특성을 가지게 된 원인으로 무소불위의 힘, 감염력 등을 들었다. 무소불위의 힘이란 개인이 군중에 포함되면서 개인으로 존재할 때는 할 수 없었던 일까지 하게 되는 것을 뜻한다. 자신의 의견에 확신이 없던 사람도 그 의견이 다수와 같다는 사실을 인지하면 그 의견을 더 강력히 주장하게 되는 것이다. 또한 군중의 모든 감정과 행동은 감염력을 갖는다. 이렇게 해서 나타나는 군중심리는 피암시성, 과격성 등의 특성을 보인다. 피암시성은 타인의 암시에 빠지는 성질, 또는 타인의 암시를 받아들여 자신의 의견 또는 태도에 반영하는 성질로 정의된다. 군중심리로 인해 개인은 의식과 개성을 상실한 채 선동자의 암시에 순종한다. 마치 최면술사에 의해 조종당하는 것처럼 말이다. 또 하나의 군중심리의 특징은 과격성이다. 군중심리를 통한 의사결정은 과격하게 이뤄지는 경향이 있다. 이는 다수에 속해 있기 때문에 책임이 분산되는 것도 원인이다. 익명성이 강할 경우에는 더 심하다. 군중심리의 과격성은 사회 속에서 많은 부정적인 사건을 유발할 수 있어 위험하다.

그런데 군집상태에 있어서 군중심리는 군중행동의 양식에 따라 여러 갈래로 변한다. 우발적으로 사고현장 같은 곳에 모이는 사람들을 '군중'이라고 하지만 음악회나 운동경기에 모이는 군중(群衆)은 '회중(會衆)'이라고 한다. 일반적으로 군중심리는 다수의 언동에 따라 행동하며 자제력을 잃고 쉽사리 흥분하는 심리상태를 갖게 됐을 때처럼 부정적인 맥락에 자주 쓰인다. 군중행동으로서 가장 일반적인 것은 행동에 강렬한 감정이 수반되는 '몹(mob)' 행동이다. '몹'은 공격적인 군중의 상태이며 그 행동은 파괴적인 것이 특징이다. 가장 공격성이 강한 것은 린치와 같은 군중행동이다. 미국 남부에서 백인이 흑인에게 가하는 린치 또는 일본의 관동 대지진 당시 일본인의 한국인 대학살 등이 이 예에 속한다. 공격의 목적이 물질의 약탈에 있는 경우가 있다. 강렬한 감정이 격렬한 동작으로써 표현된다. 종교적 황홀상태나 주석에서의 소란이 그 예이다. '몹' 중에서도 그 성원에게 위험을 가져오는 상황에서 도망하려는 군중상태를 '패닉(panic)'이라고 한다. '패닉'은 현실 또는 현실이 아닌 위험에 직면한 군중의 혼란 상태이며 도피적이고 방위적인 동시에 파괴적이기도 하다. 열차사고의 경우 승객이 공포감 때문에 판단력을 잃고 선로(線路) 위에 뛰어내려 반대방향에서 오는 열차에 갈려 죽는 것 같은 것이 이 '패닉'의 심리를 잘 설명해주고 있다. 극장에서 화재가 일어났을 때 많은 사람이 단 한 개의 문으로 몰려 많은 희생자를 내는 경우도 이에 해당한다. '패닉'의 유명한 예로서는 1938년 미국에서 '화성으로부터의 침입'이라는 라디오 드라마로 인해서 일어난 것이 있다. 라디오 드라마를 뉴스로 착각한 사람들이 교외로 대피하거나 낮부터 문을 안으로부터 걸어 잠그고 서로 전화로 안부를 묻는 등의 소동이 벌어졌는데 이 '패닉'에 휩쓸린 사람은 백만 명이 넘었다고 한다.

출처: 글로벌 세계 대백과사전 등.

제 4 절
집단효과

집단효과(mass or group effect)란 개인이 집단을 형성하거나 또는 기존 집단에 참가함으로써 그 결과 개인으로는 환원(還元)될 수 없는 특수한 효과가 생기는 현상을 말한다. 따라서 집단효과는 다음 두 가지 점에 있어서 주목된다. 개인이 집단을 형성했을 때 개개인의 능력의 총화 이상의 플러스 알파 효과가 나타나는 현상. 이런 현상은 오래전부터 집단심리 또는 집합표상 등의 개념에서 주목된 현상이지만 이를 과학적 실험에 의해 실증하려는 시도는 미국의 심리학자 올포트(Gordon Willard Allport)와 독일의 심리학자 뫼데(Gerald Moede) 등이 처음 시작했다. 올포트는 여러 가지 실험을 통해 단독작업보다 집단작업 쪽이 작업속도가 빠르다는 것을 확인하고 이 현상을 '사회적 촉진(social facilitation)'이라는 명칭으로 불렀다. 그러나 그는 이 현상이 효과를 갖는 것은 단순한 작업에 한정되며, 지성적·내성적인 활동은 오히려 저해된다고 지적하였다. 뫼데도 육체노동을 집단으로 할 때 단독으로 할 때보다 양적으로 더 효과적이라고 지적했다. 지금까지 시도된 이 종류의 실험적 연구를 종합적으로 검토한 티보(John Thibaut)와 켈리

(Herold Kelly)는 일단 다음과 같은 결론을 내리고 있다. ① 사회적 촉진은 특히 작업에 흥미가 없는 자, 또는 능력이 평균 이하인 자에게 일시적으로 강력하게 작용하나 시간이 경과함에 따라 효과가 약해진다. ② 집단학습이나 문제해결에 있어서 보통 집단은 개인보다 질적으로 높은 성과를 나타내지만 동일효과를 얻을 때까지 단독일 경우보다 훨씬 더 많은 시간이 걸린다. ③ 집단효과는 집단의 규모와 분위기에 따라 달라진다. 집단이 클수록 적극적 멤버와 소극적 멤버로 분열되어 집단의 효과가 낮아지고, 자유롭고 친밀한 분위기의 집단에서는 집단 활동에의 공헌도가 커지고 집단효과는 높아지기 쉽다. ④ 집단작업으로 좋은 성과를 얻을 수 있는 것은 일반적으로 근육노동의 경우이며 지적작업의 경우에는 집단작업이 오히려 효과의 저하를 가져온다. 개인이 집단에 참가하여 집단 활동을 함으로써 그 영향을 받아 특수한 변화를 일으키는 현상. 이 현상은 르봉(G. Le Bon)[20]이 군중심리의 본질적 특징으로서 주목한 이래 사회심리학자들의 꾸준한 관심의 대상이 되어 왔다. 그것은 사회적 성격의 현상으로서 프롬(E. Fromm)의 주의를 끌어들었으며 특정 집단이나 사회계층의 성원들에게 공통되는 인격구조가 형성되는 과정이 문제가 되었다. 또 셰리프(Muzafer Sherif)[21]는 암실 내부의 광점(光點)의 이동에 관한 지각이 개인의 경우에 훨씬 더 오류가 적다는 것을 실증하여 집단규범의 성립과정을 이론화했다. 레빈(K. Lewin)은 개인의 습관의 변화과정이 개인으로서보다는 집단의 성원으로서의 위치에 있을 때 훨씬 더 효과적임을 실증했고, 또 슬래브슨(S. R. Slavson)[22]은 이러한 집단 내에서의 개인의 변화현상을 정신병 치료에 적용할 것을 시도하는 이른바 집단치료방법을 개척했다. 또 캐츠(E. Katz)와 라자스펠드(F. F. Lazarsfeld)[23]는 개인의 의견이나 태도가 그 개인과 관계가 있는 집단 내부의 의견이나 태도에서 크게 영향을 받는다는 사실을 발견했다. 이상과 같

---

20) Le Bon, G., 앞의 책.
21) Sherif, M.(1935), "A study of some social factors in perception: Chapter 2," *Archives of Psychology*, 27, No. 187, 17-22.
22) Slavson, S. R.(1947), Differential Dynamics of Activity and Interview Group Therapy, *American Journal of Orthopsychiatry*, Volume 17, Issue 2, pp. 293-302.
23) Katz, E. and Lazarsfeld, P. F.(1955), *Personal influence: The part played by people in the flow of mass communications*, New York: The Free Press.

은 집단효과에 관한 여러 가지 발견은 요컨대 인간이 집단적(사회적) 존재임을 실증하는 것이지만 집단이라 하여 아무 집단이나 집단효과를 발휘할 수 있는 것은 아니며 일정한 효과를 기대하기 위해서는 집단의 목적에 순응한 조직과 운동이 필요하다. 또 집단효과가 모든 집단 성원에게 일률적으로 미치는 것이 아니라는 것도 올포트(G. W. Allport)의 실험결과가 말해 주고 있다.

제5절
집단행동 개발

집단행동이 조직의 성과에 기여하려면 조직의 목적과 집단 목적 간에 조화로운 통합이 이루어져야 하고, 집단구성원들과 집단들 간에 상호이해와 협조적인 관계가 형성되어야 한다. 이러한 관계를 조성하기 위하여 조직개발은 여러 가지의 집단행동 개발방법을 통하여 이루어지는데, 흔히 사용되고 있는 방법으로서 팀 구축과 집단 간 대면, 조직체 '거울'과 제3자 화협(和協), 그리고 자문과정과 설문조사 피드백을 들 수 있다.

1 팀 구축(Team Building)

팀 구축은 집단행동 개발 있어서 가장 중요한 방법으로서, 흔하게 쓰이는 기법으로는 집단의 문제 진단, 가족적 팀 구축, 역할 분석 등이다.

1) 문제 진단 회합(Diagnostic Meeting): 팀 구축의 첫째 형태는 집단의 문제를 진단하는 것으로, 문제집단의 관리자와 변화담당자가 사전에 당면한 문제를 서로 협의한 다음에, 집단구성원들에게 문제를 공동으로 토의할 것을 제의함으로써 시작된다. 집단구성원들이 동의를 하면 문제 진단을 위한 집단 회합이 소집되어, 변화담당자가 개입함으로써 관리자와 구성원들이 모두 개방적인 의사소통을 통하여 자기 집단의 문제를 토의하여 문제의

원인을 밝히고 이를 제거하기 위한 구체적인 계획을 작성하게 된다. 집단의 계획능력 결여, 자원의 부족, 구성원간의 협조심 부족, 관리제도의 미정착, 기술이나 능력의 미비 등의 문제 진단에서 흔히 노출되는 문제들이다.

2) 가족적 팀 구축 회합(Family Team Building Meeting): 같은 작업집단 내에서 구성원들 간의 응집력과 효율적인 상호관계를 조성하는 것을 목적으로, 흔히 집단구성원들 사이의 직무배정 과정에서 야기되는 상호간의 갈등이 문제의 대상이 된다. 변화담당자는 작업집단의 구성원들을 개인적으로 면담하고 간단한 설문서도 작성하여 집단행동과 구성원들 상호관계에 대한 실제자료를 수집한다. 면담결과와 설문자료 분석을 중심으로 변화담당자는 구성원들 간의 개방적인 토의와 의견교환을 유도하고 설문자료의 분석결과도 피드백해 주면서 구성원으로 하여금 자신들 간의 근본문제를 인식하고 구체적인 해결방법을 모색하도록 한다. 이러한 과정에서 구성원들 간의 상호이해도 높아지는 결과를 가져오게 된다.

3) 역할분석 회합(Role Analysis Meeting): 집단구성원의 역할을 둘러싸고 각각의 역할기대와 실제 역할행동 사이의 차이로 말미암아, 구성원들 간에 적지 않은 갈등과 대립, 스트레스가 발생할 수 있다. 따라서 구성원 각자의 역할을 명백히 하고 역할에 대한 구성원들 상호성의 공통된 이해를 조성하는 것이 역할분석 팀 구축의 근본목적이다.

변화담당자와 집단관리자의 개입을 통하여 집단구성원들은 각자가 지각하고 있는 자신의 직무와 책임 그리고 권한의 범위를 요약하여 그 내용을 다른 구성원들에게 제시하고 이들의 기대역할과 비교하면서 이를 공동으로 토의한다. 그리하여 구성원 자신이 제시한 역할 명세를 수정하고 보완하여 구성원 자신이 만족할 때까지 공동토론을 계속한다. 집단구성원들이 각자의 역할에 대하여 모두 이러한 토론과정을 거쳐 나감으로써 구성원들 간의 통일된 역할 지각과 역할 기대를 유도하고, 상호성의 역할 갈등을 제거함으로써 구성원의 직무만족과 집단의 성과를 높일 수 있다.

(1) 예비회의: 집단들 사이에 문제증상이 나타나면 변화담당자는 우선 문제집단의 관리자들과 만나서 문제의 증상을 논의하고, 문제집단들 사이의 관계를 개선할 필요성과 접근방법을 협의한다. 흔히 고려된다는 측면은

문제집단들 사이의 의사소통과 상호성의 이해와 존중이다. 집단대면의 목적과 방법에 대하여 합의가 되면 대면과정이 시작된다.

(2) 집단 의견 정리: 문제집단들은 각기 별도로 모임을 갖고, 상대집단에 관하여 두 가지의 의견을 정리한다. 하나는 자기집단이 상대집단에 대하여 어떻게 생각하는지 자기들의 느낌과 의견을 종합하여 정리하는 것이고, 또 하나는 상대집단이 자기집단에 대하여 어떻게 생각할 것인지 이에 대한 예측을 종합, 정리하는 것이다.

(3) 상호피드백: 문제집단들은 자기들이 준비한 두 가지의 의견요약을 가지고 서로 대면을 하게 된다. 먼저 한 집단이 준비된 의견서를 중심으로 상대집단에 대하여 어떻게 생각하고 또 상대집단은 자기집단에 대하여 어떻게 생각하고 있을 것이라는 예측을 피드백해준다. 그리고 또 다른 집단도 자기들이 정리한 의견을 상대집단에 피드백해준다. 이 대면에서는 문제집단들 상호간에 종합된 의견만 교환할 뿐 토의는 하지 않는다.

(4) 집단별 토의: 문제집단들은 다시 별도의 모임을 갖고 교환된 의견에 대하여 토의한다. 상대집단에 대한 자기집단의 의견과 상대집단의 의견을 중심으로 집단구성원들이 서로 토의하여 자기들 자신과 상대집단에 대하여, 새로운 인식을 갖도록 유도한다. 그리고 상대집단과의 관계에 있어서 기본 문제와 개선되어야 할 점을 토의하여 문제 해결방안을 작성한다.

(5) 공동 토의: 문제집단은 같이 모여서 각기의 문제진단 결과와 해결방안을 제시하고 토의한다. 이 공동 토의를 통하여 문제집단들은 상호갈등의 문제원인을 최종적으로 정리하고 문제해결을 위한 통일된 구체적인 방안을 수립하게 된다.

(6) 변화 집행 및 효과 분석: 문제해결에 착수한 후에는 그 경과와 효과분석이 뒤따르게 된다. 이 평가회의는 문제의 성격에 따라서 변화담당자와 집단관리자들 그리고 경우에 따라서는 문제집단 구성원들도 포함하여 같이 만나서, 그동안의 경과와 효과 그리고 새로운 문제점과 문제해결상의 수정사항 등을 토의한다.

2 조직체 '거울'(Organizational Mirror)

작업집단의 대면은 주로 두 개의 문제집단을 중심으로 상호간의 관계 개선을 모색하는 데에 비하여 조직체 '거울'은 세 개 이상의 문제집단을 중심으로 상호간의 관계개선을 목적으로 하고 있다. 조직체 '거울'의 진행순서는 대체로 다음과 같이 전개된다.

1) 문제집단들의 중심인물 회합: 조직체 '거울'의 첫째 단계는 다른 집단들과 문제를 느끼고 있는 집단 또는 주인집단(host group)이 상대집단들의 주요 인물과 회의를 개최하는 것이다. 이 회의에서 주인집단의 관리자는 상대집단의 중요인물에게 자기 집단에 대한 그들의 견해와 문제점을 솔직히 말해 줄 것을 요청하고 그들의 견해를 경청한다. 그리고 변화담당자는 사전에 주인집단의 관리자와 상대집단의 중심인물들과 면접을 하여 집단 간의 문제에 대한 예비 진단을 하고 회의의 주선과, 집단 간의 의사소통의 조정 등 전체 조직체 '거울' 과정에 매우 중요한 개입역할을 하게 된다.

2) 피드백과 관찰: 조직체 '거울'의 다음 단계는 주인집단과 상대집단이 자유롭게 각기의 견해를 주고받는 회의를 개최하는 것이다. 먼저 변화담당자가 주인집단과 상대집단에게 중심인물과의 면접결과를 말해 주고, 상대집단 구성원들이 주인집단에 대한 느낌과 견해를 솔직히 말하고 주인집단 구성원들은 그들을 경청한다. 그 다음에는 주인집단 구성원들이 상대집단들에 대한 느낌과 견해를 말해 주고 상대집단 구성원들은 그들을 경청한다. 이와 같이 주인집단과 상대집단들은 각기의 견해를 듣고 그들을 관찰하므로, 이 단계를 'fishbowl'이라고 부른다.

3) 혼합집단의 토의: 집단들의 토의·관찰이 끝난 다음에 주인집단과 상대집단 구성원들이 함께 모여서 혼합된 소 토의집단을 구성하여 각기 주인집단과 상대집단들 간의 문제를 진단하고 상호관계를 개선하기 위한 방안을 작성한다.

4) 문제해결방안의 정리: 이와 같이 혼합토의집단들이 구성한 문제해결방안들은 주인집단과 상대집단들의 전체회의에서 발표되고 토의되어 최종적인 문제 진단과 문제해결방안 그리고 구체적인 문제해결기간이 채택된

다. 그리고 채택된 방안은 실제 행동으로 옮겨진다.

5) 효과분석: 조직체 '거울'의 마지막 단계는 효과분석 및 조정으로서 문제해결방안이 집행된 후 그 결과를 측정하여 집단들 간의 관계가 실제로 개선되어 가고 있는지를 확인하고 적절한 조정대책을 강구한다.

조직체 '거울'에서도 팀 구축과 작업집단의 대면에서와 마찬가지로 집단구성원들과 집단 간의 개방적인 의사소통과 상호간의 이해가 중요하므로 변화담당자의 개입역할이 효율적인 집단행동개발에 결정적인 요소로 작용하게 된다.

3 제3자 화협(The Third Party Peacemaking)

변화담당자의 개입으로 조직구성원 간의 갈등을 해결하여 그들 간의 관계를 개선하는 것이 제3자 화협의 근본목적이다. 문제구성원들이 같은 작업집단이나 과업과 연관된 집단에 소속되지 않는다거나 갈등의 성격이 과업과 관련되지 않는 경우도 있으므로, 제3자 화협은 일반적인 조직구성원간의 행동개선방법으로서 조직체행동개발의 한 방법으로 분류될 수도 있다. 제3자 화협의 중요 측면을 요약하면 다음과 같다.

1) 문제의 진단: 조직구성원 간의 갈등을 해결하려면 갈등에 작용하는 문제를 진단하는 것이 가장 근본적인 과제이다. 제3자, 즉 변화담당자는 문제 진단과정에서 몇 가지 측면에 그의 진단초점을 맞추어야 한다. 첫째 측면은 갈등과 근본적인 원천이 무엇인지를 분석하는 것이고, 둘째는 갈등의 배경을 분석하는 것이다. 그리고 셋째 측면은 갈등을 촉진시키는 요소를 알아내는 것이고, 넷째는 갈등으로 인한 역기능적인 결과들을 알아내는 것이다. 즉 변화담당자는 조직구성원 간의 갈등의 원인과 증상 그리고 그 결과를 분리하여 문제를 진단해야 한다.

문제의 원인에 있어서도 변화담당자는 근본적인 원인과 감정적인 원인을 구분하여 문제를 진단할 필요가 있다. 근본적인 원인은 조직체방침에 대한 갈동이나 제한된 조직체자원에 대한 경쟁적 관계 그리고 역할관계상의 갈동 등 비교적 원천적인 문제를 말하며 감정적인 원인은 불신감이나 공포감 그리고 적대감 등의 부정적 감정과 태도를 의미한다. 일반적으로 원천적인 원인은 근본적인 문제해결을 요하는 반면에 감정적인 문제 원인은 문제구성원 상호간의 지각상의 개선과 상호간의 수용능력을 향상시키는 관점에서 갈등문제에 접근할 수 있다. 따라서 이들 원인의 구분은 문제해결에 있어서 매우 중요한 실질적 의미를 지니고 있다.

2) 제3자의 개입: 조직구성원 간의 갈등문제 해결은 주로 그들 간의 대면과 개방적 의사소통을 통하여 실현될 수 있다.

3) 기본적 전제조건: 제3자 화협은 근본적으로 문제구성원 자신들에 의한 갈등문제해결을 목적으로 하고 있으므로 문제구성원들 자신이 문제해결에 관심을 갖고 이에 적극적인 태도를 보여야 한다. 그리고 문제구성원들 간의 갈등은 경우에 따라서는 매우 복잡한 성격을 지니고 있으므로 변화담당자의 화협기술이 매우 중요하다. 따라서 제3자 화협은 고도의 화협기술을 소지하고 있고 갈등관리에 자격을 갖춘 전문가에 의하여 실시되는 것이 바람직하다.

4 과정자문(Process Consultation)

변화담당자나 상담자가 조직구성원이나 집단구성원들을 대상으로 개인행동이나 인간관계 등 조직경영과정에서 당면하는 문제에 대한 그들의 분석 및 해결능력을 향상시켜 주는 조직개발방법을 과정자문이라고 부른다.

1) 과정자문의 목적: 과정자문의 목적은 조직구성원으로 하여금 조직체의 성원으로서 그리고 집단의 구성원으로서 조직체나 집단에서 일어나고 있는 조직경영상의 그리고 인간관계상의 과정과 사건(process and events)들을 인식시키고, 자기 자신에 바람직한 변화를 가져올 수 있는 자신의 능력을 개발하도록 이에 도움을 주는 것이다. 따라서 일반적인 자문에서는 조직구성원에게 상담자의 지식이 이전되는 데 비하여, 과정자문에서는 조직구성원에게 변화담당자나 상담자의 가치관(value)과 기술(skill)이 주입되고 있다.

2) 개입역할: 과정자문에서 변화담당자나 상담자의 역할은 커뮤니케이션과 역할 분석, 집단의사결정과 문제해결, 집단규범과 집단행동의 향상,

리더십과 권한관계, 그리고 집단관계와 협조 등 여러 부분에 다양하게 적용된다.

3) 상담지도: 과정자문의 중요한 분야의 하나로서 변화담당자나 상담자가 조직구성원의 문제해결에 도움을 주는 역할을 말한다. 따라서 변화담당자나 상담자의 역할은 조직구성원으로 하여금 그가 당면한 문제를 보다 정확하게 인식시키고 문제해결의 대안도 추가적으로 제시해 줌으로써, 그의 대안선택범위를 넓혀주고 결과적으로 그의 문제해결을 도와주는 것이다. 이와 같이 조직구성원의 자율적인 관찰·분석능력과 문제해결능력의 개발을 유도하는 것이 상담지도의 근본목적이다.

개인·집단행동개발에 있어서 과정자문은 팀 구축 및 집단관계개발과 매우 비슷한 것이 사실이다. 그러나 과정자문의 근본목적은 개인·집단과정을 분석하고 이를 진단하는 데에 있다. 그리고 자문과정에 있어서 변화 담당자와 상담자의 역할을 비지시적 방법과 문제의 제기에 한정함으로써 조직구성원 자신의 행동개선과 문제해결능력을 도와주는 데에 역점을 기울이는 것도 팀 구축 및 집단관계개발과 다른 점이다.[24]

5 설문조사 피드백(Survey Feedback)

설문조사 피드백은 설문서를 사용하여 잡단이나 조직체문제에 대한 구성원들로부터의 설문조사결과를 중심으로, 이것을 피드백자료로 사용하여 구성원들로 하여금 자기의 집단과 조직체문제를 해결하도록 하는 조직개발방법이다. 미시간 대학의 설문조사연구센터(Survey Research Center of Michigan University)에서 개발하여 보편화시킨 연구조사방법으로서, 변화담당자의 개입 하에 문제집단이나 조직체의 구성원들로부터 설문자료를 직접 수집하여 워크샵(workshop)이나 집단회의에서 그들에게 그 결과를 피드백해주고, 그들의 참여를 통하여 문제를 진단하고 문제해결을 모색하는 것이 설문조사 피드백 방법의 기본성격이다. 따라서 설문조사 피드백은 집단행동의 개발뿐만 아니라 조직체행동개발에도 다양하게 사용되고 있다.

---

24) 이학종, 조직행동론, 세경사, p. 517.

제 7 장

동기부여 개념

제 7 장   동기부여 개념

제 1 절
동기부여의 정의

동기부여는 조직행동에서 가장 자주 연구되는 주제 중의 하나이다. 그 이유는 최근 이루어진 갤럽 여론조사를 통해 밝혀졌다. 어떤 여론조사에 따르면, 미국 종업원의 대다수는 자신의 일에 대한 열정이 없을 뿐만 아니라 일부 종업원은 일에서 적극적으로 벗어나 있었다. 종업원 본인의 진술을 토대로 조사한 연구에 따르면 이들은 점심시간이나 기타 필요한 휴식시간을 제외하고도 하루 평균 약 2시간 정도를 낭비한다고 한다. 시간을 낭비하게 된 가장 큰 요인은 인터넷과 동료들과의 수다였다. 이러한 현상들은 종업원들의 업무에 대한 동기부여가 결핍하기 때문인 것으로 해석할 수 있다.

동기부여는 목표달성을 위한 개인의 노력의 강도, 방향, 지속성을 설명하는 과정으로 정의된다. 일반적인 동기부여는 어떤 목표를 위한 노력과 관련되지만, 우리의 관심은 조직목표와 관련된 직무행동에 있다.

노력의 강도란 개인이 얼마나 열심히 노력하는지를 나타낸다. 사람들이 동기부여에 대해 이야기할 때 중점을 두는 부분이 강도이다. 하지만 노력이 조직에 이익이 되는 방향으로 향하지 않는다면 아무리 노력의 강도가 높더라도 좋은 직무성과를 얻을 수 없다. 그러므로 노력의 강도뿐만 아니라 노력의 방향도 함께 고려해야 한다. 조직의 목표와 일치하는 노력이야말로 우리가 추구해야 하는 노력이다. 마지막으로 동기부여는 지속성 차원을 가지고 있다. 이는 얼마나 오랫동안 노력이 지속되는 지를 의미한다. 동기부여가 잘된 개인은 목표가 달성될 때까지 지속적으로 직무에 몰입한다.

제 2 절
초기 동기부여 이론

1950년대에 만들어진 네 가지 동기부여 이론은 비록 그 타당성에 의문의 여지가 있지만 근로자의 동기부여와 관련해서 가장 잘 알려진 설명들이다. 이 네 가지 이론은 현재의 동기부여 이론을 위한 초석이 되었으며, 실무 관리자들은 여전히 초기 이론의 용어를 사용하고 있다.

1 욕구단계 이론 및 ERG 이론

가장 잘 알려진 이론은 에이브러햄 매슬로(A. Maslow)[1]의 욕구단계 이론(hierarchy of needs theory)이다. 매슬로는 모든 사람에게는 아래와 같은 다섯 가지의 욕구단계가 존재한다고 가정하였다.

1. 생리적(physiological): 배고픔, 갈증, 주거, 성 및 기타 신체적 욕구를 포함한다.
2. 안전(safety): 물리적 및 정서적 위험으로부터의 안전과 보호
3. 사회적(social): 애정, 소속감, 수용, 우정
4. 존경(esteem): 자존심, 독립성, 성취와 같은 내재적 요인과 지위, 인정, 관심과 같은 외재적 요인
5. 자아실현(self-actualization): 자신이 되고자 하는 것을 되도록 하기

---

1) Maslow, A.(1954), *Motivation and Personality*, New York: Harper & Row.

위한 추진력, 성장, 잠재능력 실현 및 자아충족을 포함한다.

개인은 낮은 단계의 욕구가 충족되어야만 그 다음 단계의 욕구가 생성된다. 예를 들어 점심식사를 하지 않아 배고픈 학생이 강의에 집중할 수 없듯이 생리적 욕구가 충족되어야만 공부하려는 자아실현욕구가 생긴다. 또한 근로자가 먹고 사는 데 지장이 없도록 일정한 근로조건(임금, 복리후생 등)을 제공하여 이들의 생리적 및 안전욕구가 충족되도록 하여야만 이들이 열심히 일하려는 존경욕구나 자아실현 욕구가 생긴다. 매슬로는 생리적 욕구와 안전욕구를 저차원의 욕구로, 사회적 및 존경 욕구 그리고 자아실현 욕구를 고차원의 욕구로 구분하였다.

클레이톤 앨더퍼(C. Alderfer)[2]의 ERG 욕구구조이론은 매슬로나 허츠버그 등의 동기이론보다 현장 경영자들의 동기 요인 파악에 더욱 용이하고 현실적 접근을 가능하게 해주는 장점이 있다.[3] ERG이론에서의 욕구구조는 존재욕구(Existence Needs), 관계욕구(Relatedness Needs), 성장욕구(Growth Needs)로 구성된다. 존재욕구는 인간이 생존하기 위해서 필요한 욕구로 각종 생리적 욕구와 안전과 기본적 생계를 위한 욕구 등을 포함하는 개념이다. 관계욕구는 자신을 둘러싼 사회 환경 하에서 발생하는 인간관계에 대한 욕구로서 친밀한 우정과 타인으로부터의 인정과 존경 등의 형태로 구현되는 개념이다. 성장욕구는 직무와 관련해 창의적이고 개인적인 성장과 성취를 도모하고자 하는 욕구이다.

ERG이론은 하위욕구가 충족될수록 상위욕구에 대한 욕망이 커진다는 점에서는 매슬로의 이론과 일치한다. 하지만 ERG이론은 매슬로의 이론과 다른 점이 크게 세 가지가 있다.

첫째, 매슬로의 이론은 만족-진행접근법(satisfaction-progression approach), 즉 한 하위욕구가 만족될수록 보다 고차욕구로 진행해 간다는 이론에만 근거를 두고 있는 데 반해, ERG이론은 이러한 접근법에 더하여 좌

---

2) Alderfer, C.(1972), *Existence, Relatedness, and Growth Human Needs in Organizational Settings*, New York: Free Press.

3) 송병철(1986), "작업동기이론에 관한 비판론적 연구," 제주대학교 논문집(사회편), 제22권, 189-205.

절-회귀(frustration-regression)요소가 가미되어 있다. 좌절-회귀란 고차욕구가 만족되지 않을 때 혹은 좌절될 때 그보다 낮은 저차욕구의 중요성이 커지는, 즉 그에 대한 바램이 그만큼 커지는 상황을 말한다. 예를 들면, ERG이론의 가설 중에 보면 관계욕구가 충족되지 않을수록 존재욕구에 대한 바램이 커지는 것이다.

둘째, ERG이론은 매슬로의 이론과 달리 한 가지 이상의 욕구가 동시에 작용할 수 있다고 본다.

셋째, ERG이론은 기본적으로 고위·하위 욕구의 구별을 유지하지만 욕구의 우월성에 대한 언급이나 한 욕구가 어느 정도 충족되면 다음 욕구의 활성화로 이른다는 언급을 회피함으로써 덜 제약적인 입장을 취한다. 고위·하위 욕구 모두 동기(motivator)로 작용할 수 있으며 따라서 어떤 경우에는 고위욕구가 충족되면 개인은 하위욕구에 의해서 동기부여될 수도 있다.

ERG이론이 조직경영에 주는 가장 큰 시사점은 좌절-회귀의 가설로서 욕구의 좌절이 가져오는 조직 관리적 의미를 구체적으로 부각시키는 데 있다. 즉, 관계욕구나 성장욕구가 좌절되었을 때 그 하위단계의 욕구를 더욱 갈망하게 된다는 주장은 관계욕구의 좌절이 존재욕구의 일부인 금전적 보상을 더 많이 요구하게 한다는 점을 시사하고 있다. 종업원들은 정신적·심리적 성장을 원하고 있고 조직이 그것을 적절하게 보상하지 못하는 경우 조직은 그에 상응하는 비용을 치러야 한다는 것으로 이 이론은 경영자에게 종업원의 고위 욕구충족의 필요성을 부각시키고 있다.[4]

2 2요인 이론

심리학자인 프레드릭 허츠버그(F. Herzberg)[5]는 소위 동기부여-위생이론(motivation-hygiene theory)이라고도 불리는 2요인 이론(two-factor theory)

---

4) 이금희(2008), "조선족과 한족 노동자들의 한국에서의 직업/문화 적응에 관한 연구," 이화여자대학교 일반대학원 박사학위논문.

5) Herzberg, F., Mausner, B., & Snyderman, B.(1959), *The Motivation to Work*, New York: Wiley.

을 제안하였다. 허츠버그는 사람들에게 그들의 일에 관하여 특별히 좋거나 나쁘게 느꼈던 상황을 구체적으로 기술해 달라고 요청했고 이러한 응답들을 표로 만들고 유형화하였다.

응답자들은 승진, 인정, 책임, 성취 등 내재적 요인을 특별히 좋았던 상황 즉 직무만족과 연관시키고, 감독의 질, 보수, 회사방침, 근로조건 등 외재적 요인을 특별히 나빴던 상황 즉 직무 불만으로 연관시키는 경향이 있었다.

이러한 자료는 만족의 반대가 불만족이 아니라는 것을 제시한다고 허츠버그는 말했다. 직무에서 불만족스러운 특성들을 제거하는 것이 반드시 직무를 만족스럽게 만드는 것은 아니다. 즉 '만족'의 반대는 '무만족(no satisfaction)'이고 '불만족'의 반대는 '무불만족(no dissatisfaction)'이라는 것이다.

허츠버그에 따르면 직무만족을 가져오는 요인들은 직무 불만족을 가져오는 것들과는 서로 명확히 구별된다. 그러므로 직무 불만족을 유발시키는 요소를 제거하면 평화를 가져올 수는 있지만 반드시 동기부여를 유발시킬 수 있는 것은 아니다. 즉 동기부여시키기보다는 진정시키고 있는 것이다. 그 결과 허츠버그는 감독의 질, 보수, 회사방침, 물리적 작업조건, 다른 사람들과의 관계, 직무안정 등을 위생 요인(hygiene factors)으로 명명하였다. 위생 요인이 적절할 때 사람들은 불만족을 느끼지도 않고 만족한 상태도 아닐 것이다. 만약 직무에 관하여 동기부여 시키고자 한다면 앞에서 언급한 직무만족을 유발하는 일 자체나 승진기회, 개인의 성장기회, 인정, 책임 및 성취 등 내재적 요인을 강화해야 할 것이다.

상술한 내용을 그림으로 표시하면 <그림 7-1>과 같다.

<표 7-1>은 ERG이론, Maslow의 욕구위계이론 및 Herzberg의 2요인이론 등을 비교분석한 것이다. 표가 보여 주듯이, 매슬로의 생리적 욕구와 물리적 안전욕구가 ERG이론의 존재욕구에 해당하고, 매슬로의 관계적 안전욕구, 사회적 욕구 및 관계적 존중욕구가 ERG이론의 관계욕구에, 그리고 매슬로의 자아실현 욕구와 신념적 측면의 존중욕구가 ERG이론의 성장욕구에 해당한다. 또한 2요인 이론에서 개인생활, 근로조건, 임금 등이 매슬로의 생리적 욕구에 해당하고, 2요인 이론의 직무안정, 회사의 관리방침 및

표 7-1. ERG, Maslow 및 Herzberg이론의 상호비교

ERG이론	Maslow의 욕구위계이론		Herzberg의 2요인 이론
GROWTH NEEDS (성장욕구)	SELF-ACTUALIZATION (자아실현)		Advancement(승진) Achievement(성취) Personal Growth and Development (개인의 성장 및 개발)
	Convictional (신념적)	EGO, STATUS & ESTEEM (자아, 지위 및 존중감)	Work Itself(일 자체) Responsibility(책임)
	Relational (관계적)		Recognition(인정) Status(지위)
RELATEDNESS NEEDS (관계욕구)	SOCIAL(사회적)		Quality of technical supervision (기술적 관리의 질) Quality of Interpersonal Relations (인간관계의 질)
	Relational (관계적)	SAFETY& SECURITY (안전 & 안정)	Job Security(직업 안정성) Company Policies and Administration (회사 정책 및 관리)
EXISTENCE NEEDS (존재욕구)	Physical (물질적)		Fringe Benefits(부가 혜택)
	PHYSIOLOGICAL (생리적)		Salary(임금) Working Conditions(근로조건) Personal Life(개인 생활)

주) <표 7-1>은 Szilagyi et al.(1983)[6], Nickels et al.(2010)[7] 및 Alderfer(1972)[8]를 참조하여 작성한 것임.

복리후생 등이 매슬로의 물리적 안전욕구에, 2요인 이론에서 기술적 감독의 질과 인간관계의 질이 매슬로의 사회적 욕구에, 2요인 이론의 일 자체, 책임, 인정, 직위 등이 매슬로의 존중욕구에, 2요인 이론에서 성장과 발전, 성취 그리고 승진 등이 매슬로의 자아실현 욕구에 해당한다.

6) Szilagyi, A. D. and Wallace, M. J.(1983), *Organizational Behavior and Performance*, Scott Foresman and Company.
7) Nickels, W. G., McHugh, J. M., & McHugh, S. M.(2010), *Understanding Business* (9th Edition), McGraw-Hill International Edition.
8) Alderfer, C.(1972), *Existence, Relatedness, and Growth Human Needs in Organizational Settings*, New York: Free Press.

그림 7-1. 위생요인과 동기요인

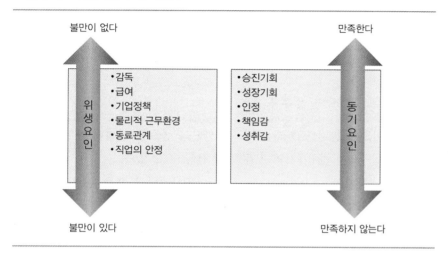

불만이 없다

만족한다

위생요인
- 감독
- 급여
- 기업정책
- 물리적 근무환경
- 동료관계
- 직업의 안정

동기요인
- 승진기회
- 성장기회
- 인정
- 책임감
- 성취감

불만이 있다

만족하지 않는다

3 X이론과 Y이론

더글러스 맥그리거(D. McGregor)[9]는 인간에 대한 두 가지의 상반된 주장을 제안하였다. 하나는 인간의 부정적인 측면을 바라보는 X이론이고, 다른 하나는 인간의 긍정적인 측면을 바라보는 Y이론이다. 따라서 이러한 상반된 주장에 따라 종업원들을 어떻게 다루어야 할지에 대한 관리방식도 달라진다.

X이론하에서 관리자들은 종업원들이 본래 일하기 싫어하며 야망이 없고 책임을 회피하기에 위협이나 처벌 및 감시 등 강압적인 방식으로 관리되어야 한다고 주장한다. Y이론하에서는 이와는 상반대로 종업원들이 일을 휴식이나 놀이와 같이 즐길 수 있고 주도적이며 책임을 받아들일 수도 있기에 칭찬과 격려 등 비강압적인 방식으로 관리해야 한다고 주장한다.

X이론과 Y이론을 이해하기 위해서는 매슬로의 위계욕구이론과 연관시키면 도움이 될 것이다. Y이론은 고차원적인 욕구가 개인을 지배한다고 가정한다. 맥그리거 자신은 Y이론이 X이론보다 타당하다고 믿어 종업원의 직무동기부여를 최대화할 수 있는 방법으로 참여적 의사결정, 책임감이 부여

---

9) McGregor, D.(1960), *The Human Side of Enterprise*, New York: McGraw-Hill.

되고 도전해볼 만한 직무, 그리고 좋은 집단관계 등을 제안했다.

하지만 X이론과 Y이론에 대한 실증적 증거가 매우 부족하다. 이는 매슬로의 욕구단계 이론도 마찬가지이다.

4 매클랜드의 욕구 이론

데이비드 매클랜드(D. McClelland)[10]와 그 동료들에 의해 개발된 이 이론은 다음과 같은 세 가지의 욕구에 초점을 두고 있다.

1. 성취욕구(need for achievement): 탁월하거나 목표를 성취하고, 성공을 위해 노력하는 추진력
2. 권력욕구(need for power): 타인을 조종하거나 타인에게 영향을 미치려는 욕구
3. 친화욕구(need for affiliation): 절친하고 가까운 대인관계에 대한 욕구

위의 세 가지 욕구에 관하여, 개인마다 각기 다른 수준을 보일 수 있다. 어떤 사람은 성취욕구가 권력욕구나 친화욕구보다 높을 수 있고 또 어떤 사람들은 권력욕구 혹은 친화욕구가 다른 두 가지 욕구보다 상대적으로 높을 수 있다.

세 가지 욕구 중에서 매클랜드와 후속 연구자들은 성취욕구에 초점을 맞추었다. 높은 성취욕구를 갖고 있는 사람들은 성공할 확률이 50%, 즉 50 대 50의 성공률이 있다고 판단될 때 일을 가장 잘 수행한다. 너무 낮은 성공 확률은 성공할 기미가 희박하기에 이들의 성취 욕구를 만족시킬 수 없고 너무 높은 성공 확률은 도전성이 없기에 성취 욕구를 만족시킬 수 없다. 즉 이들은 자신을 조금 긴장시킬 필요가 있는 목표를 설정하는 것을 좋아한다.

성취욕구와 직무성과 간의 관계에 관한 연구결과는 아래와 같다. 첫째, 직무에 높은 개별 책임, 피드백, 그리고 중간 정도의 리스크가 있을 때,

---

10) McClelland, D. C.(1961), *The Achieving Society*, New York: Van Nostrand Reinhold.

성취욕구가 높은 사람들은 동기부여가 크게 된다. 예를 들어 이들은 자영업이나 대기업 내에서 필요한 것이 모두 갖춰진 부서를 관리하는 것이 적절할 것이다. 둘째, 성취욕구가 높은 사람이 반드시 훌륭한 관리자가 될 수 있는 것은 아니다. 성취욕구가 높은 사람은 자신들의 업무를 잘 하는 데에만 관심이 있고 타인이 일을 잘 하도록 영향력을 행사하는 데에는 오히려 관심이 없다. 예를 들어 성취욕구가 높은 영업사원이 반드시 유능한 판매관리자가 되는 것은 아니며, 대기업에서 훌륭한 중간 관리자가 반드시 높은 성취욕구가 있는 것이 아니다. 셋째, 훌륭한 관리자는 권력욕구가 높고 친화욕구가 낮다. 실제로 높은 권력 동기는 관리효과성의 한 요건일 수도 있다.

제3절
현대 동기부여 이론

초기의 동기부여 이론들은 실증이 되지 않았거나 비효율성 때문에 사용되지 않았다. 이와는 대조적으로 현대 동기부여 이론들은 하나의 공통점을 가지고 있다. 즉 각 이론은 합리적인 정도의 타당한 증거를 가지고 있다. 물론 이 이론들이 의문의 여지 없이 완벽하다는 의미는 아니다. 이것들을 "현대 이론"이라고 부르는 이유는 이들이 고용자들의 동기부여를 설명하는 최근 동향을 나타내고 있기 때문이다.

1 자기결정 이론

자기결정 이론에 의하면, 사람들은 자신의 행동을 스스로 통제하고 싶어 하며 따라서 예전에는 즐기던 일도 의무나 강압적인 요소가 가미되면 그 동기가 감소된다. 예를 들어 자발적으로 누군가를 도와줬는데 그 사람이 돈을 주면서 앞으로도 계속 도와달라고 요청한다면 돈을 받은 의무감 때문에 그 일을 예전처럼 즐기면서 할 수가 없게 되어 동기가 떨어질 수 있다. 마찬가지로 "결혼은 사람의 무덤이다"라는 말처럼 연애시기에는 많이 사랑하던 연인도 결혼하면 상대방을 사랑해야 한다는 의무감 때문에 사랑의 동기가 감소할 수도 있다.

조직행동에서 자기결정 이론에 대한 연구의 대부분은 외재적인 보상(예: 돈 등)이 직무의 내재적 즐거움을 줄일 것이라고 주장하는 인지평가 이론(cognitive evaluation theory)에 초점을 맞추었다. 즉 돈을 위해 일하면 스스로 원하는 일을 하는 것이 아니라 의무감 때문에 일한다는 느낌을 주어 일에 대한 내적 동기를 떨어뜨릴 수 있다.

자기결정 이론은 직무를 선택할 때 외재적 보상(임금, 위상 등)보다는 내재적 보상(성장, 성취, 재미 등)에 근거하여야 함을 시사하고 있다. 실제로 일부 사람들이 임금이나 사회적 위상 등 외재적 보상을 보고 의사, 변호사 등 직무를 선택했다가 본인의 적성에 맞지 않아 그만두는 경우를 종종 볼 수 있다. 그리고 관리자 역시 종업원들에게 외재적 보상뿐만 아니라 내재적 보상(흥미로운 직무, 인정, 성장의 기회 등)도 함께 제공해 주어야 종업원들이 직무에 열심히 임할 수 있도록 동기부여 할 수 있다.

자기결정 이론을 최근에 확장한 것이 바로 자기 일치(self-concordance)인데, 이는 사람들이 목표를 추구하는 이유가 자신의 흥미 및 가치관과 일치하기 때문이라는 주장이다. 즉 인간은 개인의 흥미나 가치관 등 내재적 동기에 의해 움직일 때 더 행복하고 성공할 확률도 높다.

2 목표설정 이론

1960년대 말에 에드윈 로크(E. Locke)[11]는 목표를 향해 일하려는 의도가 작업 동기부여의 주요한 원천이라고 주장하였다. 즉 목표가 종업원에게 무엇을 하여야 하고 얼마만큼의 노력이 필요한지를 알려준다는 것이다. 이 주장은 목표의 중요성을 강조한다. 즉, 도전적이고 실현가능한 목표가 종업

---

11) Locke, E. A.(1968), Toward a Theory of Task Motivation and Incentives, *Organizational Behavior and Human Performance*, 3(2), 157-189.

원들을 동기부여하고 성과를 높이는데, 만약 목표가 수용가능하고 피드백
이 동반되며 그 목표가 조직여건에 의해 촉진된다면 더욱 그러하다.

목표의 구체성 자체는 내적 자극의 역할을 함으로써 동기부여가 가능
하다. 목표가 너무 도전적이면 종업원들은 그 목표를 아예 포기해 버릴 수
있다. 따라서 목표는 도전적이면서도 실현가능해야 동기부여가 가능하다.
그리고 이러한 목표가 종업원들에 의해 수용된다면 종업원들은 그 목표의
달성을 위해 많은 노력을 기울일 것이므로 더 높은 성과를 달성할 수 있다.
피드백은 어떠한 점을 개선해 나가야 할지를 구체적으로 안내함으로써 동
기부여와 성과향상을 촉진할 수 있다. 종업원들이 목표설정에 참여하거나
목표달성에 따른 적절한 보상 등 조직여건들이 그 목표를 촉진하도록 한다
면 종업원들이 직무에 더욱 몰입하게 함으로써 동기부여와 성과향상을 이
룩할 수 있다.

목표설정 이론을 조직관리에 구체적으로 활용한 대표적인 사례가 바
로 목표관리(MBO: Management by Objectives)이다. 이는 조직의 전반적인
목표를 조직의 각 부서 및 개인에 맞는 구체적인 개별 목표로 전환하는 것
을 의미하는데, 이러한 개별 목표들이 각 종업원의 성과를 평가하는 기준
이 된다.

목표관리 프로그램(MBO program)의 네 가지 공통요소는 목표의 구체
성, 목표설정에 관한 의사결정의 참여, 명시적인 기한 설정 및 성과의 피드
백이다. MBO 프로그램의 요소 대부분은 목표설정 이론의 주장과 일치한
다. 예를 들어, 목표달성에 관한 명시적인 기한 설정은 목표설정 이론에서
의 목표의 구체성과 연관된다. <표 7-2>는 목표관리 프로그램을 실행하는
은행의 사례를 설명하고 있다.

표 7-2. 목표관리(MBO): 은행에서의 두 가지 목표

성과분야	목표	달성한 %	실제성과
대출자산관리	1년 동안 자산가치를 10% 늘림	90	지난 1년 동안 자산가치를 9% 늘림
매　　출	1년 동안 수수료 수익을 $30,000 달성	150	지난 1년 동안 수수료 수익을 $45,000 달성

3 자기효능감 이론

　　자기효능감(self-efficacy, 사회인식 이론 또는 사회학습 이론이라고도 함)은 어떤 과업을 수행할 수 있다는 개인의 믿음을 말한다. 자기효능감이 낮은 사람들은 노력을 덜 하거나 완전히 포기해 버릴 가능성이 많으며, 반면에 자기효능감이 높은 사람들은 그 난제를 풀기 위하여 더 열심히 노력할 것이다.

　　목표설정 이론과 자기효능감 이론은 서로를 보완한다. <그림 7-2>에서 보듯이, 관리자가 자신을 위해 어려운 목표를 설정했던 종업원은 더 높은 수준의 자기효능감을 갖고 자신의 성과를 위해 보다 높은 목표를 설정할 것이다. 왜 그럴까? 사람들에게 어려운 목표를 설정하는 것은 그들에 대한 당신의 확신을 전달하는 것이다. 상사가 다른 동료들보다 당신에게 더 높은 목표를 설정하는 것을 들었다고 상상해 보라. 이것을 어떻게 해석할 것인가? 해고 대상이 아니라고 느끼는 이상 당신은 아마도 "글쎄, 추측건대 나의 상사는 다른 사람들보다 내가 일을 잘 수행할 수 있다고 생각한다"라고 생각할 것이다. 이런 생각은 당신이 자신에 대하여 더 확신을 갖고(더 높은 자기효능감) 보다 높은 개인 목표를 설정하는 심리적 과정을 움직이게 하여 직장 안팎에서 더 나은 성과를 보일 것이다.

　　자기효능감 이론을 개발한 연구자인 앨버트 반두라(A. Bandura)[12]는 자기효능감이 증가될 수 있는 4가지 방법을 제안하였다.

---

12) Bandura, A.(1997), *Self-Efficacy: The Exercise of Control*, New York: Freeman.

1. 성공경험
2. 대리 모델링
3. 구두설득
4. 각성

반두라에 의하면 자기효능감을 증가시킬 수 있는 가장 중요한 원천은 성공경험(enactive mastery)이다. 이를테면 과거에 골프를 잘 쳤다면 앞으로도 골프를 잘할 것이라는 자신감이 생기게 된다. 그리고 당신이 과거에 특정 직무를 성공적으로 수행한 경험이 있다면 앞으로도 그 일을 잘할 수 있다는 자기효능감이 클 것이다.

두 번째 원천은 대리 모델링(vicarious modeling), 즉 다른 사람이 그 일을 성공적으로 수행하는 것을 보았을 때 본인도 그 일을 잘할 수 있다는 믿음이 생긴다. 예를 들어, 친구가 살을 뺐다면 당신도 몸무게를 줄일 수 있다는 확신이 생긴다. 대리 모델링은 자신을 관찰하고 있는 사람과 비슷하다고 생각할 때 가장 효과가 좋다.

세 번째 원천은 구두설득(verbal persuasion)이다. 즉 누군가 당신에게 잘할 수 있다고 설득할 때 자신감이 생길 것이다. 예를 들어, 상사가 부하

그림 7-2. 목표와 자기효능감이 성과에 미치는 공동효과

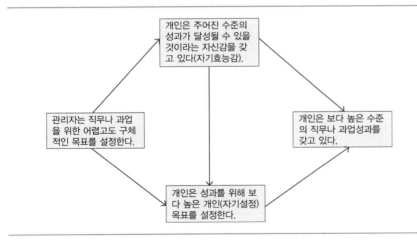

에게 특정 직무에 대해 잘할 수 있다고 격려해 준다면 부하는 그 직무에 대한 자기효능감이 증대할 것이다.

네 번째 원천은 각성(arousal)이다. 각성하면 활력이 넘치고 마음을 가다듬게 되어 업무를 더 잘 수행할 수 있다.

자기효능감 이론이 조직관리에 주는 시사점은 다음과 같다.

첫째, 훈련 프로그램은 종종 사람들에게 실습을 시키고 그들의 기술을 향상시킴으로써 성공경험을 이용한다. 훈련이 효과를 나타내는 이유는 바로 훈련이 자기효능감을 증가시키기 때문이다.

둘째, 관리자가 구두설득을 사용하는 최상의 방법은 피그말리온 효과(Pygmalion effect) 또는 갈라테아 효과(Galatea effect)를 통해서이다. 피그말리온 효과는 어떤 것을 믿으면 그것이 실제로 이루어진다는 자기 충족적 예언의 한 형태이다. 몇몇 연구에서, 교사들은 학생들의 일부는 IQ가 높고 일부는 낮음에도 불구하고 학생들이 모두 매우 높은 IQ점수를 가지고 있다는 말을 듣고, 피그말리온 효과를 기대하며 이들에게 어려운 과제를 주고 보다 많은 것을 기대했다. 결과적으로 학생들은 모두 높은 자기효능감으로 유도되었고 좋은 성적을 받았다. 이 방법은 직장에서도 사용될 수 있는데, 상사가 부하의 업무수행에 대해 높은 기대감을 가지면 많은 물질적 후원(필요한 자재 등)과 심리적 지원(코칭, 조언 등)을 하게 됨으로써 부하들의 자기효능감을 높여 궁극적으로 높은 업무성과를 달성하게 된다.

셋째, 반두라는 지능과 성격이 자기효능감에 미치는 영향을 무시하였다. 많은 연구결과 지능과 성격(특히 성실성과 정서적 안정성)이 자기효능감을 증가시킬 수 있는 것으로 나타났다. 즉 지능이 높고 성실하며 정서적으로 안정된 사람은 그렇지 않은 사람보다 자기효능감이 높은 것으로 나타났다.

4 강화이론

목표설정 이론은 개인의 목표가 자신의 행동을 지배한다고 주장하는 인지적인 접근이라면, 강화이론은 강화가 행동을 지배한다고 믿는 행동적 접근방법이다. 강화이론은 행동은 외부환경의 지배를 받는 것이라고 주장하면서, 인지적 요소(느낌, 태도, 기대 등)가 행동에 미치는 영향을 상대적으로 간과하였다.

강화이론에 의하면, 행동은 그 결과, 즉 강화요인에 의해 통제된다. 예를 들어 사람들은 긍정적인 강화요인(칭찬, 임금인상, 인정 등)을 선호하므로 이러한 강화요인을 더 많이 받게끔 행동하며, 부정적인 강화요인(비난, 감봉, 해고 등)은 싫어하기에 이러한 강화요인을 회피할 수 있도록 행동한다. 따라서 종업원들은 임금인상이나 좋은 인사평가 등 긍정적인 강화요인을 더 많이 받고, 감봉이나 해고 등 부정적인 강화요인을 회피하기 위해 열심히 일한다고 해석할 수 있다.

5 공정성 이론

공정성 이론에 의하면, 사람들은 직무수행을 위해서 투입한 것(노력, 기술 등 조직에 기여한 것)과 직무를 통해서 얻는 산출(임금 등 직무를 통해서 얻는 것)을 측정하고, 자신의 투입과 산출 비율을 준거인물의 투입-산출 비율과 비교한다. 개인과 조직간의 고용관계에 있어서의 교환과정에서 사용될 수 있는 투입과 산출의 내용들을 요약하면 아래의 <표 7-3>과 같다. 표에서 볼 수 있듯이, 개인은 조직과 고용관계를 맺음으로써 자신이 가지고 있는 지적, 성격적, 심리적, 신체적 모든 것을 자신이 조직으로부터 받은 것(즉, 산출)에 대하여 제공하게 된다. 물론, 이들 중 무엇을 얼마만큼 조직에 투자하는가는 자신과 준거인들이 조직으로부터 받는 것에 따라 결정된다. 또한 개인이 조직으로부터 받을 수 있는 산출물들은 반드시 긍정적인 것들만은 아니다. 거기에는 운명에 대한 불확실성, 단조로움, 또는 허즈버그의 위생인자들과 같은 부정적인 요소들도 포함된다.

만약 투입-산출 비율이 동일하다면 공정성이 인식되어 평화로운 상태지만, 비율이 동일하지 않으면 불공정성이 인식되어 긴장 상태가 된다. 따라서 충분한 보상을 받지 못한 종업원들은 화나고, 너무 많은 보상을 받은

---

13) Adams, J. S.(1973), Toward Understanding of Inequity, *Journal of Abnormal & Social Psychology*, pp. 422-36. Miner, J. B.(1980), *Theories of Organizational Behavior*, Hinsdale, Ill.: Dryden Press, p. 103.

표 7-3. 공정성 이론에서의 투입과 산출[13]

투　입	산　출
시간	급여/상여금
지성	각종 부가혜택(fringe benefit)
교육/훈련	도전적 직무부여
경험	직업안정
기술(숙련)	내재적 보상
창의성	경력상승
얽매임	단조로움
사회적 지위	지위상징물
조직에 대한 충성심	운명에 대한 불확실성
나이	안락한 근무환경
성격적 특성	개인성장/자기개발의 기회
도구소유	상급자의 지원
노력	인정
출석	중요한 의사결정에 참여시킴
건강	허즈버그의 위생인자들

종업원들은 죄의식이 들 것이다. 불공정성으로 인한 이러한 긴장은 사람들로 하여금 공평을 되찾기 위해 무언가를 개선하도록 동기부여한다. 공정성 이론에 대한 자세한 내용은 아래의 <그림 7-3>을 참고하기 바란다.

　중요한 것은, 개인이 공정성의 정도를 판단하는 데 사용하는 투입과 산출물들은 인식가능하고 자신에게 의미있는 것들이어야 한다는 점이다. 혹자는 크고 멋진 독립된 사무실을 사용하는 것을 중요한 산출물로 보겠지만, 다른 사람은 그것을 산출물로 인정치 않을 수도 있다. 또한 중국어를 특별히 잘하는 사람이 그 특기를 하나의 투입으로 생각하여 산출을 요구할 수도 있다. 하지만 기업이 중국어를 필요로 하지 않아 중국어 능력을 투입으로 인정하지 않으면 불공정이 야기된다.

　또 한 가지 공정성 이론에서 중요한 것은 개인이 선택하는 비교의 대상, 즉 준거인물(reference person or group) 또는 준거기준에 관련된다. 준거인 또는 기준은 동료일 수도 있고, 친족, 이웃, 동료집단, 숙련집단, 산업의 추세, 직업표준, 해외사례 등일 수도 있다. 또한 준거인물이나 기준은 과거에 다른 직장에 있었을 때나 다른 사회적 역할을 수행할 때의 자기 자신일

그림 7-3. 공정성 이론의 핵심[14]

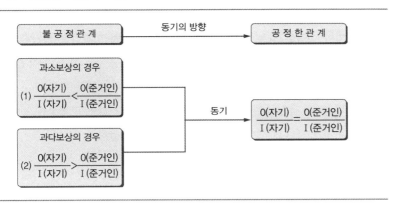

수도 있다. 로버트 베기오(R. Vecchio)는 1984년에 준거인물 또는 기준을 <표 7-4>와 같이 요약하였다.

공정성 이론에 기초하여 불공정성을 지각하는 종업원은 여섯 가지의 대안 중 하나를 선택할 것이다.

1. 투입을 바꾸라(과소 보상이면 노력을 덜 기울이고 과다 보상이면 노력을 더 기울여라). 또는 다른 사람의 투입을 증가할 수도 있다(즉 동료에게 더 열심히 일할 것을 요구한다).

2. 산출을 바꾸라(성과급을 받는 개인은 보다 많은 양의 낮은 품질 단위를 생산함으로써 임금을 올릴 수 있다). 또는 다른 사람의 산출을 감소할

표 7-4. 비교의 대상[15]

비교의 대상	내 용
타인(other)	조직 내·외의 타인들, 유사하거나 다른 직장에 다니는 (또는 유사한 직무를 수행하는) 타인들
자기 자신(self)	과거의 자기 자신 또는 자신의 이상적 비율
시스템(system)	산업평균, 타사 사례 등

14) 백기복(2014), 조직행동연구(제6판), 창민사.

15) Vecchio, R.(1984), Models of Psychological Inequity, *Organizational Behavior and Human Performance*.

수도 있다(다른 사람에게 주어진 혜택을 중지할 것을 상사에게 요구한다).

3. 자신의 지각을 왜곡하라("나는 과거에는 적절한 속도로 일했다고 생각하지만 지금은 다른 사람들보다 훨씬 더 열심히 일한다고 생각한다").

4. 다른 사람의 지각을 왜곡하라("마이크의 직무는 내가 생각했던 것만큼 좋지 않다").

5. 다른 준거인물을 선택하라("나는 매형만큼 많이 만들지는 못하지만, 아버지가 내 나이일 때 했던 것보다는 좀 더 잘하고 있다").

6. 그 조직을 떠나라(일을 그만두어라).

이 제안 중 몇 가지는 지지되었지만 다른 것들은 지지되지 않았다. 첫째, 과다 보상에 의해 야기된 불공정성은 대부분의 작업 상황에서 행동에 크게 영향을 주는 것처럼 보이지는 않는다. 그래서 과다 보상을 받는다고 생각하는 종업원이 자기 봉급의 일부를 되돌려 주거나 불공정성을 보충하기 위해 더 많은 시간을 투입하기를 기대하지 마라. 비록 개인이 때때로 과다 보상을 받는다고 지각할 수는 있지만, 그들은 자신의 상황을 합리화함으로써 공정성을 회복한다("나는 다른 사람보다 더 열심히 일하기 때문에 나는 그런 보상을 받을 만한 가치가 있어"). 둘째, 모든 사람이 공정성에 민감한 것은 아니다. 실제로 몇몇 사람들은 준거인물보다 낮은 산출-투입 비율을 선호하기도 한다. 공정성 이론으로부터의 예측은 이러한 "호의적 형식"에 대해서는 그다지 정확하지 않은 것 같다.

공정성 이론과 관련된 최근의 연구는 분배적 공정성(혹은 정의), 절차적 공정성(혹은 정의), 상호작용 공정성(혹은 정의)에 초점을 두고 있다. 분배적 공정성(distributive justice)은 개인들 사이에 보상의 양과 할당이 공정하다는 지각에 초점을 두었고, 절차적 공정성(procedural justice)은 보상의 분배를 결정하는 데 사용되는 과정의 공정성에 대한 지각을 의미하며, 상호작용 공정성(interactional justice)은 개인이 위엄과 존경으로 대우를 받는 정도에 대한 지각이다. 이러한 세 가지 공정성(혹은 정의)에 대한 전반적인 지각이 바로 조직 전체에 대한 공정성, 즉 조직 공정성(혹은 조직적 정의)을 형성한다. 아래의 <그림 7-4>는 상술한 내용을 요약한 조직적 정의의 모형이다.

그림 7-4. 조직 공정성(혹은 조직적 정의)의 모형

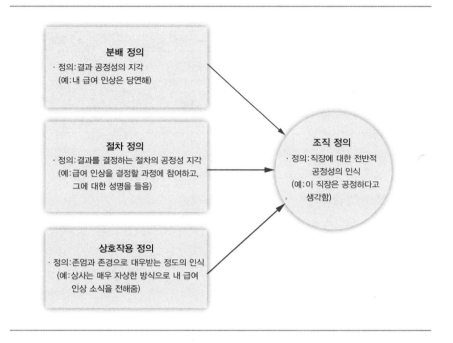

6 기대 이론

빅터 브룸(V. Vroom)[16]이 개발한 기대이론에 의하면, 특정 방식으로 행동하는 정도는 주어진 산출과 그것의 매력에 대한 우리들의 기대의 강도에 따라 다르다. 구체적으로 보면, 노력이 좋은 성과평가를 가져오고, 좋은 평가는 상여금, 임금 상승, 승진 등 조직의 보상을 이끌어 내고, 이러한 보상이 개인의 목표를 만족시킬 것이라고 믿을 때 종업원들은 많은 노력을 기울이도록 동기부여된다. 따라서 기대이론은 세 가지 관계에 초점을 둔다 (<그림 7-5> 참조).

1. 노력-성과(effort-performance relationship): 노력을 기울이면 성과를 달성할 가능성

---

16) Vroom, V. H.(1964), *Work and Motivation*, New York: Wiley.

그림 7-5. 기대 이론

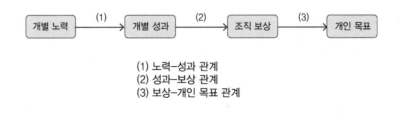

(1) 노력-성과 관계
(2) 성과-보상 관계
(3) 보상-개인 목표 관계

2. 성과-보상(performance-reward relationship): 성과를 달성했을 때 보상을 받을 확률
3. 보상-개인목표(reward-personal goals relationship): 보상에 대해 느끼는 개인의 매력도

제 4 절
시 사 점

1 글로벌 시사점

현행 대부분의 동기부여 이론들은 미국 내에서 미국인들에 의해, 그리고 미국인들을 대상으로 개발되었다. 목표 설정이론과 기대이론은 목표의 달성과 합리적인 사고를 강조하는데 이는 미국의 문화와 일맥상통한다. 그리고 매슬로의 욕구단계 이론에 관해서는 문화에 따라 욕구단계의 순위가 다를 수 있다. 이를테면 불확실 회피 특성이 강한 일본, 그리스, 그리고 멕시코와 같은 국가에서는 안전욕구가 욕구단계의 정상에 있을 것이다. 또한 매클랜드의 욕구 이론에서 성취욕구는 중간 정도의 위험을 수용하는 것과 성과에 대한 관심을 전제로 하는데, 이는 미국문화의 2개 특징으로서 이러한 특징은 칠레나 포르투갈에서는 찾아볼 수 없다. 마지막으로 공정성 이론은 미국의 급여 관행과 긴밀히 연결되어 있다. 하지만 Hertzberg의 2요

인 이론은 문화에 따른 차이가 없는 것 같다.

2 관리자를 위한 시사점

1. 욕구이론은 동기부여와 관련해서 그다지 타당한 설명은 아니기에, 욕구단계 이상을 생각해야 한다.
2. 목표는 높은 생산성으로 연결된다.
3. 공정성 이론은 조직 공정성(분배 공정성 등)에 대한 연구로 가장 잘 알려져 있다.
4. 기대이론은 종업원 생산성, 결근 및 이직과 같은 성과변수를 잘 설명해 준다. 하지만 이 이론은 종업원들이 편견이나 불완전한 정보와 같은 의사결정에 거의 제약이 없다고 가정하는데, 이것이 기대이론의 적용가능성을 제약한다.
5. 목표설정, 조직 공정성, 기대이론은 모두 동기부여를 위한 실용적인 가이드라인을 제공한다.

사 례 **홍콩경찰의 동기부여**[17]

성공은 금전이라는 인센티브 이외의 다른 요인에 의해 이루어진다고 믿기 때문에, 홍콩경찰은 강한, 탁월한 성과문화를 이용하였다. 홍콩경찰은 종합적인 재능개발 프로그램, 성과관리, 명예, 포상제도 등을 이용한다. 특히 명예 및 포상을 받는 것은 경찰 관리의 인생에서 최고영예로 간주되기 때문에 그것은 강한 동기부여 수단으로 사용한다.

탁월한 성과를 철저히 추구하는 것은 신입 경찰들 사이에서 초기에 달성하고자 하는 하나의 목표이다. 훈련을 마치자마자 최고 점수를 받은 후보자는 경찰청장으로부터 우등 증명서를 수여받는다. 또한 경찰 활동의 모든 면에서 뛰어난 성과를 얻은 최고의 능력을 가진 수습 경관에게는 브라이언

---

17) 김태열·박기찬·박원우·이덕로 옮김(2013), 조직행동론(번역판 제15판), 원저: *Organizational Behavior*, Stephen P. Robbins, Timothy A. Judge 지음. 한티미디어.

슬레빈(Brian Slevin) 트로피, 명예 지휘봉, 은패가 주어진다. 마찬가지로, 최고의 다재다능한 신입 경찰관에게 금호각과 은호각이 주어진다.

더욱이 처벌 대신에 긍정적 강화를 강조하는 내외부 포상계획으로 경찰관들 사이에 높은 사기가 유지되고 있다. 내부적으로는 해결되는 사건의 우수성이나 복잡성에 따라 기대 이상의 용기, 리더십, 능력 또는 임무에 대한 헌신을 보여주는 경찰관에게 칭찬이나 감사의 편지가 주어진다. 경찰청장상과 부대장상 또한 주어지며 세간의 이목을 끌기도 한다. 모든 상장은 수상자의 서류에 기록된다.

권위 있는 외부의 상 또한 수여되기도 한다. 특히 행정청장의 표창장은 많은 사람의 관심을 끌었다. 그 상은 경찰관들에게 우수훈련상뿐만 아니라 용맹상(금, 은, 동메달)의 형태로 주어진다. 연례적인 시상식은 행정청장에 의해 관저에서 행해지며 다양한 언론매체의 관심을 받는다.

그러한 동기부여 수단의 효과는 금전보다 훨씬 더 오래간다. 최근의 신문기사에 따르면 은퇴한 경찰관인 미스터 리는 여전히 자신의 이야기를 자랑스럽게 하며 20여 년 전에 그가 공로로 행정청장으로부터 받은 붉은 끈(red lanyard)과 표창장을 신문기자에게 보여주었다. 1984년에 그는 기관단총으로 보석상점만을 전문으로 강탈한 악명 높은 갱단인 입 카이 훈(Yip Kai Foon)을 체포하였다.

1. 당신은 홍콩경찰관으로 근무하는 것에 관심이 있는가? 왜 그런가? 아니면 왜 그렇지 않은가?
2. 당신을 동기부여 이론 이 사례의 얼마나 많은 예에 적용할 수 있는가?
3. 훈장이나 상을 받는 사람은 모든 경찰관 중 일부에 불과하다고 주장할 수 있다. 경찰관을 동기부여시키기 위한 다른 효과적인 방법을 제시하라.
4. 보상지급을 기업성과와 밀접하게 연결시키는 긍정적인 동기부여 결과가 있는가?

사 례 동기유발 – 돈이 전부가 아니다![18]

직장이란 일을 하기 위하여 사람들이 모이는 곳이다. 사람들은 조직의 목표달성에 기여하기 위해서 일을 하고, 그 대가로 보수를 받으며 나아가 복리후생제도의 혜택을 누린다. 그런 뜻에서 임금과 복리후생 제도는 일한 대가임에 틀림없다. 그러나 직장이 일하는 곳이라면 무엇보다도 일하기에 좋은 직무환경을 갖추어야 할 것이다. 포춘(fortune)이 선정하는 일하기에 가장 훌륭한 기업들(The 100 Best Companies to Work for In America)이 사람들에게 매력적인 주된 이유는 급여나 복리후생보다 자신의 일에서 의미를 찾을 수 있고 또 즐겁고 재미있게 일할 수 있는 일터의 환경 때문이다. 이러한 의미에서 본다면 사원들에게 돈이 중요한 변인이라 할 수는 있을지언정 결코 돈이 전부가 아님은 분명하다.

일반적으로 사람들은 돈을 많이 주면 좋은 회사라고 생각한다. 그러나 돈을 많이 주면 후한 보수에 이끌리어 괜찮은 직장이라고 생각할지 모르지만 그렇다고 반드시 일하기에 좋은 곳이라 하긴 어렵다. 특히 일하기에 좋은 곳, 일하기에 훌륭한 곳은 돈 이상의 의미가 일터에 존재한다.

대부분의 포춘 100대 기업들이 보수나 복리후생과 같은 경제·물질적 보상면에서 반드시 업계의 최고 수준은 아니다. 그럼에도 불구하고 포춘 100대 기업에 많은 인재들이 몰려들고 있고 또 한 번 입사한 사원들의 퇴직률도 낮다.

그 이유는 일터에서 종업원들과 상사와의 관계에서 신뢰가 높고, 종업원들이 자신의 일에 자부심을 느끼며, 함께 일하는 동료들 간에 일하는 재미와 유머가 넘쳐나는 기업들이기 때문이다.

마샬(Marshall)에 따르면 기업의 조직구성원들은 신뢰와 존중심, 그리고 개인성장의 기회와 배움의 기회를 더 갈망하고 있다는 것이다. 그들은 모험과 혁신 그리고 위험부담(risk taking)이 허용되는 일터를 원하고 있는 것이다.

What Money will Buy?

A Bed but not Sleep,

Books but not Brain,

Food but not Appetite,

Finery but not Beauty,

Medicine but not Health,

Luxuries but not Culture,

Amusements but not Happiness,

Religions but not Salvation.

사 례 돈보다 의욕? '내적동기부여' 전략이 뜬다[19]

취업을 준비하는 학생들은 자신이 원하는 기업을 선택할 때 '월급은 어떠한지, 복지혜택은 어떠한지' 등 다양한 기준을 고려합니다.

금전적인 부분과 관련된 동기부여는 직장을 구하는데 굉장히 중요한 부분입니다. 또한, 기업의 입장에서도 이러한 금전적인 동기부여를 통해 직원들의 근로의욕을 고취시키고, 일을 할 때 동기부여가 될 수 있다고 생각하는 경향이 강합니다. 하지만, 요즘에는 금전적인 동기부여보다 내재적인 동기부여를 자극해 직원들의 근로의욕을 고취시키는 방안이 크게 활용되고 있습니다. 내재적 동기부여는 왜 중요하며, 어떻게 이끌어 낼 수 있을까요?

외재적인 동기부여 그리고 내재적인 동기부여

동기부여는 크게 외재적인 부분과 내재적인 부분으로 나눌 수 있습니다. 외재적인 부분은 보상, 즉 금전적인 의미의 동기부여 성격이 강한 반면에, 내재적인 동기부여는 일에 대한 흥미, 열정, 도전정신 등 직원 스스로 자발적으로 행동할 수 있게 자극하는 동기부여입니다.

두 가지 동기부여 중에 기업에서 가장 많이 활용되고 있는 동기부여는 바로 외재적인 동기부여입니다. 월급, 복리후생, 성과급, 업무환경개선 등을 통해 직원들에게 외재적 동기를 부여함으로써 회사에 긍정적인 행동을 하도록 동기를 불러일으킵니다.

하지만, 최근 경영환경의 변화로 창의성을 이끌어내는 업무의 필요성이 증가하였습니다. 간단한 업무는 기계로 대체되거나 국외로 이전되고, 창의

---

18) 김홍길(2014), 감성시대의 조직행위론, 도서출판 서원.

적 사고를 요구하는 복잡하고 전략적인 업무가 많아졌는데요. 외재적인 동기부여보다는 직원이 자발적으로 회사에 긍정적인 역할을 할 수 있고, 창의성을 발휘할 수 있도록 하는 내재적인 동기부여의 중요성이 대두되고 있습니다.

산업경제시대와는 달리 지식경제시대에서는 간단한 업무와 데이터에 의존하여 문제를 해결하는 방법이 아니라 복잡하고 전략적인 업무를 창의적인 사고를 통해서 해결할 수 있는 방법이 필요하기 때문에, 창의성을 장려할 수 있는 내재적인 동기부여가 중요하다는 것을 알 수 있습니다.

자발적인 참여 vs 외재적 보상을 통한 참여

내재적 동기부여를 통해서 창의성을 장려하고 자발적 참여를 이끌어내어 성공한 대표적인 사례가 바로 세계 최대 온라인 백과사전 서비스로 등극한 위키피디아입니다.

마이크로소프트사는 전문 작가와 편집인 등 우수한 사전편찬 전문가들을 대규모로 고용하여 금전적인 인센티브(급여)를 제공해 만든 '디지털 백과사전 MSN 엔카르타'를 운영하여 1993년 대중들에게 백과사전으로 큰 인기를 얻었지만, 출시한 지 8년 만인 2009년 네티즌들의 자발적인 참여를 통해 만든 위키피디아에 밀려 사업을 폐쇄하였는데요.

금전적인 인센티브를 받지 않고 자신이 알고 있는 분야의 지식을 남들에게 알려주기 위해 노력한다는 점은 쉽게 납득이 가지는 않습니다. 이론적으로는 납득이 가지 않지만, 현실에서는 너무도 쉽게 구현된 이 현상을 두고 많은 경제학자들이 위키피디아의 사례를 이론적으로 설명하고자 노력해왔는데요. 미국의 유명한 경영컨설턴트인 대니얼 핑크는 "금전적 보상과 같은 인센티브가 아닌 인간의 내적 동기가 원동력이 될 수 있다"고 주장하였습니다.

대니얼 핑크가 주목한 것은 프린스턴대 심리학 교수인 글릭스버그가 1960년대 초반 학생들을 대상으로 수행했던 촛불실험이었습니다.

촛불실험이란 피실험자에게 <그림 1>과 같이 양초와 성냥, 압정상자를 준 뒤 벽에 촛불을 세워보라고 주문하는 것으로, 처음에 사람들은 양초에

---

19) Baldoni, J.(2006), 동기부여의 힘(이진원 역), 더난출판사(원저 2004 출판).

압정을 끼워 벽에 붙이려고 안간힘을 쓰기도 하고 심지어 양초 바닥을 녹여서 벽에 수평으로 붙여보기도 했었습니다.

정답은 의외로 쉬운데 <그림 2>와 같이 압정상자를 비우고 양초를 세운 뒤 압정을 이용해 벽에 달면 됩니다. 당연해 보이지만 답이 즉각적으로 나오지는 않아 촛불실험은 창의력을 측정하는 심리학 실습에 주로 이용되곤 하였습니다.

〈그림 1〉 〈그림 2〉

글럭스버그 교수는 학생들을 두 그룹으로 나누어 실험하였습니다. 한쪽에는 시간을 재서 빨리 해결하면 20달러의 보상을 주겠다고 얘기하고 다른 한쪽에는 단지 평균치를 알아보기 위해 시간을 재는 것이니 신경 쓰지 말라고 하였는데, 결과는 어땠을까요?

놀랍게도 금전적인 보상을 약속받은 쪽이 오히려 3.5분이나 늦게 풀어냈습니다. 글럭스버그 교수는 이 실험을 동일하게 한 번 더 시행하였는데 이번에는 압정상자를 미리 비워 놓아 쉽고 단순한 문제로 바꾸었습니다. 그결과 금전적 보상을 약속받은 그룹이 월등히 빠르게 문제를 풀어냈습니다. 이와 같은 촛불실험의 결과는 단순하고 반복적인 작업에는 금전과 같은 외적인 동기가 위력을 발휘하지만 창조적인 일에는 그렇지 않으며 오히려 방해가 될 수도 있음을 보여주고 있습니다.

내재적 동기를 이끌어 내는 방안은 어떤 것이 있을까?
1. 업무에 가치를 부여하자
공부 못하는 아이 천재 만들기, 내 아이 공부하게 만들기 등 다양한 교육관련 부문의 책들이 있습니다. 저도 고등학교 시절 어떻게 공부를 잘 할 수 있을까?라는 마음에 몇 권씩 구입해서 실천도 해보고 그랬었는데요. 책 속에 담긴 주된 내용은 바로 '공부를 왜 해야 하는가?'라는 공부의 중요성을 인식할 수 있어야 한다는 것이었습니다.

기업에서도 마찬가지로 직원들에게 '왜 이 기업에서 일해야 하는지' '왜 이 일을 해야 하는지' 등 자신이 맡은 업무에 대한 중요성을 스스로가 인식할 수 있도록 이익 극대화보다 더 높은 가치를 업무에 부여해줘야 합니다. 직원의 업무에 가치를 부여하고, 그 가치를 지속적으로 강조하여 직원의 업무에 대한 열정을 최대한 도출시킨다면, 직원은 열정적으로 일에 임하고 기업은 훌륭한 성장을 이룰 것입니다.

2. 직원의 몰입을 유도하는 도전목표 부여와 긍정적 피드백

어린이들이 만화영화를 볼 때, 누가 불러도 만화영화에 몰입되어 있는 아이에겐 잘 들리지 않는데요. 사람은 누구나 자신이 관심이 있어 하는 분야에 몰입을 하게 됩니다. 자신이 관심있어 하는 일에 몰입되어 있다가 어느 순간 시계를 보면 '어? 벌써 시간이 이렇게 됐나?'라는 생각을 했던 적이 누구나 한번 쯤은 있을 겁니다.

이러한 몰입은 개인의 역량을 최고도로 발휘하게 할 뿐 아니라 창의성의 핵심요인이기도 합니다. 몰입을 위해서는 직원 역량과 목표의 적합성, 긍정적 피드백이 필수적입니다. 가령 직원의 역량 수준에 비해 업무의 난이도가 낮으면 권태를 느끼고, 반대로 역량 수준에 비해 너무 높은 업무가 주어지면 불안이나 좌절감을 느끼게 되기 때문입니다. 업무에 관한 구체적이고 긍정적인 피드백은 자신감을 향상시키고 업무에 더욱 몰입시키는 효과를 가져올 수 있습니다.

3. 과감한 제안과 실패를 용인하는 문화조성

"우리나라 기업들에는 실패를 용인하는 문화가 조성되어 있지 않기에, 스티븐 잡스와 빌게이츠 같은 훌륭한 지식인이 나오지 못한다"라는 말을 매스컴에서 자주 접하게 됩니다. 누구나 실패를 두려워하지만 이러한 실패가 곧 영원한 실패로 이어지는 문화 속에서는 일에 대한 도전정신도 사라지게 됩니다.

직원들의 의욕을 높이며, 실패를 두려워하지 않고 과감히 실행할 수 있는 문화를 조성하는 것이 자율성과 창의성을 키우는 긍정적인 동기부여가 됩니다.

4. 자율성을 최대한 부여하자

미국의 온라인 신발 판매회사인 자포스는 상용어구가 일반적으로 정해진 업무인 기존의 콜센터 운영방침을 넘어서 직원들에게 자율성으로 부여하여 고객만족에 성공한 기업입니다. 콜센터 상담원에게 메뉴얼을 제공하는 대신 고객 만족!이라는 간단한 목표만 부여하여 상담원 각자의 개성에 맞게끔 인사하고 고객과 자유롭게 소통하여 2009년 업계 1위를 달성하였습니다.

회사는 업무를 빠르게 처리하는 사람, 프레젠테이션을 잘하는 사람, 꼼꼼하게 일을 처리할 수 있는 사람, 판매를 잘하는 사람 등 다양한 직원들로 구성되어 있습니다. 각자가 가진 역량과 재능을 최대한 발휘하기 위해서는 무엇보다도 자신이 잘 할 수 있는 일을 자율적으로 행하는 것입니다.

이처럼 직원 스스로가 자기 스스로에게 동기부여를 할 수 있도록 내재적인 인센티브를 개발하여 직원들에게 제공한다면, 공부하면서 자기계발할 수 있는 학교와는 또 다른 자기계발의 터가 되지 않을까 생각해봅니다.

사 례 출산직원에 혜택주는 기업 늘어난다[20]

저출산 극복 문제가 부각되면서 아이를 더 낳는 직원들에게 각종 지원혜택을 늘리는 기업이나 기관이 늘고 있다.

직장보육시설을 두는 것은 물론이고 자녀를 낳고 키우는 데 부담을 느끼지 않도록 하는 제도적 장치가 속속 도입되고 있고 임신과 출산을 맞은 직원들을 배려하는 분위기도 서서히 조성되고 있다.

보건복지가족부가 7일 입양을 포함해 두 자녀 이상을 둔 직원에게 승진이나 국내외 연수 시 특별가점을 부여하고 근무시간을 편하게 선택할 수 있도록 하는 등의 파격적인 출산장려대책을 내놓았지만 사실 이런 제도는 민간기업에서부터 시작됐다.

일부 기업의 출산장려 및 가족친화 제도는 저출산 문제와 맞물려 서서히 저변을 넓혀가고 있는 중이다.

아시아나항공은 출산 및 육아 휴직 시 최대 19개월 동안 쉴 수 있도록 하는 제도를 운영하고 있다. 휴직기간에도 복직시기 등 사내 중요사항을 인터넷으로 정보를 제공하고 복직 시에도 건강검진과 복직적응 교육을 실시하고 있다.

직원이 출산휴가에 들어가면 축하카드와 함께 태교를 위한 교재와 CD를 선물해준다.

유한킴벌리는 출산지원 제도 방면으로는 국내에서 가장 앞서나가는 기업으로 꼽힌다. 자녀를 낳은 직원에게 출산축하금과 기저귀를 지급하고 30세 이상 모든 여직원에게 자궁암이나 유방암 검진을 실시하고 있다.

이들은 출근시간도 오전 7시에서 오전 10시 사이에 자율적으로 선택할 수 있다.

또 안락의자와 발마사지기, 수유용품 등을 구비한 여직원 휴게실을 운영하는 것은 물론이고 하루 2차례 1시간씩 모유 수유시간을 보장하고 3세 미만 유자녀 직원에게는 1년간 육아휴직을 부여하고 있다.

교보생명도 3세 미만의 자녀를 두고 있는 직원에게는 근로시간 단축제나 반일 근무제를 실시하고 있다.

남성 직원의 육아휴직도 적극 권장하는 분위기여서 남성 육아휴직 이용

20) "출산직원에 혜택주는 기업 늘어난다," 한국일보, 2010. 1. 8.

률이 25%에 이른다. 복귀 시에는 전직 보직이나 희망보직을 배정해주기도 한다.

이와 함께 삼성SDS는 근무시간을 탄력적으로 운영할 수 있는 탄력근무제도로, 아모레퍼시픽은 직장보육시설 설치로, 동문건설은 100만원씩의 결혼축하금과 출산축하금으로, 기술보증기금은 아버지 출산간호휴가제로 직장내 출산문화를 이끌고 있다.

복지부 관계자는 "가족친화 경영은 보육환경 조성으로 출산율을 높이는 방안이 될 뿐더러 근로자의 만족도를 높이고 이직률을 낮추며 일에 집중할 수 있도록 해주기 때문에 생산성 향상으로 이어진다"고 말했다.

지자체 중에서는 경남도가 임산부에게는 전용의자를 제공해주고 출퇴근시간 탄력운영제와 재택근무제, 1시간 육아시간 보장제, 부모 휴가제 도입 등으로 눈길을 끌고 있다.

여직원 비율이 과반수인 건강보험심사평가원도 출산축하금 지급, 육아데이 및 가정의 날 운영, '엄마·아빠 직장 체험하기 행사' 등의 가족친화 프로그램을 운영하고 있고 한국수자원공사도 출산장려금, 남성휴직제도를 도입했다.

복지부는 출산·육아 직원에 대한 인사상 불이익을 없애는 한편 육아휴직으로 인한 업무 공백을 없애기 위해 대체인력뱅크를 확보하는 것도 양육친화적인 조직을 구축하는 데 필수적인 것으로 보고 있다.

복지부는 이번에 마련한 출산장려대책을 중심으로 다른 정부부처와 기관에도 출산 및 양육 분위기를 조성하는 제도와 문화를 확산시켜나간다는 계획이다.

위의 사례를 2요인이론으로 설명하시오.

사 례 택배사 직원사기 올려라[21]

택배사들이 칭찬릴레이 등 다양한 사내 캠페인을 통해 직원들의 사기를 높이는 데 주력하고 있다. 고객접점에서 서비스를 제공하는 배송직원의 만족도를 높여야 차별화된 고객 서비스를 제공할 수 있다고 판단, 서비스 교육을 강화하는 한편 다양한 포상제도를 도입하는 등 직원만족경영에 적극 나서고 있는 것.

13일 업계에 따르면 CJ GLS, 현대택배, 한진, 대한통운, KGB택배 등 택배사들이 배송직원들을 대상으로 칭찬캠페인을 실시하거나 고객만족(CS) 교육을 강화하고 있다.

현대택배는 배송사원과 영업소의 성취감을 고취시키기 위해 성과우수상, 사회봉사상, 괄목상 등을 제정해 운영하고 있다. 2000년부터 '칭찬합시다' 캠페인을 실시해 직원간 신뢰를 높이고 있다.

회사 관계자는 "물류업계 최초로 물류관련 1인1자격증 갖기 운동을 통해 국내 및 해외연수, 종합물류 양성과정과 온라인 MBA과정 등을 회사에서 전액 지원하고 있다"며 "모든 임직원에게 복지카드를 제공, 직원들의 여가 생활 및 자기주도 학습문화를 지원하는 등 직원 만족도를 높이기 위한 다양한 노력을 기울이고 있다"고 말했다.

CJ GLS는 매월 대리점과 배송사원(SM)을 대상으로 전화수신율, 클레임 발생률 등 항목을 기준으로 점수화해 목표 점수를 초과한 우수한 대리점과 SM에게 시상을 하고 있다. 또 직원들간에 칭찬릴레이를 실시, 월간 칭찬대상자를 투표로 선정해 상품권 등을 상금으로 준다.

KGB택배도 올해부터 고객들을 대상으로 칭찬캠페인을 진행하고, 홈페이지를 통해 가장 많은 고객으로부터 칭찬을 받은 영업소를 선정, 1,000만 원의 포상금을 지급한다. 월별, 반기별로도 집계해 각각 10만원과 300만원의 포상금이 지급된다. 회사 관계자는 "지난 2005년 택배업 진출 이후 괄목할 만한 물량 증대를 이룬 만큼 운영의 안정화를 꾀하고 서비스 품질 향상을 통해 고객만족을 이끌어내기 위해 칭찬캠페인을 도입했다"고 말했다.

대한통운은 매달 서비스품질 평가제도를 통해 우수 택배사업소를 선정, 시상하고 있다. 매달마다 택배 취급실적과 익일배달률 등을 평가해 상패와

---

21) "택배사 직원사기 올려라," 서울경제신문, 2007. 2. 13.

상금을 준다. 이외에도 '자랑스런 택배인 제도'를 신설, 매년 연말에 우수 택배사원을 선정, 시상한다. 특히 대한통운은 고객사인 농수산홈쇼핑이 매달 고객들로부터 추천받은 친절사원 6명 등 10명에게 10만원씩 상금을 수여하고 있다.

택배사들은 이러한 포상제도 외에도 직원 가운데 서비스 교육 강사를 선발해 자체적으로 서비스 교육을 실시하는 등 서비스 품질 향상을 꾀하고 있다.

CJ GLS는 사내 지원자를 대상으로 체계적인 서비스 교육을 받은 'CJ현장리더'를 양성해 매월 전국 터미널을 순회하면서 친절, 매너, 상황별 대처요령 등을 영업소장과 배송직원들을 대상으로 실시하고 있다. CJ GLS는 현재 4명인 현장리더를 앞으로 20명까지 늘릴 계획이다. 한진도 현장 직원을 대상으로 '서비스 닥터(SD)'를 선발해 서비스 교육에 투입하고 있다. 직원 가운데 사내 서비스 교육 강사로 활동할 경우 활동비를 지급하고 인사관리에도 반영하고 있다.

위의 사례를 기대이론을 사용하여 설명하시오.

동기부여:
개념에서 적용까지

제 8 장   동기부여: 개념에서 적용까지

직무설계에 의한 동기부여: 직무특성모형

1   직무특성모형

J. Richard Hackman과 Greg Oldham[1]에 의해 제시된 직무특성모델 (job characteristics model: JCM)은 직무를 다섯 가지 핵심 직무 차원으로 설명할 수 있다고 한다.

1. 기술 다양성(skill variety): 이는 직원이 다양한 기술과 재능을 사용할 수 있도록 직무가 여러 가지 다양한 활동을 필요로 하는 정도를 말한다. 복사만 하는 인턴십 학생은 기술 다양성이 낮고, 복사도 하고 프로젝트도 참여하며 청소도 하는 인턴십 학생은 기술 다양성이 높을 것이다.

2. 과업 정체성(task identity): 이는 직무의 전반적인 과정에 관여하는 정도를 말한다. 나무만 찍는 작업보다 나무도 찍고 찍은 나무로 책상

---

1) Hackman, J. R. & Oldham, G. R.(1976), Motivation Through the Design of Work: Test of a Theory, *Organizational Behavior and Human Performance*, 16(2), 250-279.

도 만들고 그것을 파는 작업의 과업 정체성이 훨씬 더 높을 것이다.

3. 과업 중요성(task significance): 이는 직무가 다른 사람들에게 미치는 영향력을 말한다. 병원에서 환자의 건강을 다루는 의사나 간호사의 직무는 병원 바닥을 청소하는 직무보다 과업 중요성이 더 높을 것이다.

4. 자율성(autonomy): 이는 직무를 수행함에 있어서 재량권을 행사하는 정도를 말한다. 구체적으로 얼마나 본인의 방법이나 의지대로 직무를 수행하는가를 의미한다. 매일 자신의 업무를 스스로 계획하고 각 고객에게 가장 어울리는 판매 방식을 선택하는 세일즈맨은 자율성이 높은 직업을 가지고 있다. 매일 따라야 할 규칙들이 있고, 각 고객을 상대할 때 규격화된 판매 대본을 따라야 하는 세일즈맨의 경우는 자율성이 낮다.

5. 피드백(feedback): 이는 직무활동을 수행하는 과정에서 자신의 성과에 대해 직선적이고 확실한 정보를 제공받는 정도를 말한다. iPod를 모아서 제대로 작동하는지 테스트하는 직무의 피드백 수준은 높다. iPod를 조립하지만 그것을 품질검사관에게 넘겨서 테스트와 수정을 거치게 하는 직무는 피드백 수준이 낮다.

그림 8-1. 직무특성 모형

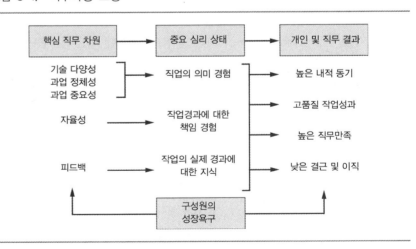

<그림 8-1>은 상술한 직무특성 모델을 설명하고 있다. 기술 다양성, 과업 정체성, 과업 중요성 등 세 차원은 중요하고, 가치 있으며, 소중하다고 여길 만한 의미 있는 업무를 만들어 낸다고 할 수 있다. 자율성이 높은 직무는 직무담당자가 결과에 대한 책임감을 느끼도록 만든다. 직무가 피드백을 제공한다면 직원들은 자신들의 현재의 성과수준을 파악할 수 있게 된다. 이와 같이 종업원들이 자신들의 직무에서 의미와 책임감을 경험하고 과업 성과에 대해 알게 될 때 내재적 보상을 경험하게 된다. 직무에 대한 의미와 책임감 및 과업 성과에 대한 인식 등과 같은 심리적 상태를 많이 경험할수록 직원들의 동기, 실적 및 만족은 높아질 것이고 태만이나 이직 가능성은 낮아질 것이다.

2 어떻게 직무를 재설계할 것인가?

1) 직무순환(job rotation)

이는 한 임무를 수행하는 직원과 같은 계층에서 비슷한 기술이 필요한 다른 임무를 수행하던 직원 간의 정기적인 교대를 의미한다. 싱가포르 항공사에서는 매표 직원이 수하물 직원의 업무를 수행할 수 있다. 싱가포르 항공사가 세계에서 가장 좋은 항공사 중 하나로 평가받고 일하기 좋은 곳이란 평을 듣는 이유는 바로 대규모의 직무순환이다.

직무순환의 장점은 지루함을 덜어주고, 동기부여를 해주며, 자신들이 하는 일이 조직에 어떻게 기여하는지에 대해 더 잘 이해할 수 있도록 해준다. 단점은 훈련비용이 늘어나고 관리자들이 순환된 직원들의 직무를 관리하는 일에 더 많은 시간을 할애해야 한다는 등이다.

2) 직무 충실화(job enrichment)

이는 직무의 계획, 실행 및 평가를 통제할 수 있는 권한을 직무담당자에게 부여하는 것을 말한다. 충실화된 직무는 직원들이 더 완결된 활동을 할 수 있도록 작업을 구성하고, 자유와 독립성을 높여주며, 책임감을 늘려주고, 스스로 자신들의 실적을 평가하고 수정할 수 있도록 피드백을 제공

그림 8-2. 직무 충실화 가이드라인

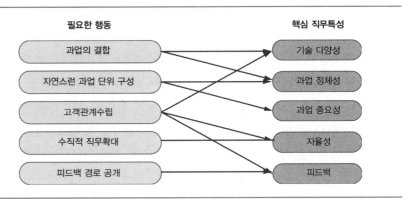

출처: Hackman, J. R. & Suttle, J. L.(1977), *Improving Life at Work*, Glenview, IL: Scott Foresman, p. 138.

한다.

　어떻게 하면 직무를 충실화할 수 있는가? <그림 8-2>는 직무 충실화 가이드라인을 설명하고 있는데, 이는 직무특성모형에 기초한 것이다. 과업의 결합은 기술 다양성과 과업 정체성을 높인다. 이를테면 주방에서 요리도 하고 홀에서 서빙도 하며 계산도 하는 종업원은 과업의 결합으로 인해 기술 다양성과 과업 정체성이 높아진다. 자연스런 과업 단위 구성은 업무를 구분가능하고 의미 있는 전체적인 단위로 만들어 주는데, 팀 작업이 전형적인 예이다. 팀 작업에서 구성원들은 서로 도우면서 다양한 업무를 수행하기에 과업 정체성이 높고, 각각의 업무가 어떻게 전체 팀 작업에 기여하는지를 이해하므로 과업 중요성도 높다. 고객과의 관계수립은 고객을 다루는 기술을 필요로 하므로 기술 다양성이 높아지고, 고객을 다루는 재량권으로 인해 자율성이 높아지며, 고객으로부터의 직접적인 피드백으로 인해 피드백 수준이 높아진다. 수직적 직무확대는 경영진만 담당하던 책임과 통제를 직원에게 부여함으로써 자율성을 높인다. 피드백 경로 공개는 종업원들로 하여금 자신이 얼마나 잘하고 있는지, 그리고 자신의 실적이 나아지고 있는지, 퇴보하고 있는지, 혹은 그대로인지를 알 수 있게 함으로써 피드백 수준을 높인다. 직무 충실화는 결근과 이직비용을 줄이고 만족도를 높인다.

3 대안적인 근무 형태

1) 유연시간 근무제(flextime)

이는 총 근무시간이 일정한 전제하에서 출퇴근 시간을 자율적으로 조정할 수 있는 제도이다. 아래의 <그림 8-3>은 유연시간 근무제의 사례를 보여 주고 있다. 그림에서 보여주듯이, 사라(Sarah)는 오전 7시에 출근하여 오후 3시 30분에 퇴근하며 오전 11시부터 11시 30분까지 점심휴식시간이다. Core time은 모든 종업원들이 반드시 직장에 있어야 하는 시간으로서 이때 중요한 회의를 개최한다. 만약 Sarah보다 30분 일찍 출근하여 오전 6시에 출근한다면 역시 Sarah보다 30분 앞당긴 오후 3시에 퇴근할 수 있다. 이때 전제조건은 Sarah와 마찬가지로 30분의 점심휴식시간만 주어진다. 그리고 모든 종업원은 오전 6시 30분부터 오후 6시 30분 사이의 임의의 시간대에 출퇴근할 수 있고(Core time에는 반드시 출근해야 함) 점심시간도 오전 11시부터 오후 2시 임의의 시간대를 선택할 수 있다. 유연시간 근무제의 장점으로는 결근의 감소, 생산성의 증가, 지각의 제거, 늘어난 독립성과 책임감 등이 포함되는데, 이는 모두 직무만족을 높일 수 있는 요소들이다. 단점으로는 모든 직무에 적용할 수 없다는 점이다. 이는 직장 외부 사람과의 상호작용이 적은 사무직의 경우에는 아주 효과적이지만, 접수담당자나 판

그림 8-3. 유연시간 근무제

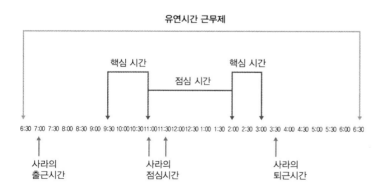

매원 등 전체적인 서비스 요구가 그들이 미리 정해진 시간에 직장에 나와 있을 것을 요구하는 직종의 경우에는 불가능하다.

2) 직무 공유제(job sharing)

이는 둘 이상의 종업원이 전통적인 주 40시간의 직무를 나눠 담당하는 것이다. 매점이나 식당 혹은 커피숍에서의 아르바이트는 대부분 직무 공유제에 속하며 이는 파트타임제와 유사하다. 직무 공유제는 학생이나 육아부담이 있는 여성들이 많이 이용하며 이러한 제도는 이들이 학업이나 가사를 직장생활과 병행할 수 있도록 함으로써 동기를 부여하고 만족도를 높인다.

3) 재택근무(telecommuting)

이는 회사 사무실에 연결된 컴퓨터를 이용해 일주일에 이틀 이상을 집에서 일하는 것을 말한다. 비슷한 용어인 가상 사무실은 상대적으로 영구적으로 집에서 일하는 것을 말한다. 재택근무에 합당한 업무로는 반복적 정보관리 업무, 이동 업무, 그리고 전문직이나 지식 관련 업무이다. 작가, 변호사, 텔레마케터, 고객 서비스 대표, 예약 직원, 제품지원 전문가 등과 같이 대부분의 시간을 컴퓨터나 전화를 붙들고 보내는 직원들이 자연스러운 후보이다. 재택근무자들은 자기 집의 컴퓨터를 사용해서도 회사에서와 마찬가지로 필요한 정보에 접속할 수 있어야 한다.

4 사회적 · 물리적 작업환경

직무특성모형에 의하면 대부분의 종업원들은 자신이 맡은 직무가 내적으로 매력이 있을 때 동기를 얻고 만족한다. 하지만 최고의 직무특성을 구비했다고 해도 동료들에게 소외감을 느낀다면 만족하지 못할 것이다. 이처럼 직무의 사회적인 측면과 물리적 환경도 직무설계의 다른 요소만큼이나 중요하다.

1) 사회적 작업환경

직무 실적에 긍정적 영향을 미치는 사회적 특징은 상호의존성, 사회적 지지, 직장 외 사람들과의 소통 등이다. 사회적 상호작용은 긍정적 분위기와 밀접한 관계가 있으며, 종업원에게 직무역할과 업무 수행을 잘하는 방법을 분명하게 하기 위한 더 많은 기회를 제공한다. 사회적 지원은 종업원에게 작업에 도움을 얻기 위한 더 큰 기회를 제공한다. 직장 외 사람들과의 소통, 이를테면 가족과의 관계 역시 직장생활에 영향을 미친다. 가족관계가 원만하지 못하다면 직무에 열중할 여력이 없어 직무성과가 하락할 수 있다. 건설적인 사회적 관계들은 선순환의 구조 속에서 스스로를 도움으로써 긍정적인 피드백이 일어나게 할 수 있다.

2) 물리적 작업환경

덥고 시끄러우며 위험한 작업환경은 적절한 온도가 유지되고 상대적으로 조용하며 안전한 환경에서 수행하는 직무보다는 직무만족을 떨어뜨릴 것이다. 이것이 철강회사보다 커피숍에서 일하기를 선호하는 이유일 것이다. 물리적으로 좋지 않은 환경은 사람들을 신체적으로 불편하게 만들며 이것으로 인해 직무만족도는 낮아질 가능성이 높다. 종업원들이 최고의 실적을 내지 못하고 있다면, 그들의 직무환경을 체크할 필요가 있다. 종업원들은 적절한 도구, 장비, 재료 및 물품을 갖고 있는가? 종업원이 선호하는 작업조건, 도움이 되는 동료들, 지원적인 작업 규칙 및 절차, 직무관련 선택을 내리기에 충분한 정보, 좋은 성과를 내기 위한 충분한 시간 등이 주어져 있는가? 그렇지 않다면 훌륭한 실적이 나오지 못할 것이다.

제2절
종업원 참여(employee involvement)

이는 종업원들의 의사결정 참여를 통해 이들의 조직에 대한 헌신을 증가하는 방법이다. 기본 논리는 종업원들을 의사결정에 참여시켜 직장생활에 대한 그들이 자율과 통제를 증진시키면 이들은 더욱 동기부여 되고 조직에 더욱 몰입하게 되며 보다 생산적이고 직무에 더욱 만족하게 될 것이라는 것이다.

종업원 참여 프로그램의 예로는 주요하게 경영참가와 대표 참가제로 나눈다.

1   경영참가(participative management)

경영참가에서 공통되는 뚜렷한 특징은 공동의사결정인데, 여기서는 부하가 그들의 직속상사와 상당한 정도의 의사결정권을 공유한다. 경영참가 프로그램이 효력을 발휘하려면 종업원들의 이익과 관련되어 이들에게 동기가 부여되도록 해야 하고, 종업원들이 유용하게 기여할 수 있을 만큼의 능력과 지식을 갖추어야 하며, 그리고 모든 당사자들 사이에 신뢰와 확신이 있어야 한다. 참가-성과 관계에 대한 수십 건의 연구결과에 의하면, 경영참가 프로그램은 종업원 생산성, 동기부여 및 직무만족과 어느 정도의 영향을 미치는 것으로 나타났다.

2   대표 참가제(representative participation)

이는 종업원을 대표하는 소수의 대표가 의사결정에 참여하는 방식이다. 두 가지의 가장 흔한 형태는 직장협의회(works council)와 이사회대표(board representative)이다. 직장협의회는 경영자가 종업원에 관한 의사결정을 내릴 때 반드시 협의해야 되는, 지명되거나 선출된 종업원 집단이다. 대학에서의 교수회가 그 전형적인 예이다. 이사회대표는 회사 이사회에 참가하여 그 회사 종업원들의 이익을 대변하는 종업원인데, 이러한 제도의 목적은 조직 내의 권력을 재분배하는 것이다.

제 3 절
종업원을 동기부여시키기 위한 보상의 사용

1 지불내용: 보수체계의 확립

종업원에게 보수를 지급하기 위한 방법에는 여러 가지가 있지만, 가장 보편적인 방법은 내적가치(직무의 가치 즉 직무평가라고 하는 기술적 프로세스를 통해 정해짐)와 외적가치(업계에서 다른 곳의 보수와 비교하여 정해짐)의 균형을 맞추는 것이다. 최상의 보수체계는 직무의 가치 즉 내적가치에 맞게 지급이 되고 또한 외적가치에 맞도록 노동시장과 비교하여 경쟁력 있게 지급을 하는 것이다. 높은 보수는 훌륭한 자격요건을 갖춘 종업원들을 채용할 수 있지만, 이는 조직에 높은 운영비용이 되어 제품이나 서비스를 너무 비싸게 만들 수 있다는 단점이 있다.

2 지불방법: 변동급 프로그램을 통한 개별 종업원의 보상

1) 변동급 프로그램(variable-pay program)

이는 급여의 일부를 특정한 성과측정에 기초하여 지급하는 방식이다. 아래는 변동급 프로그램의 몇몇 형태이다.

2) 성과급(piece-rate plan)

이는 완성된 생산물의 각 단위에 대해 고정금액을 지급하는 방식이다. 순수 성과급제는 아무런 기본급을 제공하지 않으며, 종업원이 생산한 것에 대해서만 임금을 지급한다. 땅콩이나 밤을 파는 상인들은 종종 이런 방식으로 임금을 지급받는데, 만약 각 1만원씩 50봉지를 팔았다면 얻는 것은 50만원이다.

3) 업적급(merit-based pay plan)

이는 성과평가에 기초하여 개인의 성과급을 지급하는 방식이다. 이의 가장 큰 장점은 높은 성과를 내는 종업원들이 높은 급여를 받을 수 있다는 점이다.

4) 상여금(bonus)

이는 최근의 성과에 따라서 보상을 지급하는 방식이다. 경제상황이 좋지 않을 때에 기업들은 상여금을 줄여서 보상금액을 줄일 수 있다.

5) 직능급(skill-based pay)

이는 근로자가 수행한 직무의 등급이나 직책이 아니라 보유한 기술에 따라서 급여를 지급하는 것으로 성과의 수준을 반영하지 않는 방식이다. 고용주들에게 이 방식이 매력적인 점은 노동력의 신축성 증가이다. 즉 종업원의 기술이 상호 호환적일 때 충원이 보다 용이하다는 점이다.

6) 이윤분배제도(profit-sharing plan)

이는 조직의 이윤에 대해서 일정한 공식을 적용하여 분배액을 결정하는 제도이다. 보상은 직접적인 현금의 형태를 띨 수도 있고, 상급 경영자들의 경우에는 주식 분배의 형태가 될 수도 있다. 조직수준에서의 이윤분배제도는 종업원들의 태도에 긍정적인 영향을 미칠 수 있는데, 이는 이러한 제도 하에서 일하는 종업원들은 정신적 주체성을 더 많이 느끼기 때문이다.

7) 개선성과 분배(gainsharing)

이는 생산성 향상으로 인한 개선 성과를 분배하는 제도이다. 개선성과 분배는 보상을 이윤보다 생산성의 증대에 맞춘다는 점에서 이윤분배제도와 차이가 있다. 이를테면 고객 만족도 증가나 프로젝트의 완성 등으로 인한 성과분배제도이다.

8) 종업원 지주제도(employee stock ownership plan, ESOP)

이는 시가보다 유리한 가격으로 종업원이 회사의 주식을 보유할 수 있도록 허용하는 제도이다. 종업원 지주제는 종업원의 직무만족과 작업 동기부여를 증진시키기 위한 잠재력을 갖고 있다. 하지만 이 잠재력이 실현되기 위해서는, 종업원들이 정신적으로 소유를 경험하여야 한다.

상술한 변동급 제도에 대한 기존의 연구결과들을 요약하면, 이윤분배제도는 이윤의 증대를, 성과 분배는 생산성의 증대를 초래하는 것으로 나타났다. 그러나 위험 감수를 꺼리는 종업원에게서는 이러한 결과가 나오지 않았다. 이는 모든 사람들이 변동급 제도에 긍정적으로 반응하는 것이 아님을 의미한다.

3 선택적 복리후생(Flexible Benefits)

이는 종업원 각자가 자신이 욕구와 상황에 맞는 보상 패키지를 선택하는 방식이다. 가장 인기 있는 세 가지 유형의 복리후생제도는 아래와 같다.

1) 모듈제(modular plans)

이는 특정 종업원 집단의 욕구를 충족시키기 위해 미리 설계된 복리후생이 패키지 프로그램인데, 싱글이나 기혼 종업원들을 위한 차별된 패키지가 그 전형적인 예이다.

2) 핵심추가제(core-plus options)

이는 최소한의 핵심적인 복리후생 항목(예: 4대 보험)을 공통으로 먼저 제공하고, 일정한도 내에서 추가항목을 자유롭게 선택하는 방식이다.

3) 변동지출제(flexible spending accounts)

이는 종업원들이 세금 없이 복리후생을 위해 일정달러금액을 떼어놓았다가 필요 시 의료 및 치과서비스를 위해 그 계정을 사용하는 프로그램이다.

4 내재적 보상: 종업원 인정 프로그램

직무에 대한 보상은 외재적일 수도 있고 내재적일 수도 있다. 경영자들이 종업원의 성과를 내적으로 보상하고 동기를 부여하는 방법으로는 종업원 인정 프로그램이 있는데, 이는 즉각적이고 개인적인 '고맙다'는 말에서부터 특정 타입의 행동을 장려하고 인정하는 공식적인 방법(예: Nicholds Foods의 '뽐내기 게시판' 등)까지 광범위하다. 인정은 가장 강력한 동기부여 프로그램이고 게다가 비용도 많이 들지 않아서 매우 효과적이라 할 수 있다.

제 4 절
시 사 점

1 글로벌 시사점

문화에 따라서 동기부여 방식이 달라져야 하는가?

1. 직무 특성/충실화: 집단주의 문화에서는 다르게 받아들여질 수 있다. 즉 내재적 직무특성과 직무만족의 관계는 집단주의 문화에서는 개인주의 문화보다 약한 것으로 나타났다.

2. 재택근무, 변동급, 선택적 복리후생 등은 전 세계적으로 확산되고 있지만, 결론을 낼 수 있을 만큼 연구가 충분히 이루어지지 않았다.

3. 종업원 참여제도는 국가의 문화에 맞추어 방식을 수정해야 하는데, 이를테면 인도와 중국에서는 이러한 제도가 합당하지 않다.

2 관리자를 위한 시사점

1. 개인차를 인정하고 허용하라. 즉 각 종업원에게 중요한 것이 무엇인지를 이해하고, 직무를 개별 욕구에 맞추고 직무의 동기부여 잠재성을 극대화하도록 설계하라.

2. 구체적 목표를 제시하고, 피드백하라. 즉 종업원에게 확실하고도 구체적인 목표를 제공하고 그들이 목표를 실행하는 과정에서 수시로 피드백을 주라.

3. 종업원들을 의사결정에 참여시켜라. 종업원은 작업 목표를 설정하고, 자신의 복리후생 패키지를 선택하며, 생산성과 품질문제를 해결하는 데 기여할 수 있다.

4. 보상을 성과와 연결시켜라. 보상은 성과에 따라 주어져야 하며, 종업원이 이 둘 사이의 관계를 인식하여야 한다.

5. 보상시스템의 공정성을 점검하라. 종업원들은 경험, 기술, 능력, 노력 및 직무에 사용되는 다른 자원들로 인하여 성과에 차이가 발생하고, 성과에 대한 차이 때문에 급여, 직무 할당, 다른 보상에서 차이가 난다는 점을 인식하도록 해야 한다.

사 례 **볼보(Volvo)의 동기유발적 직무재설계[2]**

작업의 기계화 또는 자동화로 말미암아 근로자들의 직무소외(job alienation)가 가장 심한 산업 현장 가운데 하나가 자동차 조립공장일 것이다. 자동차조립공정의 단순하고 반복적인 작업방식은 근로자들의 사기와 직무만족을 저하시키고 나아가 높은 결근율과 이직률 등을 초래함으로써 생산성과 품질에도 부정적인 영향을 미치게 되어 결국 조직의 효율성을 떨어뜨리게 만든다. 이러한 문제를 근본적으로 해결하기 위하여 전통적인 조립생산시스템에 직무재설계(직무충실화)와 조직개발 개념을 적용하여 획기적인 성과를 거둔 회사가 바로 스웨덴의 볼보(Volvo) 자동차회사이다. 볼보의 직무재설계는 의욕상실에 빠져 있는 구성원들을 환경적 변화와 업무프로세스를 인간

---

[2] 김흥길(2014), 감성시대의 조직행위론, 도서출판 서원.

중심으로 전환시켜 의욕집단으로 조직개발에 성공한 사례라 할 수 있다.

볼보는 자동차제조업체로서 전통적으로 근로자의 결근율이 매우 높았다. 그럼에도 기존 인력을 자유자재로 해고시키지 못하고 오히려 그들을 의사 결정과정에 참여시켜야 하는 스웨덴의 기업 사회적 상황에서는 구성원들의 높은 결근율이 기업경영에 심각한 장애요소로 작용하였다. 볼보는 이러한 상황 하에서 근로자들의 결근율을 낮추기 위하여서도 그들의 참여를 확대 시킬 수밖에 없었고 이것이 볼보의 직무충실화 프로그램의 중요한 동기로 작용하게 되었다.

1985년 볼보의 경영진은 승용차 최종 조립공장을 신설하기로 결정하고 새로운 공장의 설계 과정에 노조 간부들과 노조의 위촉을 받은 작업 조직 설계 전문가들을 포함시켰다. 이는 부분적으로는 80년대 초반부터 발효된 "공동결정법(co-determination act)"에 의거한 것이기도 하지만 노조의 동의 를 얻지 않고서는 새로운 공장의 운영이 매우 힘들다는 판단에 기인한 것 이기도 하였다.

볼보의 직무재설계의 핵심은 환경적 변화를 인간중심으로 전환하여 보 다 안전하고 만족감을 주는 새로운 작업 조직을 설계한 다음, 각 작업 조직 에 생산을 자율적으로 맡기는 방식으로 추진하는 것이었다. 즉, 새로운 작 업 조직의 원리는 작업 팀에 최대의 자율권을 주고 모든 개별 근로자들에 게 조립에 관한 모든 지식을 습득하게 하는 '장인적' 조립 생산을 지향하는 것이었다.

표 8-1. 볼보의 동기유발적 직무재설계

핵심특성	전통적 조립방식 라인	볼보의 팀 방식 라인
방식	조립선 방식	조립 팀 방식
진행방법	컨베이어 벨트	무인 반송차
직무목표	대량생산	인간적인 가치의 최대화
기술의 다양성	단순 반복적인 작업	다양한 기술의 습득
과업의 정체성	기계의 부속품처럼 느낌	작업과의 일체감
과업이 중요성	동기와 직무만족 저하	과업의 중요성 느낌
자율성	선택의 여지가 없음	작업일정 및 작업의 자율

인력개발	창의적 대처 못함	지속적인 자아실현
피드백	관리자의 피드백 없음	원활한 피드백 작용
작업환경	생산활동에 치중	상호작용과 욕구충족

　종래의 조립식 방식 라인의 문제점은 제품조립작업의 낭비에다가 공정 분할과 작업균형 문제, 생산라인의 경직화, 과업의 중요성을 느끼지 못한 근로자들의 결근율과 이직률의 증가 등이었다. 볼보가 새로이 설계하여 적용한 팀 방식 라인이 가동되면서 개선된 사항들로는 소수의 인원으로 완성시킴으로써 물건 인도 횟수가 줄어들고 불필요한 제품조립, 보관 작업을 줄일 수 있었다. 그리고 근로자수가 적음으로써 작업 균형이 쉽게 이루어지게 되었다. 다음으로는 변화에 대한 유연한 대처가 가능해지고, 근로자들의 직무만족도가 증대되었을 뿐만 아니라, 직무확대에 따른 동기 유발적 인센티브 지급이 가능해지게 되었다.

사 례　포춘 100대 기업의 사원들은 어떻게 동기유발 될까?[3]

　포춘 100대 기업에서 일하는 사원들은 한 마디로 자기 일에 대한 책임감과 자부심이 높다. 사원들은 자기 상사와 경영진을 신뢰하고 있기 때문에 이들과 함께 하는 일에 대한 자부심이 높다. 그들은 팀웍을 바탕으로 함께 일하는 데에 익숙해져 있다. 개인적인 성과보다 팀웍을 통해 달성한 업무목표를 더 자랑스럽게 생각한다. 그들이 상사에 대한 신뢰가 높기 때문에 업무추진 과정에서 상사와의 대화가 활발하다.

　사원들은 생색나는 일만 골라서 하는 것이 아니라 작고 사소한 일도 우리 모두가 함께 해야 할 일이라고 생각한다. 그렇기 때문에 자기 일에 대한 몰입과 헌신정도가 높다. 또한 함께 일하는 동료들 간에도 관심과 배려정도가 높다. 그래서 동료들 간에 함께 일하는 재미를 느낀다. 포춘 100대 기업의 하나인 사우스웨스트 항공사(Southwest Airline)를 보면 이 회사의 어디를 가나 사원들의 일하는 모습에서 웃음과 유머가 끊이질 않는다. 사원들의 모습을 보면 단조롭고 힘든 일도 웃으면서 처리하는 여유가 있다. 그만큼 사원들은 업무를 재미있게 수행한다. 이처럼 자기 일이 재미있을 때,

---

3) 김홍길(2014), 감성시대의 조직행위론, 도서출판 서원.

창의적인 아이디어와 일에 대한 도전정신이 살아난다. 포춘 100대 기업의 사원들은 대체로 자기가 하는 일이 조직에서 받는 월급 때문에 하는 것으로 생각지 않는다. 그들은 상사의 전문적인 지원과 코칭을 바탕으로 일을 통하여 자기성장을 꾀하고 자아실현을 해나간다고 생각한다. 그래서 자기 일의 질을 높이기 위하여 삶터의 질(Quality of Workplace) 나아가서 직장생활의 질(Quality of Working Life)을 향상시키기 위하여 그들의 시간과 노력을 기꺼이 쏟아붓는다.

사 례 **유한양행의 경영참여[4]**

유한양행은 1926년 창업 이래 고 유일한 박사의 창업정신을 실현하기 위하여 인류의 건강을 증진시키는 데 헌신해 왔다. 고객들로부터 신뢰를 얻고 사랑을 받으며 사회적 책임을 다하기 위하여 애써 온 유한양행은 삼성전자와 함께 한국의 가장 존경받는 기업 중의 하나이다. 많은 연구자들은 유한양행이 지속적인 성장의 배경을 열린 경영, 교육훈련에 대한 투자, 공정한 보상, 고용안정 등과 같은 노사파트너십에서 찾고 있다.

이중 열린 경영과 관련하여 유한양행의 경영참여는 크게 네 가지 측면에서 생각해 볼 수 있다. 첫째, 근로자 참여에 의한 기업경영이다. 유한양행은 경영이나 생산 관련 참여의 일환으로 사업계획 수립 및 실적보고회 시 근로자 대표 및 노동조합 대의원을 참여시켜 다양한 의견을 개진하도록 하며, 이를 기업경영 전반에 폭넓게 반영하고 있다. 둘째, 경영실적의 소상한 공개이다. 노사가 따로 없는 노노관계라는 경영철학에 입각하여 경영 및 회사 현황설명회 등을 통하여 매 분기 실적 및 계획, 신규 사업계획, 순익 현황, 제약업계 환경 등을 다양한 방법으로 공개하여 상호 간의 이해와 발전을 도모하고 있다. 셋째, 최고경영자와 근로자 간 대화이다. 최고경영층을 포함하여 노사 간의 신뢰구축과 종업원의 복리후생 욕구 충족을 위해 노사협의회, 사원운영위원회, 노사간담회, 노사 합동연수회, 제안제도, 고충처리 및 신문고제도 등 다양한 종업원 참여 프로그램을 활용하고 있다.

---

[4] 김태열·박기찬·박원우·이덕로 옮김(2013), 조직행동론(번역판 제15판), 원저: *Organizational Behavior*, Stephen P. Robbins, Timothy A. Judge 지음. 한티미디어.

끝으로 근로자의 관리직·임원으로의 승진이다. 유한양행은 최고경영자를 포함한 전 관리직에 대해 내부승진의 원칙을 지켜오고 있다. 현 대표이사를 포함한 전무이사, 이사, 감사 등 임원의 100%가 모두 공채로 입사한 사원 출신으로 전문경영인 체제를 확립함으로써 유한인은 누구라도 능력을 갖추고 노력을 하면 최고경영층으로 올라갈 수 있다는 희망을 갖게 하여 장기적 고용관계의 형성과 조직을 공동운명체로 생각하게 하는 중요한 요소가 되고 있다.

유한양행은 노사파트너십의 굳건한 토대 위에서 생산성이 향상되어 각종 경영실적 또한 지속적으로 좋게 나타났는데, 2012년 4월 1일 제약업계를 뒤흔들었던 일괄약가인하제 실시와 한미 FTA 발효와 같은 어려운 환경 속에서도 2012년에 매출 7,627억 원, 영업이익 304억 원, 당기순이익 695억 원이라는 양호한 영업실적을 보였다. 그뿐만 아니라 유한양행은 한국능률협회컨설팅이 2004년부터 매년 선정하는 "한국에서 가장 존경받는 기업"에 10년 연속으로 선정되었는데, 제약산업에서는 단연 1위를 차지했다.

한편 노조에서는 근로자가 일과시간 중에 처리하기 어려운 각종 민원업무 등을 회사가 아닌 노동조합에서 대행해 주는 부가업무의 수행으로, 조합원은 맡은 일에만 매진할 수 있어 성과개선의 선순환관계가 지속적으로 이루어지고 있다.

또한 유한양행 노조에서는 1998년 IMF 외환위기 극복과정에서 노조 주도로 했던 각종 소모성 경비의 10% 절감운동, 밝고 건강한 직장 분위기 조성, 10분 일찍 출근하기, 30분 일 더하기 운동, 우리 제품 사랑하기 운동 등을 대대적으로 전개하는 주인 정신 갖기 운동을 지금도 전개하고 있다.

신뢰와 협력에 바탕을 둔 상생의 노사화합 문화정착으로 유한양행은 1926년 창업 이래 87년간 무분규를 실현해 오고 있다. 그 결과 은탑산업훈장, 노사화합부분 산업포장, 신노사문화 우수기업 대상, 경기도 산업평화상 등을 수상하게 되었다.

1. 우리에게 좋은 이미지의 대명사로 다가오는 대표적인 초우량기업인 유한양행은 어떻게 종업원을 동기부여시키는가?
2. 종업원의 경영참여, 즉 참가적 경영이란 근로자 또는 노동조합이 기

업의 경영에 참가하여 경영자와 함께 경영상의 권한과 책임을 나누어 갖는 제도이다. 이러한 경영참여는 종종 떨어진 사기와 낮은 생산성을 위한 만병통치약으로 촉진되었다. 경영참여와 성과와의 관계에 관한 연구가 혼재되어 나타나는 상황에서 임금 이외의 변수도 과연 종업원의 동기부여를 증대시킬 수 있다고 생각하는가? 이에 동의한다면, 혹은 동의하지 않는다면 그 이유는 무엇인가?

3. 경영참여와 지속적인 성장이 상호 촉진적인 선순환과정을 이루고 있는 유한양행의 사례는 국제경영개발원(IMD)이나 세계경제포럼(WEF)의 노사관계 경쟁력 평가에서 최하위 수주을 면치 못하고 있는 우리의 현실에서 어떤 시사점을 주는가?

사례   **당근과 채찍의 연결[5]**

돈이 걸려 있는 인센티브가 있을 때 사람들이 더 열심히 일하는 것은 상식인 것 같지만, 많은 학자들은 이런 전제에 의문을 제기한다. 알피 콘(Alfie Kohn)은 근로자는 "보상에 의해 처벌받고 있다"고 오랫동안 주장하면서 그에 따른 부정적인 결과로 인하여 조직은 성과와 보상의 연동을 피해야 한다고 촉구하고 있다. 보상에 대한 하나의 대안으로, 일부 전문가들은 관리자들의 열정이 동기부여로 전환되기를 희망하여 긍정적이고 낙관적인 작업환경을 조성할 것을 권고한다.

비록 보상이 동기부여를 할 수 있으나 보상은 종업원이 하고 있는 과제에 대한 내재적인 흥미를 감소시킬 수 있다. 이런 맥락에서, 스탠포드 대학의 마크 레퍼(Mark Lepper)는 펠트 펜으로 그림을 그린 데 대해 보상을 받은 아이는 보상이 없어졌을 때는 그 펜을 더 이상 사용하지 않으려고 하였고, 반면에 그 펜을 사용한 데 gogo 보상을 받지 않은 아이는 그 펜을 사용하고 싶어 한다는 것을 발견하였다. 그리고 캘리포니아 공과대학(Cal Tech)의 뇌영상 연구자들은 인센티브가 특정한 한계점에 도달할 때 뇌의

---

5) 김태열·박기찬·박원우·이덕로 옮김(2015), 조직행동론(번역판 제16판), 원저: *Organizational Behavior*, Stephen P. Robbins, Timothy A. Judge 지음. 한티미디어.

보상 센터가 닫히기 시작하고 사람들은 주의가 산만하게 된다는 것을 발견하였다. 이 프로젝트의 수석 연구원인 비크램 치부(Vikram Chilb)에 의하면, 사람은 상금이 너무 많으면 그 보상을 잃을 것을 걱정하기 시작하여 실패로 끝나 버린다.

보상은 또한 근로자의 비행을 유도할 수 있다. 심리학자인 에드워드 데카(Edwrad Deci)는 "일단 사람의 보상을 행동보다는 결과에 치중하게 되면, 사람은 그런 결과를 얻기 위한 최단 루트를 찾게 될 것이 분명하다"라고 언급한다. 전적으로 생산하는 단위수량에 의해 지급을 받는 공장 근로자들을 생각해 보라. 수량에 의해서만 보상이 되므로, 근로자들은 품질을 소홀히 할 수 있다. 분기별 주가를 기준으로 엄격하게 보상을 받는 임원은 그 기업의 장기 수익성과 기업의 생존을 소홀히 하는 경향이 있을 것이다. 그들은 심지어 자신의 보상을 높이기 위하여 불법적이거나 비윤리적인 행동을 할 수도 있다.

일부 보상은 또한 법적 효과를 가질 수 있다. 많은 기업이 건강 목표를 충족시키거나 웰빙프로그램에 참가하는 종업원에게 금전적 보상을 제공하고는 있으나, 그런 노력은 그 목표를 달성할 수 없는 사람들에 대한 차별에 관한 우려를 불러일으킨다. 인센티브는 종업원에게 언제나 그들의 건강을 관리하는 데 보다 적극적인 역할을 하도록 동기부여시키는 것이 아닐 수도 있다. 스테이웰 건강관리(Stay-Wall Health Management)의 부사장이자 최고 건강 관리자인 데이비드 앤더슨(David Anderson)은 "인센티브 그 자체가 반드시 적극적 참가를 가져오는 것은 아니다. 그것은 순응을 가져온다"고 말한다.

그러나 이 장과 앞 장에서 인용된 대부분의 연구는 행동에 대해 보상을 받는 개인은 보상을 주는 행동에 더 열심히 참여할 가능성이 많다는 것을 보여준다. 또한 매우 지루하고 반복적인 과업에 종사하는 개인은 그들이 시작할 어떤 내재적인 동기부여도 결코 가지고 있지 않기 때문에 비록 그 과업이 보상되더라도 과업의 내재적인 동기부여를 상실할 것 같지는 않다. 관리자를 위한 실제 문제는 덜 바람직한 행동은 감소되면서 바람직한 행동은 증가되도록 행동에 보상을 하기 위한 적절한 방법을 찾는 일이다.

1. 관리자로서 당신은 인센티브를 정기적으로 사용해야 한다고 생각하는
   가? 왜 그런가? 혹은 왜 그렇지 않은가?
2. 지금까지의 당신의 삶(학생으로서/아마도 파트타임이나 풀타임 근로자
   로서)에 대해 생각해 보고 어떤 인센티브가 당신을 동기부여시키거나
   아니면 동기를 잃게 했는지 토의해 보라.
3. 인센티브 보상을 제공함으로써 어떤 종업원 행동이 가장 잘 조장될
   수 있다고 생각하는가?

리더십의 기초

제 9 장 리더십의 기초

리더십이란 무엇인가?

1 리더십의 정의

조직을 경영하는 사람은 누구나 고민하는 주제가 리더십이 아닌가 싶다. 우리는 리더십을 먼저 정의하고 리더십이 일반적인 관리란 용어와 어떤 차이점이 있는지를 대조해 볼 필요가 있다. 리더십(Leadership)과 관리(Management)는 종종 혼돈을 불러일으키는 용어로서 무엇이 이 두 가지 용어를 구분하고 있는가?

먼저 관리란 용어부터 살펴보자. 하버드 경영대학원의 존 코터(Kotter, John)는 관리를 복잡성(Complexity)에 대처하는 것이라고 정의하였다.[1] 좋은 관리란 공식적인 계획을 통해 환경과 질서와 일관성을 유지하는 것, 엄격한 조직구조를 만드는 것, 계획과 진행사항을 점검하는 것 등을 의미한다. 조직을 경영하는 경영자는 내외부의 복잡한 환경에 직면하게 된다. 이

---

1) Kotter, J. P.(1990), What leaders really do, *Harvard Business Review*, May-June, pp. 103-111.

런 복잡성과 불확실성에 대하여 계획과 질서를 부여하여 일관되고 논리적인 실행을 하는 것이 관리란 의미이다. 좋은 관리자는 내 외부 환경의 복잡성에 대해 체계적인 계획을 세우고 이를 일관성있게 실행하여 해결해 나가고자 한다. 즉 관리란 혼돈과 복잡성에 대해 일관성과 질서를 부여하는 과정이라 볼 수 있다. 따라서 관리란 과업중심이며 구조 중심적인 용어이다. 이에 비하면 리더십은 구조가 아닌 사람중심이며 특히 사람의 변화를 유도하는 과정을 다룬다는 점에서 구분된다. 리더십이란 리더가 그의 영향력아래에 있는 부하에게 미래에 대한 비전을 제시함으로써 행동의 방향을 제시하고 지속적으로 의사소통하는 과정이라 할 수 있다. 좋은 리더는 부하나 추종자에게 미래에 대한 비전과 지적 영감을 주고 조직 목표의 달성에 방해가 되는 여러 장애물들을 극복할 수 있도록 도와준다. 이를 고려해 우리는 리더십을 미래 비전과 목표를 달성하기 위해 부하나 추종자들의 그룹에 대해 영향력을 행사하는 능력이라고 정의할 수 있다. 이 영향력이 나오는 근원은 조직이 공식적으로 부여한 지위나 권력일 수 있으나 반면 공식적인 지위나 권력과 무관한 지적인 능력이나 개인적 기질이나 신념 등이 될 수도 있다. 관리가 주로 조직이 공식적으로 부여한 지위와 권력에 근거하여 진행되는 활동이란 점이 부각된다면 리더십은 이뿐 아니라 공식적 지위와 권력과 상관없이 나타나는 인적인 영향력의 근원을 대부분 포함한다는 점에서 관리보다는 포괄적인 개념을 가지고 있다. 즉 모든 리더가 관리자인 것은 아니지만 모든 관리자는 리더가 될 수 있다. 리더는 관리자가 가지는 권위의 근원을 포함하고 있을뿐더러 이 같은 범위에서 벗어나는 인적 속성에서 나오는 영향력을 또한 포함한다. 따라서 리더십은 조직이 공식적으로 부여한 지위나 권력과 무관하게 발휘될 수 있는 인적인 속성을 강조하는 경향이 크다.

예를 들어 여러분은 과제로 팀 프로젝트를 수행해본 경험이 있을 것이다. 프로젝트 수행과정에서 프로젝트의 완성을 위해 가장 영향력을 행사했던 사람이 있다면 그 사람은 공식적인 지위와 권위가 있고 없고를 떠나 리더가 되는 것이다. 여러분은 동아리 활동을 통해서도 이와 비슷한 경험을 할 수 있을 것이다. 비록 동아리에서 공식적인 지위나 간부의 역할을 부여

받지 못하였다 하더라도 흥미와 열정을 가지고 동아리 활동에 적극적인 사람을 여러분은 발견할 수 있을 것이다. 그리고 이렇게 적극적으로 활동하는 사람은 다른 학우들이 동아리 생활에 적응하거나 활동하는 것에 매우 긍정적인 영향력을 행사할 수 있다. 만약 학우들에게 이같이 영향력을 행사한다면 그를 리더라 할 수 있다. 이 의미에서 여러분 모두는 리더가 될 수 있을 것이고 그렇게 노력해 주길 바라는 바이다. 리더는 주위 사람들에게 영향력을 행사하지만 아울러 주위 사람들의 추종을 얻게 된다. 리더의 영향력을 받는 사람들을 추종자라고 하자. 결국 리더십은 추종자에 영향력을 끼쳐 추종자들의 태도나 행위의 변화를 유도하는 것이라고 볼 수 있다.

전체적으로 보면 관리란 용어는 추종자들의 태도나 행위의 변화를 유도하는 근원이 조직이 부여한 공식적 지위나 권력이 될 수 있지만 리더란 용어는 추종자들에게 리더가 리더로 인지되는 정도에 따라 추종자들의 태도나 행위의 변화가 일어난다. 그렇다면 추종자들에게 리더가 리더로 인정되는 정도란 것이 무엇인가? 이것은 리더가 추종자들에 대해 의사소통을 통해 상호 신뢰를 형성하는 정도를 의미하는 것이다. 즉 추종자들이 리더를 리더로 인지하는 귀인은 근원적으로 양자 간 의사소통과 신뢰관계에 의해 결정된다고 보는 것이 대체적인 학문적 흐름이다.

리더십과 관리가 이렇게 다른 개념을 가지고 있지만 조직의 효과적 운영을 위해서는 이 두 가지 개념이 모두 보완적으로 필요하다. 관리와 리더십은 서로가 견제하거나 상위적인 관계를 가지는 것이 아니라 조직의 효과적 운영을 위해 양자가 모두 필요하며 서로 상호작용할 수 있는 보완적 관계이다. 오늘날 급변하는 기업 환경에서 조직을 인도하는 경영자는 과업과 구조의 효과적 관리뿐 아니라 조직구성원들에 대한 충분한 신뢰관계와 의사소통이 요구된다. 특히 경쟁이 심화되고 환경이 불확실해질수록 경직적인 규율과 서열구조에 근거한 관리보다는 조직의 현재 상태를 극복하기 위한 변화를 이루기 위해서 조직구성원에게 미래 비전을 제시하고 이것을 달성하기 위하여 구성원들의 변화를 촉구하는 인적인 영향력, 즉 리더십의 중요도가 상대적으로 부각되어질 것이다.

여러 학자들의 개념을 살펴보면 리더십은 다음과 같은 성격을 가지고 있다.

첫째, 리더십은 집단목표달성을 위해 자발적으로 노력하도록 개인들에게 영향력을 행사하는 과정이다. 이러한 영향력의 발휘정도는 소속집단에 의하여 어느 정도 인정되고 있는가에 달려 있다.

둘째, 리더십은 구체적인 목표를 달성하기 위해 의사전달과정을 통해 개인에게 영향력을 행사하는 과정이다.

셋째, 리더십은 조직이나 집단 목표를 달성하기 위하여 집단 구성원의 활동을 지도하고 조정하는 데 비강제적인 영향력을 행사하는 것이다.

전체적으로 종합하면 리더십은 조직이나 집단 목표를 효율적으로 달성하기 위하여 리더가 개인 또는 집단의 활동에 의도적으로 영향력을 행사하는 과정으로 정의될 수 있다.

2 리더십의 기능

대부분의 조직들은 성장함에 따라 조직구조가 관료화되고 과업 할당과 구조가 명확해지며, 권한관계가 명확히 수립된다. 또한 조직목표나 부서목표가 비교적 명확히 정의되어 있으며 이를 수행하는 조직구성원의 역량도 잘 준비되어 있다. 그렇다면 리더십은 왜 필요한가? 리더십이 어떻게 공식적 관리와 상호보완적인 관계를 가질 수 있는가? 그 이유를 다음과 같이 제시하여 본다.

- 조직 설계의 불완전성: 모든 구성원들이 효율적으로 활동을 하는 완벽한 조직을 설계하고 완비하는 것은 사실상 불가능하다. 따라서 조직구성원들의 바람직한 행위를 형성하고 이를 구조지향적 또는 과업지향적으로 통합할 수 있는 인적인 역량이 필요해진다. 리더십은 이런 기능을 수행한다.

- 환경의 변화: 리더십은 조직으로 하여금 변화하는 환경조건에 신속히 적응하게 하는 역할을 한다. 조직구조는 환경을 감지하지 못하지만 조직의 리더는 환경 변화를 감지하고 이에 대응하는 다양한 영향력을 행사할 수 있다.

- 조직의 내부 역할: 리더십은 갈등하는 조직 하부 단위들 사이에서

조절 및 통합, 완충하는 역할을 할 수 있다. 리더십은 조직이 성장하거나 변화할 때 다양한 조직의 하위단위들을 내부적으로 통합하는 작용을 한다.

- 조직구성원들의 특성: 조직은 다양한 목표를 추구하며 조직구성원들은 조직 내에서 다양한 욕구의 충족을 기대한다. 리더십은 다양한 개인의 욕구와 목표를 충족시키는 것을 촉진함으로써 노동력의 안정성을 유지하는 데 중요한 역할을 할 수 있다.

제2절
리더십 이론

1 특성이론(Trait Theory)

리더십에 대한 이론과 연구들은 대체로 성공적인 리더의 특성을 찾는 것에 주력해왔다. 이 연구들은 효과적인 리더가 가지고 있는 특징을 찾아낼 수 있다는 전제에서 비롯된다. 이런 특성을 가진 사람들을 찾아내고 리더로 선별하는 방식을 지향하는 연구 흐름을 특성이론이라고 한다. 리더의 특성에는 신체적이고 외관적인 특징, 사회적 그리고 가족적 배경, 개인의 지적 능력, 개인이 가진 기질적 특징, 그리고 사회적이고 문화적인 특징 등 다양한 요소 등이 언급될 수 있다.

역사적으로 유명한 지도자들, 예를 들어 루즈벨트 대통령, 마오쩌둥, 등소평, 처칠, 드골, 마가렛 대처 등은 어떤 점에서 당시의 리더로 인정되고 있는가? 최근 한편의 영화로 만들어지기조차 한 대처 수상은 여성임에도 불구하고 영국 경제 구조를 개편하는 강력한 정책을 추구하였다. 그녀는 매우 소신있고 의지력이 강하며 자신의 신념을 어떤 장애에도 불구하고 끝까지 밀어붙이는 특징을 가진 지도자로 묘사되었다. 1930년대 미국 경제의 대공황을 극복하고 제2차 세계대전을 승리로 이끌었던 루즈벨트 대통령도 소신과 신념을 어떤 장애에도 불구하고 끝까지 밀어붙이는 특징을 가진

지도자로 알려졌고 향후 미국 내 대통령 중에서 가장 영향력이 강했던 인물로 자리매김하였다. 이같이 리더십의 특성이론은 리더와 리더가 아닌 사람을 구분하는 개인적인 기질과 특징을 분류하고 분석하는 분야로 시작된 초기 리더십 연구의 흐름이다. 예를 들어 남아프리카의 넬슨 만델라, 그리고 미국 흑인 인권 운동을 주도했던 마틴 루터 킹 목사, 애플의 전 CEO였던 스티브 잡스, 부도직전 위기였던 유한킴벌리를 부활시킨 문국현 전 사장 등 다양한 지도자들에 대해, 리더로서 각인되는 기질과 특징을 연구하고 분석하여 이를 일반화하려는 시도를 하는 연구 흐름이라 할 수 있을 것이다.

이 같은 특성이론은 많은 연구자들에 의해 개발되고 인용되어지고 있는 Big five personality와 밀접한 연관관계를 가지고 발전하였다. 많은 리더십의 특성들이 Big five personality가 분류하고 있는 성격 분류의 하위 차원으로 다루어져 왔던 것이다. 예를 들어 리더십의 특징으로 언급되어온 비전, 개인적인 심기와 에너지 등은 Big five personality 중 외향성(Extraversion)과 깊이 관련된다. 그리고 목표를 성취하기 위해 장애물을 극복하는 일관성과 의지력은 성실성(Conscientiousness)의 하위 차원으로 볼 수 있다. Big Five 모델 중 지금까지의 연구흐름을 보면 리더의 특질로 가장 보편적으로 언급된 요소는 외향성(Extraversion)이며 외향성은 리더 영향력의 효과성을 결정하는 요소이기보다는 리더로 인정되기 위한 특성으로 언급되는 경향을 보였다. 이것은 항상 사교적이고 다른 사람과 어울릴 수 있는 풍부한 감성적 능력이 있는 사람이 리더로서 인정받을 수 있다는 내용을 의미하고 있으나 이런 단일한 특징만 가지고 리더십의 특성을 논하는 것은 기본적인 한계가 있다.

따라서 Big Five 모델 등을 비롯한 다양한 기질과 특성으로 리더십의 본질을 논의하여야 하며 이런 방식의 설명이 현존하는 리더의 특성을 제대로 파악하고 일반화하는 데 공헌할 것이다. 예를 들면 리더의 사회성과 더불어 신념에서의 단호함과 의사 결정할 때의 주저없는 결정을 하는 대담함 등을 외향성이 포함한다면 과업에 대한 책임성과 인내력, 장애물을 극복하는 의지와 투지 등은 성실성이 포괄한다. 그리고 새로운 것에 대한 도전과 성취감 등은 개방성(openess to experience) 등에 반영된다. 즉 이같이 다양한 특성 요소들을 고려해야만 복합적인 리더십의 일반적 특징과 경향을 설명할 수 있는 것이다.

이 분야의 최근 연구들은 리더의 요건이 되는 특성 파악을 넘어 효과적인 리더의 요건이 무엇인지를 분석하는 내용까지 나아가고 있다. 그중 최근 효과적인 리더의 요건으로 감성지능(Emotional Intelligence)이 주목받고 있다. 감성지능의 핵심적 내용은 타인이나 부하들에 대한 공감 능력(Empathy)인데 리더십에서 이런 공감능력의 중요도가 갈수록 부각되고 있다. 이것은 리더십의 연구가 리더 자체에 초점을 두고 있기보다는 부하와의 상호작용과 의사소통 등의 특징을 갈수록 부각하는 현상과 무관하지 않다.

2 행위이론

리더십의 초기 특성이론이 1940년대에서 1960년까지 전성기를 보냈지만 특성으로 리더십의 특징을 일반화하려는 시도가 한계가 있음을 깨닫게 된다. 무엇보다 리더의 특성이란 것이 어떻게 형성되고 결정되어지는지에 대해 특성이론은 명확한 해답을 주지 못하였다. 대체로 리더십의 특징은 인간의 성격과 비슷한 것이므로 유전적 영향을 많이 받을 뿐 아니라 한번 형성된 기질과 특성 등은 거의 결정적인 것이라고 간주하는 경향이 높았다. 즉 특성이론은 리더십이 천부적이고 내재적으로 형성되어진다는 관점, 결정론적 관점에 더 가깝다고 할 수 있다. 그러나 Oracle의 CEO Larry Ellison이나 General Electric의 Jack Welch 등 회사의 위기상황을 극복하고 턴어라운드하는 등 다양한 리더십 사례를 그 특성만으로는 묘사할 수 없으며 오히려 성공한 리더들의 특유한 행위 패턴들에 대한 관심이 대두되기 시작하였다. 리더십의 행위이론은 성공한 리더들의 특정행위 패턴 등에 대하여 관심을 가지고 이것들을 구분하고 정리하는 작업을 진행하였다. 리더십의 행위패턴 등이 교육이나 훈련 등을 통해 충분히 다른 사람에게도 이식되어질 수 있으므로 누구나 효과적인 리더가 되고픈 사람들은 이런 교육을 통해 비슷한 행위 패턴을 형성할 수 있다고 판단하고 있다. 즉 행위이론은 다양한 리더십의 행위 패턴이 교육과 훈련을 통해 확장될 수 있다는 관점을 가진다는 점에서 특성이론과 구별된다. 가장 많이 언급되어지고 있는 행위 연구는 오하이오 주립대학에서 진행하였던 연구와 미시간 주립대학교에서 진행하였던 연구이다.

1) Ohio State studies

1940년 후반대에 오하이오 주립대학을 중심으로 리더십의 행위 연구가 진행되었다. 오하이오 대학의 연구자들은 리더 행위의 독립적인 차원에 대해 연구하고 이를 분류하였는데, 초기에 약 1,000개의 차원으로 분류하였다가 결국 두 개의 차원으로 축소하여 이를 리더 행위의 일반화 모형으로 제시하였다. 이들은 두 가지 리더십 행위 차원을 구조지향(Initiating Structure)과 배려(Consideration)로 지칭하였다. 구조지향이란 조직의 목적 달성을 위해 일하는 부하나 추종자들의 역할과 과업 구조를 명확히 정의하는 행위를 의미하는 것으로, 부하들의 작업과 과업을 조직화하고, 부하들에게 적절한 과업과 역할을 부여하여 효율적 구조를 만들어내고, 성과 표준과 평가기준을 정하는 등의 활동 등이 이에 포함된다.

배려란 부하나 추종자의 생각과 감정 등을 공유하거나 교감하여 이들의 능력과 아이디어를 실현할 수 있도록 도와줌으로써 상호 신뢰하는 인간관계를 형성하는 활동 영역을 의미한다. 만약 배려란 차원에서 높은 점수를 받는 리더라면 이 리더는 종업원들이 당면하는 문제와 아이디어 등에 매우 민감한 행위를 보이며 모든 종업원들을 깊은 인격적 배려와 함께 공정하게 대우하며, 밀접한 상호 신뢰관계를 형성하는 등의 행위 패턴을 보인다는 점을 들 수 있다.

2) University of Michigan Studies

미시간 주립대학에서도 오하이오 주립대와 비슷한 목표를 가지고 비슷한 연구가 진행되었다. 연구원들은 리더의 성과를 규정짓는 행위적 특징을 탐구하였으며 그 결과 리더 행위의 두 가지 패턴으로서 종업원 지향적 리더 행위(Employee oriented)와 생산 지향적 리더 행위(Production oriented)

를 제시하였다. 종업원 지향적 리더 행위란 리더와 부하(종업원)의 상호 관계를 중시하는 것으로서 종업원들의 욕구와 필요사항에 기민하게 부응하는 행위와 종업원 개개인에 대하여 존중하고 개인적 차이를 인정하며 처우하는 행위 등을 포함한다. 생산 지향적 리더 행위는 직무의 과업과 기술적 면을 강조하는 것으로서 부하들의 과업을 과학적으로 구조화하고 필요한 직무역할과 과정을 합리적으로 부여함으로써 조직의 목표를 성취하려는 지휘 행위 등을 포함한다. 이 같은 종업원 지향 리더 행위와 생산 지향 리더 행위는 오하이오 주립대의 리더십 행위와 매우 유사한 내용으로, 종업원 지향 리더 행위는 배려(Consideration)와 일치하며 생산 지향적 리더 행위는 구조 지향적 리더 행위와 비교적 일치한다. 비록 미시간 대학의 연구가 오하이오 대학의 연구에 비해 종업원 지향 리더 행위를 좀더 중요시해 다룬 면은 있지만 근본적으로 효과적인 리더십을 위해서는 위 두 가지 차원의 리더십 행위가 상호 보완적으로 고려되어야 한다는 점에서는 오하이오 주립대의 연구와 입장을 같이하고 있다.

한편 Blake and Mouton은 이 두 가지 차원의 리더십 행위에 기초하여 리더십 관리격자(Managerial Grid)를 고안해 제시하였다. 관리격자는 리더십 행위를 사람에 대한 관심(Concern for people)과 생산에 대한 관심(Concern for production) 등 두 가지로 분류한다. 사람에 대한 관심은 오하이오 주립대 연구의 배려, 미시간주립대의 종업원 지향 행위와 동일한 개념이고 생산에 대한 관심은 구조 지향 행위, 또는 생산 지향 행위와 동일한 개념이다.

*행위이론: 특정의 행위들이 러더와 리더가 아닌 사람을 구분한다고 제안하는 이론이며 조직구조적 측면을 강조하는 것으로, 생산지향적 리더 행위와 구조 지향적 리더 행위가 있고 인간적 배려 중심으로의 리더 행위로서 직원 중심의 리더행위와 배려 중심의 리더행위가 있다.

관리격자 모델은 리더의 사람에 대한 관심 행위와 생산에 대한 관심 행위를 서로 독립적이고 수직적인 축으로 가정하여 각 축마다 9가지의 가능한 위치를 제시한다. 이 격자에 의해 조직을 경영하는 지도자의 리더십 패턴을 각각 일치하는 위치로 판단할 수 있다. 관리격자상 가장 이상적인 리더십 행위 패턴은 (9, 9)에 해당하는 위치가 될 것이고 이는 리더가 종업원에 대한 배려 행위 수준이 높을 뿐 아니라 구조적 합리성에 대한 행위 수준도 비슷하게 높은 수준임을 의미하는 것이다. 반면 (9, 1) 행위 스타일은 구조적 합리성에 대한 행위 수준이 높지만 종업원에 대한 배려 행위 수준이 낮은 것으로, 권위적인 리더십 행태를 의미한다. (1, 9) 행위 스타일은 구조적 합리성에 대한 행위 수준이 낮고 종업원에 대한 배려 행위 수준이 높은 것으로 자유방임형 리더십 행태에 해당될 수 있다. (5, 5) 행위 스타일은 구조적 합리성에 대한 행위 수준이 중간정도의 수준이지만 종업원에 대

그림 9-1.　관리격자 모델(The Managerial Grid)

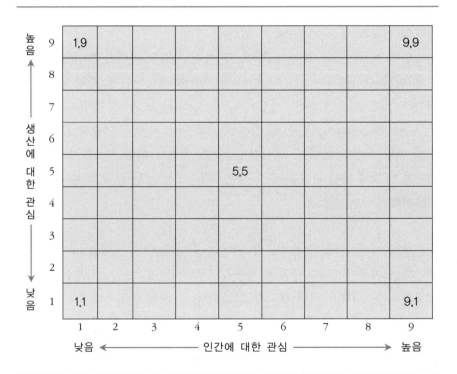

자료원: Blake, R. R. and Mouton, S. S.(1978), *The Managerial Grid*, Houston: Gulf Publishing Company, p. 11.

한 배려 행위 수준도 중간정도의 수준으로 이것도 아니고 저것도 아닌 어중간한 형태의 리더십 행태(Stuck in the middle)를 나타낸다.

이와 같이 관리격자는 다양한 리더들의 행위 패턴을 규정함으로써 매우 의미있는 프레임워크를 제공한다.

- (9,1): 컨트리 클럽형(Country club management): 리더의 인간에 대한 관심은 높지만 과업에 대한 관심은 매우 낮은 형태이다. 이 형태의 리더는 편안하고 친근한 조직 환경을 조성하기 위해 부하들의 인간관계에 많은 관심과 자원을 투입하는 유형으로 부하들의 욕구 충족에 매우 민감하게 반응하는 양태를 보인다.
- (1,1): 자유방관형(Impoverished management): 인간과 과업에 대한 관심이 낮고 조직을 유지하는 데 필요한 최소한 수준에서 작업이 진행되도록 노력하는 리더 행위 양태를 의미한다.
- (1,9): 과업형(Task management): 리더가 인간에 대한 관심보다는 과업 구조에 대한 관심을 보이고 과업구조의 명확화, 전문성 등의 다양한 행위를 보이는 경향을 가진다. 사람에 대한 배려 등 인간적 관계에 대한 관심을 거의 갖지 않고 집단 운영 및 과업 활동의 효율성에 주된 관심을 갖는 리더 행위 유형이다.
- (9,9): 팀형(Team management): 인간과 과업에 대해 모두 높은 관심을 보이는 리더 행위 유형이다. 이 리더는 좋은 인간관계와 과업에 대한 전문성을 모두 갖춘 부하들이 높은 수준의 성과를 성취한다고 믿는다.
- (5,5): 절충형(Middle of the road management): 인간에 대한 배려와 과업 전문성에 대하여 모두 중간 정도 수준의 관심에 기초하여 부하에 대한 리더 행위를 보이는 리더이다. 절충형의 리더는 최고의 성과가 아니더라도 적절한 수준에서 작업의 완수와 조직구성원들의 만족을 동시에 추구한다.

* 토의 주제: General Electric의 Jack Welch 전 사장과 유한킴벌리의

문국현 전 사장의 리더십 행위 패턴을 관리격자를 통해 위치시키고 그 근거에 대해 제시해 보시오. 그리고 두 사람의 리더십 행위 패턴을 종합적으로 비교 분석해 보시오.

* 특성이론과 행위이론의 정리

특성이론이 리더가 될 수 있는 특성과 기질을 구분하고 규명하는 것에 초점을 두고 있다면 행위이론은 효과적 리더가 가지는 행위적 특징이 무엇인가를 정리하고 구분하는 것에 초점을 두고 있다.

행위이론은 리더십 행위 패턴을 교육과 훈련을 통해 확산할 수 있다는 관점을 가지고 있다.

특수한 기질을 가진 리더가 배려와 구조 중심적 행위 패턴을 보인다면 이를 리더십의 특성과 행위론으로 같이 구성하여 설명할 수 있을 것이다. 이같이 특성이론과 행위이론은 상호 보완적이며 통합적인 시각을 제공할 수 있다.

사 례 Acer 그룹의 서전룽의 신속 리더십[2]

컴퓨터 관련 하이테크 산업은 관련 기술이 하루가 다르게 진보하기 때문에 이런 기술 동향에 정통한 리더십이 필요하다. 에이서 그룹의 CEO인 서전룽은 타이완 루캉에서 태어나 1976년 단돈 2만 5천달러로 사업을 시작해 컴퓨터 제조회사 에이서 그룹을 세계적인 기업으로 만들었다. 에이서는 첨단기술 개발 면에서는 미국과 일본, 한국에 비해 다소 뒤떨어지고, 비용면에서는 동남아시아나 중국과 경쟁할 수 없는 상황 속에서도 세계시장에서 지속적으로 성장해오고 있다. 이러한 에이서의 성장과 발전의 원동력은 서전룽의 신속 리더십이라고 볼 수 있다. 서전룽의 신속 리더십을 다음의 요소로 파악해보자.

첫째, 신속한 의사결정이다. 신속한 의사결정은 조직의 슬림화와 관련이 있다. 조직형태를 매트릭스구조화하여 직원이 중간 경영자에게 보고하는

2) 나가노 신이치로 외 저/김창남 옮김(2005), 세계를 움직이는 기업가에게 경영을 배운다(서울: 더난 출판)의 내용을 참조하여 저자가 새로이 구성하여 제시함.

과정을 생략하고 자신의 의견을 직접 고위층에 전달하는 구조를 구현하였
으며 조직의 구성원 전원이 직원이자 경영자로의 마인드를 가지고 일할 수
있도록 했다. 에이서에는 부하의 관리만 담당하는 직원은 존재하지 않으며
모든 직원이 경영전반에 걸쳐 매니저로서의 마인드를 가지고 있다. 경영자
는 결단을 내린다는 역할에서만 직원들과 구분된다.

둘째, 경쟁력있는 2등전략을 구사한다. 에이서는 최첨단 기술을 목표로
하지 않는다. 미국이나 일본에서 개발한 첨단 기술을 어떻게 하면 빠르게
제품화하여 시장에 출시하는가에 초점을 두고 있다. 그러다 보니 자연 에
이서는 미국과 일본 등의 최첨단 기업에서 필요로 하는 마더 보드 등 주요
부품 분야에서 꾸준히 수익을 창출하며 리드하고 있다. 에이서는 2등 전략
으로도 충분한 이익을 창출하고 있는 기업으로 ODM(Original Develop-
ment Manufacturing) 방식의 위탁생산으로 이익을 내고 있다. ODM 방식이
란 단순히 주문자가 설계한 내용대로 위탁 생산만 하는 것이 아니라 제품
설계단계부터 제조자가 개입해 위탁생산하는 방식이다. 그 정도로 에이서
는 제품 설계와 디자인에서도 능력이 있다는 것을 알 수 있다.

1. 서전룽의 리더십을 좀더 관련 문헌을 찾아 공부하고 그 리더십을 관
   리격자로 분류하여 보세요. 그리고 그 이유에 대해 설명해 보시오.
2. 서전룽 외에도 IT나 첨단 기술 분야의 CEO들의 리더십 특징을 조사
   하여 보고 공통점을 설명해 보시오.

3 상황적합이론(Contingency theories)

상황적합이론은 리더의 특성을 포함하고 있지만 그 효과성과 상황적
관점을 도입하여 리더십의 특성별 양태가 상황적합적일 때 효과적일 수 있
다는 주장을 한다. 즉 상황적합이론은 리더십의 성공은 상황적 요소에 달
려 있으며 리더십 특성이나 행위 양태가 상황적 요소와 적합할 때 그 효과
성이 발휘된다는 관점을 취한다. 지금까지의 리더십 특성이론이나 행위 이
론 등은 리더가 되는 요건이나 리더의 특정한 행위 패턴 등을 분석하고 연
구하였지만 이는 리더십에서 요구되는 특징과 그렇지 않은 요소 등을 구분

하였을 뿐 본격적인 리더십이 발현되는 효과성에 대해서는 엄격하게 다루지 못하였다. 반면 상황적합이론은 리더십의 효과성을 연구의 주요 목적으로 다루고 있으며 리더의 성공과 효과성을 결정하는 절대적인 기준이나 행태는 존재하지 않으며 무엇보다 리더의 특징과 행위 형태가 상황 요인과 일치하거나 적절하게 조화가 될 때 그 효과성이 발현된다는 관점을 가진다. 따라서 상황 요소에 의해 발현되는 리더십 행위 양태의 효과성은 다양할 수 있다고 본다.

1) 피들러의 상황론적 이론(The Fiedler contingency model)

최초의 리더십 상황론적 관점의 이론은 Fred Fiedler에 의해 개발되었다. 피들러는 리더십의 행위 유형을 측정하기 위해 LPC(The Least Preferred Coworker: 가장 좋아하지 않는 동료) 설문내용을 고안하였다.[3] LPC설문은 리더의 행위 유형을 파악하기 위한 18가지의 대조적인 행위 패턴에 대해 1점부터 8점까지의 척도를 정해 자기 진단적으로 판단하는 것으로 이 점수가 높을수록 응답자는 인간관계 중심적인(Relation oriented) 리더로 인정되고 이 점수가 낮을수록 응답자는 과업지향적인(Task oriented) 리더로 인정되는 체계를 가지고 있다. 이 설문의 기본 아이디어는 가장 함께 일하기 싫은 동료를 파악하고 기술하는 방식을 보면 동료보다 설문대상자 자신의 특성에 대해 더 많은 것을 알려준다는 것에 있다. 이 점수가 낮을수록 '같이 일하기 가장 싫은 동료 작업자'에 대하여 부정적이고 비판적인 평가를 하는 리더이고, 점수가 높을수록 그에 대해 긍정적인 평가를 하는 것이다. LPC점수는 8점 척도의 18개 문항으로 구성되어 있어 최소 18점에서 최고 144점까지 분포할 수 있다.

과업지향적 리더는 조직 목표 달성에 관심을 두고, 관계지향적 리더는 그보다는 집단 내의 인간관계에 더 중요한 관심을 두는 유형이다. LPC 점수에서 높은 점수(64점 이상)를 취득한 리더는 다른 사람들과 친밀한 인간관계를 유지하는 데 강조점을 둔 형태이다. 이를 관계지향적 리더라 칭하

---

3) Fiedler, F. E. & Chamers, M. M.(1974), *Leadership and Effective Management*, Glenview, Ill.: Scott, Foresman.

는데, 이들은 부하나 사람들과 친하게 지내는 것을 중요시하고, 부하들에 대한 사려와 배려, 그리고 후원적인 태도와 행위를 취한다. 대체로 이들은 부하들과 긴밀한 인간관계와 상호 소통에 주력하고 그 다음 과업 목표 달성에 주력하는 형태이다. LPC 점수에서 낮은 리더(57점 이하)는 조직이 부여한 과업 목표 달성을 우선시하고 과업을 완수하는 것을 가장 중요하게

표 9-1. LPC 설문

질의 내용	지금까지 함께 일한 동료들 중에서 가장 같이 일하고 싶지 않은 동료를 떠올리고 그(녀)에 대해 평가하시오.		
			점 수
즐거운 사람	87654321	즐겁지 않은 사람	
친절하고 다정한 사람	87654321	친절하지 않고 다정하지 않은 사람	
잘 거절하는 사람	12345678	잘 수용하는 사람	
긴장하고 있는 사람	12345678	여유있는 사람	
친하지 않은 사람	12345678	친한 사람	
냉정한 사람	12345678	다정다감한 사람	
후원적인 사람	87654321	적대적인 사람	
지루해하는 사람	12345678	재미있어 하는 사람	
싸우기 좋아하는 사람	12345678	잘 조화하는 사람	
우울한 사람	12345678	즐거워하는 사람	
서슴지 않고 개방적인 사람	87654321	주저하고 폐쇄적인 사람	
악담을 잘하는 사람	12345678	관대한 사람	
신뢰성이 없는 사람	12345678	믿을 만한 사람	
사려깊은 사람	87654321	사려깊지 못한 사람	
심술이 많고 비열한 사람	12345678	착하고 신사적인 사람	
마음이 통하는 사람	87654321	마음이 통하지 않는 사람	
불성실한 사람	12345678	성실한 사람	
친절한 사람	87654321	친절하지 않은 사람	

※ 점수가 64점 이상이면 관계지향적 리더십 형태이고 57점 이하이면 과업 지향적 리더십 형태로 분류됨.

자료원: 백기복(2014), 조직행동연구, 창민사.

여긴다. 이를 과업지향적 리더라고 지칭한다. 이들은 부하와 좋은 관계를 맺고 친밀한 배려를 하는 행위 등은 2차적인 것으로 과업을 훌륭하게 수행할 때나 중대한 과업문제가 없을 시 추구된다.[4]

리더의 행위 양태를 분류한 후 피들러는 상황을 구성하는 세 가지 요소를 제시하였는데 ① 리더-구성원 관계, ② 과업구조, ③ 지위 권력이 그것이다. 리더-구성원 관계는 리더와 구성원 간의 관계의 질을 의미하는 것으로 리더와 구성원이 얼마나 상호 신뢰하는 관계를 형성하고 있는지를 의미한다. 과업구조는 구성원들의 직무와 과업이 얼마나 정교하게 구조화되어 있는지를 의미한다. 과업구조는 목표 명확성, 목표-경로의 다양성, 과업결과의 검증가능성, 과업결과의 명확성 등을 포함하는데 목표 명확성은 과업 수행의 요구 조건이 명확하게 되어 있는지에 대한 사항이고 목표-경로의 다양성은 과업을 수행할 수 있는 방법의 수가 다양한지에 대한 것이다. 검증가능성은 과업을 수행한 후 그 결과를 평가할 수 있는 정도를 의미하고 결과의 명확성은 과업에 대한 최적의 해답이나 결과가 존재하는 정도를 의미한다.

지위권력은 리더가 구성원들의 관리란 측면에서 얼마나 조직으로부터 권위를 부여받고 있는지를 의미한다.

피들러는 개인의 리더십 행위 양태는 고정되어 있다고 가정했으며 이를 과업지향적인 리더나 관계지향적인 리더로 분류했다. 그리고 리더십 행위 양태의 효과성은 위 세 가지 요소로 판단되는 상황의 우호성이나 비우호성에 의존하게 된다. 상황의 우호성은 리더가 행사할 수 있는 통제력으로 정의되는데, 리더-멤버간 관계가 상호 신뢰하는 관계가 될수록, 부하가 담당하는 직무 및 과업이 구조화가 잘 되어 있을수록, 그리고 리더가 조직으로부터 공식적으로 부여받은 위치 권력이 충분히 강할수록, 부하에 대한 리더의 통제력은 커지므로 이를 우호적이라고 간주했으며 그 반대의 경우를 비우호적이라고 판단했다.

그는 과업지향적인 리더십은 리더에게 주어지는 상황이 매우 우호적

---

4) Rice, R. W.(1978), Construct validity of the Least Preferred Coworker Score, *Psychological Bulletin*, Vol. 85, pp. 1199-1237.

그림 9-2. 피들러의 상황론적 리더십 모델

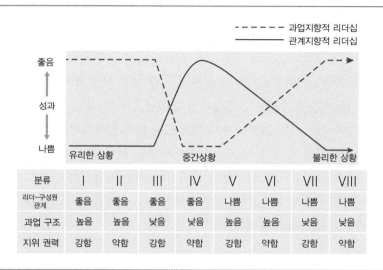

분류	I	II	III	IV	V	VI	VII	VIII
리더-구성원 관계	좋음	좋음	좋음	좋음	나쁨	나쁨	나쁨	나쁨
과업 구조	높음	높음	낮음	낮음	높음	높음	낮음	낮음
지위 권력	강함	약함	강함	약함	강함	약함	강함	약함

이거나 매우 불리할 때 효과적인 반면 관계지향적인 리더십은 리더에게 주어지는 상황이 적절하게(moderate) 우호적일 경우에 효과적으로 발현된다고 주장했다.

　피들러 모델에 대한 비판은 주로 측정에서의 복잡성 및 안정성과 관련된다. 피들러는 리더십 행위양태를 구분하기 위해 LPC 점수를 산출하였는데 LPC 문항내용이 다소 현실감이 떨어지고 측정상의 안정감이 떨어진다는 지적을 받았으며 상황을 결정하는 요소들이 무척 복잡한 과정으로 산출된다는 점 등이 비판의 핵심적 요지이다. 이를 구체적으로 살펴보도록 하자.

　첫째, LPC 측정방법에 관한 지적으로 LPC 설문지가 측정하고 있는 실체적인 내용이 과연 무엇인지에 대한 논란이다.[5] 즉 설문지가 리더의 성격이나 동기를 측정하고 있는지, 또는 LPC 점수가 리더의 행위 형태를 정말 설명하는 내용인지에 대한 문제 제기이다. 둘째 상황 변수의 선택과 적용

---

5) Ashour, A, S.(1973), The contingency model of leadership effectiveness: an evaluation, *Organizational Behavior and Human Performance*, Vol. 9, pp. 339-355.

이 쉽지 않고 문제가 있다는 점이다. 이론적으로 리더-부하관계, 과업구조, 지위권력 등을 상황요소로 주장했지만 경험적 연구의 진행상 다른 변수로 대체하는 경우가 많았고 측정 지수 자체가 일관되지 않다는 점이다. 특히 LPC 점수대를 보면 중간 점수대의 리더가 높은 점수대와 낮은 점수대를 더한 리더의 수보다 많게 나타나고 있는데 이를 별로 다루지 않고 있다. 사실상 중간점수대의 리더들이 집단성과에 있어서 더 성공적일 수 있는데 피들러의 모형에서는 이를 포함하지 못함으로써 LPC 설문지에 의한 일반화된 이론이라기보다는 하나의 부분적인 설명모델일 뿐이란 점이다[6].

결국 피들러의 학문적 공헌은 리더십에 대한 상황적합적인 모델을 처음 시작했다는 점과 리더십의 과정이 복잡하다는 점을 후속 연구자들에게 깨우쳐 주었다는 점일 것이다.

2) 인지적 자원이론(Cognitive Resource Theory)

피들러는 초기 상황론을 좀더 개량해 인지적 자원이론을 개념화하였다. 여기서 말하는 인지자원이란 리더가 가진 능력과 역량을 의미한다. 그는 상황적 우호성-비우호성을 결정하는 요소로 리더에게 가해지는 스트레스의 역할에 주목하였다. 리더에게 가해지는 스트레스가 리더가 가진 능력과 역량의 발휘를 조절하는 상황 요인이 될 것이라고 보았다. 그가 가정하고 있는 스트레스는 리더로 하여금 논리적이고 이성에 의존한 판단을 하는 것을 방해하는 요소로 간주되었고 스트레스의 수준이 높으면 상황적 비우호성이 높은 것이며 이런 상황에서는 리더가 이성적인 행위에 의존할 때 그 효과가 나타나지 않는다고 보았다. 오히려 스트레스의 수준이 높아 상황적 비우호성이 높다면 리더의 경험에 의존한 행위가 더 효과적일 것이라고 예측했다. 즉 리더의 지적 행위와 경험에 기초한 행위의 효과성은 스트레스 수준이란 상황적 요인에 의해 영향을 받는다는 것이다. 리더가 느끼는 스트레스 수준이 낮으면 리더의 지적 행위의 효과성이 높고 스트레스 수준이 높으면 리더의 경험에 기초한 행위의 효과성이 높게 된다.

---

6) Shiflett, S. C.(1973), The contingency model of leadership effectiveness: some implications of its statistical and methodological properties, *Behavioral Science*, 18(6), pp. 429-440.

그림 9-3. 스트레스 수준에 따른 리더십 효과성 차이

스트레스 수준	리더의 지적 능력	리더의 경험 정도
높음	비효과적	효과적
낮음	효과적	비효과적

3) 허시와 블랜차드의 리더십 상황이론(Hersey and Blanchard's Situational Leadership Theory: SLT): 성숙도 이론

허시와 블랜차드(Paul Hersey and Ken Blanchard)는 실무적인 차원에서 교육되어질 수 있는 리더십 모델을 개발하였다.[7] 사실상 이 모델은 포춘지 500대 기업 중 약 400개 이상의 기업에서 운용하는 리더십 프로그램과 결합하여 운용되었던 적이 있다. 이 모델에 기초해 1년당 약 100만명의 다양한 조직들에서 일하는 경영자들이 교육되어졌다. SLT 모델은 리더보다는 부하나 추종자에 초점을 두고 있는 이론으로서 상황 요인으로 부하나 추종자의 성숙성(Readiness)을 중시하고 있다. 이런 강조는 리더를 리더로 받아들이거나 거절하는 것은 결국 부하나 추종자들이란 현실을 전제하고 있는 것이다. 리더가 어떤 지휘 행동을 하든, 그 효과성은 부하들이 이를 어떻게 받아들이고 반응하는가에 전적으로 달려있다는 것이며 이 의미에서 부하들의 성숙성이란 요소가 부각된다. 허시와 블랜차드(Hersey and Blanchard)에 의하면 이 성숙도는 부하나 추종자들이 리더에 의해 부과된 과업을 실행할 의지와 능력이 있는지를 의미하는 것이며, 성숙도가 높은 추종자들일수록 리더가 깊이 관여하고 통제하는 방식의 행위보다는 추종자들의 능력과 의지를 충분히 활용할 수 있도록 많은 자율성과 책임 등을 추종자들에게 이양해주는 방식의 행위(자유방임적 또는 참여적 리더행위)가 효과적이라고 보았다. SLT는 특히 리더와 부하의 관계를 부모와 자식의 관계로 유비하여

---

7) Hersey, P. and Blanchard, K. H.(1982), *Management of Organizational Behavior*, Engelwood Cliffs: Prentice Hall.

설명한다. 즉 부하나 추종자가 충분히 성숙성이 있다면 구태여 리더가 부하에게 지시적인 행위를 할 필요가 없으며 부하나 추종자가 자신의 능력과 의지를 발휘할 수 있는 여지와 환경을 조성해주는 리더십이 필요하다는 것이다. 반대로 부하나 추종자가 성숙성이 낮다면, 부모가 성숙되지 못한 아이를 통제하듯이, 리더는 부하의 과업과정에 일일이 참여하여 지시하는 방식의 지시적인 지휘 행위를 하여 부하들을, 부모들이 양육하듯이 교육해 나가야 하는 것이다. 이 같은 유비 과정으로 인해 SLT 모델을 특히 양육 모델이라 지칭하기도 한다.

SLT 모델은 리더와 부하의 관계를 실증적 정교함을 가진 모델이기보다는 직관적인 관점을 가진 모델로서 추종자들의 중요성을 리더십 효과성에서 부각하며 실용적인 측면에서 기업들이 많이 응용을 하고 있다.

4) 경로목적이론(Path-Goal theory)

경로목적이론은 부하에게 그들이 수행하는 과업의 경로와 목표의 달성 방안을 리더가 명확히 제공하는 정도에 의해 리더의 효과성이 결정된다는 내용을 주장한다. 즉 리더는 부하가 그 목표를 달성할 수 있도록 그 방법을 제시하고 이를 지원하는 행위를 하는 사람으로 부하가 목표를 달성할 수 있도록 조직적 경로를 명확히 제시하고 인도하는 사람으로 묘사된다. 이 이론은 부하들이 열심히 동기부여되어 일할 수 있도록 하는 리더의 행위를 연구하는 것에 중심을 두었다. 하우스(Robert House)가 고안한 것으로 오하이오 주립대의 리더십 행위 유형인 구조중심과 배려를 응용하여 리더십 지휘 유형을 나누고 나아가, 동기부여에서의 기대이론 등을 혼합하여 생성한 리더십이론이다.

동기부여의 기대이론에 의하면 구성원들의 동기부여는 다음의 경우에 촉발된다. ① 구성원들이 열심히 노력하면 과업 성과를 달성할 수 있다고 기대할 때, ② 노력의 결과에 대해 보상이 주어질 때, ③ 과업 수행의 결과로 받는 보상이 매력도(가치)가 있다고 느낄 때이다. 이같이 리더가 부하들의 동기를 부여하려면, 먼저 목표 달성의 대가로 구성원이 받을 보상의 가치와 그 실현 가능성을 증가시켜야 하며, 구성원이 이 보상을 성취하는 것에 어려움이 없도록 장애물을 제거하거나 자신감을 불어넣어 줄 수 있어야 할 것이다. 즉 리더의 역할이 부하가 자신의 목적을 달성할 수 있도록 경로를 개척하는 것에 있다고 해서 하우스의 이론을 경로-목적이론이라 지칭하는 것이다.[8] 이 이론이 주는 교훈은 리더가 구성원들의 동기유발과 자극을 위해 부하들의 욕구에 적합한 리더십 유형을 활용하라는 것이다. 이 같은 역할은 구성원들이 과업을 수행할 때 결핍되어 있는 자원이나 작업 환경 등을 보완할 수 있는 행위를 선택함으로써 실현될 수 있다. 즉 리더의 역할은 추종자들이 그들의 목표를 성취하기 위해 필요하다고 인정되는 요소들을 제공하는 것이다. 이같이 경로목적론의 본질은 리더의 역할에 있는데, 리더는 기본적으로 추종자들의 목표를 달성하기 위해 필요한 자원을 지원하는 것이 본질적인 역할이라고 본다. 경로목적(Path-Goal)이란 용어는 효과적인 리더는 추종자들이 다양한 직무관련 활동을 통해 얻을 수 있는 목적을 성취하도록 그 역할과 과정을 명확하게 해야 한다는 신념으로부터 파생된 용어이다. 즉 리더는 추종자 개개인이 가지고 있는 목표를 성취할 수 있도록 아낌없는 지원을 해야 하며 이 지원은 조직적 목표 달성에 도움이 될 수 있도록 진행될 필요성이 있다. 그러기 위해 리더의 역할은 추종자 개인의 목적이 조직의 목적과 일치하도록 하는 경로를 만들고 이를 명확히 제시하는 것에 있다는 것이다. 이같이 리더의 행위가 어떻게 부하를 동기부여하고 성과를 얻을 수 있는지를 기대이론의 틀을 이용해 설명할 수 있다.

하우스(House)는 네 가지 리더십행위 유형을 다음과 같이 제시하였다.

- 지시적 리더십(Directive leadership)은 추종자들에게 필요한 과업의 설정, 과업수행에 대한 스케줄과 수행 및 완성에 대한 안내 등을 일일이 리더가 지시하는 방식을 의미한다.
- 지원적 리더십(Supportive leadership)은 추종자들의 욕구와 필요에 대해 높은 관심을 가지면서 이를 지원하는 리더십 행위방식을 의미한다.
- 참여적 리더십(Participative leadership)은 추종자들이 주요 의사결정에 그들의 의견이 반영될 수 있도록 참여시키고 리더는 문제해결과정에

---

8) House, R. J., A path-goal theory of leader effectiveness: a meta-analysis. Proceedings of the Academy of Management Meeting, pp. 189-192.

서 추종자들의 의사결정을 위해 자문하는 역할을 수행하는 리더의 행위유형이다.

- 성취지향적 리더십(Achievement oriented leadership)은 리더는 추종자들이 달성할 수 있는 도전적인 목표를 설정하고 이를 추종자들이 달성할 수 있도록 최대의 노력을 이끌어내는 행위 유형을 의미한다.

상황적 요인으로는 두 부류의 상황적 변수들을 전제하고 있다. 그가 제시한 상황적 변수들은 구성원들의 작업환경관련 변수(Environmental contingency factors)와 개인특성에 관련된 변수(Subordinate contingency factors)들이다. 먼저 추종자의 통제 영역 밖에 위치한 환경적 변인들로써, 과업구조(Task structure), 공식적인 권위 체제(Formal authority system), 작업집단(Work group)의 특성(교육수준, 구성원들간의 관계)들을 제시하였다. 개인특성에 관련된 변수들로써는 통제범위(locus of control), 경험(experince), 인지되는 개인 능력(perceived ability) 등을 제시하였다.

여러 상황적 리더십이론과 마찬가지로 경로목적이론에서는 상황이 리더십유형과 그 결과의 관계를 조절하는 요인으로 등장하고 있다. 이 이론을 근거로 하여 상황적 요인의 조절적인 작용을 다음과 같이 몇 가지 예로 제시할 수 있다.

- 과업의 구조화 정도가 낮고 애매모호한 상황일 때 지시적 리더십이 효과적이다.
- 부하나 추종자들이 고도로 구조화된 작업을 진행할 때 지원적 리더십이 효과적이다.
- 추종자들이 높은 능력과 전문적인 경험이 풍부할 때 지시적 리더십은 비효과적이다.
- 추종자들이 내적 통제범위가 높은 성격을 가질 때 참여적 리더십이 효과적이다.
- 과업의 구조화가 높지 않고 애매모호할 때 성취 지향적 리더십은 추종자들의 많은 노력을 이끌어 낼 수 있다.

그림 9-4. 경로목적모델

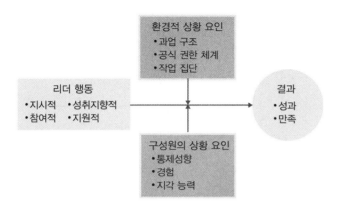

경로목적이론은 그 이론 구조의 복잡성으로 인해 실증 분석이 쉽지 않고 기존 실증 분석들은 대부분 일관된 결과를 보이지 않고 있다. 따라서 이 이론의 타당도를 당장 판단하기에는 이른 감이 있으며 향후 이론에 대한 충분한 테스트가 이루어질 필요가 있다.

5) 리더-멤버 교환이론(Leader-member exchange theory)

리더-멤버 교환이론은 리더는 추종자 그룹을 인 그룹과 아웃 그룹으로 나눠 인 그룹 내의 부하나 추종자들에게는 높은 교환관계의 질을 유지하지만 아웃 그룹 내의 부하나 추종자들에게는 공식적인 상호작용만을 허용하는 등 인 그룹과 아웃 그룹 간의 교환관계의 질이 다르다는 것에 착안한다. 리더는 인 그룹의 추종자들을 보다 신뢰하며, 많은 개인적 배려와 관심을 표방하지만 아웃 그룹의 추종자들은 이 같은 특별한 관계에서 배제되어 공식적 권위적인 상호작용에 근거한 관계를 유지할 뿐이다. 그리고 이와 같은 교환관계의 품질은 시간이 흐름에 따라 상대적으로 안정적이란 가정을 한다. 리더는 인 그룹의 추종자들에게 높은 성과에 대한 기대를 하며, 자신이 가용할 수 있는 자원을 최대한 투입하고자 하는 경향을 가지게 되지만 인 그룹의 추종자 역시 이런 리더의 투자와 기대에 부응하여 직무에 더 많

그림 9-5. 리더-멤버 교환이론(Leader-member exchange model)

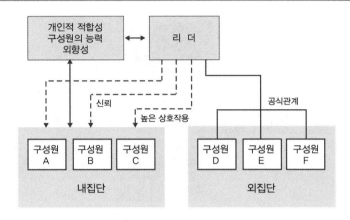

은 노력을 투입하게 되고 리더의 기대에 부응하게 됨으로써 양자간 교환관계의 질이 향상되고 강화된다.

이 이론은 리더와 추종자의 교환관계의 질이 리더십의 효과성을 결정하는 상황적 요인이란 관점을 가지며 대체로 이 이론을 검증하고자 한 실증연구들은 이 이론에 대한 경험적 증거를 제시하는 결과를 보여주고 있다.

6) 규범적 의사결정이론(Decision theory): 리더 참여 모델(Vroom and Yetton's Leader-Participation Model)[9]

규범적 의사결정론은 리더가 규범적 의사결정을 하기 위해 필요한 상황 분석 및 의사결정방식 등을 체계적으로 설명한다. 이 규범적 의사결정론은 의사결정자로서의 리더나 부하 행위를 강조한다는 점에서 다른 리더십이론과 차별된다.

블룸과 예튼(Vroom, V. and Yetton, P.)은 리더십행위와 의사결정에서의 추종자 참여를 연관시킨 리더 참여 모델(Leader Participation Model)을 주장하였다. 이들은 추종자나 부하들이 의사결정 참여가 늘어날수록 이들이 제

---

9) Vroom, V. H. & Yetton, P. H.(1973), *Leadership and Decision Making*, The University of Pittsburgh Press.

시한 대안이 수용될 가능성이 높으며 대안에 대한 몰입 역시 증가한다고 보았다. 이 모델은 다양한 형태의 상황에 따라 참여적 의사결정의 수준과 형태가 달라지는 규칙들을 제시하였다. 최종적으로 확정된 12개의 상황요인들은 다음과 같다.

- 의사결정의 중요성
- 의사결정에 대하여 추종자의 헌신이 필요한 정도
- 리더가 정확한 의사결정을 할 수 있도록 충분한 정보를 가지고 있는지의 여부
- 문제가 얼마나 잘 구조되어 있는지
- 독재적 의사결정이 추종자들의 지지와 헌신을 얻을 수 있는지
- 추종자들이 조직의 목표를 받아들이는 정도
- 문제해결방법에서 추종자들간 이견과 갈등이 야기되는 정도
- 추종자 참여를 제한하는 시간적 제약
- 산재해 있는 구성원들을 모으는 비용이 정당화될 수 있는 정도
- 결정을 내리는 데 소요되는 시간을 최소화하는 것이 가지는 중요도
- 추종자의 의사결정 기술을 개발하는 도구로써 추종자 참여를 사용하는 것의 중요도

규범적 의사결정론은 의사결정이란 추종자 집단의 참여 활동과 리더와의 관계를 파악함으로써 의사결정론과 리더십을 연관시키고 있다.

첫째, 리더는 상황을 평가하는 데 있어 위에서 제시한 다양한 상황 요인을 신중하게 검토해야 한다. 이런 요인들은 필수적인 상황요인으로 리더의 의사결정에 반영된다.

둘째, 리더는 상황에 따른 효과적인 의사결정을 하기 위해 고려해야 할 상황을 체계적으로 제시함으로써 의사결정의 질을 제고할 수 있다.

셋째, 리더는 의사결정 형태를 결정할 시 부하의 수용성 및 만족, 시간적 제약 등 다양한 요인 등을 고려해 가장 효과적인 형태를 선택할 수 있다.

사 례　유한킴벌리의 전 CEO 문국현[10]

　　재임당시 약 13년 동안 매출액이 4배 이상 증가하였고 순이익은 무려 17배 이상 늘어난 기업. 유아용품, 여성용품, 가정용품 등 8개 사업 분야 모두에서 시장 점유율 1위를 달성한 기업. IMF 경제위기를 겪으면서도 인력 감축을 시행하지 않고 고속 성장을 했으며 부채 비율을 사실상 0으로 달성했던 회사. 이런 수식어들은 유한킴벌리 문국현 사장이 재임시 달성했던 성적이다. 그러나 이런 성공은 단순히 훌륭한 한 명의 CEO와 온건한 노조가 만들어낸 합작품이었다고 볼 수는 없다. 물론, 4조 교대제에 대한 문국현 사장의 신념과 노조에 대한 설득과정이 없었다면, 그리고 투자의 열매가 맺기를 기다리는 인내의 시간이 없었다면 유한킴벌리의 성공은 불가능했을 것이다. 또한 그 바탕에 깔려있는 교육과 평생학습, 그리고 사람을 존중하는 사고방식이 없었다면 현재의 유한킴벌리는 존재할 수 없었을 것이다.

　　유한킴벌리의 성공 뒤에는 험난한 고난의 과정이 있었다. 그리고 4조 교대제라는 근무체제를 전 공장에 도입하기까지에는 회사와 직원들 사이의 첨예한 대립과 갈등, 그 갈등을 극복하기 위한 끈질긴 노력이 있었다.

1. 유한킴벌리의 문국현 사장의 경영 및 리더십 스타일에 대해 논의해 보시오.
2. 어떤 과정을 통해 유한킴벌리의 턴어라운드가 가능했는지에 대해 조사해 토론해 보시오.
3. 유한킴벌리와 사장은 교대제를 두고 어떤 대립적 갈등을 겪었고 이것을 어떻게 극복했는지에 대해 조사하고 논의해 보시오.

---

10) 정혜원(2004), 대한민국 희망보고서 유한킴벌리(서울: 도서출판 거름)의 내용의 일부를 저자가 재구성함.

리더십에 관련되는 이슈들

제10장 리더십에 관련되는 이슈들

　　최근 리더십론은 갈수록 부하들에게 영감을 주는 리더 행위를 부각하는 측면이 강해지고 있다. 부하에게 영감을 주기 위해서 중요시되는 리더의 기능이 바로 의사소통(Communicator) 능력이다. 리더는 부하에게 특정 비전이나 사건에 대해 의미를 형성하여 이를 부하들에게 전달함과 동시에 리더의 말과 행동, 그리고 아이디어를 통해 부하들을 동기부여시키는 역할을 하여야 한다. Framing이란 용어는 특정 비전이나 사건에 대해 부하들이나 타인들에게 그 의미를 부여하고 이해하게 하는 방법을 의미한다. 대체로 역사상 성공한 리더들은 Framing을 통해 부하들에게 자신이 제시하는 비전과 특정 사건에 대한 해석을 제공하고 이를 부하들과 공감하며 이의 성취를 위해 부하들을 동기부여시키는 데 성공한 사람들이다. Framing은 어떤 주제에 대해 부각시킬 것을 찾아 부각시키고 강조할 내용을 찾아 강조함으로써 특정 주제에 대하여 타인들로 하여금 공감하게 하는 능력이다. 이 같은 의사소통능력은 과거 리더십에서는 크게 부각하지 않았던 내용이다. 본 장에서는 리더의 부하와의 의사소통능력과 소통 행위를 강조하는 현대 리더십이론들에 대해 공부하도록 한다.

제 1 절
카리스마 리더십(Charismatic Leadership)

1 카리스마란

Max Weber에 의하면 카리스마(Charisma)는 그리스어로 재능(Gift)이란 의미로서 평범한 사람들과는 분리되는 특징으로써, 신으로부터 받은 예외적인 권력이나 재능을 지칭하는 용어이다. 즉 카리스마는 기적을 행하거나 미래의 사건을 해결할 수 있는 능력과 같이 "하늘이 준 재능"이다. 카리스마에 기초한 권한과 이에 대한 부하들의 순응은 리더가 비범한 자질을 부여받았다는 부하의 인식에 기초하고 있기 때문에 이에 대한 부하들의 믿음을 유지하여야 하고 리더는 자신의 카리스마를 지속적으로 입증해야 한다.

이 카리스마를 리더십에 접목한 최초의 조직행동분야 학자는 Robert House이다.[1] 그에 의하면 추종자들은 리더의 행위를 관찰할 때 영웅적이거나 특출한 리더의 능력에 기인해 리더를 인정하고 추종하는 경향을 보인다고 했다. 이같이 리더의 능력에 내재된 것이 카리스마라 할 수 있는데 이 특징을 규명하는 연구들이 최근에 많이 이루어지고 있다.

카리스마 리더십이 신이 부여한 재능의 효과를 산출하는 것이라면 이 효과를 만들어 내는 리더의 특성이나 행위를 확인하는 것이 이론 성립에 필수적인 요건이 된다. 막스 베버에 의하면 카리스마 리더는 어떤 특출한 재능을 가지고 있어야 하며, 이것이 부하들에게 행사되어 부하들도 그 리더의 재능을 인정할 수 있어야 한다. 여기서 카리스마의 기능은 구체화되지 않으며 명확하게 개념화되어 있지 않아 신비로운 자질로만 인식되어지고 있다. 이런 카리스마적 재능은 리더의 특징과 행위, 부하들의 특징, 그리고 상황적 요인과의 매우 복잡한 상호작용일 가능성이 높다. 우리는 이에 따라 카리스마적 효과를 산출하는 현상을 리더의 특징과 행위, 그리고

---

1) House, R. J.(1977), A 1976 theory of charismatic leadership, In J. G. Hunt and L.L. Larson(Eds.), *Leadership: The cutting edge*, Carbondale, IL: Southern Illinois University Press.

다양한 상황 요인으로 설명하는 것이 필요하다.

2 카리스마 리더의 특징, 행위, 상황요인

1) 카리스마 리더의 특징

하우스(House, R.)는 구성원들에게 카리스마적 영향을 주는 리더와 그렇지 않은 리더를 구분할 수 있는 세 가지 특징을 언급하였다. 이런 카리스마 리더의 특징은 "남을 지배하는 우위성," "높은 자신감," "자기 신념과 도의적 정당성에 관한 확신," "영향력을 주고자 하는 욕구" 등이다. 즉 카리스마 리더는 남을 지배하고자 하는 우월성을 가지고 있으며, 자신감이 있고, 자기 신념이 도의적으로 정당하다는 믿음과 다른 사람에게 영향력을 주려는 강한 욕구를 가지고 있다.

한편 콩거와 카눈고(Conger, J. A. and Kanungo, R. N.)[2]는 카리스마 리더의 특징을 "비전의 명확화," "개인적 위험 감수," "추종자 욕구에 민감," "특출한 행동" 등 네 가지로 정리하였다.

- 비전의 명확화(Vision and Articulation): 카리스마 리더는 부하들에게 미래에 대한 비전과 목표를 심고 그들이 이해할 수 있는 방식으로 비전과 목표의 중요성을 명확히 각인시킨다.
- 개인적 위험 감수(Personal Risk): 카리스마 리더는 그가 제시한 비전과 목표를 성취하기 위해 스스로 위험을 감수하고 기꺼이 희생하고 봉사하고자 한다.
- 추종자 욕구에 민감(Sensitivity to follower needs): 과업실행과정에서 추종자의 욕구와 필요에 매우 민감하게 반응한다.
- 특출한 행동(Unconventional Behavior): 리더는 기존 규범과는 달리 새롭고 특출한 행동을 함으로써 추종자들에게 강렬한 이미지를 준다.

---

2) Conger, J. A. and Kanungo, R. N.(1998), *Charismatic leadership in organizations*, Thousand Oaks, CA: Sage, p. 94.

2) 카리스마 리더 행위

카리스마 리더는 부하들에게 영향을 미치기 위해 "역할 모델 이용," "이미지 구현," "목표의 명확화," "높은 기대와 신뢰감의 표현," "동기부여유발 행위" 등을 한다고 했다.

- 역할 모델 이용: 카리스마 리더는 부하들이 수용할 수 있는 가치관과 신념의 명확한 역할 모델이 되어 준거적 권위에 따른 부하들의 순응과 동조를 야기한다. 만일 부하들이 리더를 존경하고 역할 모델로 동일시한다면 부하들은 리더의 가치 체계와 사고 방식 등을 모방하고 받아들여 조직성과를 향상시키려고 노력할 것이다. 예를 들어 미얀마의 아웅산 수지 여사는 미얀마 군부 정권의 폭압에 대해 비폭력적 저항과 민주 의식을 역설하면서, 시민 저항 운동의 전형적 역할 모델이 되었다. 수없는 가택 연금을 당해가면서 다른 사람들이 제공하는 편의를 거부하고 사회적 저항 운동을 주도했다. 이런 아웅산 수지 여사의 저항과 투쟁은 민주화를 위한 자기 희생의 모범이 되었다.

- 이미지 구현: 카리스마 리더는 부하들에게 특출하고 유능한 사람으로 인지되도록 행동해야 한다. 리더 자신이 재능이 있고 충분한 성공을 성취할 수 있는 사람이란 이미지를 구현함으로써 리더에 대해 신뢰와 존경을 인지하도록 하고 이를 통해 리더에 대한 자발적인 순종 등을 유인해낼 수 있다.

- 목표의 명확화: 카리스마 리더는 자신의 이념적 목표를 부하들이 이해할 수 있도록 명확한 언어로 표출한다. 리더는 미래에 대한 비전을 제시하고 부하들의 과업에 의미성을 부여하는 등의 행위를 통하여 부하들을 동기부여한다.

- 높은 기대감과 신뢰의 표현: 카리스마 리더는 부하들에게 높은 기대감을 표현하고 그 기대에 반응하는 부하들의 역량에 대해 높은 신뢰감을 보인다. 그리고 부하 스스로 할 수 있다는 자신감을 심어 준다. 즉 이런 행위를 통해 부하들의 직무에 대한 자기효능감을 높여 성과 향상을 위해 노력하게 한다. 부하는 리더가 제시한 도전적인 목표를 수용하여 리더의 높은 기대에 상응하기 위해 많은 노력을 기울이게 된다.

그림 10-1. 하우스의 카리스마 리더십 모델

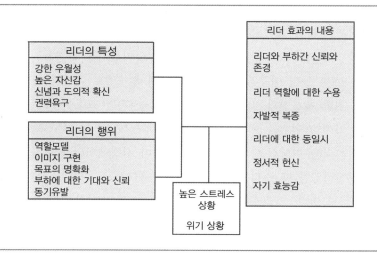

- 동기부여 유발: 카리스마 리더는 구성원들의 정신과 마음에 내재되어 있는 자존감, 정의 의식 등을 자극하여 구성원들의 동기부여를 자극한다. 예를 들어 마틴 루터 킹 목사의 유명한 연설 "I have a dream"은 이 같은 자존감과 정의 의식을 자극한 대표적인 사례가 될 것이다.

3) 카리스마 리더십의 상황요인

하우스(House, R.)에 의하면 카리스마 리더의 효과성은 스트레스나 긴장이 높은 상황이나 위기가 닥쳤을 때 그 효과가 높을 것이라고 주장되었다. 왜냐하면 어렵고 위기의식이 높은 상황에서 부하들은 리더가 자신들에게 어려움을 헤쳐 나갈 수 있는 해법을 제시할 것이라고 기대하기 때문이다. 또한 이렇게 어렵고 힘든 시기에 리더가 제시하는 해법에 대하여 부하들의 수용성이 높아진다.

카리스마 리더십이 추종자의 만족도 및 성과와 깊은 연관성이 있다는 많은 연구들이 존재한다. 그러나 카리스마 리더십이 좋은 결과를 가져오지 않을 수 있다는 연구 역시 존재하고 이들은 카리스마 리더십의 효과성이 상황에 의해 좌우된다고 주장한다. 대체로 카리스마 리더십이 제대로 발현되기 위해서는 정치나 종교 또는 비즈니스 상황이든 그 상황이 스트레스가 높은 경우이거나 상당한 위기 상황일 가능성이 높을 때이다. 기업을 둘러싼 환경이 암울하고 불확실성이 높을 때 카리스마 지도자 행위는 추종자에게 희망과 비전을 주고 이념적이고 감성적인 동기부여를 촉진하는 것에 효과적이다. 예를 들면 대공황의 어려운 시기에 루즈벨트 대통령은 이로부터 벗어나기 위한 청사진과 비전을 제시하였다. 1970년 크라이슬러 자동차가 파산의 위기에 직면했을 때 최고경영자 아이와코카는 회사를 새롭게 발명하고 개혁하려는 리더십을 발휘하였다. 애플이 시장에서의 활력을 잃고 방향성을 상실하였을 때 스티브 잡스는 새로운 혁신으로 가는 비전과 목표를 명확히 제시하였다. 카리스마 리더십은 다음과 같은 상황에서 효과적으로 발현되는 경향이 있다.

- 회사의 위기, 또는 경제상황이 위기 상황일 때
- 부하의 과업이 이념적 요소를 많이 포함하고 있는 경우
- 리더가 조직의 높은 지위에 있는 경우
- 추종자들이 좌절하여 있거나 자신감이 결여한 경우

3 **카리스마 리더십은 교육되어지고 훈련되어질 수 있는가?**

리더십에서는 과거부터 제기되어온 질의지만 카리스마 리더십에서도 이 같은 질의가 논의되고 있다. 즉 카리스마 리더는 태어나는지 아니면 만들어질 수 있는지에 대한 논의이다. 카리스마 리더는 천부적인 요소에 의해 결정되는 것인가 아니면 후천적으로 교육되어 만들어질 수 있는가. 그간의 연구에 의하면 카리스마는 개인의 성격과 기질과 많이 연관되는 것으로 나타나고 있다. 일란성 쌍둥이 실험을 통해 우리가 알고 있듯이 개인이 가진 성격이나 기질은 유전적인 영향을 많이 받는 것으로 알려져 있다. 이와 관련시키면 카리스마 리더십을 가진 리더는 대체로 외향적이고 자기자긍심과 자신감이 높을 뿐 아니라 성취지향적인 성격을 보인다. 흑인 인권운동을 주도한 마틴 루터 킹 목사나 CNN을 설립한 테드 터너 같은 인물 등은 이 같은 특징을 잘 보여주고 있는 리더들이다. 비록 많은 사람들이 카

리스마는 재능으로 주어지는 것이고 교육되어지기에는 힘든 내용이라는 주장들을 하고 있지만, 오히려 최근의 연구자들은 누구나 카리스마적 리더 행위를 수행하도록 교육되어지고 훈련되어질 수 있다는 주장을 하고 있다. 이 연구자들은 평범한 개인이 카리스마 리더로 발전하기 위해 다음과 같은 3단계의 변화 모델을 제시한다.

- 카리스마 리더가 되고자 하는 개인은 먼저 현실에 대한 낙관적 견해를 가지고 열정으로 타인과 소통하려는 노력을 해아 한다.
- 개인은 타인과의 의사소통을 통해 타인에게 지적 영감을 주고 상호 유대감을 창출할 수 있도록 노력해야 한다.
- 개인은 타인의 감정을 공감하고 다독임으로써 타인이 가지고 있는 잠재력을 발견하고 이를 이끌어 내는 노력을 해야 한다.

위 3단계의 변화모델의 내용을 한마디로 압축한다면 바로 "소통"이라고 볼 수 있다. 즉 카리스마 리더의 핵심은 타인과의 소통을 의미하는 것이고 이 소통을 통해 비전을 제시하고 비전 성취를 위하여 필요한 추종자들의 지지를 이끌어내는 능력을 카리스마라고 지칭하고 있음을 발견한다.

4 **어떻게 카리스마 리더는 추종자들에게 영향을 미치는가?**

카리스마 리더가 추종자에게 미치는 영향과정을 다음의 네 가지 단계로 서술할 수 있다

첫째, 리더는 비전을 명확히 해야 한다. 비전은 현재보다 더 나은 미래와 현재와의 연결성을 강화하여 추종자들에게 희망적 동기부여를 자극한다. 애플의 스티브 잡은 애플의 임직원들에게 향후 애플 제품에 대해 두 가지 명확한 비전을 제시했다. 그 것은 향후 애플 제품은 기존의 틀을 깨는 혁신성(Groundbreaking)이 있어야 하며 동시에 사용자 친화적인 인터페이스(User friendly interface)를 제공해야 한다는 것이다. 애플의 이 전략은 차기 애플의 수준작인 아이 포드와 아이 패드에 충실히 반영되었다. 특히 사용자 친화적인 인터페이스는 누구나 무선으로 노래나 음악, 동영상 등을 업

로드하거나 다운로드할 수 있는 환경을 구축한 것에 반영되었고 제품의 혁신성 역시 기존의 아날로그형 사고를 벗어난 획기적인 변화를 가져왔다고 평가되고 있다.

둘째, 비전은 비전 선서(Vision Statement)와 같이 구체적으로 그리고 순차적으로 제시되어야 한다. 카리스마 리더는 비전 선서문으로 자신이 주창했던 비전을 보다 명확히 구체적으로 서술해 이를 추종자들에게 제시하여야 한다.

셋째, 리더는 자신의 말과 행동으로써 추종자들이 모방하고 따라야 할 본보기를 제시하고 새로운 가치와 신념을 전파해야 한다.

넷째, 리더는 감정이입적으로 때로는 특출한 행동으로써 자신이 비전을 실행할 용기와 확신, 신념을 가지고 있음을 증빙하고 이를 추종자들에게 전파해야 한다. 리더는 감정적인 확산 효과를 통해 자신의 확신과 용기를 추종자들의 감정과 생각 속으로 전파시켜야 한다. 마틴 루터 킹 목사의 유명한 연설인 "I have a Dream speech"는 대중들의 감성에 호소하는 방식으로 어떻게 카리스마 리더가 자신의 감정과 신념을 추종자들에게 공감시키고 전파시키는지를 잘 보여주는 사례일 것이다.

제 2 절
Level 5 리더십

카리스마가 항상 답을 의미하는 것은 아니다. 오히려 자기 중심적 카리스마는 조직 목표보다는 자신의 유익을 위해 사용되어지기도 한다. 예를 들어 CEO가 누리는 다양한 혜택들, 높은 급여, 해변의 고가 주택, 전용 비행기 등이 여기에 해당된다. 카리스마 리더로 알려진 아돌프 히틀러를 생각해보아라. 그는 추종자들에게 영감을 주고 비전을 심는 데 탁월하였으나 추종자들로 하여금 파괴적인 결과를 안겨주었다. Level 5 리더십이론은 이같이 자기 중심적 카리스마를 극복하는 무엇인가를 찾는 과정에서 나타났다. 이 리더십이론은 다음과 같은 요소를 가진다.

- 개인적 역량(Individual Capacity)
- 팀 기술(Team skills)
- 관리 역량(Managerial capacity)
- 추종자들로부터 높은 성과를 달성하게 하는 능력(the Ability to stimulate others to high performance)
- 겸손과 직업적인 의지(a blend of humility and professional will)

Level 5 리더는 자신의 자아를 위대한 회사를 건설하는 목표에 두며, 기꺼이 실패에 대한 책임을 자신이 지고자 할 뿐 아니라 성공에 대한 공적은 추종자들에게 돌리는 행동 패턴을 보여주는 리더이다.

제3절

거래적 리더십(Transactional leadership)과 변혁적 리더십(Transformational leadership)

부하들에게 조직의 목표를 명확히 제시하고 개인의 목표와 조직의 목표가 일치할 경로를 설정하는 방식으로 즉각적인 보상과 관리방식이 필요한데 이같이 부하와 리더의 거래적 관계가 영향력의 동인이 되는 리더십을 거래적 리더십이라고 한다. 거래적 리더는 거래적 관계에 근거한 즉각적 보상과 관리를 이용하며 추종자들의 역할과 과업 조건 등을 명확히 함으로써 이들을 조직의 목표로 유인하고 동기부여한다. 거래적 리더십은 리더가 행위, 보상, 인센티브 등을 이용하여 부하들로부터 조직 기여 행위를 하도록 만드는 과정인데, 이 과정은 리더와 부하의 거래적 교환관계에 기초한다.3) 리

---

3) Kuhnert, K. W.(1994), Transforming leadership: developing people through delegation, In Bass, B. M., Avolio, B. J.(ed.), *Improving Organizational Effectiveness Through Transformational Leadership*, Thousands Oaks, CA: Sage.

더는 교환이라는 시각을 가지고 부하의 행위 변화를 유도하고 자신이 부하에게 원하는 바를 명확히 제시함으로써 암묵적인 계약관계를 형성한다.[4]

반면 변혁적 리더십은 추종자들이 그들 자신의 이익을 넘어 조직의 집단적 이익을 추구하게 할 정도로 추종자 자신의 근본적인 변화를 초래할 수 있는 영향력을 행사하는 리더십을 의미하는 것으로 리더와 추종자의 관계는 거래관계를 넘어선 존경과 절대적 신뢰의 관계를 형성한다. 거래적 리더십과 변혁적 리더십은 상호 배타적인 관계가 아니고 변혁적 리더십의 개념이 거래적 리더십의 요소를 모두 포함하고 있어 상호 보완적이라 볼 수 있다. 오히려 이보다 더 나아가 변혁적 리더십은 거래적 리더십이 가지는 거래적인 관계의 명료화를 넘어서 추종자가 자신의 이익보다는 집단의 이익을 더 중시하는 방향으로 변혁시킨다는 의미에 강조점을 두고 있으며 이를 위해 추종자를 지적으로 자극하고 보다 더 창의적으로 일할 수 있도록 영향력을 행사한다.

1 거래적 리더십의 구성요소

1) 즉각적 보상(Contingent Reward): 높은 노력, 성과와 성취에 대해서는 즉각적인 보상을 제공한다. 리더 자신이 만든 성과 수준에 맞게 부하가 성과를 달성하면 동기부여 차원에서 보상과 인센티브 등을 제공하는 것을 의미한다. 거래적 리더는 부하와의 대화를 통한 합의에 기초하여 보상을 받기 위해 필요한 행위와 성과 표준 등을 정한다. 그리고 성취한 결과를 평가하고 이를 인정하는 행위 등에 대해서도 정하게 된다. 즉각적 보상은 부하가 바람직한 성과를 달성하였을 때 시기적절하게 이루어지는 리더의 반응을 의미한다.

2) 예외에 의한 관리(Management by Exception): 예외적인 관리는 리더가 예외적인 사건이 발생했을 때 리더가 간여하는 활동을 의미하며 적극적인 의미와 소극적인 의미를 모두 포함한다. 적극적인 의미는 성과표준을 벗어나는 행위나 결과에 대해 적극적으로 원인을 찾고 수정하고자 하는 적

---

4) Burns, J. M.(1978), *Leadership*, New York: Harper and Row.

극적인 간섭을 의미하고 소극적인 의미는 표준에 벗어나는 결과에 대해서
만 관리자가 소극적으로 간섭하는 것을 의미한다.

적극적 예외에 의한 관리는 어떤 문제가 발생하기 전에 리더가 예방적
차원에서 이를 미리 점검하고 부하가 효율적으로 과업을 수행토록 독려하
는 것이다. 소극적 예외에 의한 관리는 미리 성과표준을 정해 이 기준을 벗
어나는 일탈이 발생했을 때에만 리더가 개입하여 이에 대한 시정 활동을
하는 것이다. 따라서 적극적 예외에 의한 관리는 리더가 미리 문제를 찾고
부하의 성과를 가까이에서 점검하는 것이고 소극적 예외에 의한 관리는 문
제가 발생한 후에 개입하는 것이다.

3) 자유방임(Laissez-Faire): 권한과 책임을 추종자에게 충분히 위양하는
것을 의미한다. 리더가 목표 달성을 위한 점검 등을 적극적으로 하는 것보
다는 리더는 책임과 권한을 부하에게 위임하고 부하들이 자신들의 능력을
발휘할 수 있도록 개입 정도를 최소화하는 것이다.

2 변혁적 리더십의 구성요소

변혁적 리더십은 구성원들로 하여금 자신들의 개별적 이해관계를 넘
어서 집단이나 조직의 목적을 이해하고 성취하도록 유도하고 높은 수준의
욕구를 촉진시켜 직무 성과의 중요성과 가치를 인식시킴으로써 구성원들을
동기유발하는 것이다. 바스와 아볼리오(Bass and Avolio)는 변혁적 리더십의
요소를 다음과 같이 소개했다.[5]

1) 이념적 영향력(Idealized Influence): 카리스마 또는 이념적 영향력은
변혁적 리더십의 핵심적 요인이다. 카리스마 리더십은 비전을 만들고 목표
를 명확히 해 집합적 행동이 나타나도록 직원들을 동기부여하고, 환경의
추세에 민감히 반응하며, 관습과 전통에 얽매이지 않고 기꺼이 개인적 위
험을 무릅쓰는 행위를 보여주면서 다른 사람에게 영향력을 행사한다. 이러
한 행위들은 구성원들에게 강력한 역할 모델이 되어 구성원들이 리더의 가

---

5) Bass, B. M. and Avolio, B. J.(1994), *Improving organizational effectiveness through
   transformational leadership*, Thousands Oaks, CA: Sage.

치관과 비전을 수용하고 전체를 위해 자신의 피와 땀을 흘리게 한다. 구성원들은 리더를 신뢰하고 리더와 함께 일하는 것을 자랑스럽게 여기며 높은 감정적 유대감을 가지게 된다. 이러한 카리스마적 영향력을 이념적 영향력이라고 지칭한다. 이 이념적 영향력의 귀인은 구성원들이 리더에 대해 신뢰와 존경심을 가지고 리더와 동일시하고 리더가 구성원들의 역할 모델로 자리잡는 것에 있다.

2) 영감(Inspiration): 리더는 부하에게 비전을 제시하고 문제 해결을 위한 미래의 방향에 대해 영감을 이용한 동기부여를 촉진한다. 리더는 바람직한 목표를 제시하고 이를 성취할 수 있는 방법 등을 제공함으로써 부하들이 스스로 해낼 수 있다는 자긍심을 심어준다.

3) 지적 자극(Intellectual Stimulation): 지적 자극은 구성원들에게 업무수행의 기존 방식에 대해 의문을 제기하고 새로운 방식을 사용하도록 도우며 부하의 가치관, 신념에 대해서뿐 아니라 리더나 조직을 향한 가치관, 신념에 대해서도 끝없는 문제의식을 갖게 함으로써 항상 새로운 변화를 모색하게 하는 것이다. 바스(Bass)는 지적자극역할에서 변혁적 리더와 거래적 리더간에 현격한 차이가 있다고 보았다. 거래적인 리더는 반응적인 반면에 변혁적 리더는 적극적이고 능동적이며 아이디어 창출에 있어서도 보다 혁신적이고 창의적이다. 리더에 의한 지적 자극의 결과로, 구성원들은 당면한 문제를 해결할 수 있는 역량을 개발하고 스스로 문제를 해결하는 것을 학습하게 된다.

4) 개인적 배려(Individualized Consideration): 부하들을 개별적이고 인격적인 관계로 대우하고 부하가 가지고 있는 욕구에 깊은 관심을 가지고 이를 파악하여 만족시킬 뿐 아니라 개별적인 멘토링이나 코칭 등을 통해 부하의 능력을 개발하는 활동을 지칭한다. 즉 부하 개개인이 가진 잠재성을 발견하여 부하들로 하여금 우수한 성과를 올릴 수 있도록 발전시키는 활동이라 할 수 있다. 리더는 개인 부하에 대해 멘토나 코치로서의 역할을 수행함으로써 부하의 성장욕구를 자극하고 이를 실현하도록 조언 및 지원을 해 준다.

변혁적 리더십과 카리스마 리더십은 사실상 유사한 개념으로 인정되고 있다. 변혁적 리더십이 카리스마 리더십보다 포괄적인 개념이며 이 리더십들을 측정하는 도구들은 대체로 비슷한 내용으로 구성되어 있다.

제4절

진성 리더십(Authentic Leadership): 윤리와 신뢰가 핵심 요소인 리더십

그들 자신이 누구이며 어떤 가치를 가지고 있으며 그 가치를 추구하기 위해 윤리적이고 정직하게 활동하는 사람들로서, 리더와 추종자의 관계는 윤리성에 기초한 신뢰에 의해 유지되고 상호 밀착되는 리더십을 지칭한다. 이 신뢰는 추종자와의 열린 정보공유와 의사소통, 그리고 자신의 신념에 대한 일관된 고수에 의해 유지되거나 발전한다.[6]

1 신뢰란 무엇인가?

신뢰란 상대방이 기회주의적 행위를 하지 않을 것이란 긍정적인 기대를 의미하며 상대방에 대해 자신을 노출시켜 기꺼이 위험을 감수하고픈 의지에 반영된다. 상대방에 대한 긍정적인 기대감은 오랜 시간을 통해 상대방을 경험한 이후 나타나는 친근감에 의존한다. 이런 친근감이 없이 나 자신의 취약성을 상대방에 의존할지를 결정하는 것은 신뢰가 아니라 일종의 도박일 것이다. 나 자신의 취약성을 상대방에 노출시킴으로써 상대방이 이 것을 이용하여 자기 이익을 도모하는 행위를 기회주의적 행위라 하며 나 자신이 상대방을 신뢰한다면 취약성 노출을 기꺼이 하더라도 상대방이 이를 이용하지 않을 것이란 믿음을 가진다는 것이다. 실증적 증거는 신뢰가

---

6) Avolino, B. J., Gardner, F. O., Walumba, F., and May, D. R.(2004), Unlocking the mask: a look at the Process by which authentic impact follower attitudes and behaviors, *Leadership Quarterly*, Dec., pp. 801-823.

약 5가지의 요소로 구성됨을 보여준다.

온전함(Integrity)은 정직과 진실을 의미한다. 다섯 가지 요소 중 이것은 부하가 리더의 진실성을 판단할 때 가장 중요한 역할을 한다. 역량(Competence)은 개인의 종사분야에의 전문적 기술과 지식, 사람관리기술과 지식 등을 의미한다. 저 분이 자신이 이야기하고 있는 바를 알고 이야기하고 있는가? 자신이 신뢰하지 않는 사람의 능력이나 기술 등을 인정하지 않는가? 자신이 할 수 있다고 공언하고 있는 과업을 충분히 수행할 능력이 있는가? 등의 질의가 여기에 해당된다. 일관성(Consistence)이란 개인 행위의 예측가능성과 신뢰성을 의미한다. 충성도(Royalty)는 상대방의 위신을 보호하고 세워주고자 하는 의지를 의미한다. 개방성(openness)은 상대방이 전체적인 진실을 당신에게 알려주고 있다는 믿음에 근거한 상대방에 대한 의존도를 의미한다.

조직 간의 신뢰는 세 가지 종류로 나눌 수 있다: 억제 근거 신뢰(Deterrence based trust), 지식 근거 신뢰(Knowledge based trust), 식별 근거 신뢰(Identification based trust).

억제 근거 신뢰는 기회주의적 행동을 할 때 이에 대한 보복의 두려움에 의해 이 같은 행동이 저지되고 약속이나 계약이 지켜지는 형태의 초보적인 신뢰를 의미한다. 지식 근거 신뢰는 오랜 거래와 상호작용으로 인해 상대방의 의식이나 행위를 예측할 수 있게 됨으로써 나타나는 계약 및 약속의 유지를 의미하는 것으로 상대방 행위의 예측성에 근거한 신뢰이다. 식별 근거 신뢰는 상대방에 대한 필요와 욕구, 그리고 의도에 대한 상호 이해에 근거한 신뢰를 의미한다. 마치 행복하게 부부생활을 영위하고 있는 부부관계가 이에 해당될 수 있을 것이다. 남편은 아내가 무엇을 원하고 무엇이 필요한지에 대해 공식적으로 묻지 않아도 잘 알고 있으며 이를 제공하기 위해 노력한다. 반면 아내는 남편을 믿고 역시 남편의 입장에서 무엇이 필요한지 남편이 무엇을 원하는지를 제공하기 위해 노력한다. 이같이 높은 수준의 신뢰관계가 식별 근거 신뢰라 할 수 있다.

2 신뢰에 대한 기본적 법칙

- 불신뢰는 신뢰를 몰아낸다. 서로 불신뢰가 싹트면 이것이 전체 조직을 와해시킨다.

- 신뢰는 신뢰를 낳는다. 타인에 대한 신뢰는 상호호혜적 상호작용을 낳는 기초가 된다. 상호호혜적 상호작용은 조직 간 신뢰를 한층 더 업그레이드시킨다.

- 신뢰는 다시 회복될 수 있으나 배신에 의해 깨어진 신뢰는 완전하게 회복될 수 없다. 한번 당한 상대방은 자신이 이용당했다는 사실을 잊지 못하고 잘못된 행위에 대한 사과를 받았다 하더라도 지속적으로 상대를 경계할 것이다.

- 서로 신뢰하지 못하는 개인들은 집단을 피폐화시켜 집단을 와해시킨다.

- 불신뢰는 점차적으로 생산성을 저해시킨다.

제5절
멘 토 링

많은 리더들이 추종자들과 멘토링 관계를 형성한다. 멘토는 경험이 부족한 종업원(프로테제)들을 지원하는 시니어를 의미하는 용어이다. 멘토들은 프로테제들의 문제와 의견을 잘 듣고 이를 지원하는 아이디어와 조언 등을 생성한다. 한마디로 멘토들은 좋은 선생님으로서의 역할을 하는 것이다. 멘토링 관계는 경력활동과 사회심리적 활동 등 두 가지 활동 부류로 나누어진다. 경력활동은 멘토가 프로테제의 경력개발을 지원하고 코칭하는 활동영역이며, 새로운 경력개발, 작업목표 달성, 위험으로부터의 보호, 프로테제의 의견과 아이디어의 공유와 개발 등의 활동을 포함한다. 사회심리적 활동은 주로 프로테제의 고민을 공유하고 카운슬링하는 활동과 롤모델

제시 등 활동 등을 포함한다.[7)]

그러면 실제적으로 멘토-프로테제 관계는 조직에 어떤 결과를 주는 것인가. 일반적으로 멘토는 프로테제의 태도와 행위, 생각 등에 접근할 수 있는 기회를 가지고 이를 통해 조직의 잠재적인 문제 등을 조기에 발견할 수 있다. 이런 점은 조직에 긍정적인 결과를 초래한다. 그러나 모든 종업원들이 이 같은 관계를 부담 없이 가질 수 있는 것은 아니다. 주로 북미 기업의 경우 멘토는 대부분 남성이고 백인이다. 멘토는 성별, 인종, 그리고 성격 등 다양한 배경에서 자신과 비슷한 프로테제를 선택하는 경향이 있다. 물론 멘토-프로테제 관계는 공식적일 수도 있고 비공식적일 수도 있지만 인종이나 성별에서 다른 사람들은 이런 관계에서 배제될 가능성이 높다. 미국내 소수민족들 예를 들면 흑인, 아시아계나 남미계의 사람들은 백인들과 멘토-프로테제 관계를 근원적으로 신뢰하지 못하는 경향이 있다. 특히 여성 종업원은 남성 상관과 멘토-프로테제 관계를 맺는 것을 부담스러워하고 대체적으로 꺼려한다.

비록 이 같은 문제를 극복하기 위해 다양한 교육 프로그램이 실행되어지기도 하지만 멘토-프로테제 관계를 잘 활용해 기업의 성과를 향상하였다거나 종업원들의 만족도를 향상시켰다거나 하는 결과를 보고하는 사례는 아직 많지 않은 것이 현실이다.

제 6 절
자기 리더십(Self Leadership)

개인들이 외부나 상관의 통제 없이 스스로 자신을 지휘하고 리더할 수 없는가? 자기 리더십의 주창자들은 각 개인이 자기의 행위를 스스로 통제하고 리더할 수 있다는 일련의 주장들을 하고 있다. 이 같은 자기 리더십의

---

7) Beyond the Myths and Magic of Mentoring: how to facilitate an effective mentoring process, 2001, New York: Wiley.

전제는 인간은 스스로 책임을 질 수 있고 스스로 실행할 수 있다는 관점이다. 자기 리더십의 중요성은 갈수록 조직이 슬림화되고 자기 관리식의 팀이 활성화되면서 증가하고 있다. 경영자들은 상관의 지시에 통제에 따라 자신들의 능력을 제한하는 방식의 종업원들을 더 이상 원하지 않으며 갈수록 스스로 기회를 찾고 창의적으로 문제를 해결해 나가는 자율적인 종업원들을 원하고 있다. 이들은 자기 리더십에 대한 교육과 훈련이 종속관계에서 자율성으로 이행하는 효과적인 수단으로 본다.

효과적인 자율적 리더십을 실행하기 위해서는 ① 팀 동료와의 수평적인 정신적 차트를 만들고, ② 통제가 아닌 영향력에 초점을 둔 인간 관계를 정립, ③ 기회를 기다리지 말고 적극적으로 창출하는 자세 등이 필요하다.

제7절
리더십에 대한 귀인이론
(Attribution theory of leadership)

사람들은 어떤 사건을 판단할 때 항상 원인과 결과의 관계로부터 사건을 인지하는 방식을 취한다. 어떤 사람이 위대한 리더라고 인정받는다면 이 인지 역시 이런 원인과 결과의 관계로부터 파생되어 인지되는 것이다. 리더십의 귀인이론은 리더가 실제적으로 조직에 어느 정도 기여했는지 등 엄밀한 사실관계를 떠나 이같이 리더로 인정받는 인지가 중요한 것이며 이 인지가 리더인 사람과 그렇지 않은 사람을 구분하는 원천이 됨을 주장한다.[8] 예를 들어 조직이 지나치게 성과가 좋지 않다거나 아니면 매우 성과가 좋다는 등의 상황을 가정해보자. 이럴 경우 그 조직 성과의 원인을 사람들은 리더의 역할에서 찾고자 하는 경향을 보인다. 성과가 나쁘다면 그 원

8) Conger, J. A. and Kanungo, R.(1994), Charismatic leadership in organizations: perceived behavioral attributes and their measurement, *Journal of Organizational Behavior*, 15, pp. 439-452.

인은 CEO나 회사의 대표적인 리더의 문제로 귀인하는 경향이 있으며 성과가 우수하더라도 CEO나 리더십의 공헌이라고 과대포장하는 경향이 있다. 이럴 경우 실제적으로 리더가 조직 성과에 어느 정도 기여했는지에 대한 사실은 중요하지 않으며 결과만이 리더십의 중요도나 가치를 결정하게 되는데 이것은 사람들이 일반적으로 가지는 인지의 한계라 볼 수 있다.

리더십 중화요인과 대체요인

리더십의 효과성에 영향을 주는 상황적 요인을 리더십 강화요인(leadership enhancer), 리더십 중화요인(leadership neutralizer), 그리고 리더십 대체요인(leadership sustitute)으로 분류할 수 있다.[9] 대체로 리더십의 상황적합론에서 다룬 상황요인은 강화요인이었다면 이 절에서는 중화와 대체요인에 대해 정리하고자 한다.

리더십 이론은 많은 상황에서 중요하다고 인지되지만 어떤 특정 맥락에서는 리더십이 중요한 영향을 미치지 않을 수 있다. 특정한 상황에서 리더의 특성이나 행동의 기여도와 중요성을 감소시키는 다양한 요인들이 존재할 수 있다. 리더십 대체론은 부하, 과업, 조직의 다양한 요인들이 리더십 행동의 영향력을 중화하거나 대체하는 요인들이 될 수 있으며 리더십 행위에 영향을 미칠 수 있다는 이론이다.

즉 리더십의 효과를 중화시키거나 대체하는 여러 상황이 있을 수 있다. 아무리 리더가 부하들을 동기부여하기 위해 열심히 활동한다 하더라도 제도적으로 부하들의 업적에 대해 부응하는 보상을 하지 못한다면 이는 리더의 역할을 무의미하게 할 수 있다. 이같이 리더의 역할을 무의미하게 중화하는 요소를 중화요인이라고 한다. 추종자들이 충분히 훈련되어 있고 자

---

9) Kerr, S. and Jermier, J. M.(1978), Substitutes for leadership, *Organizational Behavior and Human Performance*, 22, pp. 375-403.

표 10-1. 리더십의 중화요소와 대체요소

특성의 정의		관계지향적 리더십	과업지향적 리더십
개인	경험/훈련	영향 없음	대체요인
	전문가 지향	대체요인	대체요인
	보상에 대한 무관심	중화요인	중화요인
직무	고도로 구조화된 과업	영향 없음	대체요인
	자체의 피드백 제공	영향 없음	대체요인
	내재적인 만족	대체요인	영향 없음
조직	목표의 명확성	영향 없음	대체요인
	엄격한 규율 및 절차	영향 없음	대체요인
	응집력 있는 작업집단	대체요인	대체요인

신의 과업을 충분히 잘 해낼 능력을 가지고 있다면 리더십은 사실상 필요가 없어지며 추종자들이 스스로 자신의 능력을 발휘함으로써 조직 성과를 향상할 수 있을 것이다. 이와 같은 추종자 요인들은 리더십의 대체요소로 작용할 수 있다. 또한 매우 촘촘하게 표준화된 과업이나 작업과정, 그리고 관료화 수준이 높은 조직 구조 등은 과업 중심적 리더십을 중화하거나 대체하는 요소로 작용한다. 내재적 보상의 성격이 높은 과업의 경우에는 관계지향적 리더십을 중화하거나 대체하는 역할을 하게 될 것이다. 상호 밀착도가 매우 높은 작업그룹의 경우에도 따로 리더십이란 것이 필요 없으며 서로의 팀 작업에 의해 작업성과가 결정되는 구조를 가진다. 리더십의 중화요인과 대체요인은 주로 리더십과 그 성과의 관계에서 파생하는 개념으로 중화요인은 리더십과 성과의 관계를 약화시키는 역할을 하는 것이고 대체요인은 리더십과 성과의 관계를 약화시키지만 더 나아가 대체요인이 과거 리더십이 하는 역할을 대체하는 것을 의미한다.

- 리더십 대체물(Substitute)이란 리더의 행동을 불필요하게 만들고 리더의 행동이 미칠 효과를 대체해버리는 상황요인을 의미한다.

- 리더십 중화물(Neutralizer)이란 리더가 특정한 방식으로 행동하는 것을 방해하는 요인을 지칭한다. 훌륭한 성과를 산출하는 부하에게 리더가 즉각적으로 보상하는 행위를 제약하는 연공서열형 임금체계나 경직적인 보상 법칙 등이 이 같은 중화물에 해당될 수 있다.

- 리더십 보완물(Supplement)은 상황에 의해 리더의 행위를 보완하는 요인으로 리더십을 대체하는 요소들과 중첩될 수 있다.

<표 10-1>에서는 리더십의 중화요소와 대체요소를 정리하였다. 예를 들어 경험이 풍부하고 많은 훈련을 받은 부하는 이미 사람과의 관계를 유지하고 직무를 수행하는 방법을 충분히 터득하고 있기 때문에 리더십이 개입한다 하더라도 별다른 영향을 받지 않거나 풍부한 부하의 경험과 전문성이 오히려 리더십의 영향을 대체해 버리는 결과를 초래할 수 있다.

또한 조직의 관료화 정도가 높아 거의 모든 과업 과정이 표준화되어 있다거나 의사결정과정에 대한 절차와 규칙이 세분하게 규정되어 있을 때 리더가 이에 개입할 수 있는 여지가 없게 된다. 이럴 경우 리더십의 효과가 무력화되는데, 특히 과업지향적 리더십은 이들 요인에 의해 대체되는 현상이 나타날 수 있다. 각 요소에 대해 자세히 서술해 보도록 하겠다.

1 개인(구성원) 특징

- 구성원의 경험, 능력, 숙련수준: 만일 개인 구성원들이 과업에 대한 충분한 경험과 지식을 보유하고 있고 업무 수행에 대한 충분한 교육을 받아 숙련수준이 높다면 리더의 업무지시가 거의 필요 없어질 것이다. 왜냐하면 이미 각 개인은 자기가 어떤 일을 해야 하고 어떻게 과업을 진행할지에 대한 충분한 기량을 이미 보유하고 있기 때문이다.

- 전문가적 지향: 자기의 가치관과 윤리의식 등이 내면적으로 체화되어 동기가 유발되는 전문직종 종사자들은 리더가 작업에 일일이 간섭하고 관여하지 않더라도 자기 스스로 작업의 질을 유지하는 경향이 있다.

- 보상에 대한 무관심: 다양한 보상에 대해 각 개인이 느끼는 매력도는 그들의 욕구와 특징에 따라 다르게 나타난다. 리더가 통제할 수 있는 보

상에 대해 부하들이 무관심할 경우, 또는 보상에 대하여 별 다른 매력을 느끼지 못할 경우, 이는 리더의 지원적 행위와 도구적인 행위를 중화시키는 요인으로 작용할 것이다.

2 직무 특성

- 고도로 구조화된 과업: 고도로 구조화된 과업은 업무의 단조로움과 지루함을 야기할 수 있다. 단순 반복적인 업무는 도구적 리더 행위의 대체 요인으로 작용할 가능성이 크다. 단순반복적 성격의 업무를 수행하는 부하는 리더의 지시나 훈련에 의존하지 않고서 과업 수행에 요구되는 적절한 역량을 빠르게 습득할 수 있을 것이다.

- 직무 자체의 피드백: 직무를 정상적으로 수행하고 있는지에 대한 피드백이 자동적으로 이루어지는 경우, 리더가 직무 결과에 대한 지시나 피드백을 해줄 필요성이 없어진다.

- 직무의 내재적 만족 수준: 만약 직무가 재미있고 즐거운 것이며 성취지향적 매력을 주는 것이라면 리더의 격려나 독려 없이도 직무 그 자체에 대해 충분한 동기가 자극될 것이다. 따라서 내재적 만족 수준이 높은 직무를 수행하는 경우 직무에 대한 만족을 유인하기 위한 리더의 지원적 행위가 대체될 수 있다.

3 조직 특징

- 목표의 명확성: 과업의 목표가 명확하게 규정되어 있을 경우 부하에게 목표의식을 심어주는 과업지향적 리더 행위의 필요성이 이에 대해 대체되어질 수 있다.

- 엄격한 규율 및 절차: 직무 절차의 관료적 절차가 발전되어 업무 과정과 절차에 대해 엄격한 규칙과 절차가 표준화되어 있는 경우 이것이 과업지향적인 리더 행위를 중화 또는 대체할 수 있다.

- 응집력이 높은 작업집단: 부하가 소속한 작업집단의 응집력이 높을

경우 부하들은 직무 수행에 필요한 사회적 지원을 다른 동료들로부터 받을 수 있으므로 리더의 과업지향적 리더행위가 대체될 수 있다. 아울러 집단의 성과를 위해 동료들로부터 받는 압력이 크기 때문에 관계지향적 리더행위가 대체될 수 있다.

사 례 ┃ 현대그룹 정주영 회장의 도전 정신[10]

한국정부는 1970년대에 국책사업의 일환으로 조선소 건립을 추진하고 있었다. 막대한 돈이 드는 조선소를 건설하기 위해 정주영 회장은 차관 도입을 추진하고자 전세계를 누비고 다닌 결과 영국의 A & P 애플도어 및 스코트리스고 조선소와 1972년에 기술협력 계약을 체결하는 데 성공하였다. 당시 투자할 자금이 궁한 정주영 회장은 A & P 애플도어의 롱바톰 회장에게 버클레이즈 은행을 소개해달라고 부탁했다. 그러나 롱바톰 회장은 "아직 선주도 없고 한국의 상환능력이나 잠재력도 신뢰할 수 없기 때문에 소개는 곤란하다"며 일시에 거절하였다. 이때 정주영 회장은 포기하지 않고 이순신 장군의 거북선이 그려진 한국 지폐를 꺼내어 책상 위에 펼치며 설명하였다. "이 그림을 보세요. 이것이 바로 유명한 거북선입니다. 한국은 1500년대에 이미 철갑선을 건조한 실적과 두뇌가 있습니다. 영국의 조선역사보다 300년이나 앞서지요. 한국 국민의 잠재력은 어느 누구에게도 뒤지지 않습니다." 이를 듣고 롱바톰 회장은 말없이 웃으며 버클레이즈 은행에 추천서를 써 주었다. 버클레이즈 은행으로부터의 차관도입은 이렇게 시작되었다. 이후 까다로운 영국 정부의 수출신용보증국의 보증을 받기 위해 정주영은 선박을 사줄 선주를 직접 찾아 나서게 된다. 황량한 백사장 뿐인 조선소 부지 사진과 5만분의 1 지도만을 가지고 세계를 헤매다가 어느날 그리스의 선박왕인 오나시스의 처남인 리비노스와 믿기 어려운 선박계약을 하게 되었다. 마침내 현대는 리바노스와 26만톤급 탱커 두 척의 주문 계약을 체결한 후 영국 수출신용보증국에 입금확인서를 제출하여 영국 정부를 깜짝 놀라게 하였다. 이렇게 선박 건조 및 동시에 조선소 건설을 위해 막대한 차관을 얻게 되었다. 기공식 후 2년 3개월 만에 조선소 건설과 선박 건

---

10) 나가노 신이치로외 저/김창남 옮김(2005), 세계를 움직이는 기업가에게 경영을 배운다(서울: 더난 출판)의 내용을 참조하여 저자가 새로이 구성하여 제시함.

조가 동시에 이루어진 세계 조선 역사상 획기적인 사건이 벌어지게 된다.

1. 위 글은 현대그룹의 조선소 건립에 대한 것이다. 이를 통해 정주영 회장의 경영 스타일에 대해 토론해 보시오.
2. 정주영 회장이 가진 카리스마는 무엇인지 토론해 보시오.

사 례 삼성 이병철 회장의 인재 경영 철학[11]

사업보국, 기업제민을 경영철학으로 내건 삼성의 이병철은 항상 사업에 있어 미래의 가능성을 중시했다. 즉 현재의 상황에만 매달리지 아니하고 미래를 생각하며 거기에 대비하는 사업전개를 목표로 했다. 항상 "현재보다는 미래의 가능성이 더 중요하다," "지금 여기가 아니고 미래의 저기를 보라," "10년 후를 대비하라"고 시간만 나면 강조했다. 이 같은 경영 방식은 후대 이건희 회장에게도 전수되어 "10년 후에 삼성이 무엇을 먹고 살 것인가," "마누라와 자식 빼고는 다 바꿔라" 등 유명한 말들을 남겼다.

오늘날 삼성의 경영이념 중 가장 중요한 첫 번째 항목인 "인재제일주의"는 이병철 회장 당시부터 몸으로 실천된 항목이다. 이병철 회장은 기업발전의 원동력은 인재이고 모든 기업의 중심은 인재라고 봤다. 심지어 그는 "나는 인생의 80%를 인재를 모아 교육하는 데 보냈다"라고도 말했다.

그는 사람을 고를 때에는 엄격했지만 한번 선택하고 나면 그 사람에게 모든 것을 맡겼다. 노동조합이 없는 기업을 바란 것도, 노사라는 대립관계를 떠나 서로 화합하고 협력하는 경영을 하고 싶었고 이것을 펴보이겠다는 의지 때문이었다. 장남과 차남을 제치고 3남인 이건희를 후계자로 선택한 것도 이 같은 고뇌의 결과였을 것이다.

1. 이병철 전 삼성회장이 가진 카리스마는 무엇인지 토론해 보시오.
2. 현 삼성에 고 이병철 회장의 경영철학이 녹아 있다고 하는데 여러 가지 예시를 찾아 제시해 보시오.
3. 현 삼성그룹의 나아갈 방향성을 내가 삼성의 CEO란 입장에서 토론해 보시오.

---

11) 나가노 신이치로 외 저/김창남 옮김(2005), 세계를 움직이는 기업가에게 경영을 배운다(서울: 더난 출판)의 내용을 참조하여 저자가 새로이 구성하여 제시함.

사 례 문국현 사장의 위기 극복

유한킴벌리의 문국현 사장은 직원들을 대량 해고하는 식의 구조조정은 낡은 경영방식이며 낡은 패러다임이라고 주장한다. 그는 대부분의 기업 경영주들이 종업원에게 투자하는 것이 가장 남는 장사라는 사실을 모르고 있다고 자신있게 말한다. 96년부터 시작한 대실업과 IMF 경제위기를 단 한사람의 해고 없이 이겨내고 눈부신 성장을 이룩한 유한킴벌리의 성과는 문 사장의 생각이 허황된 것이 아님을 증명해준다. 유한 킴벌리는 유휴인력이 있을 때마다 인력 재배치를 통해 이를 해결해 왔다. 한때 생산현장의 인력 재배치는 정리해고의 방편으로 인식되어 격한 노사 대립의 원인이기도 했다. 그러나 유한킴벌리의 직원들은 교대제로 인한 인력재배치가 정리해고의 방편이 아니라 생산의 효율성을 높이는 방법의 하나란 것을 이해하고 있으며 그 근거는 문 사장이 약속한 평생고용보장과 서로간의 신뢰감이었다. 유한킴벌리는 인력을 재배치하면서 기계도 재배치하여 공간을 확보하고 직원들에게는 더 쾌적한 근무 환경을 제공하였다. 그 결과 유한 킴벌리는 경쟁업체에 비해 노동생산성이 4배, 설비생산성은 6배나 더 높은 것으로 조사되었다.

문국현 사장을 비롯한 경영진은 회사가 원하는 근로자 상을 '지식노동자'라고 했다. 이는 직원들을 회사의 부속품이나 소모품으로 취급하는 것이 아니라 회사와 함께 나아가야 할 동반자요 공동운명을 가진 사람으로 인식하고, 직원들의 능력을 충분히 활용해 회사 발전의 주체로 삼고자 함이다. 이것이 인간 존중의 경영철학이다. 유한킴벌리에서 실시하는 4조 교대제와 평생교육제도는 인간 존중의 경영이념이 만들어낸 성과물이다. 그리고 이 경영이념은 회사가 직원들에게 투자를 하면 그것이 다시 회사의 이익으로 돌아온다는 믿음의 바탕 위에서 실현가능할 수 있었다.

1. 유한킴벌리의 경영철학에 대해 이의를 제기할 수 있는가? 이에 대한 반론이 있다면 제기해 보시오.
2. 경쟁 격화로 인해 기업의 존립 자체가 위협받고 있는 상황에서 무해고 정책이 가지는 현실성에 대해 논의하여 보시오.

제11장

권력과 정치

Organizational Behavior

제11장 권력과 정치

사 례 첫발을 들여놓은 곳이 당신의 미래 권력에 지대한 영향을 준다?[1]

직장생활을 어디에서 시작하는가에 대한 문제는, 향후 당신이 얼마나 높은 지위에 오를 수 있는가의 문제뿐 아니라, 얼마나 빨리 원하는 지위에 오를 수 있는지에 지대한 영향을 미친다. 캘리포니아 대학의 두 캠퍼스를 조사한 결과, 학과의 영향력 정도에 따라 교수들의 연봉 상승 속도가 달라지는 것으로 나타났다. 한마디로 좀 더 힘있고 경제력이 있는 학과에 몸담고 있는 교수들의 연봉이 빨리 인상되고 또한 높은 수준을 유지하고 있다. 미국대학에서 철학과나 문학 교수들의 연봉은 경영학과 교수들의 연봉의 절반 수준 이하를 기록한다.

3,500명의 직원을 거느린 한 공기업에서 직장생활을 시작한 338명의 관리자들을 대상으로 실시한 조사에 의하면 처음 직장 생활을 시작할 때 소속되었던 부서의 힘이 이후 급여 인상과 승진속도에 영향을 미치는 것으로 인지되었다. AT&T가 정부에 의해 분리되기 이전에 이 회사에서 CEO가 되려면 반드시 일리노이벨(Illinois Bell)을 거치는 것이 필수 코스였다. 우리나라의 삼성 그룹에서 임원으로 승진하려면 삼성의 비서실 라인에서 반드시 근무해야 했다. 비서실 인맥에서 대부분의 임원 승진이 있었던 시절이 있

---

1) 제프리 페퍼 지음, 이경남 옮김(2011), 권력의 기술, 청람출판, pp. 92-94의 내용을 참조하여 저자가 재구성함.

었다. 제너럴 모터스(GM)에서 최고위직으로 가는 일은 한때 재무 부서가 독점했던 시절이 있었다. 레이건 대통령 이후 정부의 최고 경제 관료들은 대부분 골드만 삭스, 웰스파고 등 월스트리트의 금융회사 경력을 가진 사람들로부터 충원하였다. 이 경제 관료들이 미국의 재정 및 경제 규제 완화를 촉진하는 역할을 수행하였다. 한국정부의 인사혁신처의 고위 공무원 중에는 삼성 등 민간기업의 임원 경력이 있는 사람들을 대상으로 해 충원하였다. 최근 삼성그룹 내부에서는 삼성전자 출신 임원들을 계열사의 사장단으로 발령하는 경향이 있었다. 한때 일리노이 주립대학에서는 고위직에 오르는 데 있어 물리학과 교수들이 단연 우세한 시절이 있었다.

이 같은 사례들은 직장의 모든 부서들이 권력을 쥘 수 있는 기회를 똑같이 제공하지 않는다는 것을 보여준다.

1. 위 사례를 읽고 여러분이 직장을 선택한다면 어떤 직장을 선택할지에 대해 논의해 보시오.
2. 여러분이 급여 수준이 좋은 대기업과 급여수준이 낮지만 성장 가능성이 높은 중소기업 중 어떤 기업을 선택해 일할지에 대해 논의해 보고 그 선택의 이유에 대해 설명하여 보시오.

사 례 철수의 성공시대

권력을 획득하는 것에 정해진 방법은 없다. 어떤 방법으로든 가능하다. 적절한 능력을 가지고 있다면 아무리 가망이 없어 보이는 상황에서도 권력자의 지위에 오를 수 있다. K대 경영대학원에 들어간 철수는 졸업 후 진로를 하이테크 분야의 기업을 새로이 운영할 것을 생각하고 있었다. 그러나 철수에게는 이에 대한 기술적 배경과 경력이 없었다. 회계사인 그는 공공부문의 회계사무소에서 근무하였다. 그는 회계사무소에서 영향력이 있고 잘 나가는 선임 회계사였지만 앞으로 신생 벤처 회사에서 자신의 미래를 펼치고 싶은 욕망이 있었다. 그는 기술적 배경이 없었지만 그만의 당찬 파워게임을 실행함으로써 자신의 목표를 성취할 수 있었다. 그는 경영대학원의 다른 동기들 대부분이 대학원에서 제시한 창업관련 수업을 들었지만, 그는 공대 강좌를 많이 신청하여 기술적 강의 등을 수강하였다. 이 한번의 선택은 그의 권력역학과 협상구도를 결정하는 계기로 작용하였다. 철수는 공학적 공부를 함으로써 자신에게 부족한 기술적인 지식과 배경을 채워 넣었다. 그러나 이런 과정이 쉬운 것은 아니다. 많은 학우들이 경영대학원에서 제시한 프로그램 등을 수강하는 동안 철수는 필수 과목을 제외한 대부분의 선택 과목 등을 공대에서 공부하여야 했다. 이런 경험은 향후 철수가 하이테크 분야의 벤처를 운영하는 그룹에 들어가는 데 결정적인 역할을 하였다. 사실 많은 MBA 출신들이 공학적 지식이 없다보니 벤처 분야에서 공학과 경영학적 지식을 동시에 가진 전문가들이 부족했다. 이런 인력 시장 상황은 철수로 하여금 보다 유리한 입장에서 직업 선택에서의 협상력을 확보할 수 있도록 했다. 철수는 회계와 업무상의 전문 지식을 충분히 활용하여 새로운 회사의 정보를 검토하고 재원확보를 위한 자금 조달 서류를 검토하였다. 아울러 소프트웨어 시장의 동향을 파악해 이에 대한 기술적인 전망에 대한 보고서 역시 직접 만들 수 있었다. 이는 공학적인 지식 없이는 불가능한 일이다. 그는 자신의 노력으로 자신의 꿈을 개척하였다. 이 일을 수행하는 동안 그는 많은 외부인과 외부 정보를 접할 수 있었다. 그가 외부 인사들과 활발히 접촉한 덕분에 여름이 지나고 새로운 투자자로부터 벤처 자금을 유치할 수 있었다.

철수는 업무 능력 이상의 특별함이 생겨났다. 바로 정치적 수완이자 사교적 수완이었다. 그는 많은 외부 인사들과 인맥을 쌓음으로써 회사에 새로운 자금을 끌어올 수 있었고 탁월한 사업 수완을 발휘할 수 있었다. 회사의 이사회에서는 그의 공로를 인정하여 그를 임원으로 승진시켰다.

1. 위 사례는 철수의 성공과정을 이야기하고 있다. 그의 성공 요인에 대해 토론해 보시오.
2. 철수의 성공과 정치의 관계에 대해 토론해 보시오.

권력의 정의

1 권력이란

권력(Power)이란 자신의 의지대로 상대방의 태도나 행위에 영향을 행사해 자신이 의도하는 바를 실현시키는 능력으로 정의된다.[2] 권력의 속성은 다음과 같다.

- 권력은 권력을 행사하는 주체와 영향력을 받는 대상 사이의 상호관계이다.
- 권력은 절대 변화하지 않는 것이 아니라 시간과 상황에 의해 변화할 수 있다.
- 권력은 권위(Authority)와 연관되지만 의미상 차이가 있다.

권위는 조직 내 상사와 부하의 관계와 같이 조직구성원에 의해 합법적으로 정당화되는 권력이다. 권위는 권력의 일종이지만 권력은 권위를 포함하는 넓은 범위의 용어이다. 개인이 조직에 입사하여 일할 때 통상적으로 상사가 가진 이런 정당한 권위를 인정하고 순응한다. 즉 개인은 상급자 내지 경영자가 내리는 지시와 명령을 인정하고 이를 받아들인다. 이것이 권위이다.

권력 관계를 고려한 구조적인 차원에서 파악하면 권력은 어떤 사람 A가 다른 사람 B로 하여금 자신이 원하는 바대로 행동하도록 영향을 미치는 능력(Capacity)이라 할 수 있다. 이 권력은 A와 B간의 상호의존성에 근거한 것으로 잠재적인 상태로 있거나 아니면 실제적으로 A가 B의 행동에 압력을 가하는 형태로 표면화될 수 있다. 왜 이런 의존성이 B로 하여금 A의 의도대로 행위하게 하는가? 이는 A가 B에게 필요한 자원을 독점하거나 적어도 배타적으로 가지고 있을 때 가능하다. 만약 B가 A의 영향력을 받아 A가

---

2) Cobb, T. A.(1984), An episodic model of power: toward as integration of theory and research, *Academy of Management Review*, 482-493.

원하는 대로 행동을 하기 위해서 필요한 것이 B에게 반드시 필요한 자원이고 이 자원을 A가 가지고 있다면, A는 B에 대해 영향력, 즉 권력을 행사할 수 있다. 권력은 이같이 자원의 소유 관계 및 양자 간의 의존성이란 두 가지 요소에 의해 설명될 수 있다.

2 권력과 리더십은 어떻게 다른가?

리더십과 권력은 타인에 대한 영향력을 의미한다는 점에서는 비슷한 면이 있다. 리더들은 그룹의 목적을 달성하기 위한 수단으로서 권력을 사용한다. 이 두 가지 개념의 차이점은 무엇인가? 하나의 차이점은 목표 일치성이라 할 수 있다. 리더십은 부하나 추종자와 그룹(조직)간의 목표 일치성을 추구한다. 그러나 권력은 그렇지 않을 수 있다. 개인적으로 동료나 부하들에게 목표일치성과는 관계없이 권력을 가지고 있는 자의 일방적인 이익과 목표를 추구할 수 있는 것이 권력이다. 이런 의미에서 보면 권력은 리더십보다 더욱 의존성에 의지한다. 권력을 가진 자와 그것을 필요로 하는 자와의 상호 의존성이 리더십에 비하면 더욱 절실하고 중요해진다. 두 번째 차이점은 영향력의 방향이다. 리더십은 주로 리더가 추종자와 부하에 미치는 영향을 다룬다는 점에서 수직적이고 일방적인 이미지를 준다. 그러나 권력은 이보다는 더 수평적일 수 있으며 방향성이 다양하게 나타날 가능성이 많다. 상사와 부하의 관계에서의 수직적 권력 방향, 동료들 사이의 권력 방향, 심지어 부하들로부터의 상향적 방향 등 다양하게 나타날 수 있다. 예를 들면 직장에서의 성적 희롱은 권력관계로부터 파생되는데 최근 상사가 부하에 대한 성적 희롱 못지않게 동료로부터의 성적 희롱 피해 사례가 많이 발견된다. 이런 방향성은 리더에서부터 부하에게로 이르는 수직적 영향력의 이미지가 강한 리더십에 비하면 다면적이고 포괄적이라 할 수 있다.

제 2 절
권력의 근원

권력은 어디로부터 나오는가? 무엇이 개인으로 하여금 권력을 부여하고 대중에 영향을 미치게 하는가? 우리는 이 질의를 권력의 근원을 탐구함으로써 해답을 얻을 수 있다.

1 공식적 권력(Formal Power)

공식적 권력은 조직 내 개인의 서열과 지위에 기초한 권력을 지칭한다. 이는 다시 강제적 권력과 보상적 권력, 합법적 권력으로 나눌 수 있다.

1) 강제적 권력(Coercive Power)

강제적 권력의 기초는 공포에 대한 의존성이다. 만약 어떤 개인이 상사나 동료 등 타인의 의도에 따르지 않을 때 주어지는 부정적 결과를 두려워하여 이를 따르고자 한다면 이는 강제적 권력의 사례가 될 수 있다. 강제적 권력은 권력을 가진 상대방이 타인들이 자신의 의도와 명령을 따르지 않을 때 부정적 상태를 초래할 수 있는 자원을 가지고 있으며 이로 말미암아 타인의 행위를 지배하거나 영향력을 줄 수 있다. 조직수준에서 만약 A가 B에 대하여 해고할 수 있거나 실적을 평가할 수 있는 권력을 가지고 있다면 A는 B에 대하여 강제적인 권력을 가지고 있다고 볼 수 있다. 어느 한 사람이 조직에서 제왕적 권력을 가지고 있다면 이 한 사람에 의해 조직의 모든 구성원들이 강제적 권력을 행사받게 되는 사태가 일어날 수 있다.

2) 보상 권력(Reward Power)

보상 권력은 강제적 권력의 반대 개념으로, 부하가 상사의 지시를 따르고 순응하는 것이 그런 행위의 결과가 긍정적인 혜택을 얻을 수 있기 때문에 의한 것이라면 이는 보상 권력에 의한 순응이 되는 것이다. 이같이 보상 권력은 어떤 개인이 타인이 필요로 하는 보상 자원을 가지고 있을 때 이 보상 자원이 권력의 기초가 된다. 이런 보상은 급여나 인센티브 등 재무적 자원에 근거할 수 있지만 오히려 인정, 승진, 작업배치 등과 같은 비재무적 자원에 의하기도 한다. 만약 A가 B에게 긍정적인 가치를 제공하는 자원을 가지고 있거나 부정적인 가치를 제거하는 무언가를 보유하고 있다면 A는 B에 대하여 보상 권력을 가지고 있다고 볼 수 있다.

3) 합법적 권력(Legitimate power)

공식적인 조직이나 그룹에서 조직 서열과 위치에 의해 주어지는 구조적인 권력의 기초가 되는 권력 개념을 합법적 권력이라고 한다. 조직 내 자원을 배분하고 의사결정을 하는 권력은 조직의 서열구조에 비례하여 주어진다. 이 같은 서열에 근거한 권력은 조직 내 구성원들이 공식적으로 받아들이고 적응하는 구조를 가지며 조직구성원들은 이를 자연적으로 받아들이고 순응한다.

4) 정보 권력(Information Power)

조직 내에서 다른 사람들이 필요로 하는 정보를 가진 사람은 다른 사람들이 자신에게 의존하게 할 수 있다. 즉 다른 사람이 필요로 하는 기술과 지식, 자료 등을 가진 사람은 이 정보가 필요한 사람에 대해 의존성을 가지게 할 수 있으므로 이 같은 권력을 정보 권력이라 지칭한다.

2 개인적 권력(Personal Power)

공식적 지위에 근거한 권력이 아니지만 개인이 가지고 있는 특유의 특징으로부터 나오는 권력으로서 전문적 지식과 기술 등에서 나오는 권력(전문가 권력)과 존경으로부터 나오는 권력(경의적 권력) 등 두 가지로 나누어 설명될 수 있다.

1) 전문가 권력(Expert Power)

사람이 가지고 있는 전문적 지식이나 경험, 기술 등에 근거한 권력을 지칭한다. 인텔사의 프로세스 칩의 설계자나 자동차나 건물 등의 설계 디자인을 맡은 사람, 또는 주요 법률적인 자문에 전문성이 있는 변호사, 병의 치료를 위해 헌신하는 의사 등과 같은 직업적 전문성에 기초하여 나타나는 권력이 이에 해당된다. 대부분의 사람들은 이들 전문가들의 조언과 권고를 받아들이는데 그 이유는 이들이 가지고 있는 지식이나 경험, 기술 등이 각 사람들의 목표 달성을 위해 필요한 자원으로 가동되기 때문이다.

2) 경의적 권력(Referent Power)/준거적 권력

경의적 권력은 개인적 특성에 기초를 둔 권력을 지칭한다. 사람들이 존경하고 역할 모델이 될 수 있는 사람 즉 존경받는 사람이 가지는 권위와 영향력에 근거한 권력을 의미한다. 사람에 대한 호감, 존경 및 식별(identificatin)에 근거한 경의적 권력은 어떤 사람에 대한 존경과 찬미로부터 발전되어지는 경향이 있다. 스포츠 용품을 판매하는 업체들은 대부분 스타 마케팅 방식을 선호하는 경향이 있다. 마이클 조던이나 데이비드 베컴 등 스타플레이어들을 거액을 들여 광고에 출연시키고 이를 대중에게 홍보함으로써 제품 판매를 촉진시킨다. 대부분의 사람들은 자신이 존경하고 찬미하는 스타플레이어 등과 자신을 동일시하고 그 이미지를 추종하고자 하는 경향을 가지는데 이런 경향은 스타플레이어가 가지는 존경과 품위 등 이미지에 의해 영향을 받는 것이다. 또한 종교적 지도자가 정치나 사회 문제 등에 영향을 미치는 것 역시 이 같은 경의적 권력에 의해 설명될 수 있다.

또한 당신이 존경하는 사람이 당신에게 어떤 지시를 한다면 당신은 이에 순응하고자 하는 경향이 그렇지 않은 사람이 지시하는 것보다 높게 나타날 것이다. 이같이 사람에 대한 품위, 존경 등에 기초하여 이를 추종하거나 따르는 사람에게 미치는 영향력을 경의적 권력이라고 한다.

3 어떤 권력 근원이 더 효과적인가?

우리는 네 가지 종류의 공식적 권력(강제적 권력, 보상적 권력, 합법적 권력, 정보 권력)과 두 가지 종류의 개인적 권력(전문가 권력, 경의적 권력)을 소개했다. 그간의 연구결과에 의하면 흥미롭게도 개인적 권력의 근원이 공식적 권력 근원에 비하면 훨씬 효과적이란 주장을 하고 있다. 즉 전문가 권력과 경의적 권력이 종업원들의 직무만족, 조직 몰입, 조직 성과 등에 긍정적 영향을 주는 것으로 보고하지만 보상권력근원과 합법적 권력근원 등은 이 같은 결과물과 유의한 관계가 나타나지 않았다는 점이 특이하다.

제 3 절
권력과 의존성(Dependency)

1 의존성이란?

"A에 대한 B의 의존성이 크면 클수록 B에 대한 A의 권력은 커진다." 만약 당신이 다른 사람이 필요로 하는 자원이나 정보를 가지고 있고. 이런 자원이나 정보가 매우 희소성이 있다면 당신은 다른 사람에 대해 막대한 권력을 행사할 수 있을 것이다. 반대로 만약 많은 사람들이 당신이 가지고 있는 자원이나 정보를 역시 가지고 있고 이 자원이나 정보가 필요한 사람들이 이것을 충족할 다양한 옵션을 가지고 있다면 당신은 이 사람들에게 행사할 권력이 매우 약할 것이다. 이와 같이 의존성이 배타적이고 독점적일수록 가진 자가 가지지 못한 자에게 가하는 영향력과 권력은 매우 크게 나타날 수밖에 없다. 이런 과정은 왜 다양한 기업들이 원료나 부품 공급선을 다양화하려고 하는지, 왜 다양한 기업들이 재정적 독립성을 확보하기 위해 노력해야 하는지 등을 설명할 수 있다. 기본적으로 우리는 타인이 행사하는 권력으로부터 자유롭고 싶은 욕망을 가지고 있다. 심지어 우리와 가장 가까운 지인들, 특히 친구나 부모들에게조차 우리는 경제적 독립을 갈망하고 생활의 자유를 갈망한다. 그러기 위해 끝없이 공부하고 자신을 개발함으로써 경제적 독립, 생활에서의 자립을 추구하고 있다.

2 무엇이 의존성을 만드는가?

중요성(Importance): 만약 당신이 가지고 있거나 통제하고 있는 자원이나 정보가 타인에게 그다지 중요하게 인지되지 않는다면 당신은 타인에게 권력을 행사할 수 없다. 조직은 끝없이 불확실성에 대응하려는 시도를 진행하는데, 이 불확실성을 해소할 수 있는 정보를 다루는 부서가 가장 권력이 높은 부서로 부각되는 경향이 있다. 예를 들어 애플이나 삼성전자 같이 새로운 전자 기기를 선구적으로 개발하고 이를 시장에 출시하는 것을 중시하는 기업의 경우에는 연구개발부서와 마케팅 관련 부서가 가장 권력이 높은 집단으로 부각되는 경향이 있다. 반면 마쓰시다 등 기술 지향적인 생산 업체의 경우 엔지니어 등이 활동하고 있는 생산부서나 연구개발 부서가 가장 권력이 높은 집단으로 부각될 것이다.

희소성(Scarcity): 만약 당신이 가지고 있는 자원이나 정보들을 많은 다른 사람들 역시 가지고 있다면 이를 필요로 하는 사람에게 당신이 행사하는 권력은 크지 않을 것이다. 권력의 의존성을 창출하기 위해서는 당신이 가지고 있는 자원이나 정보가 타인에게 희소성의 가치가 있어야 한다. 때론 낮은 지위의 사람이 높은 지위의 사람이 가지지 못한 기술이나 지식을 가짐으로써 높은 지위에 있는 사람들에 대해 영향력을 행사하는 사례가 있다. 마이크로 소프트의 윈도우 개발자나 인텔의 마이크로 프로세서 개발자, 애플의 연구개발 부서의 엔지니어 등이 이 사례에 해당될 수 있다. 이들은 자신들이 가지고 있는 전문적인 기술과 재능에 의해 오히려 조직 내 상급자에게조차 권력을 행사할 수 있는 사람들이다. 이들은 상급자의 지시와 상관없이 프로세스를 매뉴얼화하는 작업을 거부할 수 있고 타인에게 자신의 기술을 전수하는 것 등을 거부할 수 있다. 희소성과 의존성의 관계는 직업적인 카테고리에서도 다양하게 발견된다. 기업이 필요로 하지만 적절한 적임자를 구하기 어려운 직업군이 있고 그렇지 않은 직업군이 있다. 예를 들어 네트웍 시스템 엔지니어의 노동시장을 생각해 보자. 이 노동시장은 수요는 많지만 공급은 매우 부족한 특징을 가진다. 대학에서 시스템 엔지니어링을 전공하고 이제 졸업한 지원자가 취업을 하기 쉬울 뿐 아니라 오히려 보다 나은 근로 조건의 회사를 선택할 수 있을지도 모른다. 그러나 대학에서 영어를 강의하는 강사란 직업군을 생각해 보자. 이 직업군의 노동시장은 수요보다 공급이 훨씬 많은 특징을 가진다. 따라서 영어 교육을 전공한 강사가 고용주인 대학에 행사하는 권력은 극히 제한될 수밖에 없고 오히려 좋지 않은 급여나 근로조건이더라도 감수해야 하는 상황에 직면할 가능성이 높다.

대체불가능성(Nonsubstitutability): 당신이 가지고 있는 자원이나 정보에 대해 다른 대체재가 없을 경우 이를 필요로 하는 타인에 대해, 당신은 더 많은 영향력과 권력을 행사할 수 있다. 많은 논문과 우수한 논문을 출판하는 대학의 교수들은 그렇지 않은 교수들보다 해당 대학으로부터의 권력과 압력으로부터 자유로울 수 있다. 연구 실적이 우수한 교원들에 대해서는 타 대학에서도 많이 필요로 하기 때문이다. 즉 대학의 입장에서 보면 연구 실적이 우수한 교원들은 타 대학으로도 이동할 수 있어 이들에 대해 압력과 권력을 행사하기가 쉽지 않다. 그러나 연구 실적이 저조한 교원들에 대해서는 이동성이 거의 없고 대체성이 거의 없기 때문에 가장 높은 압력과 영향력을 행사할 수 있다.

3 권력 전술(Power Tactics)

권력의 근원을 가진 개인이 실제적으로 이를 행동으로 실행하는 방식을 권력 전술이라고 한다. 그간의 연구는 영향력 전술로서 다음 9가지를 제시하고 있다.

- 합법성(Legitimacy): 조직에서 부여한 지위와 공식적 권위에 의존하여 조직에서 부여한 절차와 방법에 따라 영향력을 실행하는 것을 의미한다.
- 이성적 설득(Rational Persuasion): 요구사항이 합리적이란 것을 보여주는 객관적 증거와 논리적 주장을 제시함으로써 영향력을 행사함을

의미한다.

- 영감적 호소(Inspirational appeals): 설득 대상이나 영향 대상이 가지고 있는 가치, 희망, 열망에 호소함으로써 감정적인 몰입을 유도하여 영향력을 행사함을 의미한다.
- 자문(Consultation): 설득 대상이나 영향 대상으로 하여금 변화가 실행되는 의사결정에 참여시킴으로써 지원과 동기를 부양하는 방식으로 영향력을 행사함을 의미한다.
- 교환(Exchange): 설득 대상에게 요구사항에 순응할 경우 그 대가로 혜택을 제공함으로써 영향력을 행사함을 의미한다.
- 개인적 호소(Personal appeals): 개인적 우정이나 충성 등 개인적 관계에 의존하여 순응을 요구함으로써 영향력을 행사하는 것을 의미한다.
- 비위 맞추기(Ingratiation): 요구를 하기 전에 아첨하거나 칭찬, 혹은 우호적인 행동을 함으로써 요구사항에 순응하도록 유도하는 것을 의미한다.
- 압력(Pressure): 경고, 요구의 반복, 위협 등을 통해 순응을 요구하는 것을 의미한다.
- 연합(Coalitions): 영향력 대상을 설득하거나 영향력을 행사하기 위해 타인들의 도움과 지원을 등에 업고 영향력 대상을 설득하고 순응시키는 것을 의미한다.

표 11-1. 영향력의 방향에 따른 권력 전술

위로 미치는 영향	아래로 미치는 영향	옆으로 미치는 영향
합리적 설득	합리적 설득	합리적 설득
	영감에 호소	상담
	압력	연합
	상담	교환
	연합	합법성
	교환	사적 호소
	합법성	연합

이 다양한 권력 전술 중 어떤 것이 더 효과적인가? 이에 대해 그간의 실증적 증거들은 이성적 설득, 영감적 호소, 자문 등이 가장 효과적인 것으로 보고하고 있다. 반면 압력(Pressure)은 이후 보복받기 쉬우며 가장 비효과적인 것으로 알려진다. 이런 전술 등은 독자적으로 사용되기보다는 혼합하여 사용되어질 때 더 효과적인 것으로 인식된다. 즉 이성적 설득과 호소, 공식적 권력 등을 혼합하여 사용할 때 더 효과적으로 상대방을 설득하거나 변화에 순응하게 할 수 있다. 영향력 전술의 효과성은 영향력의 방향에 따라 좌우되기도 한다. 예를 들어 자문과 비위맞추기 등은 상호 수평적 방향으로 행사될 때 더욱 효과적이고 압력이나 합법성 전술은 하방 수직적 방향으로 행사될 때 더욱 효과적이다. 이성적 설득은 어떤 영향력 방향에서도 모두 효과적인 것으로 인식되고 있다.

여러 전술을 사용할 때 어떤 전술을 먼저 사용하고 어떤 전술들을 뒤에 사용하여야 하는지 등 전술 실행의 순서(Sequencing)도 효과성에 영향을 주는 요소로 인정된다. 일반적으로 이성적 설득, 영감적 호소, 자문과 같이 소프트(Soft) 측면의 전술을 먼저 사용한 후 그 다음으로 교환, 연합, 압력 등 물리적(Hard) 측면의 전술을 사용하는 것이 효과적인 것으로 인정된다.

최근의 연구들은 개인들이 정치적 기술(Skill)이란 측면에서 다양하다는 점에 주목하는 경향이 있다. 즉 다른 사람에게 영향을 행사하기 위한 능력과 기능에 있어 개인차가 있다는 것인데 이런 개인적 기질도 전술 실행의 효과성을 결정하는 요인으로 봐야 한다고 주장한다. 정치적 기술이나 능력에서 탁월한 사람은 그렇지 않은 사람보다 영향력 전술을 더욱더 능숙하게 실행할 것이므로 그 효과성이 높게 나타날 것이다. 또한 각 개인이 소속되어 있는 조직의 문화도 전술의 효과성에 영향을 줄 가능성이 크다. 종업원들의 참여와 발언을 중요시하는 조직문화에서는 주로 참여와 자문 등의 전술을 활용할 때 그 효과성이 크게 나타날 것이지만 권위주의적 문화가 팽배한 조직에서는 압력이나 연합 등 물리적 측면의 전술이 더 효과성이 클 가능성이 있다.

사 례 **권력의 화폐적 가치[3]**

권력자가 가지고 있는 권력과 신분의 가치를 돈으로 환산할 수 있을까? 권력과 지위에 따른 가치는 눈에 보이지 않고 계량적이지 않지만 매우 엄청난 가치를 가짐에는 틀림이 없다. 2001년 빌 클린턴과 힐러리 클린턴이 백악관을 떠날 때 그들의 수중에는 돈이 별로 없었다. 오히려 법적으로 갚아야 할 돈이 수백만 달러나 되었다. 그러나 그들 손에는 오랫동안 구축된 지명도와 오랜 기간 권력의 핵심에 있으면서 구축한 폭넓은 인맥이 있었다. 백악관을 떠난 후 8년 동안 클린턴 부부는 1억 900만 달러를 벌어들였다. 주로 강연료와 저술에 관련된 인세였지만, 그 밖에도 전직 대통령이란 직함 덕분에 많은 투자 기회를 활용할 수 있었던 것도 돈을 벌어들이는 데 큰 기여를 했다. 루디 줄리아니(Rudy Giuliani)는 뉴욕 시장직에서 물러난 후 보안 컨설팅 회사의 파트너로 변신했다. 그 역시 강연료 및 자문료 등으로 많은 돈을 벌어들였으며 경제적 지위가 빠르게 향상되었다.

윗글을 읽고 권력이 주는 다양한 이점에 대해 토론해 보시오.

사 례 **권위에 대한 도전**

만약 여러분이 회사에 취직하여 일하면서 과장이나 대리 등 여러분의 직속 상사에 대하여 이견을 제시하거나 명령을 거부한다면 어떤 결과를 초래할 것인가? 비즈니스 세계에서 기존 권위에 대한 도전은 대체로 용납되지 않는다. 소위 항명사태라고 하는 것이 이런 사태를 말하는 것이다. 특히 수직적인 조직 체계와 명령 체제, 관료적 조직문화를 갖춘 조직일수록 권위에 대한 도전은 받아들여지지 않는다. 그러나 한편 다른 각도로 권위에 대한 도전을 생각해 볼 여지는 없을까? 어떤 의사결정 사항에서 당신이 당신의 직접적인 명령 체계에 위치하고 있는 상사에 반하는 생각을 가지고 있을 때 적극적으로 반대 의사를 표명하는 것이 기존 권위에 대한 도전으로 취급되어져야 하는가? 소위 항명사태를 일으키는 것이 반드시 조직의 발전에 나쁜 결과로 귀결되는가? 이 주제는 완전히 다른 이야기가 될 것이다. 소위 내부 고발자에 대해 당신은 어떤 생각을 가지고 있는가? 이에 대해 심도 있게 토론해 보자.

---

3) 제프리 페퍼 지음/이경남 옮김(2011), 권력의 기술: 조직에서 권력을 거머쥐기 위한 13가지 전략(서울: 청림출판), pp. 18-19의 내용을 재구성함.

제 4 절
성적 희롱: 작업장 내 불균등한 권력 문제

성적 희롱은 작업장내 벌어지고 있는 비정상적 행위로, 고용주에게 많은 비용을 지불하게 한다. 성적 희롱에 의한 소송이나 또는 이미지 타격, 사기 저하 등이 그것이다. 담배제조회사인 필립 모리스, 소비재를 제조하는 다이알, 그리고 UPS 등 다양한 기업들이 사업장 내의 성적 회롱이 문제가 되어 소송을 당한 경험들이 있다. 한국의 경우에는 최근 많은 기업들에서 직장 내 성적 희롱 문제가 이슈화되고 있는 추세이다. 특히 여성이 많은 유통 서비스업이나 관공서 등에서 성적 희롱 문제가 대두되어 언론에 보도되는 사례가 많았다.

성적 희롱은 피해 당사자에게 적대적인 작업환경을 만들어 내어 고용관계에 지대한 영향을 주는 것으로 피해 당사자가 원하지 않는 성적 특징(Sexual nature)을 가진 비정상적인 행위라고 정의할 수 있다. 이 정의에서 볼 수 있듯이 성적 희롱은 매우 포괄적인 의미를 담고 있다.

남성위주의 작업장 문화로 인해 여성들에 대한 배려가 상당히 소홀해 왔던 한국의 우리 기업들은 특히 이와 같은 작업장의 성적 희롱 문제가 최근에 자주 대두되고 있는 실상이다. 만약 야한 농담이나 언어적 구사, 그리고 피부 접촉 등 다양한 내용이 포함되는데 이런 행위가 피해당사자의 의지와 상관없이 행사되어 당사자에게 성적인 수치심이나 인격적 모멸감을 느끼게 하였다면 이를 성적인 희롱이라고 규정한다. 성적 희롱 사건을 객관적으로 식별해내기 위해서는 목격자가 있어야 하고 이 목격자의 눈에 의해 성적 희롱인지 아닌지가 판단되는 경향이 있다. 여성들은 남성보다 이런 행위를 보다 민감하게 인지하는 경향이 높아서 대체로 여성에게 가해진 성적 희롱과 모멸감을 가해한 남성이 인지하지 못하는 수도 있다. 따라서 성적 희롱에 대한 가장 좋은 대처방법은 작업장 내 이성 앞에서는 절대로 야한 농담이나 언어적 구사, 피부 접촉 등 오해를 불러일으킬 수 있는 행위 자체를 아예 하지 않도록 하는 것이다. 성적 희롱은 피해자의 입장에서 판단되어 질 필요가 있으며 작업장 내에서는 이의 예방을 철저히 보수적으로 해석하고 진행할 필요가 있다.

성적 희롱에 대한 연구들은 대부분 성적 희롱 사건의 내부에는 권력 불균등 문제가 내재되어 있다는 점을 지적한다. 성적 희롱의 가해자들은 상사, 동료, 종업원 등 다양하게 나타나고 있으며 대부분 가해자와 피해자 사이에 권력 불균등 문제가 상존하고 있다. 상사-부하 관계에서의 권력불균등, 직장 동료들간의 정보와 자원의 불균등 등은 대표적인 성적 희롱의 권력 불균등 사례로 등장한다. 최근 과업들이 주로 동료들과의 협력작업을 통해 이루어지는데 작업과정에서 자원이나 정보를 제공해야 하는 동료들이 이를 미끼로 해 피해자를 위협하거나 특정하게 불합리한 요구를 할 수 있다. 최근 학교에서는 급우들로부터 왕따를 당하지 않기 위해 지속적인 굴욕과 학대를 당하는 사례가 있었다. 이같이 작업장 내 성적 희롱은 다양한 경로를 통해 발생하며 그 내부 핵심에는 권력의 불균등 문제가 도사리고 있다.

작업장 내 성적 희롱을 예방하기 위해서 경영자들은 다음의 사항들을 명확히 해야 할 것이다.

- 성적 희롱을 구성하는 행위에 대한 범위와 내용을 적시하고 이를 회사 내 다양한 장소에 게시하도록 한다. 그리고 성적 희롱이 발생할 때 이를 처리하는 과정을 명확히 규정하여 이 역시 종업원들에게 공표하여 게시하도록 한다.
- 종업원이 성적 희롱에 대한 불만을 제기할 때 절대로 보복이나 불이익이 없음을 명시하여야 한다.
- 성적 희롱에 대한 불만이 제기되면 인적자원관리부서와 법무부서가 모두 연합하여 이 불만 사항을 조사하고 해결하도록 해야 한다.
- 성적 희롱의 가해자는 징벌을 받거나 해고될 수 있음을 명확히 공고해야 한다.
- 성적 희롱에 관련한 교육프로그램이나 세미나 등을 개최하여 종업원들의 경각심과 주의를 고취한다.

> **사 례** 성적 희롱에 대한 사례
>
> 일반적으로 성적 희롱은 신체 접촉 등 외에도 언어 등으로 인해 발생할 수 있는 굴욕감이나 수치심을 유발하였다면 성적 희롱에 해당된다고 본다. 이는 성적 희롱에 대해, 특히 여성에 대한 성적 희롱에 대해 관대한 전통을 가진 한국 사회에서 반드시 고쳐져야 하는 고질적인 문제이다. 남성위주의 조직문화, 그리고 유교적 전통을 가진 사회에서 여성에 대해 배려하는 마음과 언사 등이 비교적 가볍게 여겨져 온 분위기가 우리 사회에 만연하여 있다. 인권위원회가 제시하는 성적 희롱에 대한 각 종 사례는 이 같은 한국적 실상을 잘 반영해 주고 있다. 이 사례들을 보면 대부분 신체적 접촉으로 인한 가해 사례보다는 사용하는 언어로 인한 가해 사례가 더 많은 것을 확인할 수 있다.
>
> <xx 학교 사례>
> 김 아무개 선생님이 여학생 이 아무개 양에게 한 말: "너는 몸매는 되는데 왜 머리가 안 따라오냐?
>
> <L 기업 채용 면접 사례 >
> 면접관 A 씨가 지원자 B 양에게 한 말: "가슴이 너무 큰데, 혹시 성형 수술 하셨어요?" 등

제 5 절
정치(Politics): 활동하는 권력

사람들이 모여 그룹을 이룰 때 어떤 식이로든 권력은 행사된다. 어떤 개인은 보다 나은 보상을 얻기 위해서, 또는 보다 나은 경력을 성취하기 위해 남에게 영향력을 행사하려 한다. 이 같은 정치적 성격은 개인차가 나며 정치적 능력을 가진 개인은 자신의 권력 근원을 보다 효과적으로 활용하여 자신의 목표를 이루고자 한다.

1 조직정치(Organizational Politics)

조직 내 우위와 열위의 분배에 영향을 미치고자 또는 영향을 미치고자 시도하는 행동으로 조직 내 공식적인 역할범위로 포함되지 않는 행위를 조직 정치적 행위(Political behavior)라고 한다. 이 정의는 매우 광범위한 것으로 조직 내의 우위를 점하기 위해 행하여지는 광범위한 행위 등이 포함되는데 예컨대 의사결정에 필요한 정보를 홀로 간직하고 알려주지 않는다든지, 동료들과의 연합을 형성한다든지, 조직 내 실상을 폭로한다든지, 소문을 퍼트린다든지, 상호 이익을 위해 다른 사람들과 선물을 교환한다든지 특정 개인이나 집단을 대표하거나 아니면 반대하는 로비활동을 한다든지 하는 행위들이 모두 정치적 행위에 포함된다.

2 조직정치의 합법적-비합법적 차원
(Legitimate-Illegitimate dimension)

조직정치활동은 합법적 정치활동과 비합법적 정치활동으로 나눌 수 있다. 합법적 활동은 상사에게 불평을 토로하는 것, 명령라인을 통과하는 행위, 연합을 형성하는 행위, 복지부동자세로 규칙을 과도하게 지키는 것 등을 포함한다. 반면 비합법적 차원의 정치적 행위는 조직 내 게임의 법칙을 위반하는 극단적인 행위인데, 사보타지, 내부고발, 비일상적인 옷차림으로 상징적 쟁의를 진행하는 것, 많은 종업원들이 동시에 집단적으로 휴가를 내는 행위 등이 이에 포함된다.

대부분의 조직정치 행위는 합법적인 차원에서 이루어지는 경우가 많다. 비합법적인 차원의 조직정치 행위는 해고나 징계의 사유가 될 수 있기 때문이다.

3 정치 현실(The reality of politics)

조직 내 의사결정은 합리적으로만 이루어질까? 반드시 그렇지는 않다.

조직은 다양한 가치를 가진 개인과 그룹 등으로 구성된다. 이것은 잠재적 자원 분배나 공간의 할당, 예산의 확보, 프로젝트의 책임 범위, 임금 조정 등 다양한 갈등의 가능성을 높이고 있다. 조직의 자원은 한정되어 있으므로 제한된 자원으로 인한 잠재성은 실질적인 갈등으로 전환되기가 쉽다. 특정 개인이나 그룹이 원하는 자원을 획득하는 것은 다른 개인이나 그룹이 자원 획득의 실패를 의미하기도 하므로 유리한 고지를 점하기 위한 다양한 정치적 행위가 나타날 수 있는 것이다.

당신은 매 경기 10점대를 기록하는 농구선수와 20점대를 기록하는 농구선수 중 택일해야 한다면 누구를 택일할 것인가? 개인별 능력이나 성과 차이가 명확하게 난다면 의사결정선택에서 누구나 망설임없이 20점대를 기록하는 농구선수를 선택할 것이다. 그러나 만약 당신이 매 경기 18점를 득점하는 선수와 20점을 득점하는 선수 중 택일해야 한다면 누구를 택일해야 하는가? 개인적 능력이나 성과차이가 나타나지 않는 비슷한 선수 중 당신이 택일해야 한다면 당신은 아마도 이외에도 다양한 요소를 고려할 것이다. 나이, 과거의 경력, 현재의 열정, 구단에 대한 태도 등이 여기에 해당된다. 이같이 애매모호한 상황에서의 판단은 정치의 영향을 받기 쉽다. 만약 18점대를 득점하는 농구선수가 선정받기 위해 다양한 정치적 활동을 하여 판단에 영향력을 미칠 수 있는 여건이 되는 것이다. 경영의사결정은 이와 같이 명확한 것보다는 애매모호한 상황에서 내리는 것과 오히려 가깝다. 따라서 경영의사결정에서 정치를 배제하기가 쉽지는 않을 것이다.

4 정치는 관찰자의 시각에 의해 식별될 수 있다

당신은 무엇이 효율적 관리이고 무엇이 정치인지를 구분할 수 있는가? 이 둘은 때론 명확히 구분되지 않으며 상호 혼재되어 있을 수 있다. 예를 들어 기업경영에서 책임을 지나치게 따지는 행위를 당신은 정치라고 보는가? 아니면 권한과 책임을 명확히 하려는 정상적인 관리 행위를 정치로 보는가? 책임을 지나치게 따지는 행위는 책임을 전가하려는 정치적 행위로 해석되어질 수 있기도 하지만 책임성을 명확히 하려는 정상적인 관리 행위

로 해석되어질 소지 역시 존재한다. 이와 비슷하게 책임을 남에게 전가하는 행위는 어떻게 해석되어질 수 있는가? 이를 책임전가란 정치적 행위로 해석할지 또는 권한과 책임의 이양행위 등 정상적인 관리 행위로 해석할지 어떻게 식별하고 판단할 수 있는가? 이같이 같은 행위를 관찰하고 해석하는 것은 관찰자의 시각에 따라 정치적 행위로 식별되든지 아니면 정상적인 관리행위로 식별될 것이다.

조직에서 조직구성원에 대한 비판을 하는 것은 보는 사람의 시각에 따라 달리 해석되어질 수 있다. 이는 책임 소재를 명확히 하는 것으로 긍정적인 해석을 할 수도 있지만 다른 사람을 모함하는 정치적 행위로도 해석되어질 수 있다. 부하가 상급자의 지시에 민감하게 따르는 것을 충성심이란 측면에서 긍정적으로 해석되어지기도 하지만 다른 시각에서 보면 아부하는 행위로 보여질 수도 있다. 조직의 비리를 외부에 알리는 내부 고발이란 행위 역시 내부자 입장에서 배신 행위로 간주할 수 있지만 반대로 외부에서는 용기 있는 결단으로 보기도 한다. 이 같은 행위들에 대한 해석은 보는 사람의 관점에 따라 달라지는 특징을 가진다. 정치적 행위는 이와 같은 것이다.

5 정치적 행위의 원인과 결과

모든 조직이나 그룹이 정치 지향적이지는 않다. 어떤 조직에서는 정치적 행위가 일상적이고 지배적일 수 있지만 반면 모든 조직이 정치적 행위가 일상적이거나 지배적인 것은 아니다. 이와 같은 조직별 차이는 왜 생기는 것일까? 최근의 연구와 관찰 등은 조직에서의 정치적 행위에 영향을 미치는 다양한 요인들을 식별하였다.

1) 개인적 요인들

개인분석수준에서 연구자들은 정치적 행위의 요인으로 성격과 기질적 요소를 지적하였다. 자기 통제력(Self-monitoring)이 높고 내재적 통제범위수준(Internal locus of control)이 높으며, 높은 권력 욕구를 가진 개인일수록

그림 11-1. 정치적 행동에 영향을 미치는 요인

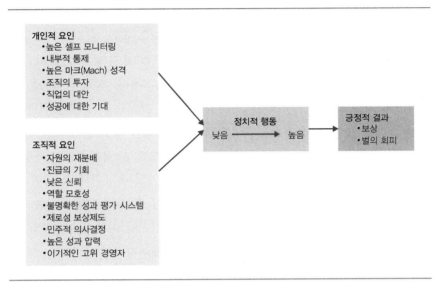

정치적 행위에 간여될 가능성이 높게 나타나고 있었다. 높은 자기 통제력을 가진 개인은 사회적 단서 발견에 매우 민감하여 사회적 동형화를 추구하고 정치적 행위에 더 익숙한 경향을 보인다. 내재적 통제 범위 수준이 높은 개인은 환경을 자신들이 통제할 수 있다고 믿으며 환경을 우호적으로 변화시키기 위해 보다 적극적인 입장을 취할 뿐 아니라 목적을 이루고자 정치적 행위에 더 적극적으로 간여할 가능성이 높다. 마키아벨리언적 성향을 가진 개인들 역시 목적을 달성하기 위해 수단과 방법을 가리지 않으며 이를 위해 다양한 정치적 행위를 실행할 가능성이 높다.

아울러 조직에 대한 개인의 투자 및 몰입 수준이 높을수록 개인은 조직에서 축출될 가능성이 있는 비합법적인 정치행위보다는 좀더 합법적인 정치 행위에 간여할 가능성이 높아진다. 또한 대안적인 직무기회가 많은 개인은 보다 위험한 행위, 즉 비합법적인 정치행위의 위험을 무릅쓸 가능성이 높아진다. 정치적 행위가 잘못 되더라도 대안적 직무 기회를 통해 이를 극복할 수 있다고 보기 때문이다. 또한 개인이 정치적 행위를 하였을 때 성공가능성 역시 정치적 행위의 참여 정도에 영향을 주는 요소가 된다.

2) 조직적 요인들

정치적 행위는 개인 차이에 의해 결정되는 요인에 의해 영향을 받기도 하지만 오히려 조직적 요인에 의해 더 많은 영향을 받는 것으로 파악되고 있다. 즉 정치적 행위는 개인차이뿐 아니라 조직적 요인의 함수로 표시될 수 있다. 특정 조직적인 상황이 조직 내부인들로 하여금 정치적 행위를 조장하기도 한다. 예를 들어 조직의 자원이 갈수록 감소하고, 승진을 위한 기회가 다가올 때 이를 유리하게 점유하기 위한 정치적 행위가 나타날 수 있다. 이에 부가하여 조직문화가 낮은 신뢰, 역할 모호성, 불명확한 성과평가 체제, 제로섬의 보상분배, 민주적 의사결정구조, 성과에 대한 높은 압력, 높은 내부 경쟁 문화 등으로 구성될 때 구성원들의 정치적 행위의 간여도는 증가할 수 있다. 또한 이런 문화적 요소들이 이기적인 시니어 경영자와 결합될 때 정치적 행위의 간여 정도가 가속화될 것이다.

6 어떻게 사람들은 조직정치에 반응하는가?

조직정치를 행해 성공한 사람들의 입장에서는 자신의 목표를 달성하

그림 11-2. 조직정치에 대한 사람들의 반응

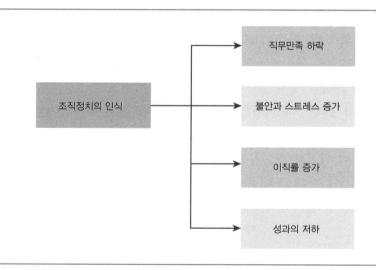

는 것에 만족할지는 모르겠으나 이를 관찰하고 바라보는 대부분의 타인들에게는 조직정치가 부정적인 결과를 야기하는 것으로 정리되고 있다. 대체로 조직정치의 성공을 경험하는 사람은 소수이고 이를 관찰하고 바라보는 사람은 다수이다. 조직정치와 그 결과에 대한 광범한 연구들은 조직정치는 직무 만족과 부정적 관계를 가지고 대부분 직원들에게 직무 불안감과 스트레스를 유발한다고 했다. 이에 아울러 조직정치는 직원들의 이직을 높이고 자체적으로 보고하는 성과를 낮추는 것으로 나타났다. 대체로 조직정치가 만연한 환경을 직원들은 부당하다고 보고 있으며 조직 정치적 환경은 그들의 사기를 저하시키는 작용을 하는 것으로 보고되고 있다. 최근의 연구는 조직정치와 성과의 관계가 정치적 결정 과정이 어떻게 진행되고 왜 그렇게 진행되는지를 이해하는 정도에 의해 조절된다고 주장한다. 즉 정치적 결정 과정에 대한 이해도가 높을수록 그 사람은 조직 정치적 행위를 기회로 인지할 가능성이 높다는 것이다. 어떤 개인이 조직 정치적 행위를 하고 개인이 그 과정에 대한 이해도가 높다면 조직정치는 성과를 향상시키는 원인이 되기도 한다는 것이다. 가령 사람들은 조직정치에 대해 받아들이는 정도나 인정하는 정도가 다양할 것이다. 어떤 사람은 조직정치 행위를 비윤리적이고 비정상적인 행위로 간주하고 이를 수용하지 못하지만 그렇지 않은 사람도 존재할 수 있다. 조직정치 과정의 이해도는 이 내용을 반영한다. 어떤 개인이 조직정치에 대한 이해도가 높다면 그는 조직정치 행위를 비교적 쉽게 수용하고 받아들인다. 그러나 이런 이해도가 낮다면 조직정치는 정당한 절차를 파괴하는 위협 요소로 인지되고 직무 성과에 부정적 영향을 줄 수 있다.

만약 개인이 조직정치를 위협으로 간주하면 이를 회피하고 타인의 정치적 행위로부터 자신을 보호하기 위한 방어적인 행위들을 하게 될 것이다. 방어적인 행동이란 정치로 인해 야기되는 행위, 책임, 변화 등을 회피하기 위해 취하는 반응적이고 자기방어적인 행동을 의미한다. 다음은 방어적인 행위들을 행위 회피, 비난 회피 등으로 분류해 그 세부내용 등을 정리하였다.

- 행위 회피(Avoiding action)
- 지나친 규율 준수(Overconfirming): 지나치게 규율을 엄격히 해석하고 준수하는 것
- 책임 전가(Buck passing): 과업수행책임을 타인에게 떠 넘기는 것
- 무능한 체함(Playing dumb): 자신의 무능을 주장하며 최소한의 일만 하는 것
- 업무량 과장(Stretching): 업무 범위와 업무량을 과장하여 추가적인 과업을 회피함
- 방치(Stalling): 공적으로는 지원하는 척하지만 실제적으로는 아무것도 하지 않는 것

- 비난 회피(Avoiding blame)
- 대비(Buffing): 업무상 철저하고 보신적 이미지를 구현하기 위해 지나치게 서류화에 집착
- 몸 사리기(Playing safe): 성공가능성이 높은 과업이나 프로젝트만 골라 협조함
- 변명 찾기(Justifying): 부정적 결과에 대한 책임을 최소화하기 위해 변명을 개발함
- 희생양 찾기(Scapegoating): 실패에 대한 책임을 외부적 요인으로 돌림
- 기만(Misrepresenting): 정보 왜곡, 조작 등

제 6 절

표현관리(Impression Management)

1 표현관리란

표현관리란 개인이 다른 사람에게 비쳐지는 자신의 인상적 표현을 통제하고자 하는 과정을 의미한다. 많은 사람들이 자신들을 타인이 어떻게

인지하고 평가하는지에 관심을 가지고 있다. 이를 위해 다이어트를 하고, 화장을 하고, 헬스 클럽을 다니고, 심지어 성형적 수술을 감행하기도 한다. 이런 행동 등은 모두 타인에게 자신이 보다 매력적으로 각인되도록 의도한 것이다. 회사에 취직하기 위해, 자신의 이미지를 면접관에게 우호적으로 전달하고자 많은 지원자들이 노력할 것이다. 그리고 회사에 취직한 후에는 빠른 승진을 얻기 위해 또는 업무실적 평가를 잘 받기 위해서 표현 관리를 하게 된다. 그럼 어떤 사람들이 표현관리에 더 익숙한 것인가? 조직행동학자들은 자기 통제력이 높은 개인(High self monitors)들이 표현관리에 능숙한 것으로 보고한다. 자기 통제력이 높은 개인은 그렇지 않은 사람에 비해 자신의 이미지가 주는 효과에 대해 상대적으로 관심이 많으며 가능한 우호적인 결과를 가져올 수 있도록 자기 표현관리를 상황에 맞게 조절할 수 있다.

2 표현관리의 기술

- 순응(Conformity): 타인의 인정이나 칭찬을 얻기 위해 그 사람의 결정이나 의견에 전적으로 동의하는 행위
- 변명(Excuse): 곤란한 사건의 심각성을 최소화하고자 사건에 대한 설명을 부가하는 것을 의미한다.
- 사과(Apologies): 바람직하지 않은 사건에 대한 책임을 시인하면서 동시에 그 행동에 대하여 용서를 구하는 것
- 자기 홍보(Self-promotion): 자신의 장점을 최대한 드러내고 성취한 것에 대하여 강조
- 아첨(Flattery): 사람에게 잘 보이기 위해 그 사람의 장점을 칭찬하는 것
- 향상(Enhancement): 자신이 해낸 일이 더욱 가치가 있는 것이라고 주장하는 것
- 예증(exemplication): 더 많은 시간, 더 많은 노력을 하고 있다는 것을 티내는 것

그간의 연구들은 표현관리 기술 등은 면접 상황일 때 주로 사용되어지

는 경향이 있음을 보여준다. 신입사원채용의 면접상황, 승진을 앞둔 면접상황 등이 이에 해당되는데 이때 자기 홍보 방식의 표현관리 기술과 비위맞추기 방식의 표현관리 기술이 면접결과에 미치는 영향에 대해 자주 언급된다. 자기 홍보 방식이란 면접관이나 상사에게 자신의 장점을 부각하고 이를 적극적으로 홍보하는 방식의 표현관리이며 비위맞추기 방식이란 면접관이나 상사의 의견이나 생각에 대해 적극적으로 동의하고 이를 칭찬하는 방식의 표현관리 기술이다. 일반적으로 면접상황에서의 지원자들은 비위맞추기 방식보다는 자기 홍보 방식을 더 선호하는 경향이 있다. 면접의 성공을 위해서, 자기 홍보 방식의 표현관리는 자신을 실패로부터 거리를 둠으로써 자신의 역량을 면접자에게 과시할 수 있다는 점에서 효과적이며 주로 직무면접 상황에서 효과적인 것으로 나타나고 있다. 반면 비위맞추기는 직무면접 상황보다는 성과평가 상황에서 피평가자의 평가를 보다 호의적으로 받게 하는 효과를 가지고 있음이 보고되고 있다. 성과평가권한을 가지고 있는 상급자의 생각과 정책 등을 적극적으로 동의하고 이를 찬미함으로써 상급자의 관심과 배려를 살 수 있고 이것이 평가결과로 반영될 수 있기 때문이다. 자기 홍보 방식의 표현관리는 성과 평가 상황에서 오히려 상급자로부터 낮은 평가를 받을 수 있다. 즉 평소에 상급자가 평가대상자를 충분히 관찰할 시간을 가지고 있는 만큼 자기 홍보가 초래하는 이미지에 대해 상급자가 판단할 수 있는 정보가 있으므로 피평가자의 지나친 자기 홍보는 오히려 역효과를 발휘할 수 있다.

제 7 절

정치적 행위의 윤리

우리는 정치적 행위에 대해 윤리적 가이드라인을 제공할 수 없는가? 이와 관련하여 비록 윤리적 행위와 비윤리적 행위를 구분하는 명확한 방법은 없지만 우리가 생각해 볼 수 있는 몇 가지 질문이 있다. 예를 들면 정치적 행동을 했을 때 어떤 효용이 있는가? 미국의 메이저리그 야구선수인 알 마틴은 저명한 대학에서 미식축구를 한 적이 없는데 이를 한 경험이 있다고 거짓말을 하였다. 이런 거짓말로 그가 무엇을 얻을 수 있었나? 이와 같이 많은 사람들이 타인에게 보다 호의적인 인상을 심어주기 위해 정보를 왜곡시키는 등 위험한 정치적 행위를 한다. 그런데 정작 따져봐야 할 것은 이와 같은 위험을 무릅쓰고 과연 정치적 행위를 감행할 가치가 있는가이다. 어떤 잠재적인 위험이나 위험을 무릅쓰는 것에 손익을 따져봐야 한다는 이야기이다. 예를 들면 당신이 상사의 외모와 능력 등에 대해 아첨하는 행위를 통해 타인에게 가야 할 프로젝트를 따 가지고 오는 경우와 그런 정치적 행위를 자제하고 정상적으로 그 프로젝트를 담당할 가치가 있는 타인이 그 일을 담당하게 함으로써 오히려 당신이 얻는 신뢰 중 어느 것이 더 가치가 있으며 덜 위해한 것인가를 판단해야 할 것이다.

마지막으로 정치적 행위는 공정성과 정의란 기준과 부합할 수 있는지이다. 때때로 정치적 행위의 손익을 따지는 것은 매우 어려운 작업이지만 그 행위의 윤리성은 명백하게 인지되기도 한다. 예를 들어 어떤 부서장이 자신이 신임하는 부하의 성과에 대한 평가를 우수하게 하고 자신이 신임하지 않는 부하의 성과에 대한 평가는 객관적 실적 평가와 상관없이 낮게 하였다고 하자. 이런 행위는 정치적 행위로 권력을 가진 부서장의 입장에서는 자기가 선호하는 부하에게는 우호적인 평가를 하고 자신이 신임하지 않는 부하의 성과에 대해서는 낮게 하는 것이 조직의 효율적 운영을 위해 필요하리라고 생각할 수 있다. 그러나 이로 인해 우수한 실적에도 불구하고 이에 상응하는 평가를 받지 못한 직원들은 급여인상이나 인센티브 수급에서 상당한 불이익을 감수하게 될 것이다. 이 정치적 행위는 공정성과 정의란 관점에서는 배치되는 것이다.

불행하게도 권력이 높은 사람일수록, 조직에서 높은 지위에 있는 사람일수록, 자신의 결정과 행위가 조직의 효율적 가동을 위해 필요하다고 인지하고 있으며 비록 이 행위가 비윤리적 행위라 할지라도 조직의 효율적 가동에 도움이 된다는 이유로 이를 윤리적이라고 인지하는 오류에 빠지기 쉽다는 것이다. 이에 부가하자면 도덕적이지 않은 사람은 어떤 행위를 하더라도 그 행위에 대해 변명할 수 있는 구실을 찾는다는 점이다. 조직에서 서열이 높고 다른 사람을 설득하고 영향력을 미치는 지위에 있는 사람들일수록 비윤리적 행위로부터 자신을 변명하고 빠져나갈 소지가 많다. 따라서 비윤리적 행위에 관여할 가능성은 더욱 높을 것이다.

만약 당신이 윤리적 딜레마에 직면한다면 위에서 언급한 질의, 즉 정치적 행위로 인한 위험을 감수할 가치가 있는지 그리고 정치적 행위로 인해 피해 받는 사람들이 있는지 등을 반드시 고려해야 할 것이다.

제8절
글로벌 시사점

비록 문화가 우리가 다룬 여러 가지 조직행동 주제 분야에서 주요한 변수로 부각되고 있지만 조직정치와 관련해서는 다음의 세 가지 질의 사항이 중요할 것이다.

첫째 문화는 국가별 정치적 인지(Political perception)에 어떤 영향을 주는가, 둘째 문화는 각 문화에 소속한 사람들의 권력 영향 전술의 차이를 어느 정도 설명하는가, 즉 문화는 권력 영향 전술에 어떤 영향을 주는가이다. 셋째 문화는 다양한 권력 전술의 효과성에 어떤 영향을 주는가 등이다.

1 정치적 인지(Political perception)

사람들이 일하는 작업환경 자체가 정치적 분위기란 것을 인지하였을 때 부정적인 결과가 나타났다는 것을 이전에 서술하였다. 이런 결과는 국가나 문화의 장벽을 넘어 비슷하게 나타날 수 있을까? 최근 나이지리아의 연구에서는 미국에서의 연구와 같이 사람들이 조직정치를 인지하였을 때 직무 스트레스가 증가하고 동료들을 돕는 행위 등이 감소하는 것을 발견하였다. 이와 같이 정치적으로 불안정하고 개발 도상에 있는 국가에서도 조직 정치적 분위기를 인지하면 그 결과가 미국과 비슷하게 부정적으로 나타나고 있다.

2 권력 전술에 대한 선호(Preference for power tactics)

기존 연구들은 국가별 선호하는 권력 전술 종류가 다르다는 주장을 하고 있다. 예를 들어 미국에서의 경영자는 이성적 호소(Rational appeal)를 선호하지만 중국에서의 경영자는 연합 전술(Coalition tactics)을 더 선호하는 것으로 보고된다. 이런 미국과 중국의 차이점은 이 두 나라의 전통적 가치의 차이를 반영하는 것이다. 이성에 호소하는 전술은 타인을 설득하기 위해서는 합리적 이성에 의존하는 것으로 미국적인 사회적 가치에 부합하는 측면이 있지만 타인을 설득하기 위해서 연합에 의존하는 것은 복잡하고 어려운 문제를 해결하기 위해 직접적인 접촉보다는 간접적인 접촉을 더 선호하는 중국의 문화적 가치와 비교적 일치한다. 중국에서는 타인을 설득하기 위해서 개인적으로 직접적인 대화에 의존하기보다는 여러 현인이나 지인과 연합을 형성하여 간접적인 설득을 선호하는 측면이 있다. 미국과 같은 서구 문화는 합리성과 개인주의적 문화에 가깝다면 중국 등 동양의 문화는 장유유서 등 유교적이고 집단적인 성격이 강하다.

사 례 실력이나 실적만으로는 부족하다[4]

2004년 플로리다 주 마이애미-데이드 카운티 교육청은 예산과 교육문제로 고전하는 전형적인 도시 학군의 위기 상황을 타개하기 위해 전 뉴욕시 교육감 루디 크루(Rudy Crew)를 교육장으로 임명하였다. 그는 이 학군을 맡은 후 이 학군은 2006년, 2007년, 2008년 브로드 교육상(전미 최고의 학군에 주어지는 시 교육상) 최종 후보에 올랐다. 학생들의 성적도 좋아졌으며 교실도 늘어 과밀학급 문제가 개선되었다. 2008년 봄에는 미 교육감 협의회로부터 이 같은 업적을 인정받아 '올해의 교육장'으로 선정됨으로써 혁

---

[4] 제프리 페퍼 지음, 이경남 옮김(2011), 권력의 기술: 조직에서 권력을 거머쥐기 위한 13가지 전략(청림출판), pp. 37-38의 내용을 재구성함.

신적인 학교 행정가로서 인정받았다. 그러나 전국 최고의 혁신적 교육가로 지명된 지 6개월 후 크루는 투표로 그를 제명한 교육청을 상대로 퇴직 수당을 두고 줄다리기를 해야 했다. 아무리 눈부신 성과를 올리고 실력을 인정받아도 투표에서 인정받지 못하면 이같이 아웃되는 것이다.

1994년 빌 클린턴에 의해 보훈보건청장에 임명된 켄 카이저(Ken Kizer)는 낙후되고 비능률적인 의료체계를 떠 안았다. 그가 책임자로 있는 동안 보훈보건청은 고객수, 의료 환경의 경쟁력, 의료 서비스 방식 등에서 큰 진전을 맞았다. 부임한 지 불과 5년 만에 카이저는 의료기록체계를 전산화하였고 구조 개선으로 의료의 질과 능률을 향상시켰으며, 직원을 2만 명 감축하고 퇴역 장병에 대한 서비스 대상을 2,900만 명에서 3,500만 명으로 늘리는 등 개혁의 바람을 일으켰다. 보훈보건청도 그런 변화를 적극 수용하는 쪽으로 나아갔다. 비즈니스위크지는 훗날 미국의 의료체계에 관한 표지 기사를 다룰 때 카이저에 대해 언급하며, 그가 보훈보건청을 미국최고의 의료 서비스를 제공하는 기초를 놓았다고 찬사를 보냈다. 그런 카이저 역시 1999년에 그의 재임명을 반대하는 의회의 벽에 부딪혀 자리를 내놓고 말았다. 애플의 공동창업자이자 기술 선도자인 스티브 잡스는 그가 조직에 영입한 John Scully에 의해 1980년대에 애플에서 쫓겨났었다. 이런 사례들은 실적이 반드시 성공을 보장하는 것은 아니며 실적과 정치 두 가지 모두 잘하는 것이 얼마나 어려운 것인지를 보여준다.

1. 여러분은 실적과 정치 중 어떤 것이 더 쉬워 보이는가? 만약 선택하라면 어떤 것을 선택하고 싶은가? 그 이유에 대해 설명해 보시오.
2. 착한 길을 가는 것과 지혜로운 길을 가는 것은 다른 것인가? 이에 대해 토론해 보시오.
3. 실적과 정치에서의 성공 두 가지 모두를 잘할 수는 없을까? 이에 대해 토론해 보시오.

제12장

갈등과 협상

Organizational Behavior

제12장 갈등과 협상

제 1 절
갈등이란 무엇인가?

1 갈등의 정의

갈등의 정의는 매우 다양하다. 이 점을 반영하여 갈등을 포괄적으로 다음과 같이 정의하고자 한다. 갈등이란 한 개인이 소중히 여기는 어떤 것에 대해 다른 사람이 부정적인 영향을 미쳤거나 미칠 것이라고 인식할 때 시작되는 과정이다. 이렇게 포괄적으로 갈등을 정의하는 데는 이유가 있다. 이 정의는 사람들이 조직에서 경험하는 목표와 가치의 상충, 사실에 대한 해석의 차이, 상호 기대에 대한 의견의 불일치 등 다양한 갈등 사례 등을 포함할 수 있다. 또한 명시적이고 폭력적인 갈등의 행위에서부터 미묘한 형태의 의견 불일치까지의 폭넓은 갈등수준의 범위를 포함한다.

2 갈등에 대한 사상의 변천

전통적으로 갈등은 조직 내 역기능을 보여주는 것이기 때문에 갈등은 피할수록 좋고 관리자는 가능한 회피하는 것이 좋다고 주장되어져 왔다. 우리는 이것을 갈등에 대한 전통적 견해라 간주한다. 한편 갈등은 조직이나 집단 내에서 터져 나올 수 있는 불평과 불만이 표출되는 것이므로 오히려 조직이나 집단의 향후 발전을 위해 필요하고 긍정적인 잠재력으로 기능한다는 관점이 있다. 우리는 이 관점을 상호작용적 관점이라고 규정한다. 이에 더 나아가 좋은 갈등은 장려하고 나쁜 갈등을 억제하는 것보다 자연스럽게 발생한 갈등을 생산적으로 해결하는 것이 더 중요하다는 관점이 존재하는데 이것을 관리된 갈등, 또는 갈등 관리라고 한다.

1) 전통적 시각

갈등에 대한 초기 접근은 모든 갈등은 백해 무익하다는 입장이었다. 따라서 조직에서 갈등은 어떤 상황에서든 피해가야 하는 것으로 인지되었고 그 부정적인 면을 강조하다 보니 갈등을 폭력, 파괴, 비합리 등과 비슷한 용어로 사용하였다. 전통적 시각은 갈등을 원만하지 못한 의사소통, 구성원과 조직의 신뢰의 부족, 경영의 실패, 경영자가 종업원의 기대에 부응하지 못한 결과 등에서 기인하는 것으로 바라보았다. 이 시각은 자본주의 사회가 안고 있는 노사갈등에도 깊은 연관을 가지고 있다. 이는 노사갈등을 경영자의 경영실패 현상으로 봄으로써 경영자가 경영혁신을 통해 종업원의 기대에 부응하거나 종업원의 불만을 없애는 경영을 한다면 노사갈등은 근원적으로 해결될 수 있다는 관점인데 매우 일원론적이다. 노사갈등에 대한 논쟁은 아직도 진행 중이다. 어떤 사람은 자본주의 사회에서 자본가와 노동자는 기본적으로 이해가 상충되므로 노사갈등이란 피할 수 없으며 이런 모순을 안고 가야 하는 구조라고 봤다. 이 같은 노사갈등을 어떻게 해석하고 받아들이는지가 자본주의 사회의 방향성을 결정하는 데 매우 중요하다.

우리나라 대표기업인 삼성이란 회사는 기본적으로 갈등은 경영의 잘못에서부터 온다고 보았다. 즉 경영을 잘못하여 종업원들이 내부 경영에 대해 불만을 가지게 되어 노사갈등이 생긴다면 이는 경영상 실패에서 기인한 것이라고 판단한다. 회사는 경영을 합리화하고 종업원을 만족시키는 경영을 하면 이 문제가 해결이 된다고 보았다. 삼성은 노조나 노사갈등이 회사의 발전에 백해무익하다고 보았다. 더 나아가 삼성은 종업원들의 불만을 해소하여 노동조합이 생길 수 있는 여지를 없애지만 이마저 어려울 때에는 철저히 종업원들의 일상적 활동을 통제하고 관리하여 노동조합이 생기지 않도록 통제하고 불만이 표출되지 않도록 관리하는 것에 주력해왔다.

이같이 모든 갈등이 백해무익하다는 관점은 이의 해소 또는 해결을 위해 매우 단순한 접근법을 제공한다. 모든 갈등은 회피되어야 하므로 갈등의 원인에 초점을 두고 이를 제거하거나 억제하여야 한다. 이 시각을 가진 많은 사람들과 기업들은 갈등 상황을 구시대적인 소산으로 간주하는 경향이 있었다. 따라서 마치 갈등이 있는 조직과 갈등이 없는 조직을 선진조직과 후진조직 등으로 단순히 간주하는 경향이 있으며 갈등이 나오는 상황적 필연성과 갈등이 초래하는 순기능적 측면 등을 아예 경시해버리는 경향을 보이기도 한다.

2) 상호작용적 견해(Interactionist view of conflict)

갈등의 상호작용적 시각은 조화롭고, 평화롭고 조용하며, 협동적인 집단은 정직하고, 냉정하며, 변화와 혁신에 대해 무감각해질 수 있다는 전제에서 시작한다. 따라서 집단이 생동감이 있고, 자기비판적이며, 창조적으로 되기 위해서는 최저 수준의 갈등을 지속적으로 유지하고 장려될 필요가 있다고 본다. 이 시각은 모든 갈등을 좋은 것이라고 보진 않지만 기능적 갈등은 그룹의 목표를 지원하며 성과를 향상시키므로 이 같은 갈등을 조직에서 유지하는 것이 좋다는 점을 강조한다. 그러나 어떤 갈등은 조직의 기본과 가치를 와해시키기도 하는데 이런 파괴적인 갈등을 역기능적 갈등이라고 한다. 순기능적 갈등과 역기능적 갈등은 구분될 수 있는가? 기존의 연구들은 갈등의 유형을 고려해 이 두 가지 갈등을 구분할 수 있다고 본다. 갈등의 유형을 과업갈등(task conflict), 관계갈등(relationship conflict), 과정갈등(process conflict) 등으로 분류할 수 있다.

과업갈등은 일의 내용과 목표에 관한 갈등이고 관계갈등은 개인적인 인간관계에 기초한 갈등을, 과정갈등은 어떻게 작업을 완수할 것인지에 대한 갈등을 의미한다. 이중에서 가장 역기능적 갈등은 관계갈등이라 할 수 있다. 관계갈등에 내재되어 있는 마찰과 상호적대의식은 성격 충돌을 유발하고 상호 의사소통 및 이해를 저하시키는데, 이는 조직의 업무를 완수하는 데 방해가 된다. 실제로 관리자들은 직원간의 성격충돌을 해결하기 위해 많은 시간과 에너지를 소모한다. 반면에 낮은 수준의 과정갈등과 낮거나 적당한 수준의 업무갈등은 특정한 상황에서는 순기능적일 수 있다. 이런 갈등은 업무 과정과 업무 구조 등을 더 나은 방향으로 개선하는 것에 기여할 수 있다. 단 이 갈등이 파괴적이지 않고 비대립적인 방법으로 활발한 논의를 의미할 수 있을 때 이런 결과가 나올 것이다. 업무갈등은 구성원들이 상호 높은 신뢰감을 가지고 있을 때 이런 긍정적인 결과가 나오게 할 것이다.

3) 갈등 관리에 초점을 둔 견해

갈등은 관리될 수 있으며 긍정적으로 이로울 수 있다는 몇 개의 사례들이 있다. 그러나 직장 갈등은 생산적이지 않고, 동료들 간의 반목과 의욕상실 등을 유발하고, 갈등이 드러난 후에는 기분이 상하고 분노가 더 오래 남는다. 사람들의 이런 감정을 과업, 또는 관계 상의 의견충돌이라는 종류로 명백히 구분하는 것은 매우 어렵다. 그리고 이런 갈등의 분류 등은 서로 연관되어 있다. 과업갈등에서 시작된 갈등은 관계갈등으로 전이되기도 하고 오히려 관계갈등에서 시작되어 과업갈등으로 어어지기도 한다. 많은 연구들은 모든 갈등은 구성원들의 신뢰, 존중, 화합을 감소시키고, 이들의 장기적인 생존 능력을 감소시킨다는 것을 보여준다. 그러나 이것은 너무 일면적인 면만 부각한 것일 수 있다.

조직 내 이질성에 관한 연구들을 보면 조직 내 구성원 간의 이질성이 증가하는 것이 구성원의 상호 밀착도 및 신뢰를 줄이고 이직을 촉진할 뿐 아니라 조직 몰입 수준을 감소시킨다는 결과를 보여준다. 그러나 업무 과정상 나타나는 지시나 조직 내 가치의 일치성 압력 등이 오히려 창의성의 발현을 저해한다든지, 조직 내 활발한 의견의 제시와 토론과정을 무시하는 과정으로 나타난다면 이것이 오히려 조직에게 해가 되지는 않을까? 조직 내 이질성을 일정 부분 허용하고 이것이 다양한 견해와 시각이 분출되는 근원이 된다면 적당한 수준의 갈등은 오히려 조직의 혁신과 변화에 득이 되지 않을까? 최근 진행되고 있는 상당수의 연구들에서는 사람들로 하여금 파괴적인 갈등에 대비하게 하고 창의성 발현을 할 수 있는 공개 토론의 장의 형성을 위해 생산적인 갈등을 촉발해야 한다는 의견 등이 제시되고 있다. 따라서 연구의 무게 중심은 초기 갈등을 아예 부정적으로 보고 제거하는 것에서, 현재는 갈등을 생산적으로 해결하여 갈등의 부정적인 영향을 최소화하고 이로 인한 조직변화와 혁신을 도모하는 방향으로 나아가고 있다.

제 2 절
갈등 과정

갈등 과정(Conflict process)은 잠재적 대립 및 상충(Incompatibility), 인지와 개인화, 의도, 행동, 결과의 다섯 가지 단계로 구성된다.

1단계: 잠재적 대립, 상충
갈등 과정에 있어 첫 번째 단계는 갈등이 생길 수 있는 기회가 존재하

그림 12-1. 갈등 과정

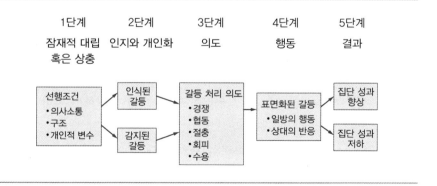

는 것이다. 이 상황은 갈등으로 표면화될 수 있는 잠재적인 상태를 의미한다. 이 상황을 의사소통, 구조, 개인 변수 등으로 설명할 수 있다.

- 의사소통: 의사소통으로 인한 문제는 오해, 의미의 난해함, 의사소통 경로 사이에서 정보를 왜곡하는 노이즈에 의해 발생한다. 이런 요소가 의사소통의 장애물이고 갈등의 잠재적인 요소가 될 수 있다.

- 구조: 구조는 규모, 구성원에게 부과된 업무의 전문화 및 요구 정도, 통제영역의 구체화, 구성원과 목표의 일치성, 리더십, 보상체계, 집단간 의존성 등을 포함한다. 집단의 규모가 크며 전문화가 높을수록 갈등의 가능성은 커진다. 예를 들어 생산부서와 R&D부서 간에 발생하는 문제, 재무부서와 마케팅 부서간에 발생하는 문제 등이 여기에 해당될 것이다. 생산부서에서 요청하는 품질과 기능의 개선을 R&D 부서에서 연구하여 개발하는 것은 많은 시간을 요구하는 작업이다. 이 측면에서 양 부서간 갈등이 발생할 소지가 많다. 또한 마케팅 부서는 제품의 판매에 초점을 두어 판매량을 늘리려고 노력한다. 그러기 위해 다양한 할부 등 재무적 서비스를 마케팅에 담아 경쟁한다. 반면 재무부서는 이에 비해 자금 운용에 있어 다소 보수적인 특징을 가진다. 할부 등 다양한 마케팅으로 인해 판매가 되더라도 결국 할부 등 재정적 지원 등은 재무부서의 몫이기 때문에 양 부서간 역할 요구가 달라 서로 갈등을 초래할 가능성이 많다. 이같이 조직 내 집단들이 각자 다른 목적들을 추구하거나 행동의 책임소재가 모호해질 때 이 같은 갈등의 여지는 증가할 것이다. 보상체계도 한 구성원의 이익이 다른 사람의 손실로 나타날 때 대립하는 힘이 발생하게 된다. 이와 같이 구성원들의 자원에 대한 상호의존성, 또는 집단 간의 상호의존성 등이 존재할 때 갈등의 가능성이 증가한다.

- 개인적 변수: 갈등 발생의 근원으로 개인적 성격, 감정, 그리고 가치 등을 들 수 있다. 어떤 사람을 만날 때 여러분은 이런 이야기를 들어본 적이 있을 것이다. "저 사람은 내 스타일이 아니야, 같이 일하면 아마 굉장히 힘들어질거야. 제발 나와 같은 부서에서 일하지 않아야 할 텐데." 이는 내가 싫어하는 성격과 행위의 소유자와 내가 함께 일하는 상황을 피하고 싶다는 것으로 그 사람의 성격, 행위 방식. 생각하는 방식 등을 싫어하는 의

미로, 이 사람과 함께 일하는 것은 향후 갈등의 가능성을 증가시킨다. 특히 무뚝뚝하고 신경질적이며 자기중심적인 사람과 일할 때 사람들은 많은 갈등을 경험할 소지가 높으며 갈등에 대한 반응 역시 부정적이다. 사람의 감정 또한 갈등을 유발할 수 있다. 평소에 그렇지 않던 상사가 어느 날 갑자기 화가 나있고 신경질적일 때 부하들이 다음과 같이 수군대는 것을 들은 적이 있는가? "저 분 혹시 오늘 생리하는 것 아닌가"? "저분 혹시 부인과 한바탕 싸우고 출근해서 우리들에게 화를 풀려는 것이 아닌가"? 등이다. 이와 같이 사람의 감정도 회사의 갈등적 분위기에 일조하는 경향이 있다.

2단계: 인지와 개인화

위 1단계에서 잠재되어 있던 갈등의 요인으로 말미암아 어느 당사자가 부정적인 영향을 받으면 잠재적인 갈등이 표면화되는 2단계로 넘어오게 된다. 2단계는 갈등의 당사자는 갈등의 선행 조건 등을 인지하고 있어야 하며 잠재적 갈등이 인지된 갈등으로 전환하게 되는 과정이라 할 수 있다. 이의 발현 순서는 잠재적 갈등 요인 → 인지된 갈등(Perceived conflict) → 감지된 갈등(Felt conflict) → 걱정, 긴장, 좌절, 적대감의 적용 등으로 나타난다. 이 순서에 의하면 인지된 갈등 단계가 개인의 갈등 반응(개인화)을 의미하는 것은 아니며 사람들은 감지된 갈등 단계부터 비로소 감정을 이입하고 당사자들은 걱정하거나 좌절하고 심지어 적대감을 표출하기 시작한다.

3단계: 의도(Intention)

의도란 개인이 어떤 방향으로 행동하기 위한 의사결정을 의미한다. 갈등이 표면화되었을 때 이를 처리하기 위한 의도는 다음 다섯 가지 정도로 구분될 수 있다.

- 경쟁(Competing): 어떤 사람이 상대방이 입을 충격에 상관없이 자신의 이익을 만족시키려고 하는 경우를 경쟁이라 한다.
- 협동(Collaborating): 갈등 당사자들이 서로 상대방의 관심사를 만족시키기 원하고 상호이익을 추구하려는 노력이 있을 때 당사자 간의 차이점을 분명히 해서 양자의 목적이 달성되도록 문제를 해결하는

그림 12-2. 갈등 처리 의도의 측면

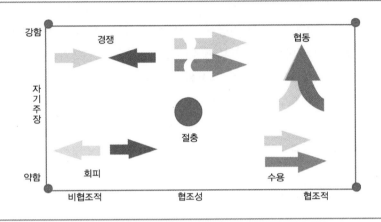

것을 협동이라고 한다 .

- 회피(Avoiding): 갈등으로부터 그 상황을 피하거나 갈등을 억누르려고 하는 것
- 수용(Accomodating): 어떤 당사자가 상대방의 관심사를 자신의 관심사보다 우선시하려고 하는 것, 즉 관계를 지속적으로 유지하기 위해서 일방이 자신을 희생하는 것이다.
- 절충(Compromising): 분명한 승자나 패자가 있는 것이 아니라 당사자들이 완전하진 않지만 만족스러운 해결책을 받아들이려는 자세를 가지게 된 것을 의미하며 각 당사자가 무엇인가를 일정 정도 포기할 의지가 있다는 것을 나타낸다.

갈등을 해결 또는 해소하고자 하는 의도는 항상 고정되어 있는 것이 아니다. 갈등이 진행하는 동안 문제에 대한 인식 변화가 있을 수 있고 서로 상대방의 감정적 반응으로 인해 의도는 얼마든지 변화할 수 있다. 그러나 대체로 선행 연구들에 의하면 사람들은 일반적으로 위 다섯 가지 갈등 처리 의도에 대해 선호하는 항목을 가지고 있는 것으로 나타난다.

그림 12-3. 갈등의 강도와 갈등 행동

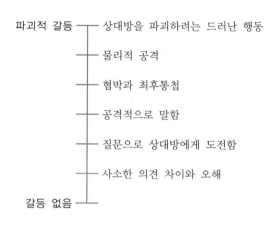

파괴적 갈등	상대방을 파괴하려는 드러난 행동
	물리적 공격
	협박과 최후통첩
	공격적으로 말함
	질문으로 상대방에게 도전함
	사소한 의견 차이와 오해
갈등 없음	

4단계: 행동

행동 단계는 갈등 당사자의 선언, 실행, 반응을 포함하는 것으로 각 당사자가 자신의 의도를 실행하기 위한 행동을 의미한다. 이 행동은 때로는 오해나 미숙한 실행으로 말미암아, 원래 의도와 다른 방향으로 가기도 한다. 행동단계에서 주의해야 할 내용은 갈등 행동의 수위를 조절하는 관리적인 측면이다. 이를 갈등관리(Conflict management)라 하는데, 즉 갈등관리란 만족할 만한 갈등 수준에 도달하기 위해 갈등을 해소하거나 자극하는 기법을 사용하는 것을 의미한다.

5단계: 결과

갈등 당사자 간의 행동-반응의 상호작용은 집단의 성과를 향상시키는 기능적인 결과를 초래하기도 하지만 집단 성과에 방해가 되는 역기능적인 결과가 초래되기도 한다.

- 기능적 결과: 갈등이 건설적인 경우에는 직원들 간의 의사결정의 질을 향상시키고, 창의력과 혁신을 자극하며, 조직구성원들로 하여금 관심과 호기심을 유발시키고, 문제가 드러나고 긴장이 완화되는 수단을 제공하며, 자기혁신과 발전적 변화를 유인할 수 있다. 연구결과에 의하면 갈등은 다

양한 관점과 의견을 고려하게 함으로써 의사결정의 질을 향상시킬 수 있으며 무엇보다 집단 사고(Groupthink)의 오류를 극복할 수 있게 한다. 즉 집단이 근거가 약한 가정을 하고 대안에 대한 충분한 검토가 이루어지지 않은 상황에서 소극적으로 의사결정을 하는 경향성을 갈등이 막아줄 수 있다. 갈등은 현재의 상황에 도전하게 하며, 새로운 생각과 아이디어를 촉진하여, 집단의 현존 목표와 활동을 재점검하게 한다. 이로 인해 더 건설적인 아이디어와 생각들이 도출되어 더 나은 의사결정을 할 수도 있을 것이다. 이렇게 자유로운 격론이 가능하려면 브레인 스토밍식의 회의 방식을 통해 구성원들이 가지고 있는 다양한 견해를 피력하는 것에 아무런 지장이 없어야 할 것이다. 그러나 이런 문화가 갖추어지지 않는다면 극단적으로 양극화되어 있는 그룹이나 개인은 근본적인 의견충돌을 효과적으로 관리하지 않고 갈등을 해결하기보다는 이를 회피하거나 묻으려는 경향이 높으며 다함께 의사결정의 책임을 회피하려는 경향을 보인다.

여러 다양한 상황을 설정하여 진행한 연구는 갈등의 기능적 측면을 부각하는 경향이 있다. Hall and Williams(1966)은 집단구성원이 내린 의사결정을 다른 구성원들이 분석하도록 했을 때 갈등 수준이 높은 집단에서의 의사결정의 성과가 갈등 수준이 낮은 집단의 성과보다 약 70% 이상 높은 것으로 나타났다.[1] 또한 구성원들의 관심사가 다양한 집단이 그렇지 않은 집단보다 다양한 문제를 해결하는 데에 대해 더 나은 해답을 제시하였다.

최근 종업원 다양성에 대한 연구 결과들 역시 집단과 조직의 이질성과 다양성이 조직 내 구성원의 창의력을 높이고 의사결정의 질을 향상시켜 환경 변화에 보다 더 잘 적응하게 한다는 결과들을 도출하고 있다. 예를 들면 Cox, Lobel, and McLeod(2004)는 백인들로 구성된 의사결정집단과 아시안, 히스패닉, 흑인도 포함된 의사결정집단을 비교했을 때 다양한 인종으로 구성된 집단이 더 효과적이고 실행가능한 아이디어를 잘 내고 있다는 것을 보고했다.[2]

---

1) Hall, J. and Williams, M. S.(1966), A comparison of decision making performances in established and ad-hoc groups, *Journal of Personality and Social Psychology*, p. 217.
2) Cox, T. H., Lobel, S. A., and McLeod, P. L.(1991), Effects of ethnic group cul-

- 역기능적 결과: 갈등이 조직이나 집단에 파괴적인 역할을 하는 사례 역시 많이 알려져 있다. 무엇보다 갈등이 조직이나 사람에 의해 통제되고 관리되어지는 영역에 있어야 하지만 이 영역을 넘어선 통제되지 않은 갈등이 초래하는 영향은 무척 파괴적이고 부정적이다. 많은 연구들이 역기능적인 갈등이 어떻게 관계의 끈을 자르고 집단의 성과를 저하시키는지를 서술하고 있다. 그 예로서 집단 의사소통의 마비, 집단 응집력의 약화, 구성원과의 대립, 조직목표의 상실 등이 제시된다.

우리는 다양성이 일반적으로 그룹성과와 의사결정의 질을 향상시킴을 언급하였다. 그러나 의견차이가 인구통계학적 분리로 이를 때 유해한 갈등 결과와 정보 공유의 감소를 가져올 뿐 아니라 끼리끼리의 편파성에 빠지게 된다. 최악의 경우에 갈등은 그룹이나 조직의 생존을 위협하고 기능을 중단시킬 수 있다. 예를 들어 서방 사회에서 최근까지 도드라지고 있는 인종적인 편견에 기초한 다양한 갈등이나 무슬림 등 종교적인 편견 등에 기초한 갈등 등이 있다.

만약 당신이 여행 중에 동양인이란 이유로 인해 피택되어 공항관리에 의해 몸 수색을 당한다면 그리고 이것이 합법적인 절차라고 하면 이런 모욕을 어떻게 감내할 것인가? 실제로 여행을 다녀보면 당할 수 있는 일이다. 유색인종에 대한 편견을 가지고 있는 서방 사회에서는 어디에서나 발생할 수 있는 사건이다. 한국은 어떤가? 베트남, 파키스탄, 인도네시아, 네팔 등 다양한 제3세계 사람들이 한국을 기회의 땅으로 알고 다양한 경로로 입국하고 있다. 이들은 한국 국민들이 기피하고 하지 않는 힘든 노역을 하면서 우리의 이웃으로 자리 잡고 있다. 그러나 우리 역시 이들에 대한 인종적인 편견을 가지고 있다. 이런 편견의 대부분은 각 문화에 대한 이해의 부족과 오해에서 비롯된다. 우리 사회의 해묵은 갈등 중 하나로 전라도와 경상도, 대구와 광주 등 지역적 갈등이 있다. 우리가 익히 알고 있는 광주 민주화 운동은 그 이전 경상도 사람들이 집권했을 때에는 광주사태로 명명되었다. 선거 때만 되면 전라도 지역은 야권이, 경상도 지역은 항상 여권 정당이 90%

---

tural differences on cooperative behavior on a group task, *Academy of Management Journal*, pp. 827-847.

이상을 점유하며 지역적 특색이 명확히 나뉜다. 땅은 좁은데 정당 선호도나 이념적 격차는 동서로 확실하게 갈라서는 나라가 한국이다. 이런 동서 갈등에 대해 어떻게 생각하는가? 이 갈등이 미래 한국사회의 발전을 위해 도움을 줄 수 있을 것인가? 인종이나 피부색, 지역 특색 등으로 인한 갈등은 해소되지 않으면 역기능적 결과를 초래할 가능성이 크다. 이 같은 갈등을 극복하기 위해 무엇을 해야 하는지 토론해 보라.

조직에서 효율적으로 갈등을 관리할 수 있는가: 다양성을 어느 정도 중시하는가

우리는 기업 내 구성원들이 대부분 예스맨이기를 바랐던 시절이 있었다. 상관의 명령과 지시에 따르고 순응하며 그 성취를 위해 노력하는 구성원들이 가장 최선의 직원이라고 간주했던 시절이 있었다. 그런데 기업 내 구성원들은 반드시 기업의 규범과 가치에 동조하는 발언만 해야 하는가? 조직은 일상화된 관행과 관습에 도전하는 행위를 어떻게 받아들여야 하나? 만약 조직에서 이런 발언과 행위를 금지하고 허락하지 않는다면 어떤 결과를 초래하게 되는가? 이 문제에 대해 생각해 보자.

이런 반갈등적 문화는 과거에는 효용이 있었을지 모르나 오늘날의 극심한 글로벌 경쟁시대에는 그렇지 않다는 것이 최근 연구들의 주장이다. 오히려 이견을 장려하거나 지원하지 않는 조직은 환경적응에 실패하게 될 가능성이 높다.

1960년대 말부터 오늘날까지 GM의 많은 문제들은 기능적 갈등의 부족에서도 찾을 수 있을 것이다. 이 회사는 예스맨으로 불릴 정도로 회사의 가치와 행동에 대해 충성스런 사람들을 채용하고 승진시켰다. 아울러 강력한 노조와의 갈등을 피하기 위하여 노조의 요구에 응하고 거대한 연금과 의료서비스 비용을 증대시켜 비용이 엄청나게 늘어났으며 이것이 향후 GM의 경영난에 일조하였다.[3] GM 경영난에 대해서는 여러 의혹이 제기되어

---

3) GM이 경영난에 빠진 원인은 일본 자동차와의 경쟁에서의 도태가 가장 큰 요인이다. 본 글은 일본 자동차 업계에 비해 내부 비용 구조가 매우 높다는 것을 지적하고 있다.

왔지만 무엇보다 GM 자체가 가지고 있었던 고비용 구조에 그 원인을 찾을 수 있다. 그렇다면 GM의 퇴락은 이견을 장려하거나 지원하지 않았고 기존의 체계에 도전하지 않았던 반 갈등적 경영에 있지 않았을까?

　　반면 휴렛패커드는 반대자들을 관습에 도전하는 사람으로 인정해주어 보상을 하였고, 경영진에 의해 아이디어가 거부당하더라도 자기의 소신대로 주장하는 사람들을 인정해 주는 문화를 형성하였다. IBM도 반대 의견을 장려하는 공식적인 제도가 있으며 의견충돌을 적극적으로 모색하고 이를 조정하는 제도를 가지고 있다. 이와 같이 기능적 갈등을 긍정적 결과로 이끌어내는 조직들은 조직의 기존 관행이나 가치에 반하는 주장이나 의견을 제시하는 사람들에 대해 보상하고 이 같은 갈등을 회피하는 사람들에게 불이익을 준다. 이러할 때 종업원들은 서로의 의견 차이를 피하지 않고 공개적으로 토론하고, 갈등이 발생할 때 이를 통제하고 관리하기 위한 노력을 적극적으로 할 것이다.

제 3 절
협　상

　　협상이란 사람들의 상호작용 속에 녹아 있는 과정이다. 노동자와 경영자의 협상(노사협상), 경영자와 개별 종업원과의 협상, 상사와의 협상, 판매자와 소비자의 협상, 구매대리인과 공급자 간의 협상 등 다양한 협상이 존재한다. 최근에는 팀제로 인해 직접적인 상하관계에 있지 않고 같은 상사를 두고 있지도 않은 상황이 되었고 이런 상황에서는 다른 팀원과 협동하여 일할 기회가 많은 사람들에게 협상기술이 특히 중요해진다. 사회가 갈수록 다원화됨에 따라 다양한 이해관계자들이 생겨나고 갈수록 이해관계를 달리하는 상대방과 협상하는 기술과 방법, 내용 등이 중요하게 부각될 것이다.

1 협상(Negotiation)이란?

협상이란 둘 혹은 더 이상의 그룹이나 당사자가 상품과 서비스를 교환하면서 서로에 대한 교환 비율을 합의하는 과정, 즉 둘 혹은 더 이상의 당사자가 희소한 자원을 어떻게 배분할 것인지를 결정할 때 나타나는 과정으로 볼 수 있다. 우리는 자동차 가격에 대한 협상 등에서 경제적인 이유로 협상의 결과를 예상할 수 있지만 조직에서의 모든 협상은 협상자들 간의 관계와 자신들이 인지하는 바에 의해 영향을 받는다. 협상당사자나 타인들과 얼마나 상호작용을 하는지, 그리고 어떤 사회적 관계를 유지하는지, 어느 정도 윤리적으로 행동하려는 의도 등이 각 교섭의 결과에 지대한 영향을 준다. 여기서 우리는 협상(Negotiation)이란 용어와 교섭(Bargaining)이란 용어를 상호 호환적으로 사용한다.

2 협상 전략(Bargaining Strategy)

협상에는 분배적 교섭(Distributive bargaining)과 통합적 교섭(Integrative bargaining)의 두 가지 접근법이 있다.

1) 분배적 교섭

분배적 교섭이란 고정된 자원의 양을 서로 나눠 가지기 위한 협상으로 승자와 패자가 반드시 갈릴 수 있는 성격을 가진다. 즉 분배적 교섭은 제로

표 12-1. 분배적 협상과 통합적 협상

협상의 특성	분배적 특성	통합적 특성
사용 가능한 자원	자원의 양이 고정되어 있음	자원의 양이 변동적임
주요 동기	내가 이기고 상대는 진다	나도 이기고 상대도 이긴다
주요 관심사	서로 반대됨	한곳으로 모아지거나 조화됨
관계의 초점	단기간	장기간

섬 상황에서 발생하며 내가 이득을 보면 그만큼 상대가 손해를 봐야 하는 구조이다. 분배적 교섭은 이같이 고정된 파이를 두고 누가 더 많은 부분을 차지하는가에 대해 협상하는 것이다.

아마 분배적 교섭 사례로서 가장 많이 볼 수 있는 것이 노동자와 경영자 사이의 임금 및 단체 협상이 아닌가 싶다. 기업의 잉여는 일정한데 이 일정한 양의 파이를 노동자의 이익을 대변하는 노동조합과 투자자의 이익을 대변하는 경영자가 나누는 협상을 하는 것이 임금 및 단체 협상의 구조이다. 전형적으로 노동자의 대표가 교섭테이블에 임할 때에는 경영자로부터 가능한 많은 잉여를 받아내 노동자들의 임금 인상에 반영하려고 할 것이다. 또한 근로자에게 유리한 근로조건을 받아내기 위해 노조 간부는 경영자와 협상을 하는데 노조에게 많은 혜택을 주면 줄수록 주주에게 배분되는 잉여는 줄어들게 된다. 이같이 경영자는 노동자가 올린 임금 만큼 비용이 증가하여 투자자들에게 배분되는 잉여가 줄어들므로 각 당사자는 서로 공격적으로 교섭하며 각자를 이겨야 할 상대, 제압해야 할 상대로 간주한다.

2) 통합적 교섭

통합적 교섭이란 양쪽 당사자 모두가 만족할 만한 타결점을 찾으려는 협상으로 윈-윈 해결책을 창출하는 타결점이 있다는 것을 전제하고 있다. 통합적 교섭은 당사자 간에 장기적인 관계를 형성하는 것이며 서로 공통된 유대감을 느끼게 한다. 반면에 분배적 교섭은 한쪽을 승리자로 다른 한쪽을 패배자로 만드는 경향이 있다. 이런 관점에서 보면 통합적 교섭이 분배적 교섭보다 더 바람직한데 왜 조직에서는 통합적 교섭이 선호되지 않는 것인가? 그 대답은 통합적 교섭이 성공하기 위한 조건이 매우 까다롭다는 데 있다. 협상 당사자들이 자신들의 정보를 개방하여 자신의 감정에 솔직해지는 것, 서로를 배신하지 않고 신뢰하는 것, 각 당사자가 유연성을 가지는 것 등 통합적 교섭의 조건 등은 조직 내에서 잘 조성되지 않는다. 따라서 무슨 일이 있어도 이겨야 한다는 쪽으로 협상이 진행되는 것이 당연한 귀결인 것이다. 그러나 통합적 교섭이 반드시 불가능한 것은 아니다. 대체로 최소한 노사 양자 간의 신뢰관계가 형성된다면 이것을 발판삼아 통합적 교섭을 진행할 만하다. 통합적 교섭은 교섭상대방에 대한 인정과 상대방 입장에 대한 이해와 수용이 선행되어야 가능하다. 실제로 대립적인 노사관계에서 이 같은 통합적 교섭이 가능하기란 쉽지 않다. 그럼에도 불구하고 통합적 노사교섭의 사례가 없는 것은 아니다. 노사간의 신뢰는 정상적인 상황에서는 쉽게 형성되지 않는다. 대부분 통합적 노사교섭이 가능했던 사례를 보면 대체로 계기가 있었다. 예를 들어 몇 사례를 보면 노사는 반드시 회사의 위기 상황을 함께 겪었던 전례가 있고 그 위기상황에서 회사는 종업원에 대해 고용보장을, 종업원은 회사에 대해 최대한 헌신을 함으로써 상대방에 대한 약속과 신뢰를 형성했다는 사실을 발견한다. 한국의 경우 유한킴벌리 사례가 이에 해당된다. 1990년 초반 회사가 위기 상황일 때 최고경영자는 직원들을 해고하지 않겠다는 약속을 했지만 처음 이 약속이 지켜지리라는 것을 믿었던 직원은 거의 없었다. 그러나 문국현 사장은 자신이 한 말을 지키려고 노력했으며 이 같은 진정성은 회사에 적대적이었던 직원들의 마음을 다시 회사로 돌리게 하였다. 유한킴벌리의 턴어라운드는 이렇게 가능했다. 직원들은 최고경영자의 약속에 대해 신뢰를 하게 되었고 이 신뢰관계에 기초하여 회사를 살리기 위한 노사 간의 대화를 할 수 있었던 것이다. 이 당시의 노사 협상은 통합적 교섭이라 할 만한 것이다.

3 협상의 과정

협상은 다음의 다섯 단계로 구성된다. 준비와 계획 → 기본 규칙의 결정 → 해명과 정당화 → 협상과 합의 → 종료와 협약 실행의 순서이다.

준비와 계획

협상을 진행하기 위해 다음과 같은 점들을 미리 준비해 두어야 한다. 협상을 진행하기 위해 어떤 자료를 준비해야 할 것인가, 협상 방향을 어떻게 정하고, 협상에는 누가 임할 것인가, 우리의 목적은 무엇이고 이것을 이루기 위하여 어떤 전술을 취할 것인가 등이다. 본격적인 협상이 진행되기 전에 이를 준비하는 것은 긴 시간과 노력을 요구한다. 협상준비기간이 충

분하고 이를 위한 준비 작업을 충분히 하여야 유리한 협상결과를 가져올
수 있다. 노사협상의 경우를 예로 들어보자. 노사협상에서 양측은 우선 단
체협상에 임하는 자세를 정리하고 노조는 사용자에게 요구할 사항을, 그리
고 사용자는 노동조합에게 요구할 교섭 사항을 정리해야 할 것이다. 노동
조합은 사용자에게 제시할 요구사항에 대한 백업 자료를 충분히 확보하여
야 할 것이고 사용자 역시 노조의 요구사항에 대해 이에 대응하는 요구사
항을 충분히 개발해야 하며 이에 대한 백업 자료를 충분히 준비하여야 한
다. 대체로 백업자료로는 기업의 영업실적, 타 경쟁사의 급여 및 근로조건,
노동자들의 불만 사항, 정부의 가이드라인이나 정책 자료 등이 해당된다.

기본 규칙의 결정

협상에 대한 준비가 충분히 되었다면 상대방과 함께 협상의 기본적 규
칙과 절차를 합의하여야 한다. 누가 협상에 참여할 것인지, 장소는 어디로
할 것인지, 시간적 제약은 어떻게 정할 것인지, 협상의 내용과 범위를 어떻
게 할 것인지, 그리고 협상이 이루어지면 어떻게 문서화할 것인지 등 구체
적인 절차를 정하고 서로의 의견을 교환한다.

해명과 정당화

서로 초기 입장을 교환하고 난 후 협상 당사자들은 서로 자신의 입장
과 주장을 펼칠 수 있으며 그 근거를 충분히 설명할 기회를 가진다. 이 단
계에서는 서로의 입장과 주장을 충분히 듣도록 하는 것이 중요하다. 상대방
에게 자신의 주장을 설명하고 그 근거에 대해 해명하는 기회를 가지는 것이
다. 이때 상대방은 이를 충분히 경청하는 자세를 가지는 것이 바람직하다.

협상과 협약의 체결

의제별로 협상 테이블에 올려 협상을 진행한다. 이때 당사자 간 가장
이해관계가 비슷한 이슈를 첫 의제로 설정한 후 차차 이해관계가 첨예한
이슈로 옮아가는 것이 바람직하다. 협상은 합의에 이르기까지 반복적으로
진행되며, 만약 합의에 이르면 합의에 이른 각 이슈와 사안에 대해 문서화

하고 이를 각자 추인하게 된다. 만약 협상이 결렬할 가능성이 있을 경우를 대비해 각 이슈들에 대해 최소한의 대안(BATNA)을 준비하는 것이 필요하다. BATNA는 협상이 결렬될 때보다 이를 막을 수 있는 마지막 최소한의 대안이다.

협약과 실행

협상 과정의 마지막 단계는 합의된 협상결과의 공식화(즉 협약의 체결)와 이의 실행과 감독에 필요한 절차를 만드는 것이다. 노사협상을 체결하면 이를 단체협약으로 만들고 이의 실행을 위한 노사 공동선언을 하는 행위 등이 이에 해당된다.

사 례 | 노동조합이란

노동조합이란 고용주와 급여 및 근로조건 등에 대해 교섭하고자 하여 자율적으로 결성한 노동자들의 단체이다. 오늘날에는 전 세계적으로 노동조합 조직률이 침체되어 있지만 1940년대와 1950년에는 미국 근로자의 약 1/3이 노동조합원이었다. 한국의 경우에도 1989년에 노동조합 조직률이 19.8%에 달했던 적이 있다. 비슷한 시기에 스웨덴이나 덴마크 등 북유럽의 국가들은 노동자의 3/4 정도가 노조원이었다.

노동조합은 일종의 카르텔이다. 학자들은 노조를 기업에 대해 시장 지배력을 형성하고 노동의 공급을 인위적으로 조절할 수 있는 공급독점의 형태로 파악한다. 산업화 초기 막강했던 자본가들에 대해 힘없는 노동자들이 단결하여 약자들의 연합을 형성함으로써 자본가들에 대항하는 힘을 축적했던 것이 노조의 시작이라 할 수 있다. 노조와 기업주가 급여수준과 근로조건을 합의해 나가는 과정을 단체교섭이라고 하며 단체교섭이 결렬되어 노조가 조직적으로 작업을 거부하는 상태가 되는 것을 파업이라고 한다.

1. 당신은 노동조합에 대해 어떤 가치 판단을 가지고 있는가? 호불호의 기준이 무엇인가?
2. 오늘날 당신이 느끼는 노동조합 운동에 대해 비평해 보시오.

사 례 쌍용자동차의 노사갈등

　쌍용자동차는 2004년 중국 상하이자동차에 인수되었다. 그러나 상하이자동차는 경영 실적 악화와 기술유출 의혹, 노사갈등이 일어나자 2009년 법정관리를 신청하고 철수했다. 쌍용차는 상하이자동차가 '먹튀 논란'을 남긴 채 빠져 나가자 경영 악화를 이유로 전체 인력의 37%에 이르는 2,600여 명에 대해 구조조정을 통보했다. 노조는 이에 반발해 평택공장을 점거하고 전격적인 파업에 들어갔다. 이를 진압하는 과정에서 경찰과 노조원 간의 격렬한 충돌사태가 빚어져 다수의 경찰과 조합원들이 부상당했다. 이후 쌍용차 분규 사태는 노사 간의 장기간의 대립으로 사회 정치적 측면에서도 많은 논쟁을 불러일으켰으며, 기업 인수 합병으로 인해 발생한 대표적인 노사분규사태로 기록되고 있다.

1. 쌍용자동차의 노사 분규 사례를 좀더 자세히 정리해 보고 그 원인이 무엇인지에 대해 토론해 보시오.
2. 쌍용자동차의 노사 분규 사례를 해결할 수 있는 방법이 있다면 이에 대해 논해 보시오.
3. 쌍용자동차의 노사 분규 사례에서 교훈으로 삼을 수 있는 것에 대해 논해 보시오.

사 례 **해외진출 기업과 현지 인력과의 갈등**

해외에 진출한 국내 기업들이 현지 노동인력 관리에 어려움을 겪는 경우가 많다. 진출과정에서 값싼 인건비를 매력으로 여겨 국내 업체들이 진입하는 경우가 많지만 노동자들과 갈등을 빚는 사례가 잇따르며 사측의 손실이 증가하기도 한다. 관련 매체에 따르면 현대자동차의 인도공장은 해마다 잦은 파업이 발생하는 사업장 중 하나이다. 노동조합에서 노동 강도 강화에 반발하고 파업을 하는 경우가 많아 대립적 노사관계→파업 등의 수순이 자동차 노사관계의 뿌리깊은 관행이 되고 있다. 인도 시장은 현대자동차에게는 미국, 중국에 이은 주요 시장이지만 고질적인 노조문제가 도지고 있는 모습을 보이고 있다.

삼성전자의 브라질 공장에서도 2011년 휴대전화 생산라인에서 일하는 근로자 수십 명이 과도한 노동에 따른 산재, 피로, 비인간적 처우 등에 반발하여 회사측에 항의를 한 사건이 있다. 회사는 즉시 이에 반박하고 사실이 아님을 주장하였다.

해외에 진출한 기업에서 발생하는 이 같은 갈등은 해당 기업에 상당한 비용상 손실뿐 아니라 이미지 손실을 입히게 되지만 현지인과의 소통 확대 외에 별다른 대처 방안이 없다는 점이 회사측의 고민이다.

1. 위 사례를 읽고 해외 공장에 진출한 한국 기업이 현지인을 잘 관리하기 위해 필요한 것이 무엇인지에 대해 정리하여 보시오.
2. 해외에 진출한 한국 기업과 현지 노동인력과의 갈등을 최소화하기 위한 다양한 방법에 대해 토의해 보시오.

사 례 공감적 이해 능력에 대해[4]

협상할 때는 협상당사자의 서로의 입장보다 관심에 초점을 맞춰 협상하라는 원칙이 있다. 물론 양측이 조금씩 양보하면 함께 득을 볼 수 있겠지만 이런 결과를 이끌어내려면 먼저 상대의 배경과 출신부터 알아야 한다. 그렇게 상대의 입장에서 볼 줄 아는 능력을 갖추면 주도권을 잡는 데 큰 도움이 된다.

미상원 다수당의 지도자로서 린든 존슨이 성공할 수 있었던 근본적인 이유는 존슨이 자신의 99명의 동료에 대해 세부적인 사항까지 주의를 기울였던 데 있다. 존슨은 누가 따로 사무실을 갖고 싶어하고, 누가 술꾼이며, 누가 바람둥이고, 누가 자주 실언을 하는지 훤히 꿰고 있었다. 이 모든 시시콜콜한 정보를 통해 존슨은 사람들의 투표 성향을 정확하게 예측할 수 있었고 상원의원들의 지지를 얻으려면 무엇을 주어야 하는지 간파할 수 있었다.

텍사스 대학의 심리학 교수 윌리암 이케스(William Ickes)는 '공감적 이해(enpathetic understanding)'에 관한 자신의 연구를 통해 이렇게 지적했다.

상대방에 대한 공감을 바탕으로 신중하게 판단을 하는 사람들은 다른 사람들의 생각이나 느낌을 읽는 데 능숙하다. 다른 조건이 평등하게 주어진다면, 그들은 가장 능숙한 조언자, 가장 외교적 수완이 뛰어난 관리, 가장 유능한 협상가, 가장 유력한 정치가, 가장 생산적인 판매원, 가장 성공적인 교사, 가장 통찰력 있는 치료사가 될 확률이 높다.

사람들이 상대방의 입장에서 생각하는 데 서툰 이유는, 자기 목적에만 너무 집착하여 상대의 의사를 충분히 고려하지 못하거나, 상대가 반대할 수도 있다는 가능성을 별로 중요하게 생각하지 않기 때문이다.

1. 협상당사자의 입장보다 관심에 더 주목하라는 의미가 무엇인지 토론해 보시오.
2. 상대방이 어디에 관심을 가지고 있는지를 알면 협상에서 유리한 위치를 점할 수 있다는 이야기인데 이 의견에 충분히 동의하는지? 자기 의견을 제시해 보시오.

---

[4] 제프리 페퍼 지음/이경남 옮김(2011), 권력의 기술: 조직에서 권력을 거머쥐기 위한 13가지 전략(서울: 청림출판), pp. 82-83.

사 례 **갈등에 대한 태도[5]**

　직장 내 괴롭힘, 즉 직장 내에서 특정 사람이나 조직을 타겟으로 폭언을 하고, 소리를 지르며 호통을 치고, 모독하는 등의 무례한 행위를 함으로써 야기되는 유해 효과를 연구하고 분석한 사례가 많다. 왜 이런 행동이 끊이지 않을까? 그것은 바로 폭력이 매우 효과적이기 때문이다. 사람들은 대개 쓸데없는 갈등을 원하지 않기 때문에, 골치 아픈 상황이나 까다로운 사람을 만나면 피할 생각부터 한다. 지지를 얻기 위해 비싼 정서적 대가를 치러가며 힘겨운 노력을 하기보다는 폭력을 휘두르는 사람의 요구에 순응하거나 부서를 옮기는 방향을 택한다. 하지만 그렇게 행동하지 않고도 자신이 갈등과 스트레스를 효과적으로 다룰 수만 있다면 많은 사람들보다 분명 유리한 입장에 설 수 있다.

　일리노이 주 하원의원으로 민주당 하원 선거위원회를 맡아 선거를 성공적으로 이끌었고, 버락 오바마 대통령 취임 이후 초대 백악관 비서실장으로 활약했던 람 임마뉴엘(Rahm Emanuel)은 성격이 불같기로 유명하다. 뉴요커의 기자 라이언 리자(Ryan Lizza)는 임마뉴엘에 대해 이렇게 말했다. "임마뉴엘은 때로 불같은 성미를 드러냄으로써 상대를 위협하기도 하지만, 실질적으로는 힘겨루기를 해야 할 때에는 절대 이성을 잃지 않았다."

　재직 중 많은 업적을 인정받았던 루디 줄리아니 전 뉴욕시장도 싸워야 할 때는 조금도 위축되지 않는 사람이었다. 오랜 기간 싱가포르의 수상을 지냈던 리콴유의 경우 거칠고 상대방에게 모욕적인 언사를 가리지 않았던 인물로 알려져 있다. 리콴유는 싱가포르를 통치했던 영국의 뒤를 이어 권좌에 올랐다. 이후 몇 년 동안 권력을 잡기 위해 협조해왔던 정적 등을 가차없이 제거하는 모습을 보여주었다. 반면 리콴유는 싱가포르 국민들에게는 공중도덕에 순응하고 예절 바른 시민이 되라고 캠페인을 벌이기까지 하였다.

1. 윗글에는 갈등을 피하지 않는 리더들의 이야기가 있다. 이들에 대해 비평해 보시오.
2. 당신은 갈등적인 상황이 닥치면 어떻게 대처할지에 대해 논의해 보시오.

---

5) 제프리 페퍼 지음/이경남 옮김(2011), 권력의 기술: 조직에서 권력을 거머쥐기 위한 13가지 전략(서울: 청림출판), pp. 85-86.

제13장

조직문화

제13장 조직문화

사 례 일본의 강소기업과 상생 문화[1]

일본 경제의 버팀목은 누가 뭐라 해도 세계 최고의 기술력을 자랑하는 일본의 중소기업이다. 중소기업은 전체 기업수의 99.7%이며, 고용자수로 보면 취업자의 71%가 중소기업에서 일하고 있다. 또한 일본의 중소기업에는 장수 기업이 많다. 창업 1000년이 넘는 기업만 7개, 500년 이상 지속되는 기업이 32개, 200년 이상의 기업이 3,126개나 된다. 100년 이상 된 기업은 5만개 정도로 추산되는데 법인으로 등록된 것만 15,000개가 넘는다. 이는 세계 최고이다.

이런 장수 기업들이 일본 사회에 뿌리를 내리면서 경영 문화를 형성하고 있다는 것은 매우 특이하다. 일본 장수 기업들은 불황기에도 80% 이상이 꾸준히 성장을 했다. 이들의 경영 특징은 "본업에 충실하면서도 시대 변화에 순응한다는 것"이다.

일본의 강소기업은 신용과 성실을 가장 중요한 상도덕으로 삼았다. 즉 눈 앞의 이익을 쫓기보다는 장기적인 안목에서 행동하고 결정하며 사람과 사회에 도움이 되는 의사결정을 선택하는 경향이 높았다. 이 과정에서 형

---

1) 염동호 지음(2009), 괴짜 경영학: 위대한 기업을 넘어 행복한 기업으로(서울: Human & Books), pp. 42-43의 내용을 재구성함.

성된 것이 협력업체와 대기업의 상생의 문화이다. 대표적인 예로 도요타 자동차를 들 수 있는데, 도요타는 500개가 넘는 부품 거래 기업에 지분 참여를 하고 있다. 협력업체의 주식을 소유하는 것은 신뢰의 증표이자 장기적이고 안정적인 거래를 의미하는 것으로 받아들여진다. 여기에는 원청업체가 협력업체의 기술이나 경영권을 탐하지 않는다는 믿음이 있기 때문에 가능하다. 매월 3월에 열리는 창업자 도요타 기이치로의 추모행사장 때에는 앞좌석은 영업점과 협력사 대표의 몫이다. 그 다음 열이 그룹 회장 등 임원석이고 도요타 가문의 사람들은 그 다음 말석에 앉는다. 한국에서는 상상도 할 수 없는 일일 것이다. 일본에서는 그만큼 부품 협력업체를 중요하게 생각한다. 원청업체가 지분을 갖고 있다 해도 부품협력업체가 다른 업체와 거래해서는 안 된다는 규제는 없다. 물론 기술 지도와 공여가 오가지만 다른 업체로 기술이 새어나간다고는 생각하지 않는다. 그만큼 대기업과 중소기업간에는 장기적인 신뢰가 바탕이 되고 있다.

이런 일본의 기업 문화는 에도시대 오우미 상인의 상도에 뿌리를 두고 있다. 이들은 기술과 상업이 사회에 유익하다는 전통적인 사고를 낳았고, 기술적 장인과 그 기능이 사회로부터 존경받는 존재가 되게끔 만들었다. 이런 배경 속에서 생성된 제조업 중용사상은 장인들로 하여금 끊임없는 개선과 지혜를 낳게 하는 인센티브가 되었다. 일본인들은 선대의 기술과 사업을 계승하는 것에 큰 망설임이 없으며 이를 오히려 자랑이자 명예로 여기는 경향이 강하다. 가족적 기술 계승과 종신고용이 고도 성장기 일본 경영의 상징이자 기업의 사명이 되면서 일본의 장인들은 안정적인 환경 속에서 한 가지 기술 개발에 전념할 수 있었고 그 결과 소재 분야에서 세계 최고의 기술력을 가진 나라가 되었다. 소걸음처럼 느려 보이지만 서시히 하나씩 개선해 나가는 우직한 장인 정신이 일본 중소기업의 바탕이 된 것이다. 일본 강소기업의 경영자들은 베스트 원을 추구한 것이 아니라 소박하게도 온리 원의 기술을 추구하였고 그 결과 베스트 원이 된 것이다.

1. 일본의 대기업-중소기업의 관계와 우리나라의 그것을 비교하고 설명하시오.
2. 우리나라에서는 뚜렷하게 장수 기업이랄 것이 없다. 그 이유는 무엇

인가?

3. 위 일본 기업들의 상생문화에 대해 이견이 있다면 제시해 보시오.

4. 일본 기업과 우리나라의 기업 문화를 비교해 보시오.

5. 일본 기업 문화로부터 우리가 무엇을 배울 수 있는지 토론해 보시오.

사 례 삼성의 신상필벌(信賞必罰) 개념의 변천[2]

삼성의 경영모드는 인재경영이다. 이병철 삼성 창업주와 이건희 회장의 인재경영은 비슷하면서도 서로 다르다. 그러나 인재를 가장 중요한 경영자원으로 여기는 원칙론과 믿을 만한 사람에게는 전권을 주는 신뢰주의를 보면 같다. 삼성은 한해 2,000억원을 직원 교육에 투자한다. 계열사 사장들은 거의 전권을 가지고 경영을 한다. 2대에 걸쳐 이러한 인재경영의 큰 방향은 그대로이다.

그러나 이병철 회장이 엄하게 공과를 따져 신상필벌을 강조한 것과 달리 이건희 회장은 실패한 사람에게도 너그러운 신상필벌을 표방한다는 점에서 차이가 있다. 이건희 회장은 언젠가 사장단을 모아놓은 자리에서 종합 비타민을 나눠주면서 이렇게 말했다고 한다.

"여러분 가운데 회사에 수백억 손해를 끼친 분도 있습니다. 그러나 그런 분들이 몸이 아프면 제가 손해를 봐요. 실패한 경험에서 많이 배웠을 테니 이제 건강관리를 잘해서 실패를 만회해 주세요." 이를테면 패자부활전을 인정한다는 것이다. 한번 실패로 가혹하게 내치기보다는 실패를 또 하나의 경영자원으로 활용한다는 개념이다.

1. 신상필벌(信賞必罰)이란 무엇인가?

2. 당신이 만약 회사를 경영하는 최고경영자라면 실패한 사람들에 대해 관대할 수 있을까? 이견이 있다면 이야기해 보시오.

---

2) 성화용 지음(2005), 2015년 이재용의 삼성(서울: 월간 조선사), p. 136의 내용을 재구성함.

제1절
조직문화의 정의와 역할

1 조직문화란 무엇인가?

조직문화에 대하여 다양한 학자들의 정의가 존재한다. 조직문화란 조직의 구성원들이 가지고 있는 특징으로서 한 조직을 다른 조직과 구별하는 성격으로 한 조직의 구성원들에 의하여 공유되는 의미의 체제(system of shared meaning)이다. 조직문화는 직원들의 혁신적 성향이나 위험 회피정도, 내부 경쟁적 성향이거나 집단 공동체적 성향, 보수적이거나 진보적 성향 등 다양한 측면으로 표시될 수 있다. 여러분은 GE의 조직문화, 모토롤라의 조직문화, 유한킴벌리의 조직문화, 삼성의 조직문화 등 다양한 용어 등을 접해 왔을 것이다. 이런 개별적 조직문화는 그 기업에 속한 구성원들에 의해 공유되는 것으로서 다른 조직과 구별될 수 있는 고유의 의미 체제이거나 공유되는 규범과 가치 체계 등을 의미한다. 삼성과 LG의 조직문화를 비교하여 보자. 삼성은 인재제일을 모토로 하여 내부 경쟁 문화를 중시하며 1등주의를 표방하여 왔다. 조직 내에서 우수한 인재를 우대하고 발굴하며 내부적 경쟁을 통해 우수인재를 발탁하여 승진시키는 체제를 오래 전부터 중시해 왔다. 한편 LG의 경우 예전부터 인화를 중시해 왔으며 조직문화 속에 이 같은 인화와 상호 협력이란 공동체 정신을 강조해 온 역사를 가지고 있다. 삼성이 인재제일주의로써 내부 경쟁을 통한 인재개발을 중시해 왔다면 LG는 더불어 일하는 인재를 찾았고 조직 내 융화를 잘하고 협력적인 이니셔티브를 가진 사람을 개인능력 만큼 중시하고 이런 인재를 양성해 왔다. 이 같은 문화적 차이는 기업 성과와 미래 방향에서 중요한 차이점을 야기하였다. 우리는 각 조직의 문화를 검토함으로써 어떤 조직문화가 더 좋은 결과를 낳는지 즉 가치적 판단을 논하고자 함이 아니라 현상의 차이를 논하고 그 요인과 과정, 결과를 탐구하고자 한다. 즉 기업별 문화차이가 실제적으로 존재하며 그 차이의 요인이 무엇이고 이런 문화차이가 개인과 기업의 미래 방향과 조직 성과에 어떤 차별적 영향을 주는지를 검토하고 연구해야 할 것이다.

2 조직문화는 획일적인가?

조직문화는 조직구성원들이 가지고 있는 공통적인 의미 체제로서 서로 다른 성장배경을 가진 개인들이나 조직 내에서 서열이 다른 직원들이 상호 비슷한 언어와 가치체계, 공동의 목표를 가지고 행동하는 모습들에서 나타난다. 그러나 이것은 한 기업에 반드시 획일적인 조직문화가 존재한다는 것을 의미하는 것은 아니다. 대부분의 기업을 관찰해 보면 지배적인 조직문화가 있고 이 외에도 많은 하위 문화가 존재할 수 있다. 이런 경향은 대조직으로 갈수록 발전한다. 대조직의 경우 마케팅 부서와 생산부서의 문화가 다를 수 있다. 대체로 이 조직이 잘 짜여진 조직이라면 조직 전체의 문화가 핵심적 가치로 자리잡고 그 기초에서 구별되는 하위 문화가 나타날 것이다. 지배적 문화는 조직구성원의 대다수가 공유하는 핵심적 가치와 규범을 의미하며 일반적으로 한 조직의 문화를 논한다면 조직의 지배적 문화를 지칭한다고 봐야 한다.

조직문화를 이해하는 일곱 가지의 주요 특징을 언급하면 다음과 같다

- 혁신과 위험 선호성(innovation and risk taking): 종업원들이 혁신적이고 위험을 감수하여 변화하고자 하는 정도를 지칭하는 것으로 모험정신과도 일맥상통하는 용어이다. 종업원들이 안정성을 추구하고 기존 문화에 의존하지 아니하며 적극적으로 새로운 변화를 추구하고 도전하는 경향을 의미한다.
- 세부적 사항에 대한 주의(attention to detail): 종업원들이 정확한 분석능력이 있으며 세부적이고 섬세한 사항을 중시하여 주의를 보이는 정도를 의미하는 용어로 종업원들의 직업적인 전문성과 연관성을 높은 관련성이 있다.
- 결과지향성(outcome orientation): 경영자나 종업원들이 기술이나 절차보다는 이의 결과에 더 집중하는 정도, 과정이 중요한 것이 아니라

나타난 결과를 중시하는 조직문화를 의미한다. 실용적인 문화와 높은 관련성이 있다.

- 사람 지향(people orientation): 경영자나 종업원이 의사결정을 할 때 조직구성원에 미치는 영향을 우선시하는 정도이며 사람 지향적 문화적 특징을 가진 조직일수록 온정적인 기업문화를 가질 수 있다.
- 팀지향(team orientation): 직무활동이나 과업활동이 개인보다 팀과 그룹위주로 이루어지는 정도를 의미한다.
- 공격성(agressiveness): 종업원들이 서로 공격적이고 경쟁적으로 지내는 정도를 의미한다.
- 안정성(stability): 조직구성원들의 활동이 성장이나 변화를 추구하는 것보다 현상 유지를 더 중시하는 정도를 의미한다.

조직을 위 일곱 가지 특징으로 판단함으로써 조직문화의 전반적인 그림을 알 수 있다. 이 그림을 바탕으로 조직구성원이 조직 전체에 대하여 느끼고 공유하는 느낌과 기대, 과업이 조직에서 어떻게 흘러가는지, 그리고 구성원들의 행동규범과 양식은 어떻게 형성되는지 등을 알 수 있다.

3 강한 문화와 약한 문화

최근 강한 문화와 약한 문화란 개념이 대두되고 있다. 강한 문화는 조직구성원들에게 더욱 강하고 확실한 영향을 주고 이직률이나 개인적 나태함을 줄이는 역할을 한다고 주장한다. 강한 문화란 그 아래에서 조직의 핵심적 가치가 강조되고 널리 공유되는 정도를 의미하는 것이며 강한 문화일수록 그 속에 소속한 종업원은 조직의 핵심적 가치를 받아들이고 조직의 공유 문화에 더욱 깊게 몰입할 수 있다. 강한 문화를 가진 조직일수록 조직문화에 대한 넓은 공유에 근거한 직원의 헌신을 유도할 수 있고 직원 행동에 대하여 영향력을 높게 행사할 수 있다.

강한 문화의 결과물로 언급되는 요소 중 하나가 낮은 이직률이다. 강한 문화는 조직구성원들의 존재 목적에 대해 높은 의견일치를 유도하며 조

직에 대한 몰입과 헌신을 유도해낸다. 즉 조직문화 및 목적에 대한 의견일
치는 조직 응집력, 조직에 대한 깊은 헌신을 높여주고 직원이 조직을 떠나
려는 성향을 낮춘다는 것이다.

4 조직문화와 공식화

　　강한 조직문화는 행동의 일관성을 보여준다. 강한 조직문화는 조직 내
공식화를 대체할 수 있다. 공식화의 규칙과 규정은 종업원의 행동을 통제
하고 조절한다. 따라서 조직 내에서의 공식화는 종업원 행위의 예측가능성,
질서와 일관성을 가져다 준다. 강한 조직문화는 이 같은 공식화가 하는 역
할을 대신할 수 있다. 여기서 우리는 공식화와 강한 조직문화는 같은 목적
을 성취하는 두 가지 다른 방법으로 간주할 수 있다. 조직문화가 강할수록
경영진은 종업원들의 행위를 규제하거나 통제하기 위한 규칙과 규정을 따
로 만들 필요가 없다. 문화는 대다수 종업원들이 이를 받아들일 때 종업원
들에게 체화되거나 내재화되기 때문에 자체적인 행위와 규범으로 작용함으
로써 종업원 행위를 조절한다.

5 조직문화와 국가문화

　　전 세계를 무대로 비즈니스 활동을 하는 글로벌 기업의 경우 국가문화
와 조직문화의 관계는 어떻게 나타나는가? 이 두 문화간 관계를 어떻게 간
주해야 하는가? 국가 문화가 조직문화를 압도할 수 있는가? 아니면 그 반대
로 조직문화가 국가문화를 압도하는가? 이 같은 질의를 하게 된다. 예를 들
면 독일에 있는 IBM직원들은 독일 문화의 영향을 더 받을까 아니면 IBM의
기업 문화의 영향을 더 받을까? 미국에 있는 현대자동차 직원들은 미국 문화
의 영향을 더 받을까 아니면 현대자동차 기업 문화의 영향을 더 받을까? 국
가문화와 조직문화 중 어떤 것이 더 종업원들에게 영향을 주는가?
　　과거 연구에 의하면 국가문화가 조직문화보다 종업원들에게 더 큰 영
향을 미친다고 알려졌다. 이에 의하면 독일의 IBM직원은 IBM의 기업문화

보다 독일의 국가문화의 영향을 더 받을 것이다. 또한 미국에 있는 현대자동차 직원들은 현대차의 기업 문화보다 미국 국가문화의 영향을 더 받을 것이다. 이를 어떻게 설명할 수 있을까? 우선 채용단계에서부터 어떤 일이 벌어지는지를 유추해 봐야 한다. 대부분의 다국적 기업들은 현지인 채용단계에서부터 전형적인 현지인을 채용하는 것보다는 자기 회사의 문화에 적합한 현지인을 채용하는 경향이 높다. 즉 미국의 현대자동차에서 미국인들을 자사에 채용할 때 전형적인 미국인을 채용하기보다는 현대차에 대해 잘 알고 있는 미국인, 조직에 적합한 미국인을 채용하는 경향이 높다. 즉 다국적 기업들은 선발과정을 이용하여 전형적인 자기 나라 국민이 아니더라도 회사의 지배적인 문화에 적합한 지원자를 채용하는 경향을 가지므로 다른 국적의 종업원이라 할지라도 비슷한 회사문화를 공유할 가능성이 높지만 국가문화는 서로 차이가 나므로 국가문화에 따른 종업원의 행위 차이가 표면화되기가 쉽다.

사 례 삼성맨, 현대맨은 여전히 적용되는 조직문화인가?

과거 연구들에 의하면 세계적으로 우수한 기업들은 나름 독특한 조직문화를 가지고 있으며 조직문화가 중요한 조직의 관리 수단으로 알려지면서, 조직문화에 대한 관심이 크게 고조되고 있다. 과거 한국에서는 대표적인 두 기업 문화로 삼성과 현대를 자주 비교하곤 했다. 대체로 일반인 등이 인지하는 삼성맨이란 정장 차림의 잘 다듬어진 복장과 용모, 넥타이, 항상 뛰기 전에 생각하는 치밀성, 일등주의 등으로 특징지을 수 있었다. 반면 현대맨은 우직하고 적극적이고 약간은 엉성하지만 할 일은 확실하게 해내는 인간, 항상 뛰면서 함께 생각하는 저돌적인 업무 자세 등을 떠올리곤 한다. 대체로 과거에는 기업들이 신입사원을 채용한 후 그룹 연수와 자사 연수를 통해 기업체가 이상적으로 생각하는 인재상을 교육하고 사회화함으로써 사원들에 대하여 비슷하고 동질적인 문화적 이미지를 만들어 왔다. 이 과정을 통해 삼성맨이 만들어지고 현대맨이 만들어진 것이다. 그런데 최근에는 기업을 둘러싼 환경이 매우 다양하게 급변하고 있어 이런 동질성을 강조하는 조직문화가 조직의 환경 적응성과 창의성에 적합하지 않다는 논의를 하곤 한다. 기업은 문화의 동질성을 추구하기보다는 다양한 문화에 대한 수용성을 높이고 창의적인 생각을 가지고 있는 때 묻지 않은 개인들을 오히려 더 필요로 하는 경향이 있다. 아마 더 이상 현대맨이나 삼성맨 같은 용어들은 한물 간 용어가 아닐까?

제 2 절
문화의 역할은 무엇인가?

일반적으로 조직문화가 종업원의 행동에 영향을 미치고 강한 조직문화가 낮은 이직률과 연관된다고 알려져 있다. 이같이 문화가 조직의 구성원들과 조직에 미치는 영향에 대해 평가해볼 필요성이 있다.

1 문화의 기능

문화는 조직 내에서 많은 기능을 수행한다. 첫째, 문화는 경계를 정의하는 역할(Boundary defining role)을 수행한다. 문화는 한 조직과 다른 조직들과의 구분을 가능하게 함으로써 조직들의 경계를 명확히 하는 기능을 가진다. 둘째, 문화는 조직의 구성원들에게 자신만의 정체성을 제공한다. 문화를 공유하는 사람들끼리 집단적 유대감과 자신들의 정체성을 공유하게 하는 기능을 제공한다. 셋째, 문화는 구성원들이 자신의 개인 이익보다 큰 조직적 공유 목표에 더 헌신하게 한다. 넷째, 문화는 조직체제, 또는 사회체제의 안정성을 높이는 기능을 한다. 문화는 구성원들의 말과 행동에 대한 표준을 제공함으로써 조직이나 사회를 지탱하는 접착제로서의 기능을 한다. 마지막으로 문화는 종업원들의 태도와 행동에 의미를 주며 그것을 조절하는 역할을 한다.

오늘날 조직문화는 구성원들의 행동에 영향을 미치는 주요한 요인이다. 조직이 자율적 팀을 도입하고, 공식화 수준을 낮추며, 권한과 책임을 하위 직원에게 위임함에 따라 강한 조직적 문화와 규범에서 나오는 공유된 의미성이 모든 사람에게 비슷하게 영향을 미치며 이들의 행동을 동일한 조직적 목표로 나아가게 한다.

2 문화는 항상 긍정적 영향을 주는가?

반드시 그렇지는 않다. 강한 조직문화라고 해서 반드시 조직원들이나 조직에 활력을 불어넣고 구성원들의 성과를 향상하는 것은 아니다. 오히려 문화는 공유된 가치가 조직 성과를 높여주는 가치와 일치하지 않을 수도 있으며 그럴 경우 조직은 오히려 좌절될 수 있다.

1) 변화에 대한 장벽이 될 수 있다

특히 조직을 둘러싼 환경이 역동적으로 변화할 때 오랫동안 공유되어 온 문화가 이에 적응하지 못하는 경우가 있으며 이럴 경우 조직은 좌절한다. 예를 들어 최근 일본 전자산업에 소속된 소니 등 대기업의 퇴조 현상 등에서 이를 읽을 수 있다. 소니, 파나소닉 같은 전자 업체들은 일본 전통의 경영방식은 대체로 기술지향형 경영으로 종업원에 대한 연공서열, 장기 고용을 통한 내부 기술 축적을 중시하여 왔다. 그러나 급변하는 IT기술환경은 소니나 파나소닉이 가진 핵심적 역량인 소형화 기술 자체를 거의 무력화시켜 버렸다. 즉 일본 기업의 전통적 성향인 "한 가지 잘하는 기술, 즉 한 우물에 집중하여 파는 문화"가 급변하게 변하는 IT 기술 환경에서는 맞지 않았을 뿐 아니라 기술에 대한 근시안을 초래해, 자신의 기술을 대체할 수 있는 다른 기술에 대한 동향을 쫓아가지 못하게 한 결과를 가져왔다.

2) 다양성에 대한 장벽이 될 수 있다

비록 회사가 인종, 지역출신, 학력, 성별 등 다양한 경력과 성격, 그리고 문화를 가진 사람들을 종업원으로 채용한다 하더라도 강한 조직문화라면, 조직에 적응하려는 사원들은 조직의 핵심적인 문화적 가치를 받아들여야 한다. 그럼으로써 각 개인이 가지고 있는 다양한 재능과 행동의 가치가 무시되어지는 현상이 발생할 수 있다.

3) 인수합병시 갈등의 요소가 될 수 있다

지금까지 기업의 인수합병시 가장 주요하게 고려한 요소는 재무적 성과나 제품간의 시너지 효과였다. 그런데 최근에는 조직간 문화적 적합성이 주요 관심사로 등장하기 시작하였다. 수많은 인수합병에서 피인수 회사의 임직원들은 인수 회사의 문화에 적응하여야 하거나 그간 가지고 있었던 회사의 규범을 완전히 버리고 새롭게 인수하는 회사의 문화적 가치와 규범에 적응하여야 하는데 이것은 쉬운 일이 아니다. 최근 창원지역에서 벌어졌던 인수합병으로 인한 노사분규 사태 등은 이 같은 현상을 극명하게 보여준다.

제3절
조직문화의 변화와 개발

1 조직문화의 변화단계

조직문화는 조직의 구성원이 의식하지 못한 채로 변화할 수 있지만 조직구성원들의 의도나 노력에 의하여서도 변화되어 새롭게 바뀔 수 있다.

1) 변화인식 단계

조직문화 변동의 압력은 조직 내부적으로 나타날 수 있지만 조직 외부를 둘러싼 환경으로부터 나타나는 경우가 많다. 외부환경의 변화에 의해 조직 전략이나 목표의 수정이 나타나고 이에 의해 조직문화 변화가 불가피하게 요구되는 경우가 있다. 문화 변화는 최고경영자를 비롯한 전사적인 차원에서의 운동으로 발전할 수 있고 그럴 경우 변화가 일어날 가능성이 높다. 삼성그룹의 이건희 회장이 삼성의 미래 전략을 고안할 때 "아내와 자

식 이외는 모두 바꿔라"라고 한 발언은 과거 삼성 내부에서 자라온 관료주
의 문화를 겨냥한 과감한 주문이었으며 삼성내부의 경쟁적 혁신 문화를 태
동하는 역할을 하였다.

2) 해빙단계

이 단계는 기존의 조직문화가 내부적인 압력이나 외부적인 압력에 의
해 서서히 해체되는 과정을 의미한다. 조직구성원들이 이미 가지고 있는
가치관과 의식구조, 직무수행방식 등이 서서히 약화되거나 제거되면서 새
로운 문화에 대한 수용적 자세를 확립해 나가는 단계라 볼 수 있다.

3) 변화단계

조직문화의 변화를 위한 다양한 프로그램이나 활동, 관행 등을 만들어
이를 실행하고 조직구성원들의 참가를 유도하는 것으로 이 단계가 성공적
으로 수행될 경우 조직구성원들은 변화에 대한 성과를 창출할 수 있고 성
공체험을 할 수 있다.

4) 재동결 단계

조직에서 필요하고 긴요한 변화에 대해 집중적인 자극을 함으로써 이
를 강화하는 단계로 변화된 조직문화를 구성원들의 가치와 행동에 배태시
키는 단계라 할 수 있다.

2 어떻게 조직문화가 형성되는가?

한 조직의 문화는 긴 시간을 통해 형성되는 것이다. 이 같은 조직문화
는 한번 생기면 해체되기에는 많은 시간을 필요로 한다.

한 조직의 현재와 관습, 전통, 그리고 일반적 업무 방식은 그전에 조직
이 시도했던 일들과 그런 시도로부터 얼마나 성공을 이루었는가에 비롯된
다. 대체로 조직 형성 초기의 창업자들은 조직문화의 형성에 지대한 공헌
을 하는 경향이 높다. 대체로 조직 형성 초기에는 조직의 규모가 작고 구성

원들이 소규모이므로 창업자는 자신의 비전과 가치를 소수의 종업원들에게 심어줄 수 있다. 이런 조직문화는 다음의 과정을 거쳐 형성된다. 첫째, 창업자는 자신의 철학과 가치에 적합한 인재를 구분하고 이를 채용하고 유지하려는 경향을 보인다. 동일하거나 유사한 규범과 가치를 가진 인재들을 통해 자신의 비전과 가치를 실현하는 것을 강조한다. 둘째, 창업자는 조직구성원들에게 자신의 가치와 철학을 강조하고 직접 이를 가르치고 주입한다. 이 같은 활동은 주별로 또는 월별로 등등의 주기를 가지고 행해지며, 조직구성원들은 사장이 가지고 있는 철학과 가치, 규범 등을 배우고 이를 근로 현장에서 실현하기를 강권받는다. 셋째, 창업자의 활동이나 경영 이념 등이 역할 모델로 기능하여 구성원들이 이를 배우고 실천하며 내재화하는 경향이 있다. 일반적으로 조직이 성공을 거두면 구성원들은 이를 창업자의 성격이나 리더십, 개성 등에서 귀인하는 경향을 높게 보인다.

3 조직문화의 지속적 유지

한번 조직문화가 자리잡으면 종업원들에게 비슷한 체험을 제공함으로써 문화를 유지하게 하는 다양한 제도와 관행들이 나타난다. 예를 들어 이 관행들은 종업원 선발, 최고경영층, 종업원의 사회화 등에서 나타난다. 예를 들면 선발과정에서 종업원 선발기준, 승진을 위한 선발 시 업적 평가 기준 등에서 조직문화와 적합한 관행을 설정하고 이를 평가함으로써 조직문화를 지지하는 행위를 하는 종업원에게는 즉각적인 보상을 실행하고 조직문화에 도전하는 행위를 하는 종업원에게는 징계하게 된다. 회사의 최고경영층은 종업원들이 따르고 추종해야 하는 규범과 가치를 증류하고 이를 학습하도록 조장하는 역할을 한다. 한편 종업원에 대한 교육과 훈련 과정을 통해 종업원들로 하여금 조직의 문화에 적응하게 하는 사회화 과정을 통해 조직의 문화는 계승되고 지속적으로 유지된다.

1) 종업원 선발

선발과정의 목표는 조직 내에 진입하여 성공적으로 직무를 수행할 수 있는 지식과 기술, 능력을 겸비한 개인을 식별하고 채용하는 것이다. 조직의 의사결정권자는 수많은 지원자 중에서 직무 요구 조건에 맞는 개인들을 식별하려고 할 것이고 그 결정은 지원자가 얼마나 조직에 적합한 자질을 가지고 있는지에 대한 의사결정권자의 판단에 달려 있다. 조직과의 올바른 적합성을 강조하면 선발결과는 지원자가 얼마나 조직의 가치에 일치하는 가치를 가지고 있는지, 개인의 가치가 조직의 가치에 포괄되는지 등에 대한 판단에 의해 결정될 것이다.

또한 그 반대의 경우도 성립할 수 있다. 조직의 선발과정은 지원자에게 조직의 문화와 가치가 자신의 그것들과 어느 정도 일치하는지에 대한 정보를 제공하여 준다. 지원자들이 선발과정에서 조직이 내세우는 가치와 자신의 가치가 불일치하고 격차가 있다고 생각되면 조직에 대해 지원하려는 의향을 철회하거나 포기하게 한다. 이렇게 선발과정은 조직의 문화나 핵심적 가치에 맞지 않는 지원자들을 쏟아 내는 역할을 한다.

2) 최고경영층

최고경영층은 초기 조직의 문화와 가치 형성에 주요한 영향을 준다. 이들이 말하는 것과 행동하는 것은 조직을 통틀어 여과되어 규범을 형성하는 경향이 있다. 종업원들에게 어느 정도의 자율성을 허락해야 하는지, 작업시 적당한 복장은 어떻게 해야 하는지, 어떤 행동에 보상이 주어져야 하는 지 등을 결정하는 것에 최고경영자의 생각이나 가치 등이 반영된다.

3) 사 회 화

아무리 조직이 종업원 선발을 성공적으로 수행하였다 하더라도 신입 종업원들은 회사의 문화와 가치에 전적으로 동화되어 있지는 않다. 조직은 개별 신입 종업원들이 회사의 문화와 가치에 잘 적응하도록 지원하게 되는데 이런 적응 과정을 사회화라고 지칭한다. 사회화 과정은 주로 조직에 입직할 때 중요한 것이며 외부로부터 들어온 신입직원과 기존 직원 들을 융화시키며 기존 조직문화의 유지 및 점진적 변화 등에 기여한다.

4 가치의 충돌

회사가 경영난에 접했을 때 여러분이 만약 그 회사의 경영자라면 해고 등 기존 직원에 대한 구조조정을 단행할 것인가? 아니면 다른 방법을 찾을 것인가? 이 같은 중대 고비에서의 의사결정에서 경영자가 가지고 있는 가치 체계가 매우 중요한 영향을 미친다. 잭웰치가 GE를 구조조정하여 회사 가치를 제고했지만 한국 유한킴벌리의 문국현 사장은 구조조정보다는 직원들의 직무 이동과 배치에 근거한 생산성 향상 방법을 찾아 시행하였다. 이런 결정의 배경에는 양자 간의 가치의 차이가 존재하는 것이다.

가치란 무엇인가? 이는 어떤 개인의 행동과 태도를 결정할 수 있는 기초적 신념으로서 개인적인 차원에서 소중하고 바람직하다고 판단하는 근거라고 할 수 있다. 예를 들어 자유, 평등, 효율성, 행복, 자존심, 복종, 정의 등이 가치의 예시로서 제시되는 용어들이다. 여러분은 이중 어디에 더 방점을 두고 있는가? 이같이 가치에 순위를 매김으로써 우리는 각자의 가치 체계를 형성하게 된다.

경영조직환경을 구성하는 이해관계자들로서 우리는 경영자, 직원, 주주, 공급자, 소비자 등을 포함할 수 있다. 그런데 이들이 추구하는 가치의 기준은 다소 상대적이고 다양할 수밖에 없다. 경영자와 주주의 경우에는 조직 경영의 효율성을 가장 중요한 가치로 여길 가능성이 높고 반면 직원이나 노동조합 활동가들은 공정성과 평등이란 가치를 더 중요하게 여길 가능성이 높다. 부품 공급자는 상생과 협력의 가치를, 반면 소비자는 품질이 좋은 동시에 값싼 제품을 원하므로 비용에 매우 민감한 행위 형태를 보인다. 이해관계자들 간의 가치가 서로 상이하기 때문에 어떤 결정에 있어 이해관계자들의 갈등이 생겨나게 된다. 이 갈등의 예로서 제시할 수 있는 것이 노사갈등, 소비자 분쟁, 환경단체와 회사의 갈등 등이다. 특히 노사갈등에 있어서 이를 뒷받침해 줄 수 있는 재미있는 연구가 밀턴 로키치(Milton Rokeach)의 가치 조사이다. 이 연구에서는 경영자, 노동조합원, 그리고 시민운동 활동가 등의 가치 체계를 분석하고 있는데 경영자와 활동가의 가치 체계가 가장 서로 상이함을 보여줌으로써 이 두 당사자가 노사협상이나 단체협상 등을 진행할 때 당하는 어려움을 짐작하게 한다.[3] 시민운동활동가들은 경영자와 노동조합원에 비해 매우 다른 가치 선호도를 나타냈는데 이들이 가장 중요한 궁극적 가치로는 평등을 선택한 반면, 기업 경영자와 노조원들은 각각 12번째와 13번째 가치로 이를 선택했다. 또한 활동가들은 수단적 가치로, '도움이 되는(Helpful)'을 두 번째 순위로 뽑았지만 경영자와 조합원들은 이를 14번째로 뽑았다. 이런 가치의 차이는 각 집단 상호 간의 협상을 어렵게 하고, 또한 조직의 경제적 의사결정을 할 때 서로 경쟁하고 투쟁하며 갈등을 초래하는 요인이 된다. 다양한 가치를 가진 개인들이 모여 구성한 것이 조직이라고 할 때 다양한 개인들의 가치를 만족시켜주는 윤리적 조직문화를 형성하는 것이 결코 쉬운 작업은 아니다.

5 기업의 사회적 책임의 대두

우리는 한보라는 회사가 무분별한 차입경영을 추구하다 도산하게 되면서, 우리나라 산업 전반의 기초를 흔들고, 수많은 실업자를 양산하였고, 이어 IMF 사태를 촉진하게 된 사실을 알고 있다. 이뿐 아니라 성수대교 붕괴 사건, 삼풍백화점의 붕괴 사건 등 예를 들지 않더라도 기업의 비도덕적 행위가 미치는 사회적 효과가 매우 크고 중요하다는 것을 알 수 있다. 따라서 우리는 과연 기업의 사회적 책임의 범위가 어디까지이고 기업의 도덕적이고 비도덕적인 행위가 기업당사자와 이해관계자에게 어떤 영향을 주는지에 대해 깊이 고려해야 할 필요가 있다. 기업의 윤리적 문제는 오늘날 회자되고 있는 기업의 사회적 책임이란 이슈와도 연관된다. 기업이 사회적 책임을 부담해야 하는지에 대한 경제학적인 견해는 크게 두 가지로 분류될 것이다. 먼저 자유 시장 경제에 대한 믿음을 주장하는 대표적인 학자인 밀턴 프리드먼(M. Friedman)은 기업의 사회적 책임을 추구하다보면 기업의 목표인 이윤극대화가 달성될 수 없다고 주장하고 이를 반대하는 입장이다. 그는 시장 경제가 제대로만 활성화되어 가동된다면 가능한 기업은 본연의 활동인 이윤추구에만 전념하는 것이 시장에서의 부를 극대화하는 최선의

---

3) Rokeach, M., *The Nature of Human Values.*

길이라고 주장한다. 반면 사뮤엘슨(P. Samuelson)은 기업의 사회적 책임을 완수하고자 하는 노력이 장기적으로 기업에 이익이 된다고 보고 있다. 즉 기업의 사회적 책임 활동은 기업의 이미지를 제고하여 투자자를 확보하기 쉽게 하고, 사회적 문제의 발생을 최소화함으로써 기업과 사회에 좋은 결과를 가져온다는 것이다.

많은 학자들이 기업의 사회적 책임과 경제적 목적은 서로 상이한 측면과 보완적인 측면이 있을 수 있다고 주장한다. 상이한 측면으로는 기업의 경제적 목표와 사회적 책임을 동시에 추구할 때 필연적으로 사회적 책임을 추구하는 것에는 비용이 들 것이므로 경제적 이익을 축소할 수 있다는 것이다. 반면 보완적 측면이란 기업이 사회적 책임을 수행하기 위해 비용을 각출하는 것이 결국은 기업의 이미지 제고 등 이미지 마케팅 효과로 귀결되어 기업의 경제적 이익으로 환원될 수 있다는 입장이다. 이같이 기업의 사회적 책임과 경제적 이익 간의 관계를 평면적으로 간주하고 이에 대한 기업 활동을 파악한다는 것은 다양한 한계를 노정할 것이므로 우리는 이를 윤리적 조직문화로 배태시킬 것을 주장한다.

6 윤리적인 조직문화의 형성

높은 윤리적 기준을 가진 조직문화란 무엇인가? 이윤을 목적으로 하는 기업 활동에서 윤리를 내세우는 것이 적절한지에 대해 논란이 있을 수 있지만 기업이 이제 더 이상 기업이 활동하는 지역 사회, 종업원, 주주, 공급자 등 이해 당사자의 권익을 균형있게 관리하는 것이 점점 더 필요해지고 있다. 기업의 사회적 책임이 갈수록 기업에게 압력으로 작용하고 있다. 아울러 기업이 이윤을 남겨야 하는 본연의 목적을 달성하는 것이 중요하지만 이것 못지않게 어떻게 이윤을 남기는가 등 그 과정에 더욱 신경을 써야 한다는 가치적 판단 역시 대두되고 있다. 이것은 자유주의 시장경제에서는 기업의 선택 문제이지만 이것이 윤리에 대한 사회적 압력이나 규범의 영향을 받을 수도 있다는 것을 보여준다.

만약 어떤 기업이 강한 윤리적 문화를 형성하고 이를 조직의 구성원들에게 강조하고 지원한다면 종업원들에게는 어떤 영향을 미칠 수 있는가? 1980년대 초 미국 시카고에서 누군가가 고의로 독극물을 넣은 진통제 타이레놀을 복용한 사람이 사망한 사건이 발생하였다. 당시 시카고 경찰은 그 사고가 시카고 지역에만 제한된 것이므로 여타의 제약품들의 판매에는 영향을 미치지 않을 것이라고 회사에 정식으로 통보하였다. 그러나 제약사인 존슨 앤 존슨(Johnson & Johnson)은 전국에 퍼져 있는 그 제품을 전량 수거하였다. 이 결정으로 인해 회사가 입은 재무적 손실은 3억 5천만 달러(한화로 약 4천 9백억 원)에 달했다고 한다.[4] 단기적인 주주의 이해관계에는 좋지 않은 영향을 미쳤을 수 있으나 장기적인 기업의 이미지에는 긍정적 영향을 주었음을 타이레놀이 아직도 전 세계에서 가장 많이 팔리는 진통제인 사실로 알 수 있을 것이다.

존슨 앤 존슨(Johnson & Johnson)은 자사 제품인 타이레놀에 인체에 유해한 독이 들어 있다는 제보를 접했을 때 이 제품을 전국의 가게에서 모두 수거할 뿐 아니라 언론사와 정보를 공유하며 추가적인 희생자가 발생하지 않도록 최선을 다했다. 이 사례는 존슨 앤 존슨(Johnson & Johnson)의 직원들에게 자신들을 고용하고 있는 회사에 대한 뿌듯한 애사심을 심어 줄 뿐 아니라 소비자들에 대해서도 당당한 자존감을 갖게 했을 것이다. 독이 들어 있는 타이레놀 캡슐이 가게의 진열장에서 발견된 후 전국에 퍼져 있는 직원들은 이 문제에 대해 발표를 하기도 전에 이미 자발적으로 그 제품을 모든 가게에서 거두어 들였다는 사실에서 이것을 발견한다.

이 유명한 일화는 우연이 아닌 미리 준비하고 계획된 회사의 윤리적 강령(J&J Credo)에 이미 녹아 있었다. 존슨 앤 존슨은 예나 지금이나 '건강에 해로울 수 있는 그 어떤 상품도 판매하지 않는다(never offer for sale any product that may prove to be a hazard to a person's health)'는 강령을 실천하였고 이를 보여주었다.

반면에 직원들에게 압력을 가하는 강한 조직문화를 가진 조직은 비윤리적인 행동을 하게 하고 이에 대해 무감각하게 하는 요인으로 작용할 수도 있다. 예를 들면 엔론(Enron)의 공격적인 문화로 급속한 이익 증가를 위

---

4) 김언수(2013), TOP을 위한 전략경영 4.0(서울: PNC publishing), p. 103.

해 임직원들에게 가해진 압력은 그들을 윤리적으로 무감각하게 만들었고 결국은 회사가 파산하는 데 기여했다. 2001년 당시 미국의 뉴스 중 가장 충격적인 사건 두 가지를 들라면 9월 11일 뉴욕의 무역센터 빌딩이 테러에 의해 붕괴된 것과 당시 텍사스 기반의 에너지 우량기업으로 알려졌던 엔론의 파산 사태일 것이다. 엔론은 겉으로는 제도적으로 아무런 문제가 없는 회사처럼 알려졌으며 오히려 교과서적인 모범을 보이고 있는 회사로 칭송되기조차 하였다. 에너지를 이용한 다양한 파생 금융 상품의 개발, 이사들의 보수를 주식 가격에 연동시킨 것, 그리고 사외 이사들의 독립성 보장 내지는 전문성 확보 등 외관적으로는 잘 짜여진 공식대로 운영되는 혁신적 기업으로 보였다. 그러나 그 진실을 보면 주식 가격을 뻥튀기하기 위한 외부 감사인과 내부 경영진들의 암묵적 담합, 회사 내부 직원들의 성적·도덕적 퇴락, 경영진들의 도덕적 해이, 교묘하고 지능적인 조세 회피, 분식회계 등 오늘날 한국에서도 횡행하고 있는 신종의 두뇌 게임을 연상케 한다. 엔론의 경우 감사위원회 6인 멤버 중 3인이 보유한 주식만 100,000주 정도 되었는데 당시 약 750만 달러(한화로 약 100억원대)에 달했다. 이와 같은 감사위원회와의 주식 연계는 대차대조표상에서 나타나지 않았고 만약 이런 연계성이 알려졌다면 엔론 주식은 바로 휴지 조각으로 변할 수 있었다. 이런 와중에 이 세 명의 감사위원과 내부 경영진들이 엔론의 파산이 외부로 감지되어질 즈음 직전에 자신들이 소유한 주식 1,730만 주를 11억 달러(약 1조 4천억 원)에 매각하였다. 약 5,000명 정도의 당시 엔론의 직원들은 주식의 형태로 가지고 있는 자신의 퇴직금들이 모두 휴지조각으로 변하는 충격을 경험해야 했다는 것을 감안하면 이런 경영진들의 행위는 정말 충격적이고 도덕적 해이의 치부를 보여준다. 엔론은 사라졌지만 이 사건은 내부 고발, 도덕적 해이, 분식 회계, 조세 회피처 등 수많은 용어들을 만들어 내었다.

그렇다면 기업에서 더욱 윤리적인 문화를 형성하기 위해 경영자는 무엇을 해야 하는가? 기업의 윤리 의식을 높이기 위해서는 우선 최고경영자의 도덕성과 경영철학이 매우 중요하다. 최고경영자가 솔선수범하여 윤리적 행동을 하고, 기업 내에서 이를 강조할 경우, 이는 조직문화에 영향을 미쳐 전반적으로 기업의 윤리의식을 높일 수 있다. 또한 이를 위해 종업원들을 평가할 때 윤리적 항목을 중시하고 기업윤리에 대한 강령을 제정하여 직원들에게 지속적으로 교육하고 주지시킬 필요가 있다. 우리는 다음과 같은 윤리적 지침들을 제시할 수 있다.

- 조직의 구성원들에게 윤리적 역할 모델을 제시하고 이를 따르게 하라

조직의 구성원들에게 윤리적인 역할 모델을 제시하고 최고경영자 본인이 이를 실천하며 모범을 보이는 자세를 견지하라는 것이다. 이것은 임원의 윤리적 행위뿐 아니라 종업원들의 윤리적 행위를 유도하게 될 것이다.

- 윤리적 기준을 명확하게 제시하고 알려 주어라

조직의 구성원들에게 회사 경영활동의 윤리적 기준을 명확하고 구체적인 형태로 제시하고 이를 공포함으로써 구성원 행위의 표준이 되게 함을 의미한다. 모호한 윤리적 선언보다는 조직의 윤리 강령을 직접적으로 배포하는 것이 나으며 이를 통해 조직의 주요 가치와 직원들이 준수하여야 할 구체적인 윤리 규칙을 알려주어야 한다.

- 윤리적인 훈련과 교육을 제공하라

조직의 구성원들이 도덕적 딜레마에 빠질 수 있는 상황에 대비해 필요한 윤리적인 훈련과 교육을 제공하여 주라는 것이다. 어떤 윤리적 의사결정 문제를 제시하고 그와 같은 딜레마 상황에서 어떤 관행이 용납되고 어떤 관행이 용납되지 않는지 등에 대한 판단을 하게 하는 훈련 프로그램 등을 만들고 이를 제공하여 주라는 의미이다.

- 윤리적 행동에 반드시 보상하고 비윤리적 행위에 대해 처벌하라

조직구성원들의 성과 평가를 윤리적 측면의 내용을 보강하여 윤리적 행위를 하면 보상된다는 인식을 심어주고 그 반대로 비윤리적 행위를 하면 처벌된다는 인식을 심어주라는 것이다. 이같이 제도적이거나 재량적인 측면에서의 신상필벌 방식의 관행을 통해 조직에서의 윤리적 행동을 보다 강화할 수 있을 것이다.

- 종업원들의 불평과 불만, 그리고 내부 고발을 할 수 있는 제도를 고안하고 실행하여라

조직구성원들이 윤리적 딜레마에 빠지거나 조직에 대해 불평과 불만을 가질 때 이를 내부 고발하거나 표출하는 것에 거리낌이 없는 공식적 기

구를 제공하고 이런 행동에 대한 보복이나 처벌로부터 이들을 보호할 수 있어야 할 것이다.

사 례 내부 고발(Whistle Blower)

휘슬 블로어(Whistle Blower), 즉 호루라기를 부는 사람은 조직내부의 부정과 부패, 비리 등을 보고 이를 외부에 알리고 외치는 사람을 지칭한다. 미국 등 선진국에서는 내부고발자에 대한 보호 제도를 정비하여 조직을 정화하는 부패 통제 장치로 활용하고 있다. 우리 한국사회도 지난 수년간 양심선언, 폭로 등의 이름으로 갖가지 굵직한 내부고발 사건들을 경험하였다. 하지만 이렇게 외부 고발한 사람들은 대부분 조직내부에서 고자질쟁이 내지는 배신자로 낙인 찍혀 퇴출당하는 등 대부분 조직의 쓴 맛을 볼 수밖에 없는 구조였다. 평생 일터에서 해고되거나 정직, 또는 인사 좌천 등의 불이익을 감수해야 했다.

미국은 내부고발자 보호제도가 매우 발전한 나라이다. 그러나 미국에서도 내부고발자 보호법은 상당한 우여곡절을 겪어서야 이루어졌다. 1978년 제정된 공무원 제도 개혁법은 불법활동과 권한 남용, 국민건강과 안전에 위험한 활동을 폭로 또는 신고할 경우 정부가 그 공무원들을 보호해야 한다라고 규정했다. 그러나 고발자에 대한 보호규정이 너무 약해 오히려 행정부의 탄압수단으로 이용되는 부작용이 나타나자, 1989년 별도의 내부고발자 보호법을 만들었다. 이는 특별 조사국이 행정부 내 독립기관으로 설립되어 내부고발 내용을 조사하고 고발자를 행정부의 보복으로부터 보호하는 역할을 할 수 있도록 했다. 의회의 발의로 이루어진 이 법안은 대통령이 한때 거부권을 행사하였지만 다시 의회가 법안을 통과시켜 결국 대통령의 서명을 받아내는 우여곡절 끝에 제정되었다. 이와 함께 미국은 이른바 링컨법으로 불리우는 부정주장법(False claims acts)을 제정하여 기업이 정부와 맺은 계약과 관련해 부정을 저지른 경우 내부 고발을 허용하고 나아가 정부는 고발자에게 되찾은 돈의 15-30% 정도를 보상금으로 지급하도록 규정하고 있다.

1. 한국에서의 내부고발 사례를 찾아보고 발표해 보시오.

2. 내부고발자에 대한 찬반 논쟁이 있을 것이다. 각자의 입장에 대해 피력해 보시오.

사 례 | LG 전자의 노경 문화

LG전자는 국내 대기업 중에서 우수하고 협력적인 노경관계를 유지하면서 새로운 가치창조활동으로 발전시켜 기업의 발전에 연결시킨 대표적인 사례로 인정되고 있다. 그렇다고 LG전자에 과거 노사분규가 없었던 것은 아니다. 과거 1987년과 1989년의 노사분규를 겪었고 그 경험을 바탕으로 하여 LG전자 경영진들은 종래의 권위 의식을 벗어나 노경이 하나가 되기 위한 모범을 보이기 위해 지속적으로 노력하였다. 예를 들어 노경이 숙박을 같이 하며 벌리는 노경 워크숍을 통해 회사의 경영철학을 공유하고 현장의 애로사항을 경청하였으며 회사의 발전을 위한 다양한 의견들을 수렴하여 실천하였다. 1990년 중반 이후에는 경영진이 현장의 혁신활동을 노동조합측에 요청하였고, 노동조합 역시 회사의 발전을 기초로 한 노동자의 삶의 질 향상이라는 목표 아래 이를 흔쾌히 받아들이고 협조하였다. 이처럼 LG전자 노경관계는 대립관계에서 상생과 가치 창조의 노경관계로 변화하였다. 경영진은 현장 직원과의 정서적인 벽을 허물기 위해 가시적인 개선 조치들을 도출하여 신속하게 실행에 옮겼으며 아울러 노조와의 협의하에 이를 제도화하는 것에 게을리하지 않았다.

1. LG전자의 노경 문화의 성격을 한마디로 정의하여 보고 그 이유에 대해 설명하시오.
2. 본 글에서 제시하지 않은 LG전자의 노경 문화의 내용과 속성에 대해 찾아 토론해 보시오.
3. 현행 LG전자의 노경 문화가 나아갈 방향에 대해 토의해 보시오.

CJ의 기업문화

　CJ는 안정성장형 기업이다. CJ는 여러 차례 회사의 이름, 주요 상품, 지배구조가 바뀌기는 하였으나 1953년 창립 이후 대체로 지속적인 안정 속에서 성장해온 기업이다. 삼성 그룹이 출범 이후 대체로 안정적인 성장을 지속해 온 것이 CJ에게도 영향을 미친 것이다. 안정성장형 기업이란 특성이 기업문화에도 영향을 미쳐 급격한 변화보다는 안정 속에서 점진적인 변화 발전을 꾀하는 문화를 형성하였다.

1. CJ의 역사에 대해 조사해 보시오.
2. CJ가 당면한 기업환경이 어떻게 변화하고 있는지에 대해 찾아보고 발표해 보시오.
3. CJ의 조직문화를 좀 더 자세히 찾아보고 그 장단점에 대해 토론해 보시오.

사 례 기업은 사람이다, 정말 기업은 사람인가

　삼팔선(38세면 퇴직), 사오정(45세가 정년), 오륙도(56세까지 일하면 도둑놈) 등 어느 순간부터 직장인들에 대한 고용 조정이 일상화되었다. 최근 직장인들의 바램은 '임원으로의 승진'보다도 '만년 부장이라도 좋으니 그저 오랫동안 회사에 남는 것'이라고 한다. 사실 임원으로 승진하면 계약제 신분이 되어 이사 → 상무 → 전무 등의 승진 궤도를 달리지 못하면 바로 아웃되는 것이 현실이기 때문에 임원으로 승진하기보다는 '오랫동안 회사에 남아 안정적으로 자기 수명이 다할 때까지 버티는 것'이 유리하다고 생각하는 것이다. 직장인들의 이같이 소박한 작은 희망에도 불구하고 사회가 돌아가는 사정은 녹록지 않다. 정부는 노동 4법인지 노동 5법인지를 통해 저성과자 해고를 용이하게 함으로써 고용 조정을 더 쉽게 하고자 한다. 최근 온라인 취업포탈 사람인(주)이 기업 인사담당자 307명을 대상으로 조사한 바에 의하면 이중 약 23.8%가 올해 회사의 구조조정의 계획이 있다고 답했다. 더욱이 구조조정 계획이 있는 회사 중 절반 가까이는 지난해(2015년)에도 인력 구조조정을 단행하였다.

　기업의 이미지 광고 문구에 자주 등장해온 문구 중 가장 눈에 들어온 것은 "기업은 사람이다"란 용어이다. 상시적 인력 구조조정, 그리고 다운 사이징의 일상화 등의 현상들은 이 같은 문구 역시 마케팅 광고 더 이상의 의미를 가지지 않음을 보여주는 것이란 비관적인 생각을 하게 한다. 과연 기업은 사람인 것이 맞는가? '기업은 사람이다'란 문구가 의미하는 것이 무엇인가? 기업 발전의 원동력은 인간이고 모든 중심은 인간에 있다란 내용이 아닌가? 그런데 이 사람을 가치가 없다고 해서, 때론 자신이 받는 월급보다 기여도가 낮다고 해서, 나이 많고 약하다고 해서 그리고 저성과자라고 해서 쉽게 해고하는 것이 옳은 것인가? 우리는 이에 대해 자문해 볼 필요가 있다. 기업과 인간의 관계는 과연 무엇인가?

원래 '기업은 사람이다'란 용어는 인재 제일주의를 표방한 삼성의 창업주인 고 이병철 회장이 자주 사용한 말이다. 그는 '사람이 기업을 경영하고 기업 발전의 원천은 바로 인재'라고 하면서 자신의 인생중 약 80%의 시간을 인재를 모아 교육하는 것에 소비했다고 말했다. 이병철은 사람을 고를 때는 매우 신중하게 골랐지만 일단 선택하면 그 사람을 온전히 믿고 모든 것을 맡겼다. 또한 직원들을 최고로 대우해 주라고 당부했다. 시대적 상황이 달라서 그럴까? 이런 경영철학은 현재의 시대적 흐름에 맞지 않은 것인가? 만약 오늘날 이병철이 살아 있고 그가 삼성을 경영한다면 오늘날 같은 구조조정과 해고의 흐름을 어떻게 해석하고 어떤 말을 할 수 있을까?

요즈음 유행하고 있는 구조조정과 다운 사이징을 어떻게 해석하는지 당신의 견해를 피력해 보시오.

| 사 례 | 삼성전자의 스타트업 조직문화 도입, 성공할 것인가?[5]

삼성전자에서 대리, 과장, 부장 직함이 사라진다고 한다. 이 대신 서로를 '님' 또는 '프로' 같은 공통 호칭을 사용한다는 것이다. 예를 들어 홍길동 과장님 대신 '홍길동님'이나 '홍길동 프로'로 호칭하는 것이다. 아울러 7단계로 나눠있던 직급을 4단계로 평준화하였다. 이는 수직적 직급 위주의 문화를 탈피하여 서로가 평등하게 의견을 주고받는 수평적 문화를 심고자 한 시도이다.

삼성전자는 이 같은 내용을 골자로 하는 인사제도 개편안을 지난 2016년 6월 27일 발표했다. 삼성관계자는 "10만 직원을 거느린 관리의 삼성이 수평적이고 창의적인 스타트업식 조직문화를 도입하기 위해 첫 발자국을 옮긴 것"이라고 자평했다. 이렇게 변화하는 배경으로는 더 이상 연공 중심의 조직문화로는 환경변화에 대응하기 어렵고 획기적인 성장이 어렵다는 고민이 숨어 있었다. 이 개편안을 관통하는 철학은 이것이다. 즉 '얼마나 오래 일했는지는 중요하지 않다. 어떤 일을 하느냐만 따진다.' 개편안에는 성과와 역량이 높은 이들은 근무 연한과 관계없이 승격하고 사업부의 성과가 아닌 개인의 성과를 따져 연봉을 지급하겠다고 명시했다.

의사결정과 업무 진행 과정에서도 '윗사람'의 개입이 최소화되도록 회의, 보고, 잔업 등의 문화가 바뀐다. 회의는 1시간 안에 끝내되 모든 사람이 발언하도록 하며, 직급에 따라 순차적으로 보고하는 대신, 이메일 등으로 관련자에게 동시에 보고하고 상급자의 눈치를 보느라 불필요하게 잔업하는 관행을 근절한다는 내용이 포함되었다. 연간 휴가 계획을 자유롭게 수립해 충분히 재충전하라거나, 올 여름부터 반바지를 입고 출근해도 좋다는 등의 세부 사항 역시 '윗사람 눈치보지 말라'는 큰 틀에서 나온 것이다.

1. 삼성전자의 내부 경쟁 문화에 대해 자세히 조사하여 보시오.
2. 삼성전자가 스타트업 문화를 성공적으로 이식하기 위해 필요한 것이 무엇인지에 대해 논하여 보시오.

5) 중앙일보 2016년 6월 28일자의 일부 내용을 저자가 재구성하여 제시함.

찾아보기

저자 약력

권 순 식

학력 고려대학교 경영학 박사
      고려대학교 경영학 석사
      고려대학교 경제학과 학사
경력 현재 창원대학교 경영대학 교수
      전) 한국인사조직학회 편집위원, 한국인적자원관리학회, 한국고용노사관계학회 상임이사
         미국 럿거스(Rutgers) 대학교 연구 교수
         주식회사 럭키(현, LG화학) 근무
연구분야: 고용관계, 인적자원관리, 비정규직 고용, 종업원 대표기제, 고성과 작업 조직 등

김 흥 길

학력 프랑스 그르노블(Grenoble) 대학교 경영학 박사
      프랑스 그르노블(Grenoble) 대학교 경영학 석사
      아주대학교 산업공학과 학사
경력 현재 경상대학교 경영대학 교수
      전) 한국경영학회, 인적자원관리학회 부회장
         경상대학교 인재개발원 원장
         경남일보 논설위원
         프랑스 리용대학교 초빙교수
         중국 라오닝과기대학교 초빙교수
연구분야: 비교경영학, 인적자원관리, 리더십과 동기유발, 고용관계, 기업가 정신 등

이 금 희

학력 이화여자대학교 경영학 박사
      미국 Southern Illinois University 커뮤니케이션학 석사
      미국 Liberty University 커뮤니케이션학 학사
경력 현재 경상대학교 경영대학 교수
      전) 한국외국어대학교 글로벌 경영대학 외국인 교수
         포엠아이컨설팅 컨설턴트
         현대경제연구원 연구원
연구분야: 조직행동, 동기부여, 인적자원관리 등

조직행위론

초판인쇄	2016년 8월 20일
초판발행	2016년 9월 6일
지은이	권순식·김흥길·이금희
펴낸이	안종만
편 집	마찬옥
기획/마케팅	최준규
표지디자인	조아라
제 작	우인도·고철민

펴낸곳   (주) **박영시**
　　　　　서울특별시 종로구 새문안로3길 36, 1601
　　　　　등록 1959. 3. 11. 제300-1959-1호(倫)

전 화	02)733-6771
f a x	02)736-4818
e-mail	pys@pybook.co.kr
homepage	www.pybook.co.kr
I S B N	979-11-303-0352-9 93320

정 가   27,000원